Johannes Nosbüsch
Als ich bei meinen Kühen wacht' . . .

Johannes Nosbüsch

Als ich bei meinen Kühen wacht'...

Geschichte
einer Kindheit und Jugend
in den dreißiger und
vierziger Jahren

Pfälzische Verlagsanstalt

1993

Umschlaggestaltung: Werner Korb, Neustadt/Weinstraße
Gesamtherstellung: Pfälzische Verlagsanstalt GmbH,
Landau/Pfalz
ISBN 3-87629-251-4

Inhaltsverzeichnis

Meiner ältesten Schwester
Susanna Sondag
1920–1992
zum Gedächtnis

Vorwort

Das vorliegende Buch wuchs in mir heran, seitdem ein französischer Besatzungsoffizier 1946 meine Generation im besiegten Deutschland als „verlorene Generation“ kennzeichnete. Seitdem war es mein Wunsch, ein Alter zu erreichen, in dem ich eine bestätigende oder widerlegende Summe aus meinem Leben ziehen könne. Hatte der Offizier damals in erster Linie den staatlich-politischen Bereich im Auge, so wurde im Laufe der Jahrzehnte für mich daraus eine das ganze menschliche Sein umfassende Frage. Daß ich den Versuch zu einer Antwort schon jetzt, im Alter von „erst“ 64 Jahren, mit dem Leitthema Viehhüten unternommen habe, hängt damit zusammen, daß ich meiner Gesundheit nur noch begrenzt vertrauen kann. Um so mehr weiß ich es zu schätzen, daß mir während der Arbeit gestalterische Kräfte (zum Beispiel Schreiben per Hand) wiedergeschenkt wurden, auf die ich schon nicht mehr zu hoffen gewagt hatte.

So erfüllt es mich mit großer Freude, daß ich dieses Buch vollenden konnte, und ich bin in herzlicher Dankbarkeit denen verbunden, die mir die letzten drei Jahre mit Rat und Tat beigestanden haben. Für wichtige Informationen und ermutigendes Gespräch danke ich meiner Schwägerin Christel Pütz (Irrel/Eifel) und meiner inzwischen verstorbenen Schwester Sanny (Susanna) Sondag (Brecht/Eifel), für engagierte kritische Durchsicht des Manuskripts Simone Beutel (Frankfurt/Main), Karl-Friedrich Geißler (Pfälzische Verlagsanstalt Landau) und meiner Kollegin Annemarie Schlette (Landau). Für einfühlsames Mittragen meines Anliegens in von Scheitern bedrohter Schlußphase weiß ich Gudrun Winstel (Herxheim-Hayna) aufrichtigen Dank. Beim Nachstellen von Gerät und Szenen an historischer Stätte unterstützten mich mein Bruder Karl und mein Neffe Peter Nosbüsch (beide Niederraden/Eifel). Die Fotos neueren Datums steuerte mein Sohn Martin (Weiterstadt-Darmstadt) bei.

Dauerbegleiterin, bewährte Schreiberin des Druckmanuskripts und Korrekturleserin war auch diesmal meine Frau Ursula. Vor allem danke ich ihr dafür, daß sie mir erneut unter erheblichen persönlichen Opfern den für die Erstellung eines solchen Buches erforderlichen Schonraum bereitet hat.

Johannes Nosbüsch *Landau in der Pfalz, im Juli 1993*

Das Heimatdorf Niederraden. Ees Doorf daat as net réich, net gruuß, dach haamlich wie e Maameschuuß. *(Unser Dorf ist nicht reich, nicht groß, doch „heimelig“ (= traulich) wie ein Mutterschoß (Johannes Rausch)).*

Mein Elternhaus (Bildmitte im Vordergrund).

Einleitung

1) Das Anliegen *

Der Titel dieses Buches kann, zumal heute, sonderbar anmuten. „Als ich bei meinen Kühen wacht'...“ (in Anlehnung an das bekannte Weihnachtslied „Als ich bei meinen Schafen wacht'...“) will sagen: Als ich Vieh hütete – Kühe und Rinder. Da kann die Frage aufkommen, was Viehhüten überhaupt bedeutet und wo es so etwas gibt oder gab. Und auch diejenigen, die mit dem Wort Viehhüten noch etwas anzufangen wissen, mögen fragen, ob dieses Thema einer eigenen und dazu so umfangreichen Abhandlung wert ist.

Viehhüten war seit jeher eine mehr oder weniger regional begrenzte Erscheinung. Ich kenne es aus eigener Anschauung nur aus meiner angestammten Heimat, der Westeifel, und von dem einen oder anderen Besuch in den Alpen. In der Westeifel, in der ich selbst über gut zehn Jahre im Hütedienst tätig war und auf die sich diese Darstellung ausschließlich bezieht, ist das Viehhüten seit Anfang der sechziger Jahre gänzlich ausgestorben. Die landwirtschaftliche Erwerbstätigkeit, von der das Viehhüten ein Teil war, hat sich in diesem auch heute noch weithin ländlichen Raum so verändert, daß der Weidebetrieb entweder zum Erliegen kam oder, wo er erhalten geblieben ist, des Hütepersonals nicht mehr bedarf. Zudem ist auch die Anzahl der landwirtschaftlichen Betriebe in einem Maße zurückgegangen, wie man sich das vor einem halben Jahrhundert nicht vorzustellen vermochte.

Aber das alles ändert nichts daran, daß das Viehhüten in dieser Region, und zwar vor noch gar nicht so langer Zeit, ein wichtiges Thema gewesen ist. Wie verkannt, ja vergessen die Eifel damals weithin war – eigentlich interessierten sich außerhalb ihrer nur militärische Manöver- und Aufmarschstrategen für sie –, auch hier wohnten Menschen, die nur ein Leben hatten. Und dieses Leben forderte sie um so mehr, als es für sehr viele von ihnen von schwerer Sorge ums tägliche Brot gekennzeichnet war. Diese Sorge ums tägliche Brot bedeutete zugleich Sorge für die tägliche Milch, und da kam der Viehfütterung durch Weidegras ein hoher Rang zu. Der Hütedienst, der damals bei dieser Fütterung noch unerläßlich war, wog so schwer, daß von Anfang Mai bis Ende Oktober für bis zu acht Stunden am Tag eigens eine Person für diesen Dienst abgestellt und damit aus dem übrigen betrieblichen Geschehen herausgezogen wurde.

---

* Dieser Abschnitt kann Schwierigkeiten bereiten. Zur Not kann man ihn überblättern oder im nachhinein lesen. Es liegt mir aber daran, daß Fragen zur Anlage und zum Sinn des Buches gleich zu Anfang geklärt werden.

Und es war auch keineswegs so, wie es der verklärende Blick zurück – sofern heute überhaupt noch vom Viehhüten die Rede ist – immer wieder glauben machen will: daß das Viehhüten vor allem anderen Spiel und romantisches Abenteuer gewesen sei. Das traf schon bei den Erwachsenen nicht zu – wenn sie als Notbehelf oder im Ausnahmefall Hüteaufgaben wahrnahmen, und noch viel weniger traf es für diejenigen zu, denen der Löwenanteil am Viehhüten zukam: für die Kinder, näherhin die Schulkinder. Für sie waren die vielen Stunden, die sie mit dem Vieh auf der Weide zubrachten, zunächst einmal wirklich Dienst, ein verantwortungsvoller erster Einstieg in die Arbeitswelt. Daneben blieb freilich auch Entfaltungsraum für Spiel und andere beglückende Unternehmungen, aber diese rangierten allesamt auf Platz zwei. Die vorliegende Darstellung trägt dem auf die Weise Rechnung, daß sie zuerst von der Mühsal und erst danach von den Freuden des Viehhütens handelt.

Auf diese Weise soll also das Viehhüten wieder in Erinnerung gerufen werden, ein Vorhaben, das schon unter volkskundlichen und heimatgeschichtlichen Gesichtspunkten einen guten Sinn hat. In unserem Zusammenhang geht das Anliegen aber noch erheblich darüber hinaus. Laut Untertitel des Buches soll zugleich die „Geschichte einer Kindheit und Jugend in den dreißiger und vierziger Jahren" unseres Jahrhunderts vor dem Leser entrollt werden. Im Blick auf eine solche Geschichte ist es mit der Abschilderung äußerer Verhältnisse, Begebenheiten und Verrichtungen nicht mehr getan, jetzt muß auch inneres Leben und Erleben ins Blickfeld rücken: der Aufbau eines Lebenszusammenhanges, in dem jeder Punkt „beladen ist mit Vergangenheit und schwanger mit Zukunft" (G. W. Leibniz, 1646–1716). Insofern Einblick in einen solchen Werdeprozeß letztlich jeder nur für sich selbst hat, kann diese Geschichte, was ihren Kern betrifft, nur meine eigene Geschichte sein.

Aber das schließt nicht aus, sondern wesenhaft ein, daß darin zugleich übergreifende Bezüge aufscheinen, eine Lebenswelt, die andere, sprich die Menschen einer Region, ja einer ganzen Epoche, mitumfaßt. Der Wechselbezug ist unaufhebbar: Zeitgeschichte läßt sich nur an persönlicher Geschichte und diese nur vor dem Hintergrund personüberschreitender Lebenszusammenhänge verdeutlichen. So schreibe ich zwar meine Geschichte, aber indem ich sie erzähle, wie allein ich sie erzählen kann, bringe ich zugleich mehr als diese Geschichte zur Sprache, enthüllen sich charakteristische Züge menschlichen Lebens überhaupt zu dieser Zeit in dieser Region und darüber hinaus.

Und das alles unter dem Thema Viehhüten. Dazu ist vorausgesetzt, daß das Viehhüten einen zentralen Punkt in meinem jugendlichen Werdeprozeß darstellt: daß sowohl vom Viehhüten selbst prägende Entwicklungsimpulse auf mich ausgingen als sich darin zugleich auch – wie im Brennpunkt einer Sammellinse – andere wichtige Einflußsphären für mein kindliches und jugendliches Werden widerspiegelten. Beide Voraussetzungen treffen in meinem Falle zu: Über Jahre hinweg wurde mir die Lebenswelt, in der ich aufgewachsen bin, nirgendwo so umfassend und konzentriert gegenwärtig wie bei meinen Kühen auf der Weide. Hier wurde ich auf ganz eigene Weise gefordert, hier machte ich Erfahrungen und entwickelte ich Spontaneitäten, die für mich „schwanger mit Zukunft" waren. Hierhin nahm ich innerlich alles mit, was mich in meinen jungen Jahren erfreute und bekümmerte, um es zu bedenken und mich damit auseinanderzusetzen. Kurz, ich wüßte keinen Aufenthaltsort zu nennen, wo ich mir in jenen Jahren so originär und unverstellt anheimgegeben war wie beim Viehhüten.

Für die Anlage des Buches ergeben sich daraus zwei grundsätzliche Aussagen*kreise*. Der erste stellt das Viehhüten selbst vor, insbesondere in den beiden ersten Teilen über Mühsal und Freuden des Viehhütens. Aber schon hier bildet sich passagenweise – in Form von Zwischenbetrachtungen und Schlußerwägungen – ein zweiter Aussagenkreis heraus, der Hintergründe aufdeckt und Brücken schlägt zu anderen gewichtigen Lebensbereichen hin, die im Tun und Geschehen auf dem Weideplatz transparent wurden (beispielsweise in meiner Gewitterangst draußen bei den Kühen das Gottesbild, das man mir vermittelt hatte). Überwiegt also in den beiden ersten Buchteilen der erste Aussagenkreis, so in den Teilen drei und vier der zweite – in jenen Teilen, deren Thematik (Bildungsgang, Menschenschicksal, Standortsuche) sich in die Gliederung nach Mühsal und Freuden des Viehhütens nicht mehr einfügt. Indem aber auch hier das Viehhüten noch Ausgangsbasis und – freilich in abgeschwächter Form – Rahmen der Darstellung bleibt, ist das Einheitsband für alle vier Buchteile gewährleistet und damit auch der Gesamttitel „Als ich bei meinen Kühen wacht'..." gerechtfertigt. Allerdings wird die tragende Grundlinie durch den Untertitel angezeigt. Es geht gewiß auch ums Viehhüten, aber nicht um seiner selbst willen, sondern insofern es ein Verdichtungszentrum meiner kindlich-jugendlichen Entwicklungsgeschichte darstellt.

Mit dieser horizontalen Aufgliederung nach zwei Aussagenkreisen verbindet sich eine vertikale nach drei Aussagen*ebenen*. Auf der ersten Ebene geht es um konkrete Lebensumstände, konkretes Tun, konkretes Geschehen, so als hätten wir es mit einer volkskundlichen oder heimatgeschichtlichen Außenbetrachtung zu tun. Dabei beschränkt sich die Bestandsaufnahme im wesentlichen auf den mir selbst zugemessenen Lebenskreis, das heißt, eine auf die ganze Region bezogene Darstellung ist nicht beabsichtigt.

Auf der zweiten Ebene wendet sich der Blick nach innen, indem nach der Erlebnisqualität, der Art und Weise gefragt wird, wie ich damals besagte

Verhältnisse, Geschehnisse und Vorgänge innerlich erlebt und empfunden habe. Dabei stellt sich das Problem, wie die sogenannte Objektivität der Erinnerungen gewährleistet werden kann. Wird, überspitzt formuliert, durch das Erinnern nicht etwas in das damalige Erleben hineingelegt, was ursprünglich gar nicht darin enthalten war? Das ist gewiß möglich, kann aber nicht bedeuten, daß es so sein muß. Andernfalls die Konsequenz nicht zu vermeiden wäre, daß man über zurückliegendes Erleben generell zu schweigen hätte. Da aber auch das die Lösung nicht sein kann, bleibt mir folglich nur die Möglichkeit, den Leser um Vertrauen zu bitten. Ich versichere ihm, daß ich die für dieses Buch so wichtige „Innenseite" meiner Entwicklungsgeschichte, das also, worüber letztlich nur ich selbst Auskunft geben kann, nach bestem Wissen und Gewissen darstelle.

Auf der dritten Aussagenebene versuche ich so etwas wie eine Aufarbeitung meiner Vergangenheit. Hier will ich deutlich machen, wie ich meinen damaligen Werdegang mit allem, was auf ihn einwirkte, von meinem heutigen Standpunkt aus einordne und einschätze. Das reicht von Vergleichen zwischen einst und jetzt bis hin zu grundsätzlichen Erwägungen über Bestimmung und Stellung des Menschen in der Welt. In diesem Zusammenhang bringe ich ein Stück Ernte meines fast fünfzigjährigen philosophischen und pädagogischen Nachdenkens und Forschens ein. Wenn man also will, kann man in diesem Buch auch einen Beitrag zur Philosophie und Pädagogik erblicken, allerdings einen solchen in sehr ungewöhnlicher, aber, wie ich hoffe, desto eingängigerer Gestalt. Ist dieser Beitrag doch unmittelbar aus dem konkreten Leben heraus entwickelt.

Für das dabei stattfindende Vergleichen und Abwägen ist ein Maßstab erforderlich, über den schon an dieser Stelle Klarheit geschaffen werden soll. Er liegt für mich im personalen Grundcharakter menschlichen Seins, darin, daß der Mensch im Unterschied zu allen anderen Wesen auf dieser Welt Person ist. Mein Werdegang in der dörflichen Welt von damals wird also letztlich daran zu bemessen sein, in welchem Umfange darin Antriebe und Anreize zu Selbstdenken, Selbstbestimmung und Selbstverantwortung wirksam wurden, Impulse also auf jene Fähigkeiten hin, in denen das personale Wesen des Menschen beschlossen liegt.

Insgesamt wird das Buch durch die drei Ebenen gleichsam mehrdimensional, was es dem Leser erlaubt, bei der Lektüre bestimmte Schwerpunkte zu setzen, also je nach Interessenlage sich entweder mehr auf die historisch-darstellenden Ausführungen der Ebenen eins und zwei oder mehr auf die gedanklich-theoretischen Erwägungen der dritten Ebene zu konzentrieren. Eine gewisse Grundorientierung ist allerdings bezüglich aller drei Ebenen erforderlich, wenn das Anliegen des Buches, so wie es von mir gedacht ist, zur Geltung kommen soll.

Das führt schließlich zu der Frage, warum dieses Buch geschrieben und der Öffentlichkeit vorgelegt wird. Neben dem bereits erwähnten Interesse, das Viehhüten in der Erinnerung wachzuhalten, liegt der Hauptgrund darin, daß diese Kindheit und Jugend einer Lebenswelt angehörten, die aus heutiger Sicht geradezu mittelalterlich anmuten kann, aber in der Westeifel vor kaum einem halben Jahrhundert noch voll wirklich war. Gleichsam über Nacht erfolgte dann ein Umbruch, wie man sich ihn radikaler kaum denken kann und an dem der eingangs erwähnte Abbau des Viehhütens nur eine äußere Randerscheinung darstellt. Es war der abrupte Umschlag von einer in feste Traditionen eingebetteten agrarisch-handwerklichen Lebenswelt in eine Welt der „technologischen Zivilisation“ (Hans Jonas). Damit erhalten meine Hütekindjahre eine Art Endzeitcharakter, der es schon um seiner selbst willen wert ist, nicht der Vergessenheit anheimgegeben zu werden. Hinzu kommt mein Eindruck, daß mir jene Zeit, die ich in einer äußerst sensiblen Phase meiner Entwicklung selbst miterlebt habe, besonders eindringlich in Erinnerung geblieben ist, so daß ich mich auch von daher befugt und ermutigt fühle, diesen Beitrag niederzuschreiben. Ich fühle mich dazu noch um so mehr ermuntert, als aus eigenem Erleben schöpfende Beiträge über die Zeit vor der großen Wende im ländlichen Raum bald versiegen werden, weil die betreffende Generation eine abtretende Generation ist.

Das alles heißt dann auch, daß diejenigen, die in diesem Sinne Rückschau halten, auf ein gerüttelt Maß an menschlicher Daseinsdramatik zurückblikken. Ihr Schicksal war es, in ein und demselben Leben, kurz nacheinander, in zwei Welten angesiedelt zu sein mit der Folge, daß sie kein eigenes Generationsbewußtsein entwickeln konnten, sondern gleichsam Menschen zwischen den Generationen sind. Wie das zu bewerten ist, soll im abschließenden vierten Teil des Buches untersucht werden. Darin liegt ein wichtiger Teilaspekt der für die dritte Aussagenebene vorgesehenen Aufarbeitung der Vergangenheit. Mit dieser Aufarbeitung will ich mir zunächst selbst einen Dienst erweisen, wobei sich zeigen wird, daß ich auf Gutes und Schönes in meiner Kindheit und Jugend zurückblicken kann: auf Anregungen und Erfahrungen, die ich bis auf den heutigen Tag nicht missen möchte. Aber es werden auch solche Erfahrungen zutage treten, die mich in der Rückschau mit Trauer, ja Bitterkeit erfüllen und angesichts derer ich – zum Teil in gewagter Offenlegung meiner selbst – mit Kritik nicht hinter dem Berge halten werde. Das hat weder etwas mit Nestbeschmutzung zu tun noch will ich mich damit interessant machen, vielmehr handele ich im Sinne des Schriftwortes: „Erkennet die Wahrheit, und die Wahrheit wird euch freimachen“ (Joh 8, 32).

Als „existentielle“ Wahrheit für mich will und kann diese Wahrheit nicht ohne weiteres Geltung für andere beanspruchen. Aber was vorhin über den

Wechselbezug zwischen einzelmenschlicher und Epochalgeschichte gesagt wurde, gilt entsprechend auch hier: Individuell und *nur* individuell ist diese Wahrheit doch auch wieder nicht, zumindest scheinen in ihr äußere Gegebenheiten auf, mit denen – im Regelfall – auch andere konfrontiert waren, bis hin zu der Möglichkeit, daß es sich um typische oder exemplarische Erfahrungen handelt. Auf jeden Fall reicht die Basis aus, um den Dienst, den ich mir selbst erweise, auch als Diensterweis gegenüber anderen werten zu können: daß andere sich durch mein Zeugnis angeregt, vielleicht sogar herausgefordert fühlen, nun auch ihrerseits nachdenklich zu werden und sich zu ihrer Vergangenheit in ein angemessenes Verhältnis zu setzen. Ohne die Bereitschaft dazu kann ein menschenwürdiges Zusammenleben nicht sein, wie wir später noch sehen werden.

Mit alledem ersteht in den nachfolgenden Kapiteln ein Bild meiner angestammten Eifelheimat, das von dem üblichen Bild idyllisch-verträumter Dorfromantik in vielen Zügen abweicht. Herausentwickelt aus dem scheinbar so harmlos-selbstverständlichen einstigen Hütedienst, ist es ein Bild mit Licht, aber auch mit dunklen Schatten, gezeichnet von einem, der lange und intensiv genug in das dörfliche Leben eingebunden war und andererseits genug Abstand gewonnen zu haben glaubt, um dieses Leben angemessen darstellen und begründet beurteilen zu können.

In ihrer Außenansicht ist die darzustellende „Geschichte einer Kindheit und Jugend“ also in erheblichem Maße regional gefärbt und gebunden. Doch hoffe ich sie, zumal mit Blick auf die dritte Aussagenebene, zugleich so herauszuarbeiten, daß darin allgemeinmenschliche Bedeutungs- und Fragegehalte aufleuchten. Auf diese Weise könnte und möchte das Buch auch für solche Leser interessant sein, die von der Westeifel noch nie etwas gehört haben. Auf bestimmte Mundartwendungen (moselfränkischer Dialekt) will ich allerdings nicht verzichten, weil darin (in Klammer jeweils – so gut es geht – ins Hochdeutsche übersetzt) Nuancen zum Ausdruck kommen, die in hohem Maße kennzeichnend, aber auf anderem Wege nicht wiederzugeben sind. Im übrigen genügt es, wenn gleich anschließend – gewissermaßen ein für allemal – der Ort des Geschehens und bestimmte Eckdaten vorgestellt werden.

2) Ort und Umstände

Wir wissen es schon: Es ist die Westeifel, in der sich die hier darzustellende Kindheit und Jugend abspielte. Das Dorf, in dem ich geboren und aufgewachsen bin, heißt Niederraden, kommunalpolitisch zum Kreis Bitburg-Prüm, kirchlich zur Diözese Trier gehörig. Das Dorf bildet eine eigene Gemeinde mit damals vierzehn, heute sechzehn Häusern und zwischen siebzig und achtzig Einwohnern, allesamt katholisch. Die Staatsgrenze zum Großherzogtum Luxemburg ist zwölf Kilometer entfernt, die nächste Stadt, Neuerburg (damals noch mit Bahnanschluß), sechs, die Kreisstadt Bitburg neunzehn, und bis zur einzigen größeren Stadt in dieser Region, zur Regierungs- und Bischofsstadt Trier, sind es knapp fünfzig Kilometer. Kirchenrechtlich ist Niederraden Filiale der Pfarrei Utscheid mit eigener Filialkapelle. In diesem gut zwei Kilometer entfernten Pfarrort Utscheid befand sich damals auch die für Niederraden zuständige zwei-, zeitweise dreiklassige Volksschule (für außerdem noch sechs weitere Filialen).

Bis 1940 gab es im Ort ein kleines Lebensmittelgeschäft, damals noch Kolonialwarenhandlung genannt. Für alles andere, schon für ein Glas Bier, war man nach auswärts verwiesen, auf das Pfarrdorf oder das nur einen Kilometer entfernte unmittelbare Nachbardorf, den Straßenknotenpunkt Sinspelt. Hier befanden sich zwei Wirtshäuser und zwei größere (aber immer noch sehr kleine) Geschäfte. An diesem Dorf imponierte mir als Kind besonders, daß dort die großen Postomnibusse auf der Strecke Neuerburg–Bitburg und zurück verkehrten mit Haltestellen an den zwei Wirtschaften.

Das Heimatdorf liegt im Schnittpunkt zweier Täler, die sich hier nach Süden zu einem dritten Tal vereinen, und ebenso vereinen sich hier zwei Bäche, die die beiden Täler durchfließen. Niederraden hat also eine richtige „Flußmündung", damals Anschauungsobjekt für den Heimatkundeunterricht und bis auf den heutigen Tag ein aufregender Ort, wenn bei Schneeschmelze oder nach schweren Gewittern Hochwasser ist.

Umsäumt sind die drei Täler von bis zu 150 Meter über der Talsohle aufragenden schiefersteinernen Bergrücken. Auf ihnen breiteten sich die dünnbödigen Felder aus, auf denen die Menschen jahraus jahrein um ihre oft nur allzu karge Nahrung rangen. Mitunter befand sich hier auch schon das eine oder andere Grasstück, auf dem zunächst „Heu gemacht" wurde und das dann anschließend als Weidefläche zur Verfügung stand. Ebenso verhielt es sich mit den Talwiesen, sofern sie nicht für einen zweiten Schnitt, die sogenannte Grummeternte, aufbehalten wurden. Für die volle Weidesaison standen in der Regel nur die Grasflächen an den Bergabhängen zur Verfügung, bei denen man aber sehr darauf achten mußte, daß sie nicht durch Ginstersträucher und andere Einwüchse in ihrer Nutzbarkeit beeinträchtigt wurden.

Prüm
Neuerburg
Oberraden
Utscheid
Niederraden
Sinspelt
Bitburg
TRIER
Naturpark
(Südeifel)
Echternach
Gerolstein
Waxweiler
Irrel
Kyllburg
Konz
Wasserbillig
Grevenmacher
Junglinster
Diekirch
Vianden

Waren nach der Heuernte andere Weideplätze frei, wollte man als Hütekind mit diesen Hangflächen nicht mehr viel zu tun haben. Weil man zwei Monate lang nur auf sie verwiesen war, hatte man sie „bis oben hin“ satt.

Wie die Felder hatten auch die Weideflächen allesamt eigene Namen. Man wußte also sehr genau, wo die Hütereise hinging, wenn es hieß: *an d'Speer*, *op d'Speer* (in – auf die „Speer“) oder gar *bej Landschend* (bei – nach „Landscheid“), dem am weitesten, fast drei Kilometer entfernten Weideplatz.

Jedes Haus im Dorf hatte Weidevieh und wenn es auch nur eine einzige Kuh war. Vielfach mußten die Kühe zu der Milch, die sie lieferten, noch Gespanndienste leisten, so daß für diese Zugtiere die Weidezeit eingeschränkt und eine zusätzliche Stallfütterung vonnöten war. Übrigens mußte bei dieser Feldarbeit, etwa beim Pflügen, von Zeit zu Zeit eine Pause eingelegt werden, um den Kühen das für sie typische Wiederkäuen zu ermöglichen. Die anderen Artgenossinnen konnten das nach Belieben auf der Weide, meist jedoch im Stall besorgen. Der Mundartausdruck für das Wiederkäuen heißt *iitrijen*, eine sehr treffende Bezeichnung, wenn das Wort, wie ich annehme, auf das lateinische „iterum“, „iterare“ (wieder, wiederholen) zurückgeht.

Die Pause bei der Feldarbeit war auch den Menschen willkommen, man konnte dann, vielleicht sogar mit einem auf dem angrenzenden Acker arbeitenden Nachbarn *en Pejf uumaachen* (eine Pfeife anzünden, wörtlich und im übertragenen Sinne – pausieren, miteinander plauschen).

Von außen gesehen lag das Dorf im tiefsten Frieden da. Höchstens vier- oder fünfmal am Tag (in diesen Jahren aber auch schon!) tauchte auf der – noch lange nicht asphaltierten – Dorfstraße ein Auto auf: der kleine Landpostkraftwagen, das Milchauto, der Arzt mit seinem Auto, ein Angler aus dem Großherzogtum mit Wagen ... An sonstigen „künstlichen“ Geräuschen vernahm man nur das dreimalige Angelusläuten vom Turm der Kapelle auf dem Felsen am Dorfeingang, das helle Klingen eines Schmiedehammers oder das Klappern von Eimern beim Schweinefüttern. Alle anderen Geräusche waren Naturlaute: Kichern und Lachen spielender Kinder, Rufe von Mensch zu Mensch, etwa mit der Aufforderung, zum Essen zu kommen oder, an Kinder gewandt, sich zu einer bestimmten Arbeit, beispielsweise zum Viehhüten, einzufinden, ferner weithin hörbare Tierlaute: Krähen der Hähne, Gackern der Hühner, Bellen der Hunde, Muhen der Kühe, Wiehern der ganz wenigen Pferde, die es im Dorf gab, und vor allem das markerschütternde schrille Quietschen und Schreien der Schweine, wenn ihre Fütterung bevorstand. Und bei diesen Naturlauten nicht zu vergessen: das mitunter stundenlange, talerfüllende Rollen und Donnern eines schweren Gewitters, das an der Bergkette nordwestlich des Dorfes hängengeblieben war.

Der Pfarr- und damalige Schulort Utscheid, zu meiner Zeit noch Outscheid geschrieben (heutiges Bild mit Blick von Südosten).

Kühe als Gespannvieh.

Fürwahr eine Idylle, fast wie in Theodor Storms Heidegedicht: „Kein Klang der aufgeregten Zeit / drang noch in diese Einsamkeit“.

Und doch trog das Bild auch wieder. Es gab im Dorf – bei aller rühmenswerten Friedfertigkeit – durchaus Spannungen bis hin zu lautstark ausgetragenem Streit. Zwar arrangierte man sich in der Regel nach einiger Zeit wieder miteinander, aber zuvor war man häufig sogar auf dem gut zwei Kilometer langen gemeinsamen Weg zur Kirche gegenseitig auf Distanz gegangen. Die eigentlichen Probleme lagen indes sehr viel tiefer, desgleichen der Segen, der vom damaligen Dorf ausging. Davon wird in den nachfolgenden Kapiteln ausführlich zu sprechen sein.

Zum Verständnis bedarf es weiterhin einer Information über meine eigene Familie, bei der die Verhältnisse ebenfalls nicht gerade einfach lagen. In gewisser Hinsicht vereinigte sie zwei Familien in sich. Auf der einen Seite stand mein Onkel mütterlicherseits, 24 Jahre älter als meine Mutter, sie die letzte und er der erste aus einer zwölfköpfigen Geschwisterreihe. Haus und Hof mit 22 Hektar Land gehörten meinem Onkel, der sich mit dieser Betriebsgröße zu der „besseren“ Schicht im Dorf zählen durfte. Nachdem ihm zunächst das einzige Kind und dann auch noch die Frau gestorben war, zog erst eine andere Schwester und wenige Jahre später obendrein meine Familie zu ihm, wobei meine Mutter die Aufgaben der Hausfrau übernahm. Mein Vater war von Beruf Schneider und betreute im Umkreis von fünfzehn Kilometern seine fast ausschließlich auswärtige Kundschaft. Er war normalerweise nur donnerstags abends und von Samstagnachmittag bis montags morgens zu Hause. Die zum Teil recht beschwerlichen Wege zu seinen Kunden legte er jeweils mit dem Fahrrad zurück. Zu Spitzenzeiten beim landwirtschaftlichen Arbeitsanfall half er aber daheim aus.

In diesem Anwesen wurde ich 1929 als viertes Kind meiner Eltern geboren, vor mir waren zwei Schwestern und ein Bruder (der 1944 an der russisch-deutschen Südfront in Rumänien verschollen ist), nach mir kamen noch ein weiterer Bruder und eine weitere Schwester. Ferner wuchs mit uns in diesem Hause ein Pflegekind meines Onkels auf, und um das Maß vollzumachen, zog Mitte der dreißiger Jahre noch eine weitere Tante aus der mütterlichen Geschwisterreihe zu uns. Wegen Erkrankung hatte sie ihre Stellung als Pfarrhaushälterin aufgeben müssen; sie starb im Jahre 1938.

Zeitweilig lebten also bis zu zwölf Personen in meinen jungen Jahren in meinem Elternhaus zusammen, Menschen, die nicht immer einer Meinung waren, sich aber um des Wohles aller willen immer wieder zurücknahmen. Vor allem meine Mutter hat in diesem Kräftefeld Großtaten an selbstlosem Ausgleich vollbracht. Besonders zu meinem Onkel hin, der in allen betrieblichen Angelegenheiten das Sagen hatte, gab es Spannungen. Sie hatten zur Folge, daß ich diesen Mann hoch geachtet, aber nie eigentlich geliebt habe.

Das war noch um so weniger der Fall, als er in religiöser Hinsicht eine so puritanisch-harte Linie vertrat, daß selbst an hohen Festtagen keine unbeschwerte Feiertagsfreude in unserm Haus aufkommen wollte. Aber immerhin hatten wir Kinder noch unsere Eltern, die manches beisteuerten und anderes abmilderten, ohne allerdings das Grundgefüge aufzubrechen oder auch aufbrechen zu können oder zu wollen.

Dieser zwar nicht generationsmäßig, aber von der Mitgliederzahl her ohne weiteres als Großfamilie klassifizierbare Familienverband war also der erste und innerste Lebenskreis, in dem ich mich bewegte – mit frühen Kontakten zu Nachbarn und zum Dorf. Mit meinem Eintritt in die Volksschule im Alter von sechs Jahren erweiterte sich dieser Lebenskreis auf die Pfarrei und die unmittelbar angrenzenden Nachbardörfer. Ab dem zwölften Lebensjahr wurde mit meinem Übertritt ins Gymnasium auch die Kreisstadt Bitburg in meinen Erfahrungs- und Lebensbereich miteinbezogen, wobei sich auf der Oberstufe des Gymnasiums auch Fäden zur Bischofs- und Regierungsstadt Trier knüpften. Nach meinem Abitur 1948 führte mich mein Weg zu den Universitäten Mainz und Bonn mit Doktorexamen 1954 in Mainz. Seit 1957 lebe ich in Landau in der Pfalz. Dort wurde ich 1957 zunächst Dozent an der Pädagogischen Akademie, 1965 Professor an der Pädagogischen Hochschule, 1971 ordentlicher Professor an der Erziehungswissenschaftlichen Hochschule und 1990 Universitätsprofessor an der Universität Koblenz–Landau, jeweils mit Lehrauftrag für die Fachgebiete Philosophie und Pädagogik.

Seit 1957 bin ich mit der Zahnärztin und Zahnarzttochter Ursula geb. Pütz aus Irrel (ebenfalls Kreis Bitburg-Prüm) verheiratet; wir haben zwei Söhne im Alter von 34 und 30 Jahren.

Soll nun dieser überblickartige Aufriß, soweit er meine Jugendjahre betrifft, vom Viehhüten her entfaltet und mit Leben erfüllt werden, so muß der erste Blick der technisch-organisatorischen Seite des Hütedienstes gelten. Bevor anderes zur Sprache kommt, ist zunächst ganz einfach zu klären: Was ist mit Viehhüten gemeint, wie ging es dabei zu, welche Aufgaben hatte ich auf der Hütewiese wahrzunehmen?

I. Teil
Von der Mühsal des Viehhütens

1. Kapitel: Viehhüten als Wachdienst

1) Weidebetrieb

Grundlage für das Viehhüten war eine bestimmte Erwerbs- und Wirtschaftsordnung, die in langer Traditionsfolge in der Westeifel bis in die fünfziger Jahre bestanden hat. Weitaus die meisten Menschen lebten dort von Ackerbau und Viehzucht, wobei die Futtervorräte für eine Stallfütterung des Milchviehes nur vom Herbst bis zum Frühjahr reichten. Folglich mußten die Kühe und größeren Rinder das Sommerhalbjahr über auf die Weide getrieben werden. Das geschah von dem Zeitpunkt an, da auf bestimmten für die Heubevorratung nicht geeigneten Wiesen der Frühjahrsgraswuchs eine weidefähige Höhe erreicht hatte, normalerweise so um den 1. Mai herum. Der Austrieb erfolgte zweimal am Tag, morgens und am späteren Nachmittag, bei kühlem Wetter am Nachmittag etwas früher, bei heißem etwas später, so zwischen vier und fünf Uhr. Über die Mittagsstunden war das Vieh im Stall, mit Ausnahme allerdings der letzten Weidewochen im Herbst, etwa ab Ende September, wenn die Tage schon erheblich kürzer und morgens die Wiesen mitunter schon mit Rauhreif bedeckt waren. Jetzt wurde das Vieh nur noch einmal am Tag auf die Weide getrieben, und zwar gleich nach dem Mittagessen, bis dann um Allerheiligen herum der Weidebetrieb gänzlich zum Erliegen kam. Gemolken wurde zweimal am Tag – von Hand, des Morgens in der Frühe und am Abend, jeweils im Stall.

Bezüglich der Stückzahl des Weideviehes gab es von Haus zu Haus erhebliche Unterschiede. Größere Betriebe, die jedoch in dieser Region sehr selten waren, brachten es auf stattliche Herden von fünfzehn und mehr Stück, dann folgten relativ viele mittlere und kleinere Betriebe mit Kopfzahlen von sechs bis zehn und schließlich eine beträchtliche Anzahl von Klein- und Kleinstlandwirten, deren Bestände noch darunter lagen. Mitunter konnte man nur eine einzige Kuh sein eigen nennen, die dann, mangels eigener Weidefläche, am Strick zum Grasen an die im Besitz der Gemeinde befindlichen Wegränder geführt wurde.

Meine Herde gehörte zu den mittelgroßen, zwischen sieben und zehn Stück schwankend, groß genug, um die Hilfsdienste eines Hundes zu rechtfertigen.

Aber – so ist man heute geneigt zu fragen – wozu brauchte man bei den beschriebenen Verhältnissen Hütepersonal, wo man doch die Weideflächen hätte einzäunen können, wie es inzwischen längst geschehen ist? Nein, ein Einpferchen fand damals nicht statt; das Vieh wurde nicht nur aus- und zurückgetrieben, es mußte auch gehütet werden. Ein wichtiger Grund dafür lag in den Anschaffungskosten für die Zäune – Bargeld war damals in der Westeifel Mangelware. Man glaubte sich diese Kosten um so eher ersparen zu können, als es ja seit Menschengedenken auch ohne Einpferchung gegangen war, einfach weil „irgenwie“ immer jemand für den Hütedienst zur Verfügung stand. Und da fiel nun einmal der Blick in erster Linie auf die Kinder, deren es damals – nach heutigen Maßstäben gerechnet – in den Dörfern geradezu „unendlich“ viele gab. Näherhin handelte es sich um die Schulkinder, um Buben sowohl wie Mädchen. Kindern im Vorschulalter konnte man einen solchen Dienst noch nicht zumuten, und Jugendliche, die die Schulzeit hinter sich hatten, wurden zunehmend bei den Arbeiten der Erwachsenen gebraucht.

Aber mit den Schulkindern hatte es das Problem, daß sie vormittags eben in der Schule waren – Ganztagsunterricht, also Unterricht am Vor- und Nachmittag, war in dieser ländlichen Region unbekannt. Um den schulbedingten Ausfall am Vormittag möglichst in Grenzen zu halten, begnügte man sich auf dem Lande bis weit ins 19. Jahrhundert hinein mit einer Schulpflicht nur für die Wintermonate (nachdem eine allgemeine Schulpflicht, die nicht nur verkündet, sondern auch in die Tat umgesetzt wurde, überhaupt erst Ende des 18./Anfang des 19. Jahrhunderts Gestalt gewonnen hatte). Als sich diese Regelung dann nicht mehr durchhalten ließ, wurden bis in die fünfziger Jahre unseres Jahrhunderts die Sommerferien in den Landgemeinden so aufgeteilt, daß die Schulkinder wenigstens zu den Spitzenzeiten der Landarbeit ganztägig zur Verfügung standen. Da gab es Heu-, Getreide- und Kartoffelferien, die also für die Landkinder nicht einfachhin Ferien waren, sondern eine Freistellung für Dienstleistungen zu Hause, die möglicherweise noch schwerer lasteten als die Schularbeit, in erster Linie für das Viehhüten auch am Vormittag. Die andere Zeit über, in der keine Ferien waren, mußten Erwachsene den vormittäglichen Hütedienst übernehmen.

Bei allem Kinderreichtum gab es aber auch damals Häuser ohne Kinder, in denen man sich also bezüglich des Viehhütens nach Ersatzlösungen umsehen mußte. Eine solche lag in der Mithilfe älterer Familienangehöriger, soweit sie noch hinreichend des Gehens fähig waren. Eine andere Möglichkeit bestand darin, aus einem Haus, in dem Kinder „überzählig“ waren, einen sogenannten Kuhjungen (mundartlich *Keehjung*) zu dingen oder auch aus einem Heim einen Waisenjungen ins Haus aufzunehmen. In aller Regel kamen diese Kinder aus sehr ärmlichen Verhältnissen ohne Anspruch auf förmliche Entlohnung. Meist hatte es damit sein Bewenden, daß ihnen ausreichendes Essen – manchmal in einer Ecke der Küche serviert –, ein halbwegs warmes Bett und eine bescheidene Kleidergabe geboten wurden. Eine zusätzliche Entlohnung in Geld, wo es denn eine solche gab, war ohnehin nicht für die Kinder bestimmt, sondern für deren Eltern, selbst wenn der

Weidevieh in der Eifel heute.

In der Mitte hinten am Saum des Waldes mein am weitesten entfernter Weideplatz Bej Landschend.

Vater das Geld am Sonntag in der Wirtschaft vertrank. Nicht selten dingte man aber auch Halbwüchsige, die die Schule gerade eben verlassen hatten. Auf sie konnte man ganztägig zurückgreifen, und zugleich konnte man sie als Knecht beziehungsweise Magd einsetzen, oft genug bei Arbeiten, die den Tatbestand schwerer Ausbeutung erfüllten. Selbst direkte körperliche Mißhandlung war nicht ausgeschlossen; sie reichte von Ohrfeigen über Fußtritte bis hin zu Peitschenhieben. Es ist traurig, aber wahr: So mancher Junge, der nur wenige Jahre später den sogenannten „Heldentod für Führer, Volk und Vaterland“ sterben mußte, hatte vorher schon in seiner Heimat ein Martyrium durchlebt.

Den Kuhjungen gab es übrigens mitunter auch in Häusern, die zwar eigene Kinder hatten, wo man diese aber „schonen“ wollte und das auch konnte, weil man über die entsprechenden materiellen Voraussetzungen verfügte. Hier war der Hütejunge dann Statussymbol für die Zugehörigkeit der betreffenden Familie zu einer gehobenen Klasse der Dorfbevölkerung.

Wie man sieht, war das Viehhüten schon von den äußeren Bedingungen her eine eigene und komplizierte Sache. Wenn dabei bislang von Hütekindern meist in der Mehrzahlform gesprochen wurde, so darf das nicht zu dem Mißverständnis führen, als seien sie bei ein und derselben Herde in der Mehrzahl vertreten gewesen. Zu jeder Herde gehörte vielmehr grundsätzlich nur ein Hütekind. War noch ein jüngeres Geschwister oder auch ein Nachbarskind dabei, so galt das als zufällig und hatte keine Auswirkung auf Zuständigkeit und Verantwortung. Zu einer Kompetenzverteilung kam es nur bei besonderen Anlässen, etwa beim ersten Austrieb im Frühjahr.

Schon, ja gerade dieser erste Austrieb war nicht Spiel, sondern Arbeit. Der monatelange Stallaufenthalt während der Winterpause hatte bei den Kühen und Rindern die Erinnerung an die eingeübten Zugangswege zu den Weideflächen verblassen lassen, und zudem war oft Jungvieh dabei, das die Wege zum erstenmal ging und auch mit dem Gehen in der Herde Schwierigkeiten hatte. So kam es immer wieder zu Ausbrüchen, Verzögerungen und Beschleunigungen innerhalb der Herde, die bei größeren Herden solche Ausmaße annehmen konnten, daß zwei oder gar drei Betreuer erforderlich waren. Mitunter mußten sogar Erwachsene mithelfen und ein neueinzuübendes Rind am Strick auf die Weide führen. Besonders ungebärdigen Exemplaren kam man auf die Weise bei, daß man ihnen eine Kette um den Hals legte, an der unten, etwas herabhängend, ein Holzscheit befestigt war. Bei größeren Sprüngen schlug das Holzscheit (mundartlich *Kniewel*) gegen die Vorderbeine und erzwang so eine gemäßigtere Gangart.

War zur selben Zeit auf demselben Weg noch eine weitere Herde unterwegs, so drohte das, was das Trauma aller Hütekinder war: daß die Herden sich vermischten und in wilde Zweikämpfe miteinander gerieten. Diese

Gefahr drohte auch auf der Weide selbst, wenn zwei oder gar drei Herden auf unmittelbar benachbarten Grundstücken grasten. Das Ergebnis solcher Kämpfe waren immer wieder abgestoßene Hörner, die Verbände erforderlich machten und den Hütekindern den Tadel einbrachten, sie hätten nicht genug aufgepaßt.

Es konnte Kinder schon betroffen machen, wenn Kühe, für die man Namen hatte und die im Stall die Sanftmut selbst zu sein schienen, auf einmal so außer Rand und Band gerieten. Sie muteten plötzlich ganz fremdartig an, die Ahnung erweckend, daß sie nicht nur eine dem Menschen zugewandte Seite hatten, sondern auch eine für sich selbst, wo sie vor urtümlicher Lebensenergie strotzten.

Erschwert war der Hütedienst bei Weidebeginn gelegentlich auch dadurch, daß die zur Verfügung stehende Weidefläche nur etappenweise zum Abweiden freigegeben wurde. So wollte man verhindern, daß durch allzu weitläufiges Herumstreunen des Viehes ein Teil des im vollen Saft stehenden Graswuchses niedergetrampelt wurde. Dieses frische Gras hatte zudem die Tücke, daß es bei zu reichlichem und gierigem Verzehr wahre Verdauungsrevolutionen hervorrufen konnte: einen Stuhlgang, der eher einem Wassergang ähnlich sah und eine erhöhte Distanz vom hinteren Kuhende gebot. Also war es ratsam, durch engumgrenzten Weideraum das Vieh zum Verzehr auch des unteren, weniger safthaltigen Teiles der Grasnarbe zu zwingen. Aber wieviel Aufmerksamkeit und Mühe war dazu bei einer größeren Herde erforderlich! Kaum hatte man an der einen Stelle einen Übergriff abgewehrt, war an anderer Stelle schon der nächste fällig. So blieb man stundenlang auf Trab, zumal ja auch noch die Grenzen zu den Nachbargrundstücken beachtet werden mußten. Hier ging es meist um anderer Leute Eigentum mit noch wesentlich gesteigerter Hüteverpflichtung.

Ganz ohne Schadenszufügung ging es praktisch nie. Zumindest im Hoch- und Spätsommer, wenn Stechmücken, insbesondere Wespen, dem Vieh zusetzten, kam es zu grenzüberschreitenden Eskalationen, die Spuren hinterließen. Es begann damit, daß eine Kuh auf der Stelle zu stampfen anfing, um schon im nächsten Augenblick den Schwanz in die Luft zu erheben. Abermals nur Augenblicke später taten es ihr andere gleich, ob nun ebenfalls von Stechmücken oder vom Verhalten der Artgenossin angestachelt. Dann ein Sprung, und schon stob die Meute los, als wäre sie vom Teufel geritten. Die Jagd ging über die Wiese, aber leider auch in benachbarte Runkelrüben-, Kartoffel- und Getreidefelder hinein. Alles Schreien, Nachlaufen, ja selbst der Einsatz des Hundes schien bei diesem *Bésellen* (so der Mundartausdruck) vergeblich zu sein. Der Sturm kam erst zum Stehen, wenn die solcherart Aufgescheuchten ihre Plagegeister abgeschüttelt zu haben glaubten, und dann ließen sie sich auch ohne Schwierigkeit wieder auf den Weideplatz zurücktreiben. Aber die Schäden blieben: zertretene Kartoffelpflanzen, ausgestoßene Runkelrüben, Schleifspuren in hochaufgeschossenem Gras, in Klee- und Getreideäckern. Selbst wenn das alles wie ein Schicksal abgelaufen war, erhob sich in der Seele des Hütekindes ein dumpfer Anhauch von schlechtem Gewissen, eine Art Über-Ich, das bei allem, was im Hütedienst schieflief, die Schuld zuerst bei ihm, dem Kind, suchte.

Erst recht war das der Fall bei offensichtlicher Nachlässigkeit, die bis zu dem Punkt reichen konnte, daß Kinder für eine Weile auf der Wiese einschliefen und das Vieh sich selbst überließen. Wehe, wenn es dann zu einem längeren Ausflug in ein im vollen Saft stehendes Rotkleefeld kam. Die Tiere verschlangen den jungen Klee mit Heißhunger und in solcher Hast, daß mit dem Klee auch eine Menge Luft in sie hineingelangte. Zudem ging der Klee im Leib in Gärung über, je feuchter er war um so mehr, erst recht, wenn sich an die Kleemahlzeit noch ein Gang zur Tränke anschloß. Als Folge davon kam es immer wieder vor, daß sich der Leib der einen oder anderen Kuh zu überdimensionalem Umfang aufblähte. *D'Kooh as deck* (die Kuh ist dick), hieß es dann, eine Feststellung, die heraufziehende Lebensgefahr und für das Hütekind die höchste Alarmstufe signalisierte. Wurde nämlich gegen das sich ausbreitende Gas-Luft-Gemisch nichts unternommen, konnte dieses den Herztod der Kuh herbeiführen.

Also versuchte man, die betreffende Kuh nach Hause zu treiben, zur Not, wenn keine Aushilfe erreichbar war, mit der ganzen Herde. Dann mußten Leute herbeigerufen werden, die mit den erforderlichen Maßnahmen vertraut waren. Einer hielt die Kuh an einem halfterartig geknoteten Strick fest, während zwei andere den aufgedunsenen Leib von beiden Seiten mit angefeuchteten Strohstriegeln kräftig abrieben. Blieb der dadurch erhoffte natürliche Abgang der Gase aus, so versuchte man es zusätzlich mit Einläufen und – als letzter Stufe einer „konservierenden" Behandlung – damit, daß der Kuh ein zuvor in Jauche getauchter Strohknebel ins Maul gepreßt wurde. Auf diese Weise sollte Stuhlgang oder Erbrechen ausgelöst werden, ein weiterer Versuch also, der Kuh auf natürlichem Wege Erleichterung zu verschaffen.

Aber nicht selten erscholl schon während dieser Prozedur der Schreckensruf: *Se fällt, se fällt!* (sie fällt), dann nämlich, wenn die Kuh zu schwanken anfing und vorne auf die Knie niedersank. Jetzt blieb als letzte Rettungsmaßnahme nur noch ein – im buchstäblichen Sinne „einschneidender" – chirurgischer Eingriff übrig. Ein beherzter Mann griff zum Messer und vollführte unter energischem Zuschlagen einen Stich in den Pansen der Kuh. Dieser Stich erforderte Kraft, denn die dicke Haut war gar nicht so leicht zu durchstoßen, und er erforderte zielgenaue Geschicklichkeit. Wurde nämlich noch ein anderes Organ getroffen, mußte man zur Notschlachtung schreiten.

Aber auch mit dem Pansenstich allein war es noch nicht getan. Der Einschnitt mußte gedehnt und für das Entweichen der Gase offengehalten werden. Zu diesem Zweck schnitt man eilends ein Holunderstäbchen zurecht, entfernte die Schale und drückte mittels eines Bolzens das Mark heraus. So entstand eine Kanüle, die unverzüglich in die Wunde eingeführt wurde. Stellte sich dann ein kräftiges Zischen ein, durfte die Kuh normalerweise als gerettet gelten, allerdings um den Preis, daß sie für längere Zeit erheblich geschwächt war. Mitunter kam aber alle Hilfe zu spät, so daß als Ausweg nur noch die Notschlachtung blieb, kommentiert mit dem Satz: *D' Kooh as gebascht* (die Kuh ist „geborsten").

Ähnliche Probleme traten übrigens auf, wenn eine Kuh eine Kartoffel, einen Apfel oder eine Birne zu schlucken versuchte und die Frucht im Hals stecken blieb.

Für das Hütekind, das den Schaden verschuldet hatte, wurde die Szene zum Tribunal, wie wir noch sehen werden. Ich selbst war drei- oder viermal bei einer solchen Rettungsaktion zugegen, ohne daß ich aber eine Notschlachtung mitansehen mußte oder meine eigene Herde betroffen war. Diese blieb über all die Jahre hinweg von Unheil dieser Art verschont. Um so unbeschwerter konnte ich in kindliches Nachsinnen darüber versinken, warum die Kühe sich so gierig auf den Klee stürzten, wo dieser für sie doch so gefährlich war. Handelte es sich da noch um dieselben Kühe, die Giftpilzen, Herbstzeitlosen und anderen unbekömmlichen Gewächsen so traumsicher aus dem Wege gingen? Setzte also in diesem Falle nicht die ihnen innewohnende Steuerung aus, möglicherweise sogar aufgrund einer Lücke in der göttlichen Schöpfungsordnung, von der es doch im Religionsunterricht hieß, daß sie weise und gut und vor allem vollkommen sei?

Die Frage wurde nicht leichter, wenn ich auf die Menschen hinblickte und feststellen mußte, daß auch ihnen das Maßhalten nicht gerade auf den Leib geschrieben war. Ich dachte etwa an die Kirmes, wenn Betrunkene lallend und gröhlend durch die Nacht nach Hause wankten und mir durch ihr Gebaren Angst und Schrecken einjagten. Das stand mir alles natürlich noch nicht in präziser Frageform vor Augen, aber meine Betroffenheit ist im Zusammenhang dieses Buches ein erster Beleg dafür, wie sich am Viehhüten und durch dieses hindurch Nachdenklichkeit in mir entzündete. Später lernte ich, zwischen dem instinktgesteuerten Verhalten der Tiere, also auch meiner Kühe, und dem eigenverantwortlichen Handeln des Menschen zu unterscheiden. Zugunsten der geblähten Kühe und damit auch des göttlichen Weltregiments läßt sich von daher geltend machen, daß der Mensch diese Tiere durch Zähmung und Züchtung aus so manchen natürlichen Sicherungen herausgerissen hat. Letztlich ist es also dem Menschen anzulasten, wenn bei ihnen die Steuerung seitens der Natur mehr oder weniger aussetzt. Und

Oben: Haferernte 1935. Im Hintergrund die Berge und Schluchten zur Nachbarfiliale Oberraden hin. Als Zugtier hatten wir zunächst ein Pferd („Fuchs“, rechts), das 1937 Unterstützung durch einen Ochsen erhielt und 1939 durch eine Koppel Ochsen abgelöst wurde. Solange „Fuchs“ allein war, wurde er für die Mähmaschine und gelegentlich auch sonst mit dem Pferd (ebenfalls „Fuchs“) eines zweiten Onkels im Dorf zusammengespannt. Die beiden Familien waren dann gemeinsam im Arbeitseinsatz, wie auf dem Bild zu sehen.

Unten: Heuwenden: Onkel, Tante, Vater und meine Schwester Sanny.

demgegenüber nun die Fehlsteuerungen beim Menschen, seine Maßlosigkeit im Essen und Trinken, seine schädigenden Eingriffe in die Natur und gegenüber seinesgleichen?

Hier enthüllte sich mir je länger, je mehr das Geheimnis der menschlichen Freiheit, die sehr wohl auch eine Freiheit zum Bösen ist. Es handelt sich um eine Enthüllung, in der deutlich wird, daß da etwas zutiefst Unenthüllbares bleibt: eben die Freiheit, der Grund, warum sich ein Mensch so und nicht anders entschieden hat. Gewiß sind dabei sogenannte Motive wirksam, aber eben auch „nur" Motive, die zwar fordern, aber nicht zwingen, also von sich aus das Handeln nicht bestimmen. Und nicht minder bleibt unenthüllbar, wie diese Freiheit mit einem allmächtigen Schöpfergott zusammengedacht werden kann. Ist dieser noch allmächtig, wenn der Mensch ihm zuwiderhandeln kann beziehungsweise der Mensch noch frei, wenn nichts gegen den Willen Gottes geschehen kann?

Geblähte Kühe und betrunkene Kirmesheimkehrer – nicht ohne Grund machten sie mich betroffen und nachdenklich.

2) Exkurs über Erziehung

Es verstand sich damals nahezu von selbst, daß Unachtsamkeit und Nachlässigkeit mit Zurechtweisungen und Strafen geahndet wurden. Dabei ging es häufig recht laut und derb zu, zumal Strafe fast ausschließlich als Prügelstrafe verstanden und praktiziert wurde. Nach heutiger Einschätzung gingen die Strafen allzu oft weit über das vertretbare Maß hinaus. Sie orientierten sich vorwiegend am Schaden und weniger, viel zu wenig, am Empfinden und den Handlungsimpulsen des Kindes. Wer wollte denn schon als Erwachsener noch etwas von der „unendlichen" Müdigkeit wissen, die Kinder auf der eintönigen Wiese überkommen konnte, und überhaupt davon, wie sehr Kinder es erst lernen müssen, mit den Rechts- und Ordnungsvorstellungen der Erwachsenen zurechtzukommen.

Hier zeigt sich dasselbe Unverständnis, das uns in besonders krasser Form schon im Verhalten mancher Dingherrn gegenüber ihren Kuhjungen begegnet ist. Legt man dieses Unverständnis und das darin gründende Verhalten pädagogisch aus, so sieht man sich jener Erziehungsform gegenüber, die wir heute als autoritär bezeichnen. In der Tat kann kein Zweifel daran bestehen: Das Verhältnis der Erwachsenen zur jungen Generation, nicht zuletzt zu den Hütekindern, war damals in dieser Region weithin autoritär und damit durch eine Erziehung gekennzeichnet, die der in diesem Buch zugrundegelegten personalen Sicht- und Einschätzungsweise strikt zuwiderlief. Da wir es mit diesem autoritären Erziehungsstil auch weiterhin zu tun haben werden, empfiehlt es sich, ihn gleich hier in seinen Grundmerkmalen zu kennzeichnen. Autoritäre Erziehung ist eine Erziehung, die peinlich genau zwischen oben und unten, maßgebend und zu Gehorsam verpflichtet unterscheidet. Unten stehen nach dieser Einschätzung die Kinder, die als Kinder nicht schon etwas sind, sondern erst etwas werden sollen, und zwar nach Maßgabe der Erwachsenen. Dabei waren in der damaligen Situation auch die Erwachsenen in hohem Maß von außen bestimmt: durch Sitte und Brauchtum und insbesondere durch die Anweisungen der Kirche, die als absolut verbindlich galten. Es ging kaum darum, sich in das Kind hineinzuversetzen, mit ihm mitzudenken und mitzufühlen, geschweige darum, daß nicht nur die Kinder von den Erwachsenen, sondern auch die Erwachsenen von den Kindern lernen sollen. Vielmehr stand im Mittelpunkt eindeutig die Anpassung an die von oben verkündeten Glaubenssätze, Verhaltensnormen und Lebensmuster.

Begründet wurde diese Erziehung damit, daß es auf die richtige Ausrichtung des Menschen ankomme. Sei diese gegeben, dann stelle sich alles andere von selbst ein. Aber inzwischen wissen wir, was aufgeschlossene Pädagogen schon immer wußten: daß ein solches Aufprägen von Lebensformen und Lebenseinstellungen fatale Folgen nach sich ziehen kann, vor allem dann, wenn es, wie den Hütekindern gegenüber immer wieder geschehen, auf direkte Zwangsmittel zurückgreift. Der junge Mensch wird dann daran gehindert, in sich selbst zu eigenem Urteil und eigener Entscheidung, zu Selbstvertrauen und Selbstwertgefühl heranzureifen. Er wird dazu verleitet, immer nach oben zu schauen, auch auf die Gefahr hin, daß von dort höchst unmenschliche Direktiven an ihn ergehen. Wer einer solchen Erziehung unterliegt, gelangt nur schwer dazu, mit sich selbst einverstanden zu sein; immer wieder geht die Sorge mit ihm um, ob er denn auch wirklich alles erfüllt, was von ihm verlangt wird. Auf diese Weise breitet sich Unsicherheit in ihm aus, die sich zu bleierner Lebensangst verdichten kann. Oft genug setzt sich diese Angst in das spätere Leben hinein fort, zumindest hemmt sie, was ohne sie viel leichter zu erreichen wäre: daß ein Mensch Profil gewinnt und zu schöpferischer Eigenkraft gelangt, die er sowohl zum eigenen wie zum Wohl seiner Mitmenschen einsetzen kann. Kurz, seine personalen Grundkräfte bleiben unterentwickelt. Vielleicht kommt es – unter diesem Gesichtspunkt betrachtet – nicht von ungefähr, daß die Eifel nur verhältnismäßig wenige Menschen hervorgebracht hat, die zu geistigen und gesellschaftlichen Spitzenpositionen aufgestiegen sind.

Ganz gewiß gab es damals auch in der Eifel genug Menschen, die ihren Kindern von Herzen zugetan waren. Aber selbst wenn das in solchem Maße der Fall war wie bei meinen eigenen Eltern, blieb – inmitten einer autoritär strukturierten Lebenswelt – ein autoritäres Grundgefüge erhalten, aus dem man weder ausbrechen konnte noch wollte.

Die Folge waren Vorgänge wie dieser, der uns wieder zum Viehhüten zurückführt. Ich war elf Jahre alt, als ich eines Tages auf meinem Weideplatz von einem Nachbareigentümer mit der Beschuldigung angegangen wurde, ich hätte meine Kühe an die Heuhaufen (*Hoopen*) herangelassen, die einige Tage zuvor auf seiner Wiese aufgeschichtet waren und die er inzwischen nach Hause gebracht hatte. Ich glaubte den Vorwurf mit gutem Gewissen zurückweisen zu können, woraufhin der Mann mir (beziehungsweise meiner Familie) den Gendarm und schließlich das Gericht androhte.

Die Vokabeln „Gendarm“ und „Gericht“ taten ihre Wirkung. So vertraut sie mir auch längst waren, so wenig hatte aber das mit ihnen Gemeinte bisher einen direkten Bezug zu mir. Indem nun ein solcher Bezug plötzlich im Raume stand, sah ich mich augenblicks einer ganzen Welt obrigkeitlicher Macht und Vollkommenheit gegenüber, vor der ich mich, wie ich meinte, in jedem Fall schuldig zu fühlen hatte. Ich erzählte den Vorfall meinen Eltern, die um Trost nicht verlegen waren. Ich solle mir nichts daraus machen; der Mann sei doch unter dem Uznamen *Giensmännchen* (Ginstermännchen) als harmloser Sonderling bekannt. Aber wie gut der Zuspruch auch gemeint war, er konnte nicht verhindern, daß ich mich in meinem Inneren vor ein Gericht gestellt sah. Und selbst wenn dieses Gericht mich für diesmal freisprechen sollte, würde es ganz gewiß andere Vergehen aufdecken, die meine Lage nur noch verschlimmern könnten.

Die Angst, die so für einige Tage (und Nächte!) mit mir umging, hatte ihren Grund sicher (mit) darin, daß ich von der Obrigkeit viel und von mir selbst nur sehr wenig hielt und daß ich diese Obrigkeit auch meinen Eltern noch weit überlegen glaubte. Immerhin konnte ich es wagen, mit meinen Eltern über meine Angst zu sprechen, was damals keineswegs selbstverständlich war und sich bezüglich anderer Ängste, wie wir noch sehen werden, auch in meiner Familie nicht durchhielt. Aber wie belastend solche Angst auch war, sie wurde von denen, die sich für die richtige Ausrichtung des Lebens verantwortlich glaubten, vielfach gar nicht zur Kenntnis genommen. Mit an der Spitze stand dabei, wie gesagt, die Kirche, deren damalige Seelsorgepraxis im nachhinein sogar den Eindruck erwecken kann, als sei ihr die Angst willkommen gewesen, ja als habe sie diese noch bewußt gefördert gemäß der Devise: Je unsicherer sich das Kind fühlt und je mehr es sich als sündhaft vorkommt, um so eher und bedingungsloser ist es bereit, das von höheren Orts her Verfügte anzunehmen und in die Tat umzusetzen. Jedenfalls sind mir entsprechend klingende Redeweisen bis auf den heutigen Tag im Ohr geblieben. So berief man sich auf das Sprichwort: „Wer sein Kind liebt, der züchtigt es“; man sprach vom kleinen Teufelchen, das in jedem Kind stecke, und davon, daß dem Kind der Wille gebrochen werden müsse. Ja, man schreckte selbst vor der äußersten und furchtbarsten Drohung, die sich den-

Das am nächsten gelegene Nachbardorf, der Straßenknotenpunkt Sinspelt heute.

Erntewagen mit „Fuchs", Onkel, meiner Schwester Käthi und Besuch aus Kleve (1934).

ken läßt, nicht zurück: *Daan kenns dou an d' Hell* (dann kommst du in die Hölle).

Nicht in allen Fällen trat diese Angst als Angst zutage. Viele, vor allem Buben, versteckten sie in Aggressivität, ja arbeiteten sie, wenn der Druck zu stark wurde, in gegenläufiger Wirkweise zu skrupelloser Gefühlskälte und Roheit um. Aber wie hartgesotten und abgebrüht sie dann auch auftraten, diese Fühllosigkeit war ihnen nicht in die Wiege gelegt worden. Sie wurden böse, weil sie im Übermaß Böses ertragen mußten. Und es waren nicht eben wenige Eifelkinder, die damals in diesem Sinne böse waren; ich denke nur an die erbarmungslosen Schlägereien, die sie untereinander austrugen, oder auch an die vielen Grausamkeiten, die sie Tieren zufügten, sogar den eigenen Haustieren.

Was Maßgeblichkeitsanspruch und Maßgeblichkeitsnimbus betrifft, konnten sich Kirche und Staat durchaus die Hand reichen. Trotz vierzehn Jahren Demokratie in der 1933 zu Ende gegangenen Weimarer Republik waren die Leute vom Dorf nach wie vor obrigkeitsstaatlich ausgerichtet. Wer ein Amt bekleidete, durfte entsprechend dem Gewicht dieses Amtes davon ausgehen, daß ihm auch entsprechend mehr Verstand und Kompetenz zugetraut wurde, verbunden mit einem darauf abgestimmten Ehrerweis. Wie echt oder unfrei dieser Ehrerweis sein mochte, er schloß die Überzeugung ein, daß auch im staatlich-politischen Raum zu allererst Ordnung (!) herrschen müsse . . . Es versteht sich von selbst, daß eine solche Einstellung der NS-Diktatur in die Hände arbeitete, selbst dort, wo man ihr formell abschwor – dieser Diktatur, in der nun erst recht von oben her angeordnet und verordnet wurde.

Mit alledem ist ein Erziehungsbogen umrissen, unter dem das Verhalten der Erwachsenen gegenüber den Hütekindern einen Teilbereich darstellt, allerdings einen sehr bedeutsamen Teilbereich, wenn man auf die viele Zeit hinblickt, die der Hütedienst in Anspruch nahm, und die hohe Verantwortung, die den Kindern dabei oblag. Unsere Überlegungen gingen von den Zurechtweisungen und Strafen aus, denen die Hütekinder bei Nachlässigkeiten und Verfehlungen ausgesetzt waren und von denen deutlich werden sollte, daß sie nicht nur in persönlicher Willkür, sondern zugleich in einem allgemein üblichen Erziehungsstil gründeten. Dabei darf aber die hier geäußerte Kritik nicht den Eindruck erwecken, es werde nun einer sogenannten anti-autoritären Erziehung das Wort geredet. Erziehung bleibt unaufhebbar an Forderungen, Gebote und unter Umständen auch an Strafen gebunden, nur muß sie ihr Fordern, Gebieten und Strafen zugleich auch mit den Augen des Kindes sehen und dementsprechend abwägen. Wirkliche Erziehung ist sie nur, wenn sie vor aller Forderung erst einmal vorbehaltlos ja zum Kind sagt, zum Kind nicht wie sie es sich wünscht und ausmalt, sondern wie es ist.

2. Kapitel: Viehhüten als Last

1) Bei Wind und Wetter

Die Eigentumsrechte der Anlieger, die so oft Anlaß zu Tadel und Strafe waren, stellten feste Größen dar, an denen sich nichts ändern ließ. Genauso unbeeinflußbar waren aber auch die Wechselfälle der Witterung. Auch sie mußten hingenommen werden, so wie sie kamen und gingen. Dabei schlug durchaus auch Erfreuliches zu Buche, die vielen Tage nämlich, an denen man bei heiterem Himmel in Gottes freier Natur frische Luft und Sonnenschein in einer Reinheit und Fülle genießen konnte, wie es das selbst im entlegensten Eifeldorf heute nicht mehr gibt. In unmittelbarer Anschauung erlebte man den Wechsel der Jahreszeiten mit, wurde man also Zeuge, wie sich im Frühjahr Berg und Tal, Wald und Flur in ein saftiges Grün kleideten und eine verschwenderische Blütenpracht entfalteten. Da prangte wirklich selbst „das fernste tiefste Tal" (Uhland) im strahlenden Weiß blühender Schlehenhecken und wilder Kirschbäume und einige Wochen danach im satten Gelb unzählig vieler Ginsterblüten. Man sah den Sommer heraufziehen, gewahrte die wogenden Wellen, die im Juni, wenn das Korn in Blüte stand, über die winddurchfluteten Roggenfelder hinwegglitten, man konnte Tag um Tag mitverfolgen, wie die schwellenden Knospen ihrer Reife entgegengediehen. Und man erfuhr aus erster Hand, was Herbst ist: wie die Tage kürzer und kühler wurden, die Kühe auf taubedeckter Wiese nebelumwobene Spuren hinter sich her zogen, wie die Vögel, deren vielstimmiger Gesang im Frühjahr und Sommer unerschöpflich schien, allmählich verstummten und sich zum Flug nach Süden sammelten. Und man erlebte mit, wie der Laubwald am gegenüberliegenden Bergabhang in tausend bunten Feuern aufglühte, ehe er sich zur winterlichen Ruhe begab.

Kein Zweifel: das war Leben in der Natur und mit der Natur, wie es alternative und nostalgische Schwärmerei heute nicht schöner zu malen vermag. Was aber in solcherart Gemälden gemeinhin fehlt, sind die ebenfalls nicht wenigen anderen Tage, an denen Natur und Wetter dem Hütekind ihre unfreundliche, ja harte Seite zeigten. Da war im Juni die Schafskälte und folgten im Juli und August die oft drückend heißen Hundstage, da gab es Sturm und Regen, und doch erging in eherner Regelmäßigkeit morgens und nachmittags seitens der Erwachsenen der Ruf: *D' Veeh mooß rous* (das Vieh muß raus)! Kritisch wurde es bei Regen, zumal von wetterfester Kleidung im heutigen Sinne keine Rede sein konnte. Sogenannter „normaler" Regen (der nur einfach so herniedertropft) galt im allgemeinen nicht als Hinderungsgrund, wobei man überdies davon ausging, daß es nach einiger Zeit wieder aufklaren werde. So hieß es also auf der Weide ausharren und sich der Zuversicht hingeben, daß durchnäßte Kleidung auch auf dem eigenen Leib trocknen könne. Hatte dieser Vorgang aber erst einmal eingesetzt, konnte man sich nicht verhehlen, daß eine heimliche Kälte in einen hineinkroch, die mitunter sogar Zähneklappern verursachte. In solcher Lage war es kaum ein Trost, wenn ringsum in den Wäldern Nebelschwaden aufstiegen, vom Volksmund mit der Bemerkung kommentiert: *D' Ficks baachen*" (die Füchse backen). Denn diese Schwaden galten als Vorbote weiterer Regenfälle.

Die hier praktizierte Art des Wäschetrocknens mutet uns heute geradezu abenteuerlich an. Aber die Hütekinder waren so abgehärtet, daß darüber kaum jemand ernstlich zu Schaden kam.

Zu Abweichungen von den üblichen Weidezeiten kam es eigentlich nur, wenn schwere Gewitter aufzogen. Meldete sich ein Gewitter unmittelbar vor oder während der Austriebszeit an, so wartete man, bis es sich entweder entladen hatte oder Miene machte, in einiger Entfernung vorbeizuziehen. Befand sich dagegen das Vieh schon draußen, so war Geduld gefordert und zugleich ein wacher Sinn dafür, welchen Schweregrad das Gewitter wohl annehmen werde. Dabei fielen zwar auch die dem Gewitter vorauseilenden Sturmböen sowie Blitz und Donner ins Gewicht, aber mehr noch zählten heftiger Regen („anormaler" Regen) und vor allem Hagelschlag. Es war schon eine gewisse Kunst vonnöten, im rechten Augenblick die rechte Entscheidung zu treffen: früh genug aufzubrechen, um das Vieh und auch sich selbst vor Schaden zu bewahren, aber andererseits auch wieder spät genug, um nicht eines Phantoms wegen den Heimweg anzutreten. So hielt man sorgfältig Ausschau nach Dunkelheitsgrad, Ausdehnung und Zugrichtung der sich zusammenballenden Wolkenmassen. Füllten sie schließlich den ganzen Horizont aus, durchsetzt mit zur Erde weisenden tiefgrauen Streifen, die auf schwere Regenschloßen hindeuteten, ja, klatschten auch bereits bei einem selbst dicke Tropfen zu Boden, begleitet von immer heftigeren Blitzen und Donnerschlägen, dann durfte die Situation als eindeutig gelten: Der Aufbruch war gerechtfertigt. Aber bewerkstelligt war er damit noch nicht. Denn solches Herdenvieh ist bei Gewittern weit eher geneigt, zu dichten Knäueln zusammenzurücken als sich in den Stall treiben zu lassen. Also verging weitere Zeit, bis die Herde endlich Tritt gefaßt hatte, zumal auch der Hund, weil er Angst hatte, nur wenig bewegungsfreudig gestimmt war.

Eine zusätzliche Orientierung bot übrigens der Blick auf andere Herden, sofern solche in Sichtweite waren. Wenn andere sich auf den Heimweg machten, sollte man es auch selbst tun dürfen, vor allem dann, wenn unter diesen anderen ein Erwachsener war. Der werde die Lage gewiß richtig einschätzen, sagte man sich, zugleich miterwägend, daß man sich auf dessen Verhalten berufen konnte, wenn es zu Hause Vorhaltungen gab.

Manchmal kam man noch einigermaßen trocken zu Hause an, manchmal war man aber auch naß bis auf die Haut. Glücklich dann jene Hütekinder, die so viel zum Anziehen hatten, daß sie die Kleider wechseln konnten. Je nachdem, wieviel Zeit noch verblieb, wurde das Vieh nach Abklingen des Gewitters auf eine eigens dafür reservierte hausnahe Wiese (den *Pääsch*) getrieben, oder es blieb bis zum nächsten Austriebtermin im Stall. Sofern möglich, wurde die verkürzte Weideration durch eine leichte Beikost aufgewogen: durch Heu oder auch durch Grünfutter, das man von draußen hereinholte.

Soviel zum äußeren Ablauf des Hütedienstes bei Gewittern. Darüber darf aber nicht vergessen werden, daß dieser Ablauf auch noch eine Innenseite hatte: die Art und Weise nämlich, wie die Gewitter von den Hütekindern erlebt und verkraftet wurden. Allgemein kann man wohl sagen, daß sie ihnen insgesamt nicht willkommen waren. In offener Feldflur weitgehend auf sich selbst gestellt, sah das Hütekind mit dem Gewitter einen Ereignisablauf auf sich zukommen, vor dem selbst die Natur in dumpfer Bangigkeit zu versinken schien. Manche Hütekinder nahmen das verhältnismäßig gelassen hin, andere gerieten in Angst, die sich bis zur Panik steigern konnte. Ich selbst gehörte zu der letzteren Gruppe, und zwar in solchem Maße, daß mich schon im Vorfeld eines Gewitters schleichende Sorgen quälten. So hatte ich an gewitterkritischen Tagen früh morgens nichts Eiligeres zu tun, als nachzuprüfen, ob sich am Gras Tau gebildet hatte. Tau in der Nacht, so die Diagnose meines Vaters, deutet darauf hin, daß es am Tag kein Gewitter geben wird. War das Ergebnis dieser Prüfung enttäuschend oder brauten sich trotz günstigen Befundes am späten Vormittag und vor allem am Nachmittag dunkle Wolken zusammen, so blieb als letzte Trostmöglichkeit der Blick auf das Blattwerk der Bäume. Sehnlichst suchte ich dort Windbewegung zu erspähen. Denn Wind, so sagte ich mir, hält die Wolken in Fluß und verhindert gewitterhafte Zusammenballungen.

Aber immer wieder gingen die Hoffnungen ins Leere, der Gang der Dinge war nicht aufzuhalten. Wie unheimlich mutete es dann an, wenn bei drückender Schwüle die Sonne hinter einer schwarzen Wolkenbank verschwand und sich über dem Land ein schwefelfarbenes Dämmerlicht ausbreitete. Wie nahm meine Betroffenheit weiter zu, wenn ich vom Wiesenrand aus sah, wie in „stehender Luft“ die Vögel unruhig hin und her schwirrten, wenn aus der Ferne das erste Donnergrollen in die gebannte Stille hineindrang, die ersten Blitze aufzuckten und ein mächtiger Sturm losbrach, dem schon nach einigen Minuten eine neuerliche, nun erst recht gespenstische Windstille folgte. Bittenden Blickes kroch der Hund an mich heran, während ich mit angehaltenem Atem auf die von Mal zu Mal kürzeren Zeitabstände zwischen Blitz und dazugehörigem Donnerschlag achtete, immer noch abwartend, ob das Gewit-

„Es blüht das fernste tiefste Tal . . .". Schlehenblüte mit Blick ins Oberradener Tal.

Der Pääsch *vorm Haus mit den Schwestern Sanny und Gertrud und Hund „Fax". Auf dem Berg im Hintergrund wurde alljährlich am 1. Fastensonntag die „Hütte" verbrannt (vgl. Seite 182/183).*

ter nicht doch rechts oder links vorbeiziehen werde. Es war ein Ausharren in einer Situation, in der Minuten zu Stunden wurden und die nicht selten alle Züge in sich vereinigte, die von der Existenzphilosophie unseres Jahrhunderts als Kennzeichen einer sogenannten Grenzsituation herausgestellt worden sind. In der Tat handelte es sich um die Erfahrung einer Grenze, vor der man nur die eigene Ohnmacht eingestehen konnte und an die man sich ausgeliefert fühlte, auch wenn das Elternhaus nur tausend Meter entfernt, vielleicht sogar noch in Sicht- und Rufweite lag. Da wirkte es wie eine Erlösung, wenn endlich die Sinnlosigkeit weiteren Ausharrens feststand und der Heimweg angetreten werden konnte.

Die Drangsal lastete natürlich weniger schwer, wenn man, wie es häufig der Fall war, ein Geschwister dabei hatte, mit dem man die Angst teilen und sie dadurch, laut Sprichwort, halbieren konnte.

Ich habe mich in späteren Jahren oft gefragt, worin diese Angst ihren Grund hatte. Ohne Zweifel spielte hier das Wissen um Fälle eine Rolle, in denen Vieh und auch Menschen auf der Weide vom Blitz erschlagen wurden. Aber gemessen an anderen unnatürlichen Todesursachen waren diese Fälle doch so selten, daß die größere Sorge eigentlich diesen anderen Todbringern hätte gelten müssen, was aber nicht der Fall war. Folglich muß es über die Zahl der Todesfälle hinaus noch weitere Gründe für die Gewitterangst gegeben haben.

Von ihrer Wurzel her bekommt man diese Gründe offensichtlich erst dann in den Blick, wenn man von einer Art Urangst, jener bereits erwähnten dumpfen Bangigkeit ausgeht, die bei Gewittern nicht nur den Menschen ankommt, sondern auch die Tierwelt zu ergreifen scheint, man denke nur an den sich an den Menschen anschmiegenden Hund und die enger zusammenrückende Viehherde zurück. Die Angst erweist sich dann als Antwort auf ein Geschehen, das einem nicht einfach nur Schaden zufügen kann, sondern sich herrscherlich menschlicher Einflußnahme und Steuerung entzieht. Diese Angst, vielleicht sollte man sie vitale Existenzangst nennen, scheint sich bei den einzelnen in verschiedenen Stärkegraden auszuprägen; mich überkam sie, wie schon gesagt, mit elementarer Wucht. Sie ging um so mehr mit mir um, als sie sich zusätzlich mit einem Deutungsschema rückkoppelte, dessen Ursprünge bis in die Frühzeit der Menschheitsentwicklung zurückreichen und von dem in den dreißiger Jahren in der Eifel noch viel lebendig war. Gemeint ist die Vorstellung, daß sich im Gewitter Zeichen und Stimmen von Gottheiten enthüllen, um deren Erbarmen und Huld der Mensch anhalten muß. Zwar war an die Stelle ursprünglich heidnisch gedachter Gottheiten längst der Christengott getreten, aber so, wie dieser in der landläufigen Verkündigung und im Volksglauben bezeugt wurde, war auch er im Gewitter gegenwärtig, und zwar mit einer solchen Macht- und Drohgebärde, daß man sich ihm gegenüber gar nicht klein und sündig genug vorkommen konnte. Laut kirchenamtlicher Liedtexte war er ein Gott, vor dem man „zittern“ mußte („Zittern muß ich, Herr, vor dir...“), der einen „zerknirschten Geist“ forderte („... Laß uns wahre Reu’ empfinden, gib uns den zerknirschten Geist...“) und vor dessen „Majestät im Staub die Christenschar“ zu liegen hatte („Hier liegt vor deiner Majestät im Staub die Christenschar...“).

Weit entfernt also davon, von mir als bloßer Naturvorgang angesehen zu werden, nahm das Gewitter in meinen Augen vielmehr den Charakter einer Abrechnung Gottes mit dem sündigen Menschen an, zumindest stellte es sich als Androhung einer solchen Abrechnung dar. Beängstigenderes als das konnte ich mir nicht denken, es war für mich wie ein Vorgeschmack auf den Weltuntergang, über den ich vom ersten Adventssonntag her den Evangelientext im Ohr hatte: „Die Menschen werden vergehen vor banger Erwartung der Dinge, die über den ganzen Erdkreis kommen werden“ (Lk 21). Und erst recht wurde diese Version durch das Verhalten vieler Erwachsener gestützt, wenn sie sich bei jedem Blitz bekreuzigten, bei schweren Gewittern eine geweihte Kerze anzündeten, Zweige des vorjährigen Krautwischs im Herdfeuer verbrannten und zusammen mit den Kindern zum hl. Donatus, dem Schutzpatron in Gewitternot, beteten. Dieses Beten konnte nur den Sinn haben, daß Gott durch die Fürsprache dieses Heiligen dazu bewegt werden sollte, seinen bedrängten Geschöpfen gegenüber Nachsicht zu üben und Gnade vor Recht ergehen zu lassen. Es liegt auf der Hand, daß solche angstgezeichneten Bittrufe Ansteckungseffekte im Gefolge hatten: daß also Gewitterangst von den Erwachsenen auf die Kinder übertragen wurde.

Vor diesem Hintergrund rücken nun auch die durch Blitzschlag Getöteten ins rechte Licht. War es, wie gesagt, nicht ihre Zahl, die Quantität ihres Todes, die dazu angetan war, Angst und Schrecken zu verbreiten, so um so mehr die Qualität ihres Todes, die Art und Weise, wie sie zu Tode kamen. Ihr Tod konnte geradezu als Gottesurteil erscheinen, das einem einzigen Gewittertoten mehr Betroffenheit sicherte als fünf anderen Toten entgegengebracht wurde, die auf weniger geheimnisvolle Weise ihr Leben verloren hatten.

Mit meiner physischen Existenzangst verband sich also auf abgründige Weise eine metaphysisch-religiöse Angst, die mich nun erst recht vor Gewittern erzittern ließ, vor allem draußen auf der Weide, aber auch noch in der Betgemeinschaft zu Hause, wo man wenigstens nicht allein war. Ich sehe heute eine nicht geringe Tragik darin, daß die Ineinssetzung von Gewitter und Herrschergebärde Gottes in der Lebenswelt, in der ich aufgewachsen bin, so lange nicht in Frage gestellt worden ist. Es wären dadurch mir und sicherlich noch vielen anderen viele zusätzliche Ängste erspart geblieben.

Statue des hl. Donatus, des „Gewitter"-Heiligen, in der Filialkapelle des Nachbardorfes Oberraden mit Blitzen auf dem Schild des Heiligen. In dieser Kapelle fand alljährlich am ersten Montag im Juli ein Bittgottesdienst statt, an dem ich mit inständigen Gebeten teilnahm.

Allerdings hätte das kritische Wort von der Kirche ausgehen müssen, weil es nur so vor dem Verdacht bewahrt geblieben wäre, es wolle Gott etwas abhandeln. Jedem anderen Kritiker wäre man damals in dieser durch und durch katholischen Region mit Mißtrauen begegnet und hätte seine Intervention abgelehnt. Aber die Kirche hatte es mit der „Entmythologisierung" des Gewitters alles andere als eilig, obgleich eine solche Klarstellung vom Erkenntnisstand der Wissenschaft her schon längst geboten war. Genauer gesagt, hüllte sich die kirchenamtliche Seelsorge über dieses Thema in Schweigen, wohlwissend, daß damit – vorerst jedenfalls – alles bleiben werde, wie es war. Denn auch Gewitterangst konnte dazu beitragen, die beherrschende Position des Oben zu stärken und die darunter Stehenden für die von oben ergehenden Maßgaben empfänglich, ja verfügbar zu machen.

Ganz gewiß kann man Gewitterangst nicht einfach wegschaffen, weil sie in der erwähnten Urangst wurzelt. Aber ebenso gewiß wäre sie für mich weniger bedrückend gewesen, wenn man mir nahegebracht hätte, daß es sich beim Gewitter in der Tat zuerst um einen Naturvorgang handelt, der nach eigenen Gesetzen abläuft, und daß der Gott, der sich dahinter verbergen mag, vor allem anderen ein Gott des Verstehens, der Teilnahme, der Brüderlichkeit, kurz der Liebe ist. Erfreulicherweise hat sich diese Einschätzung inzwischen bei uns bis in die entlegenste Landregion durchgesetzt. Damals aber lautete die Botschaft noch eher umgekehrt, so daß mir kein anderer Ausweg blieb, als den ganzen Sommer über sehnlichst den Herbst herbeizuwünschen.

Schon Ende August hellte sich meine Miene auf; die Gewitterhäufigkeit nahm ab. Mehr als irgendeine Frühlingsblume wurde mir die Herbstzeitlose zur Glücksblume, die wenige Wochen später hundertfach auf allen Weideplätzen blühte. Lilazart, wenn auch giftig, sagte sie eine Jahreszeit an, die durchaus noch ihre schönen Tage haben konnte – man denke an den sogenannten Altweibersommer –, die aber nur noch im Ausnahmefall mit einem Gewitter drohte. Inmitten silbrigglänzender Marienfäden auf der Wiese liegend, genoß ich es so in vollen Zügen, den Wandervögeln auf ihrem Flug nach Süden zuzuschauen und den überall gegenwärtigen Reifeduft des Herbstes einzuatmen. Und selbst wenn Regen aufzog und herbstliche Stürme die Wolken vor sich hertrieben, waren es doch keine Gewitterstürme mehr, sondern solche, die, ähnlich wie die oft tagelang währenden Herbstnebel, meine Seele zu wohligwarmer Einkehr bei sich selbst einluden. Nicht Frühling und Sommer waren meine Lieblingsjahreszeiten, sondern Herbst und Winter, besonders der Herbst. So groß konnte die Macht der Gewitterangst über ein Hütekind sein.

2) Viehhüten im Krieg

Zweimal in meiner gut zehnjährigen Hütezeit trug allerdings auch der Herbst ein bedrückendes Antlitz: der Herbst 1939 und der Herbst 1944, beide Male im Zusammenhang mit dem Zweiten Weltkrieg von 1939 bis 1945. Im Herbst 1939 war die Westeifel militärisches Aufmarschgebiet, und im Herbst 1944 wurde sie unmittelbares Kampfgebiet, mit Auswirkungen auch für das Viehhüten. Der Höhepunkt lag beide Male im frühherbstlichen Monat September, wobei aber auch das zeitliche Umfeld nicht ganz außer acht gelassen werden darf.

Der Krieg begann am 1. September 1939 mit dem Einmarsch deutscher Truppen nach Polen. Für die Menschen unmittelbar an der Grenze, in der sogenannten Roten Zone, brachte dieser Tag den Evakuierungsbefehl. In der angrenzenden sogenannten Grünen Zone, in der mein Heimatdorf lag, durften die Bewohner zwar bleiben, aber wie in der Roten Zone wurden auch ihre Dörfer zunehmend mit militärischer Einquartierung belegt. In der Grünen Zone, und damit auch für mich, ging der Weidebetrieb weiter, allerdings unter Umständen, die einen Einschnitt markierten.

Ganz anders als zu Beginn des Ersten Weltkrieges waren die Menschen diesmal über den Ausbruch des Krieges tief besorgt, und diese Sorge übertrug sich auch auf die Kinder. Vor allem lastete auf den Gemütern die Ungewißheit darüber, wie lange die Ruhe entlang der Grenze zu den neutralen Ländern Luxemburg, Belgien und Holland wohl noch währen werde. Konnte es doch nach den Kriegserklärungen Englands und Frankreichs am 3. September 1939 an das Deutsche Reich auch hier im Westen jeden Augenblick losgehen. In gespannter Aufmerksamkeit sog ich alle erreichbaren Informationen, sei es aus Radio, Zeitung oder auch aus den Gesprächen der Erwachsenen, in mich hinein und nahm sie mit zum Viehhüten. Dort hatte ich, nachdem viele Felder bereits abgeerntet waren und auch die benachbarten Wiesen nicht mehr ganz so streng gehütet werden mußten, ausgiebig Zeit, mich in dem Vernommenen zu ergehen und es auf meine kindliche Weise nach allen Richtungen hin zu bedenken. Meine besondere Anteilnahme galt dabei den vielen Männern, die in den vorangegangenen Tagen den Stellungsbefehl erhalten hatten und sich nur schweren Herzens von ihren Lieben trennen konnten. Intensiviert wurden diese Gedanken noch, wenn der Weideplatz einen Blick auf die große Landstraße freigab, wo stundenlang Marschkolonnen und Militärfahrzeuge, beladen mit Waffen und Gerät, in Richtung Grenze unterwegs waren. Diese Soldaten, so sagte ich mir, ziehen nicht mehr, wie in den Vorjahren, ins Manöver, sondern in den Krieg. Und bei dem Wort Krieg wurde in meiner Erinnerung alles lebendig, was die Männer im Dorf an langen Winterabenden von ihren Fronterlebnissen im Krieg

1914/18 erzählt hatten. Die Wirkung war nun derart, daß sich das Land um meine Wiese herum samt Kühen und Hund für Augenblicke in meiner Phantasie in ein Horrorszenario von Schlachtgetümmel verwandelte, den heißen Wunsch in mir erweckend, daß mich der Ernstfall solchen Geschehens möglichst nicht draußen auf der Weide überraschen möge.

Aber in den überwiegend bedrückenden Grundton dieses Nachdenkens über den Krieg mischte sich zugleich ein eher gegenläufiger Zug, der mich zu Zuversicht und nationalem Selbstbewußtsein ermunterte. Nicht in der Schule und schon gar nicht im Elternhaus war ich nationalsozialistischer Indoktrination ausgesetzt, wohl aber hatte man mir einen hohen Begriff von Vaterland und vom vaterländischen Dienst des Soldaten vermittelt. Der Begriff Vaterland hatte damals noch einen hohen Stellenwert, für die Menschen meiner Heimat kam er gleich nach Gott und Kirche. Unterschwellig wirkten darin die patriotischen Gedenktage fort, mit denen das Kaiserreich über mehr als vierzig Jahre seine Gründung im Jahre 1871 gefeiert hatte, ferner die schweren Opfer, die den – endlich – in einem gemeinsamen Staatswesen vereinigten Deutschen, wie man meinte zu Unrecht, im (Ersten) Weltkrieg abgefordert worden waren, nicht zu reden vom sogenannten Schandvertrag von Versailles, durch den man sich noch in der kleinsten Eifelgemeinde in seiner nationalen Ehre verletzt fühlte. Auch wenn man als Katholik in den siebziger Jahren unter dem Bismarckschen „Kulturkampf“ gelitten hatte, waren doch Zugehörigkeitsgefühl zum Volk der Deutschen und Solidarität mit denen, die mit der Waffe in der Hand für dieses Volk und Land kämpften, ungeschmälert geblieben. Weil beides nicht erst das Werk des NS-Staates war, glaubte man durchaus national und vaterländisch denken und handeln zu können, ohne Anhänger des braunen Regimes zu sein.

Vor diesem Hintergrund wird es verständlich, daß ich bei aller Sorge um die weitere Entwicklung das militärische Treiben jener Tage auch wieder mit Wohlgefallen anschaute, zumal vom polnischen Kriegsschauplatz immer neue Siegesmeldungen eintrafen, die mich geradezu mit kindlichem Stolz erfüllten. Besonders faszinierten mich jene soldatischen Aktivitäten, die es in unserem Raum bislang so gut wie noch nicht gegeben hatte und für deren Beobachtung der Weideplatz draußen auf freiem Feld der ideale Ort war: die Einsätze in der Luft. Hatte man bisher über der Westeifel nur einige Verkehrsflugzeuge und dazu noch in relativ großer Höhe gesehen, so tauchten nun zunehmend Nahaufklärer der Typen Fieseler Storch und Henschel auf, die bei gutem Wetter, zum Teil im Tiefflug, wahre Schaustückchen veranstalteten. Meine Zuschauerfreude schmolz aber dahin, wenn die Übungsflüge allzu sehr kriegsähnlichen Charakter annahmen, beispielsweise in Gestalt eines Zusammenwirkens mit Gefechtsübungen auf dem Boden; und erst recht war meine Freude dahin, wenn statt eigener Flugzeuge feindliche Fernaufklärer erschienen. Auch das kam das eine oder andere Mal vor, jeweils begleitet von starkem Flakfeuer, das allein schon durch seine Lautstärke Unbehagen auslöste, abgesehen noch von dem Splitterregen, den die explodierenden Flakgranaten über das Land ausgossen. So unmittelbar wollte ich die Tatsache, daß Krieg war, nicht demonstriert bekommen, und schon gar nicht draußen auf der Weide.

Es handelte sich also insgesamt um ein sehr zwiespältiges Erleben, in das mein Hütedienst zu Kriegsbeginn im Herbst 1939 eingebettet war. Unbeschwerte Freude löste dagegen der Umstand aus, daß zeitweilig die Schulsäle von Soldaten belegt waren und dadurch der Unterricht ausfiel, mit der Folge allerdings, daß nun auch der Vormittag für die Schulkinder Hütezeit war. Ebenfalls wurde mit Freude vermerkt, daß nun ungewohnte Gäste auf der Wiese erschienen, Soldaten, die nach Pilzen Ausschau hielten, aber nicht selten auch nach abseitsstehenden Zwetschgen- und Apfelbäumen, um sich an ihren reifen Früchten zu laben. Die freundlichen Worte, die bei diesen Besuchen gewechselt wurden, waren für das Hütekind allemal eine willkommene Abwechslung.

Die Weidesaison 1939 ging zu Ende, ohne daß es im Westen zu einschneidenden Veränderungen kam. Außer einigen Zwischenfällen in der Luft blieb es entlang der Grenze zu Luxemburg, Belgien und Holland bis zum 10. Mai 1940 ruhig. An diesem Tag trat die deutsche Wehrmacht zum Westfeldzug an. Weil der vorangegangene Winter extrem kalt und lang gewesen war, erfolgte der erste Austrieb des Weideviehs in diesem Jahr erst Mitte Mai, zu einem Zeitpunkt, als sich bereits große deutsche Siege abzeichneten. Da brauchte man kaum mehr Sorgen mit auf die Weide zu nehmen; nicht nur blieb das heimatliche Land von Bodenkämpfen verschont, auch die gegnerische Luftwaffe hatte dort keine Chance.

Um so machtvoller trat die deutsche Luftwaffe in Erscheinung, so daß sich die Stimmungswaage voll der patriotischen Seite zuneigen konnte. Und auch jetzt war der rechte Ort für das Auskosten solcher Gefühle der Weideplatz, wo bei aller Aufmerksamkeit, die der Hütedienst gerade im Frühjahr erforderte, doch noch genügend Spielraum blieb, das Treiben in der Luft im Detail wie im Zusammenhang in Augenschein zu nehmen. Da kamen mächtige Bomberverbände, meist He (Heinkel) 111 und Do (Dornier) 17, die zunächst von Ost nach West und nach gut einer Stunde von West nach Ost zogen, jeweils angeführt und begleitet von Jagdflugzeugen. Und da erschienen bald auch lange Ketten von Transportmaschinen (Ju – Junkers – 52), die auf dem Rückflug häufig Verwundete an Bord hatten und dann so tief flogen, daß mein Hund mit lautem Gebell ihren Schatten auf der Wiese nachrannte.

Als Frankreich am 25. Juni 1940 besiegt war, kannte auch in der Westeifel

Bis auf Onkels Pflegesohn und die inzwischen verstorbene „Pfarrhaus-Tante“ die ganze Hausgemeinschaft mit einquartierten Soldaten (Oktober 1939).

Gutes Verhältnis zwischen Quartiergebern und Quartiernehmern: Abschiedsfoto am 9. Mai 1940, als die aus Sachsen stammenden Soldaten zum Westfeldzug abrückten.

der Siegesjubel keine Grenzen. Auch auf meinem Elternhaus wehte nun die Hakenkreuzfahne, die dort aber nur dieses eine Mal zu sehen war. In der Beflaggung drückte sich für meine Familie nicht Zustimmung zum NS-Regime aus, sondern jene bereits erwähnte vaterländische Gesinnung, die in erster Linie auf die Leistungen unserer Soldaten hinschaute. Ich selbst war von der Begeisterungswelle so erfaßt, daß ich beim Viehhüten davon träumte, Flieger, ja sogar Feldherr zu werden. Und um mich schon jetzt darauf vorzuüben, suchte ich mir den am höchsten gelegenen Punkt der Weidefläche aus und erkor ihn zum Feldherrnhügel. Von hier aus dirigierte ich meine Armeen in die Flanke einer von Westen heranrückenden Feindarmee und schlug sie, unterstützt durch die von mir so bewunderte Luftwaffe, vernichtend.

Aber die Begeisterung hielt nicht an; die Hoffnung, daß mit dem Sieg über Frankreich der Krieg bald zu Ende sein werde, erwies sich als trügerisch. Im Gegenteil weitete sich der Krieg immer mehr aus: auf den Balkan, nach Nordafrika, nach Rußland bis hin zur Konfrontation mit den Vereinigten Staaten von Amerika. Spätestens seit 1943 konnte von deutschen Siegen keine Rede mehr sein, es gab nur noch Niederlagen und Rückzüge, wo immer man hinschaute. Damit trat nun wieder der Sorgenpol bei mir in den Vordergrund, nicht die Sorge um den Nationalsozialismus, dem ich argwöhnisch gegenüberstand, wohl aber die Sorge um mein deutsches Vaterland und das Schicksal all derer, die mir darin wert und teuer waren. Einen Rest von Patriotismus habe ich mir als Sechzehnjähriger selbst im Untergang des Deutschen Reiches 1945 noch bewahrt, nun freilich nicht mehr in Gefühlen des Stolzes, sondern der Wehmut und der Sehnsucht. Meine Sehnsucht ist inzwischen – spätestens mit der deutschen Wiedervereinigung – in Erfüllung gegangen, wobei ich aber einsehen mußte, daß der mir damals vermittelte Vaterlandsbegriff, auch wenn man ihn von der NS-Ideologie loslöste, militaristisch und nationalistisch verengt war.

Der Umschwung im Kriegsverlauf wurde zunehmend auch in der Heimat spürbar, zunächst durch einen von Monat zu Monat gesteigerten Luftkrieg. Ab 1943 gab es nicht mehr nur die seit langem gewohnten Einflüge englischer Bomber bei Nacht, sondern nun auch Angriffe amerikanischer Bomber auf Ziele in Deutschland am Tage. Bis zum Beginn der Weideperiode 1944 hatten sich wie die Nachteinflüge so auch die bei Tag einfliegenden Maschinen zu ganzen Bomberströmen ausgewachsen, so daß die Hütekinder auf ihren Weideplätzen nun eine im Vergleich zum Vorjahr sehr veränderte Atmosphäre vorfanden. Wenn es sich auch vorerst lediglich um Überflüge handelte, die nur selten, sei es durch Absturz oder Notabwurf von Bomben, im heimatlichen Raum Spuren hinterließen, so war allein schon der Anblick der Bomberströme erschreckend. Jetzt zogen nicht mehr eigene Flugzeuge

Vor deutschen Zerstörerflugzeugen wegkurvender Bomberpulk (B-17 „Fortress"-Bomber).

Der am meisten gefürchtete Jagdbomber: „Thunderbolt".

über das Land hinweg, sondern solche der anderen, und was für Flugzeuge und wieviele! Es waren viermotorige Riesenvögel (meist B-17 „Fortress"-Bomber), die nun in dichten Pulks am Himmel erschienen, und hatte man erst einmal an die tausend gezählt, so ließ man meist, sich dumpf in sein Schicksal ergebend, von weiterem Zählen ab. Nach ein bis zwei Stunden, je nachdem welche Städte das Angriffsziel waren, wiederholte sich das Ganze in der umgekehrten Flugrichtung von Ost nach West. Die Motorengeräusche, die dabei erzeugt wurden, konnten ohrenbetäubende Ausmaße annehmen und im Hütekind eine ähnliche Einsamkeitserfahrung auslösen, wie es bei Gewittern der Fall war. Wie herzlich wünschte man sich da, mit anderen zusammen zu sein und ein Dach über dem Kopf zu haben. Doch auch jetzt hieß es ausharren und abwarten, bis es wieder ruhiger wurde.

Das Unbehagen nahm weiter zu, als ab Juli 1944, nach der alliierten Invasion in der Normandie, feindliche Jagdbomber („Jabos") über der Eifel erschienen und auf Einzelziele, schließlich sogar auf Einzelpersonen Jagd machten. Jetzt drohte auf der offenen Weidefläche auch unmittelbare Gefahr, wie es meinem jüngeren Bruder und mir am 10. September 1944, einem strahlendhellen Sonntag, handgreiflich vorgeführt wurde. Wir befanden uns am Nachmittag mit unserer Herde auf der schon erwähnten weitabgelegenen Bergwiese *bej Landschend*, als plötzlich ein Thunderbolt-Jabo erschien und nicht einfach über uns hinwegflog, sondern verdächtig zu kreisen begann. Vorsorglich versteckten wir uns sogleich in einer dichten Hecke, während die Maschine so tief herunterkam, daß wir ohne Schwierigkeit den Piloten in ihr ausmachen konnten. Nicht weniger als dreimal wurde die Herde direkt angeflogen, wobei der Pilot die Maschine wechselweise nach rechts und nach links neigte, ein eindeutiges Zeichen dafür, daß er uns suchte. Wer weiß, was geschehen wäre, wenn wir uns nicht rechtzeitig von der Wiese zurückgezogen hätten.

Das war, wie gesagt, am 10. September, unmittelbar also an der Schwelle zu jener Jahreszeit, auf die ich mich auch in diesem Jahr 1944 so gern gefreut hätte. Aber zum zweiten Mal fielen nun auf den Herbst dunkle Schatten, weit dunklere noch als beim ersten Mal im Herbst 1939. Um jenen 10. September herum hatten die anglo-amerikanischen Invasionsarmeen in voller Breite die deutsche Grenze zwischen Trier und Aachen erreicht, mit der Folge, daß in der Roten Zone am 11./12. September zum zweiten Mal der Räumungsbefehl erging. Aber nur sehr wenige ließen sich noch einmal, wie 1939, in das Innere des Reiches verfrachten, man suchte Zuflucht im unmittelbaren Hinterland: der Grünen Zone, wohin man auch Teile des Viehbestandes mitnehmen konnte. Durch diesen Zuwachs an Vieh wurde der Weidebetrieb nun vollends zum ehernen Gesetz, denn wovon sollte das zusätzliche Vieh satt werden, wenn nicht von Weidegras, das dadurch geradezu

Kostbarkeitswert erlangte. Im großen und ganzen teilten die Einheimischen bereitwillig mit den Flüchtlingen, wobei aber jede Viehgruppe, und mochte sie noch so klein sein, gesondert gehütet werden mußte, um die uns bereits bekannten Stoßzweikämpfe zu verhindern. So gedieh nun das Viehhüten, infolge der wesentlich höheren Zahl von Viehbeständen, erst recht zum verantwortungsvollen Dienst, und wieder waren es, auch bei den Zugezogenen, in erster Linie die Kinder, denen dieser Dienst oblag, und zwar auch am Vormittag, weil die Schule schon um den 1. September herum ihre Tore auf unabsehbare Zeit geschlossen hatte.

Zur Tragödie entwickelte sich diese Situation, als amerikanische Verbände am 13. September 1944 im Frontbereich meiner Heimat zum Angriff antraten. Nicht wenige Viehherden wurden samt Hütekindern auf der Weide von Granatfeuer überrascht, so am 16. September auch in einem Tal in der Nähe meines Heimatortes, wo eine ganze Reihe von Kühen, aber wie durch ein Wunder kein Mensch zu Schaden kam. Ein Flüchtlingsmädchen von der Grenze, das seine beiden Kühe am Strick hielt, wäre sicher getötet worden, hätte nicht eine der Kühe die Splitter einer in unmittelbarer Nähe explodierenden Granate aufgefangen. So blieb das Mädchen unverletzt, und die Kuh mußte sterben.

Zusammen mit anderen Dorfbewohnern hielt auch ich mich in diesem Tal auf. Zunächst hatten die Einschläge am entgegengesetzten Dorfrand gelegen, was einen Teil der Einwohnerschaft dazu veranlaßte, talaufwärts Schutz zu suchen, ohne zu ahnen, daß man sich damit einer noch viel größeren Gefahr aussetzte. Kurz vor dem ersten Einschlag traf mein Vater bei uns Verängstigten ein. Ich war sehr froh darüber, weil ich mir sagte, als Frontsoldat des Krieges 1914/18 werde er gewiß die Ruhe bewahren und uns die richtigen Anweisungen geben. Meine Enttäuschung hätte nicht grausamer sein können. Schon die erste Detonation stürzte ihn in eine Panik, wie ich sie bei diesem Mann, der selbst bei schwersten Gewittern seinen Kindern stets Mut zugesprochen hatte, nicht für möglich gehalten hätte. Kopflos ließ er das Fahrrad, das er bei sich führte, auf die Straße fallen und lief mit uns in ein angrenzendes Waldstück, wo uns die Splitter weiterer, in den Baumkronen explodierender Granaten in äußerste Lebensgefahr brachten. Auch wenn ich schon fünfzehn Jahre alt war und seit drei Jahren das Gymnasium besuchte, bedeutete dieses Verhalten für mich eine große Verunsicherung, die ich vorerst nicht zu bewältigen vermochte, zumal es in der Folgezeit, bis Kriegsende, zu weiteren Panikreaktionen bei meinem Vater kam.

Erst später ist mir aufgegangen, daß sich hier die eigentliche Wahrheit der Fronterlebnisse des Ersten Weltkrieges enthüllte, nicht in Gestalt der damals üblichen, mehr oder weniger ruhmredigen Erzählungen, sondern als sofort wieder aufbrechender Schock, als nach 26 Jahren wieder Granaten heranheulten. Was ich zunächst für Schwäche und Versagen hielt, erwies sich im nachhinein als Ehrenprädikat für meinen Vater: daß er es nicht versucht hatte oder es ihm nicht gelungen war, sich gegen die Schrecken des Krieges abzuhärten und die Angst davor beherrschbar zu machen. Gelingt das nämlich, kann sich bei entsprechender Agitation eine Unempfindlichkeit gegenüber dem Krieg einstellen bis hin zur Bejahung, vielleicht sogar Verherrlichung des Krieges. Damit hatte es also bei meinem Vater keine Not; er war im besten Sinne des Wortes „schwach“ genug, um den vom damaligen Regime betriebenen Heldenkult mit verlogenen Lobsprüchen auf kriegerische Tapferkeit ungehemmt zu entlarven.

Freilich darf die Verzweiflung nicht in Kopflosigkeit umschlagen, die, wie im vorliegenden Fall, allzu leicht neue Gefährdungen heraufbeschwört. Aber selbst aus diesem Makel kann Gewinn erwachsen, als Herausforderung nämlich, ja Nötigung, bei Gefahr die rettende Tat nicht einfach anderen aufzulasten, sondern Eigeninitiative und Eigenverantwortung zu entwickeln. Meine Enttäuschung und Verunsicherung machen deutlich, daß ich darin – gemessen an meinem Alter – einen erheblichen Aufholbedarf hatte.

Der amerikanische Vorstoß wurde Ende September von den Deutschen zurückgeschlagen. Die Front fror an der Grenze, vor der Befestigungslinie des sogenannten Westwalles, ein mit der Folge, daß die Bewohner der Roten Zone in ihren Flüchtlingsasylen ausharren mußten. So wurde die Weideperiode in diesem Jahr besonders weit in den Herbst hinein ausgedehnt, wobei die Gefahr von Granateinschlägen und Angriffen aus der Luft, wenn auch mit verminderter Intensität, fortbestand. Die Wintermonate brachten die Entscheidung; bis Ende Februar 1945 war der heimatliche Raum von den Amerikanern erobert. Daraufhin konnten die Flüchtlinge nach sechsmonatiger Abwesenheit in ihre Dörfer zurückkehren.

Überall in Deutschland war der Neuanfang 1945 schwer, aber in diesem Grenzgebiet, um das zuletzt noch schwer gekämpft worden war, forderte er den Menschen besonders viel Schweiß und Mühsal ab. Dabei war auch jetzt das Viehhüten wieder Bestandteil und Spiegelbild der Situation. In diesem Jahr wurde die Weideperiode besonders früh eröffnet, weil das brüderliche Teilen mit den Flüchtlingen die Futtervorräte restlos aufgebraucht hatte. Und so manche Herde war zusammengeschmolzen, in der Roten Zone allgemein auf drei bis ein Stück, weil die Masse des dortigen Viehs im vorangegangenen Herbst in traurigen Kolonnen den Weg in Großschlächtereien hatte antreten müssen.

Und dann der Anblick der Wiesen. Vielerorts weidete das Vieh zwischen Granattrichtern in splitterübersätem Gras, zudem mußte man vor Blindgängern und, im Grenzbereich, vor Minen auf der Hut sein. Erst recht beängstigend wurde die Situation ab Ende Juli, nachdem die amerikanische Besat-

Nach Kriegsende: ausgehungertes Vieh, verschandelter Acker, gesprengter Bunker.

Und so sah es in den Dörfern an der Grenze aus (Biesdorf 1947).

zung durch französische Einheiten abgelöst worden war. Die zum Teil aus Nordafrika stammenden Soldaten nahmen nicht nur mit, was ihnen erstrebenswert schien, sondern versuchten sich auch an kühehütende Mädchen und Frauen heranzumachen. Gottlob kam es aufgrund tapferer Gegenwehr in unserem Raum zu keinen schwerwiegenden Übergriffen.

Und doch ist das alles nur ein Teilaspekt, dem ein anderer, zutiefst positiver gegenübersteht. So unendlich bescheiden und mühselig der Neuanfang auch war, man brauchte nun endlich nicht mehr um Leib und Leben zu bangen, und mehr noch: Es regten sich nun vielerorts Kräfte, die mit ganzem Einsatz auf eine bessere Gestaltung der Zukunft hinarbeiten wollten. Nicht von ungefähr wurde in dieser ersten Nachkriegszeit von jungen Menschen immer wieder das Lied „Wir sind jung, die Welt ist offen" gesungen, und indem nun auch ich es auf sonnbeschienener Wiese, begleitet vom Gesang der Vögel, vor mich hinsummte, erblühte in mir „Hoffnungsglück" (Goethe). Vor allem hoffte ich, weiterhin die höhere Schule besuchen und Abitur machen zu können. In solcher Seelenlage wurden die rhythmischen Schnalzgeräusche der behaglich grasenden Kühe zum Symbol für Trost und Zuversicht, so als ob sie den Geschundenen, Enttäuschten und nun auch noch so arm Gewordenen sagen wollten: Es ist zwar sehr viel, aber längst nicht alles verloren. Der Untergang des NS-Staates ist sogar höchster Gewinn, angesichts dessen es nur eine Devise geben kann: „Nun, armes Herze, sei nicht bang, nun muß sich alles, alles wenden" (Uhland).

3) Langeweile

Es handelte sich durchschnittlich etwa um vier Stunden, die man als Hütekind am Nachmittag und, falls Ferien waren, dazu noch am Vormittag auf der Wiese bei der Herde verbrachte. Wenn nun bei all den Verrichtungen und Maßnahmen, die dort zu erledigen waren, gleichwohl auch von Langeweile zu reden ist, so einfach schon aus dem Grunde, weil eine solcherart ausgefüllte Zeit nicht automatisch erfüllte Zeit war. Ganz im Gegenteil: So viele Stunden zusammenhängend auf ein und derselben Wiese verbringen, immerzu die gleichen Rufe von sich geben und die gleichen Gänge tun, einmal diese Kuh vom Nachbargrundstück wegtreiben und dann wieder jene, was konnte es für Kinder Eintönigeres geben. Und auch die je nach Lage längeren und kürzeren Zwischenabschnitte, wo man die Herde sich selbst überlassen durfte, waren nicht schon von sich aus erfüllte Zeit. Das wurden sie erst, wenn etwas Besonderes geschah, freilich nicht in Gestalt schreckhafter Ereignisse wie Gewitter oder Kriegshandlungen, oder wenn man selbst die Initiative ergriff und etwas Zeiterfüllendes ins Werk setzte.

Aber bei aller Beglückung und Erfüllung, die auf diese Weise erreicht wurde, kam es nur in seltenen Ausnahmefällen dazu, daß der erforderlich gewordene Aufbruch nach Hause bedauert wurde. Die Herde wieder heimtreiben zu können, stand in der Verlockung normalerweise allem anderen voran. Die Hütekinder waren also gewissermaßen einer „chronischen" Langeweile ausgesetzt, bei der sie, so gut es eben ging, dafür zu sorgen suchten, daß die chronische nicht in „akute" Langeweile umschlug.

Sehr oft stieß dieses Bemühen an enge Grenzen, und wie unendlich träge konnten dann die Stunden, ja die Minuten dahinschleichen. Und was man sich heute kaum noch vorstellen kann: Praktisch kein Hütekind besaß eine Uhr, auf der es hätte ablesen können, wieviel die Stunde geschlagen hatte. So mußte man nach anderen Zeitansagen Ausschau halten, und das galt selbst dann, wenn es auf der Wiese mehr oder weniger vergnüglich zuging. Nach einer Anfangsphase, in der man wußte, daß man ja eben erst angekommen war, stand also zunehmend die Frage im Raum: *Wieviel Aua sal et sen?* (Wieviel Uhr mag es sein?).

Diese Zeitanzeigen konnten von Weideplatz zu Weideplatz erheblich voneinander abweichen. Eine grobe Orientierung auf allen Weideplätzen lieferte der Blick auf den Stand der Sonne, falls diese sich nicht hinter einer geschlossenen Wolkendecke verbarg. Sonnenaufgänge fielen nicht ins Gewicht, weil das Vieh jeweils erst nach Sonnenaufgang ausgetrieben wurde. Um so spannender war es um den Sonnenuntergang bestellt, und zwar schon vom späteren Nachmittag an, wenn die Sonne *den Haank kruch* (Hang, Niedergang bekam). Befand man sich auf einer Bergweide, so konnte man den Sonnenuntergang unmittelbar mitverfolgen. Auf Talwiesen mußte man sich hingegen mit dem Schatten begnügen, der sich zunächst auf der Wiese selbst und dann am gegenüberliegenden Berghang Stück um Stück vor- beziehungsweise hinaufschob. War die Langeweile besonders groß, konnte der Eindruck entstehen, als wäre der Schatten an bestimmten Stellen festgenagelt; erst in der Endphase ging es endlich zügiger voran. Zwar mußte man auch nach Sonnenuntergang noch eine Weile ausharren, aber der herbeigesehnte Aufbruch war nun doch zum Greifen nahe. Da konnte der Heimweg fast zur kleinen Feier werden. Die – weil jetzt gesättigt – behäbigen Schrittes vor einem hertrottenden Kühe und die „Abendstille überall" luden gar dazu ein, ein frohes Lied anzustimmen, dessen Klang sich in den umliegenden Bergschluchten zu vielfältigem Echo brach.

Eine ähnlich beschauliche Zeitansage war das dreimalige Angelusläuten, sofern der Weideplatz nicht so weit vom Dorf ablag, daß der Klang unterwegs verlorenging. Sowohl „Mittagsglocke" wie auch die sogenannte „Betglocke" am Abend signalisierten den baldigen Aufbruch, wobei der Ausdruck „Betglocke" von dem einen oder anderen damals noch wörtlich

Der so „unendlich" langsam auf der Wiese vorrückende Schatten. Im Vordergrund meine damalige Lieblingsblume: die zarten Blüten der Herbstzeitlosen.

Vom gegenüberliegenden, damals noch freie Sicht gewährenden Hügel ergingen die Zeitrufsignale bis zu den Weideplätzen im Hintergrund jenseits des Tales und umgekehrt.

genommen wurde. Ob auf der Wiese, bei der Feldarbeit oder auch zu Hause: Man verharrte während des Läutens in gesammeltem Schweigen, legte die Hände übereinander und betete den „Engel des Herrn“.

Weitere Zeitansagen resultierten aus dem sich anbahnenden modernen Verkehrswesen. Gestattete der Weideplatz einen Ausblick auf die große Landstraße, so präsentierten sich einem dort neben anderen Fahrzeugen auch – im Dritten Reich rotgestrichene – Postomnibusse, deren Fahrplan man in groben Zügen im Kopfe hatte. Die zweite Bergfahrt am Vormittag zeigte an, daß es zwischen 10.30 und 11 Uhr, die Talfahrt am späteren Nachmittag, daß es gegen 18 Uhr war. Als besonderes Ereignis wurde gewertet, wenn man von der sechs Kilometer entfernten, in tiefem Tal gelegenen Bahnstation den Pfiff einer Lokomotive hörte. War es am Nachmittag, so lautete der Kommentar, daß es wohl gegen 7 (=19) Uhr sei, wobei man in Gedanken noch hinzufügte, daß es bald Regen geben werde. Denn so weit herrührende Signale aus dieser Richtung deuteten allemal auf eine ausgesprochene Westwetterlage hin.

Und schließlich wurden auch Rufsignale zur Zeitvergewisserung eingesetzt. Per Ruf durch die hohle Hand fragte man – manchmal gar über ein Tal hinweg – bei anderen Hütekindern an, wieviel Uhr es ihrer Meinung nach sei. Günstiger war die Lage, wenn man vom Weideplatz ins Dorf hineinbeziehungsweise hinabschauen konnte. Dort tauchte vor dem einen oder anderen Haus immer wieder mal ein Mitbewohner auf, der die Möglichkeit hatte, auf der Stubenuhr die genaue Uhrzeit einzuholen. Kaum daß man ihn erblickt hatte, erging auch schon der fast stereotype Ruf an ihn: *Wieviel Aua as et?* (Wieviel Uhr ist es?). Meist war die Antwort, sofern eine solche – weil allzu oft erfragt – überhaupt kam, enttäuschend. Man mußte weiter ausharren und sehen, was man mit der wie erstarrt anmutenden Zeit anfing.

Die Langeweile betraf aber nicht nur das Viehhüten, sondern ging auch sonst im dörflichen Leben um. Das Dorf war sowohl räumlich als auch in den menschlichen Beziehungen nach außen hin weitgehend isoliert. Regelmäßige Kontakte über es hinaus bestanden nur zu den anderen Dörfern innerhalb der Pfarrei oder des Schulbezirkes (wenn das Dorf nicht selbst – was aber in dieser Region kaum vorkam – einen eigenen Pfarr- beziehungsweise Schulbezirk bildete). Verbindungen zu Ortschaften und Menschen in der ferneren Umgebung waren sporadischer Natur, sei es, daß man in der Stadt Einkäufe tätigte, vielleicht einmal im Monat, oder bei Verwandten und Bekannten Kirmesbesuche abstattete, jeweils einmal im Jahr. Was die Soziologen heute „horizontale Mobilität“ nennen, zeichnete sich hier vorerst kaum in Ansätzen ab.

Die Dorfbewohner antworteten auf diese Abgeschiedenheit mit einer um so intensiveren Binnenkultur des dörflichen Lebens. Jeder kannte jeden,

Pflügen mit „Fuchs“ und seinem „Ochsen-Gehilfen“. Links im Hintergrund die von Apfelbäumen umsäumte große Landstraße, auf der die Postomnibusse verkehrten.

Blick aus der Speer *hinab ins Heimatdorf:* Wieviel Aua as et?

jeder wußte von jedem nahezu jedes, und jeder wachte auch über jeden, gestützt auf eine Art ungeschriebener Dorfmoral, die es vor allem auf die genaue Erfüllung der religiös-kirchlichen Pflichten abgesehen hatte. Zum Beispiel wurden als nichterlaubt eingestufte Liebesbeziehungen dadurch gebrandmarkt, daß man von dem Haus des Liebhabers zum Haus der Geliebten aus Kalkmehl ein Pfädchen streute, um so die verbotenen Pfade den beiden und auch der Dorföffentlichkeit sichtbar zu machen. Daß dabei auch Unschuldige in Verdacht und nach dem Prinzip: „Es bleibt immer etwas hängen" an den Pranger geraten konnten, sei nur am Rande vermerkt.

Ganz besondere Sorgfalt waltete bei der Vorbereitung und Feier der dörflichen Feste, angefangen von Kindstaufen über Hochzeiten und Begräbnisse bis hin zu den kirchlichen Festtagen, besonders der Kirmes. Zur Kirmes erwartete man buchstäblich die ganze Sippe, und sie konnte dann auch bemerkenswerte Nachspiele haben, wie wir noch sehen werden.

Ob bei so viel innerdörflichem Leben Langeweile aufkommen konnte? Das genaue Gegenteil scheint der Fall zu sein, zumal es noch etwas gab, das heute in der Rückerinnerung besonders oft und besonders gern herausgestellt wird. Gemeint ist das sogenannte *Ze-Uuschten-gohn* (Sichtreffen) an den langen Winterabenden und im Sommer das gesellige Beisammensein am Sonntagnachmittag auf der schattigen Bank vorm Haus, wo jeweils im Kreise von Nachbarn endlos lang (wie es uns heute scheinen mag) erzählt und nicht selten auch gesungen wurde. Was stieg da nicht alles aus den Tiefen der Erinnerung auf, was wurde nicht alles erwogen und zusammengereimt!

Und doch zeigte sich gerade hier, wo bewußt und gezielt gegen die Langeweile angegangen wurde, welch großer Entfaltungsraum dieser gleichwohl noch blieb, vor allem im Blick auf die Kinder. Denn wie oft wurden dieselben Geschichten erzählt, etwa seitens der Männer von ihren Erlebnissen im Ersten Weltkrieg (der damals noch gar nicht so hieß, weil es den Zweiten noch nicht gab) vor Verdun, bei Cambrai, an der Somme . . .; und zum wievielten Male hörte man die Geschichte von der Familie X, daß da in der Ahnenreihe ein Rothaariger gewesen sei, der nicht nur seine Kinder (darüber brauchte kein Wort verloren zu werden), sondern auch seine Frau geprügelt habe und auf unrechtmäßige Weise zu Reichtum gekommen sei. Oder zum wievielten Male war von dem Müller die Rede, der sein Versprechen, eine Kapelle zu bauen, zu Lebzeiten nicht eingehalten hatte und dann eines Herbstabends aus dem Jenseits in der Küche erschien, um den Auftrag unter vier Augen an seinen Sohn weiterzugeben. Und solches Erzählen und Reden über Stunden hin in einer Stube mit nur sechzehn Quadratmeter Bodenfläche, in der sich bis zu fünfzehn Personen, darunter sechs Kinder, aufhielten! Da war es mit dem sprichwörtlichen kindlichen Bewegungsdrang nichts, da hieß es hübsch-brav auf seinem Stuhl oder auch auf einem Fleckchen Fußboden hinter dem donnernden Stubenofen sitzen bleiben und zuhören, ob man nun wollte oder nicht. Um das sommerliche Zusammensein vorm Haus war es in dieser Hinsicht natürlich besser bestellt; dort konnte man sich, wenn man genug hatte, davontrollen.

Einen Gipfelpunkt erreichte die Langeweile für mich darin, daß in unserem Haus, angeordnet durch meinen verwitweten Onkel, von Allerheiligen bis Karsamstag jeden Abend der Rosenkranz gebetet wurde. An ihn schlossen sich noch an die Lauretanische Litanei (von den Männern und Buben tunlichst im Stehen oder Knien zu verrichten), das Gebet „Unter deinen Schutz und Schirm", ein „Gegrüßet seist du Maria" sowie die Gebete „Gedenke, o süßeste Jungfrau" und „Zu dir, o heiliger Josef, nehmen wir in unserer Bedrängnis unsere Zuflucht". Insgesamt waren damit gut und gern 30 Minuten mit Beschlag belegt. Frei blieb im Winterhalbjahr nur der Sonntagabend, aber dafür hatte man sich am Nachmittag mit der übrigen Einwohnerschaft des Dorfes in der kalten Dorfkapelle zum Rosenkranzgebet zu versammeln. Diese Rosenkranzandacht am Sonntagnachmittag – so gegen 15 Uhr – fand das ganze Jahr hindurch statt. Die größeren Kinder und Jugendlichen durften ihr nur dann fernbleiben, wenn für sie in der fast drei Kilometer entfernten Pfarrkirche Christenlehre angesetzt war. Aber das war noch anstrengender und auch kaum weniger langweilig.

Der Rosenkranz wurde mir später kostbar, wie sich noch zeigen wird, aber für mich als Kind und dazu noch einfach so verordnet war er ein Schrecken.

Kritisch stand es auch am Sonntagmittag nach dem Essen, wenn sich die Erwachsenen, wozu sie in der Woche nicht kamen, zur Mittagsruhe hinlegten. Dann wirkte das Dorf wie ausgestorben, und so sehnsüchtig man den Blick auch durch die Dorfstraße wandern ließ, es wollte sich partout keiner zeigen, mit dem man etwas hätte anfangen können. Immerhin war es ein echter Liebesdienst seitens der Erwachsenen, wenn sie, wie es mein Vater fast immer tat, am Sonntag das Viehhüten übernahmen.

Langeweile also draußen beim Viehhüten, Langeweile aber auch daheim im Dorf. Von der ungeheueren Bedeutung, die inzwischen den Medien als Heilmittel gegen die Langeweile zugewachsen ist, konnte man damals noch nicht einmal träumen. Selbst als mein Vater am 20. April 1939 (Hitlers 50. Geburtstag) den ersten Radioapparat in unser Hause brachte – einen 63-RM-Volksempfänger –, änderte sich angesichts des damaligen NS-Programms und der sehr beschränkten Empfangsmöglichkeiten kaum etwas. Trotzdem war das Gerät für mich ein Wunderwerk, das ich wie meinen Augapfel hütete.

Und lesen? – Es gab in meinen Kinder- und Jugendjahren in meiner Heimat so gut wie keinen Lesestoff für junge Menschen. Zwar las ich ab meinem zehnten Lebensjahr regelmäßig die Zeitung, aus den bereits erwähnten poli-

Die 1935/36 erbaute Filialkapelle.

Die Vorgängerkapelle am Fuß des Felsens (1935 abgebrochen).

Kusinen- und Vetterntreff am Sonntagnachmittag (1934).

tischen und militärischen Interessen heraus. Aber außerdem fand ich nur Gebetbücher, ein Heiligenleben, die Steyler Missionszeitschrift „Stadt Gottes", die „Hiltruper Monatshefte" (der Herz-Jesu-Missionare), den „St. Michaelskalender", einige landwirtschaftliche Fachbücher, „Mein Testament für Gesunde und Kranke" von Pfarrer Sebastian Kneipp und meine Schulbücher vor. Der „Paulinus", das Bistumsblatt meiner Heimatdiözese Trier, durfte ab Ende der dreißiger Jahre auf Anordnung der NS-Behörden nicht mehr erscheinen. Konnte sich diese Literatur, gemessen an dem, worüber andere Häuser im Dorf verfügten, noch sehr wohl sehen lassen, so war sie doch für junge Menschen mehr als kläglich. Die Schulbücher wurden für mich erst mit dem Übertritt in die höhere Schule interessant. Jene drei Bücher – mehr waren es nicht: Bibel, Katechismus und Lesebuch –, die ich in der Volksschule benutzte, waren mir schon vom dortigen Unterricht her verleidet, ja verhaßt. Folglich war auch die Möglichkeit, durch Lektüre der Langeweile entgegenzuwirken, außerordentlich gering.

Insgesamt zeigt sich also, daß die Langeweile beim Viehhüten Teilkomplex in einem weit umfangreicheren Bannkreis von Langeweile war, der mit der Struktur und der Qualität der damaligen dörflichen Lebensverhältnisse zusammenhing. In meinen späteren Jahren habe ich – schon von berufswegen – viel über das der Langeweile zugrundeliegende Zeitphänomen nachgedacht, über jenen sonderbaren Fluß des Kommens und Gehens, Entstehens und Vergehens, der uns so viele Rätsel aufgibt. Dabei stand mir immer wieder das Wort des hl. Augustinus vor Augen: „Wenn mich niemand fragt, was Zeit ist, weiß ich es. Wenn ich es aber einem Fragenden erklären will, weiß ich es nicht." Martin Heidegger (1889–1976), der vielleicht größte Philosoph unseres Jahrhunderts, geht sogar so weit, daß er die Zeitlichkeit zum Grundcharakter allen Seins und vor allem des Seins des Menschen in der Welt erhebt. Vieles von dem, was mir auf diese Weise theoretisch vermittelt wurde, hatte ich als Hütekind längst praktisch erlebt und erfahren, freilich ohne es mir vorerst im einzelnen vergegenwärtigen zu können. Schon die Langeweile, die für Kinder im Dorf herrschte, und erst recht die Langeweile beim Viehhüten ließ mich erahnen, daß Zeit und Zeit nicht dasselbe ist. Da steht auf der einen Seite die von der Uhr gemessene Zeit, die immer gleich lang und gleich kurz ist. Und da gibt es auf der anderen Seite die sogenannte Erlebniszeit, in der sich die Art und Weise ausdrückt, wie ein zeitlicher Ablauf vom Menschen entgegengenommen und erfahren wird. Auch wenn die Uhr beide Male eine Stunde anzeigt, ist es doch ein großer Unterschied, ob es sich um eine Stunde des Glückes handelt, oder ob man sie mit Gefühlen der Leere, des Schmerzes oder der Angst durchlebt. Im ersteren Fall fliegt sie nur so dahin gemäß dem Wort: „Dem Glücklichen schlägt keine Stunde", im zweiten Fall hingegen kann sie wie eine Ewigkeit anmuten.

Ohne Zweifel ist die Langeweile der Erlebniszeit zuzuordnen, und indem ich nun den Eindruck hatte, ich müsse der Sonne, beziehungsweise dem Schatten, am Bergabhang förmlich nachhelfen, schlug sich mir eine Brücke zur Lehre von der Ewigkeit im Religionsunterricht hin. Dort wurde gesagt, der Mensch gehe mit dem Tode in die Ewigkeit ein. Dieser Gedanke schreckte mich schon aus dem Grunde, weil mich die Sorge bewegte, ich könnte in die Hölle kommen (ich werde darauf noch weiter eingehen). Aber selbst wenn ich davon noch absah, blieb das Problem, wie man sich die Ewigkeit zu denken habe. Zweifellos, so sagte ich mir, hat sie etwas mit langer, sehr langer, ja mit nie endender Zeit zu tun. Fragte ich mich aber dann, welche Zeit ich gerade beim Viehhüten als lange Zeit erfuhr, dann war es eben jene, in der ich Langeweile hatte. Ewiges Leben also als endlose Langeweile? Doch wohl auch wieder nicht, da es – abermals im Religionsunterricht – hieß, daß auf die guten Menschen eine ewige Glückseligkeit warte.

Ich kam mit diesen kindlichen Erwägungen nicht zu Ende. Aber indem ich sie anstellte, machte ich eine sonderbare Erfahrung. Ich vergaß die nicht untergehenwollende Sonne, obgleich ich unentwegt auf sie hinschaute. Überrascht stellte ich auf einmal fest, daß sie während meines Nachdenkens schon fast hinter den westlichen Bergen versunken war. Da spürte ich erst recht, daß die Langeweile nicht einfach wie ein Schicksal über mir hing. Ich konnte, wie schon so oft geschehen, etwas bauen, basteln, anschauen; ich konnte mich bewegen, mich mit anderen unterhalten und mit ihnen spielen, und immer wurde dadurch der Druck seitens der Langeweile gemildert. Aber jetzt wußte ich, daß ich, falls mir zu alledem die Lust oder die Gelegenheit fehlte, auch einfach nur nachzudenken brauchte. Doch wie sollte ich dieses Nachdenken bewerten und einordnen? Ob ich mir das ewige Leben vielleicht als ewiges Nachdenken zu denken hatte?

Freilich, ganz ließ sich die Langeweile nicht zurückdrängen, schon gar nicht auf Dauer; sie blieb „chronisch" bestehen, wie auch alle anderen Schattenseiten des Viehhütens erhalten blieben, von denen im vorhergehenden die Rede war. Aber aus einer mehr oder weniger leeren oder bloß ausgefüllten Zeit konnte doch auch immer wieder mal eine erfüllte Zeit werden, ließ sich die Langeweile buchstäblich zur „langen Weile" verwandeln, wenn ich nur hellhörig war und die sich bietenden Möglichkeiten beim Schopfe faßte.

Was das näherhin hieß und wie es sich im einzelnen gestaltete, wird im zweiten Teil dieses Buches zu zeigen sein.

3. Kapitel: Brunst

1) Ein Phänomen mit Ausstrahlungseffekt

Fürs erste geht es aber weiterhin um die Mühsal des Viehhütens, und zwar in Gestalt eines Phänomens, das in der damaligen Situation – jedenfalls für mich – an Hintergründigkeit kaum zu überbieten war. Gemeint ist das Brünstigwerden des Weideviehes, der Umstand, daß die Kühe und Rinder, sofern sie nicht trächtig waren, im Dreiwochenrhythmus, wie es in der Mundart heißt, *spielisch* wurden.

Stellte sich die Brunst draußen auf der Weide ein, so merkte man es zuerst daran, daß die betreffende Kuh (oder das betreffende Rind) nur noch mit Unterbrechungen graste oder auch ganz damit aufhörte. Wie von Geisterhand getrieben schritt die Abstinenzlerin sodann auf ihre Weidegenossinnen zu, mal auf diese, mal auf jene, und versuchte, durch Anstoßen, Reiben und Schnüffeln mit ihnen in Körperkontakt zu kommen. Wurde schon auf diese Weise eine unliebsame Unruhe in der Herde erzeugt, so steigerte sich das noch erheblich von dem Augenblick an, da ein wechselseitiges Aufeinanderspringen einsetzte. Einmal sprang die brünstige Kuh auf eine andere auf, dann wieder eine andere auf die brünstige und so fort. Da sich dieser Vorgang aber nicht nur im Stand abspielte, sondern auch mannigfache Fluchtbewegungen auslöste, konnte der Weidebetrieb weitgehend aus den Fugen geraten, nicht zu reden von dem Chaos, das der Hund mit gelegentlichen „Schlichtungs"-Versuchen anrichtete. Das absonderliche Gebaren provozierte den Hund offensichtlich, so als ob er sich sagen würde, daß mit solchen Kindereien Schluß gemacht werden müsse. Dabei benahm er sich auch nicht anders, wenn bei ihm Läufigkeit angesagt war, wie wir noch sehen werden.

Dem Hütekind wurde mitunter viel Mühe abgefordert, um allzu ausgedehnten Aufsprung- und Nachlaufpartien zu wehren und die Herde einigermaßen auf der eigenen Wiese zusammenzuhalten. Meist blieb die betreffende Kuh für die folgenden zwei bis drei Tage im Stall, und dasselbe war der Fall, wenn sich die Brunst über Nacht im Stall einstellte und dies beim nächsten Weidegang bemerkt wurde. Das brünstige Stück wurde bei hinreichend eindeutigen Anzeichen unverzüglich in den Stall zurückgetrieben und dort mit Futter versorgt. Aber auch mit dem Verbleib im Stall war diese Kuh dem Pflichtenkreis des Hütekindes nicht einfach entzogen. Sie wurde am folgenden Morgen oder, nach Beendigung der Feldarbeit, am folgenden Abend vom Vater oder älteren Bruder, manchmal über mehrere Kilometer, zum Bullen geführt, wobei das Hütekind häufig Treiberdienste leisten mußte. Unterwegs kam es nicht selten zu erheblichen Kraftproben mit dem seinem

Trieb ausgelieferten Tier, so daß man aufatmen konnte, wenn endlich der Stall mit der Aufschrift „Köramt Rheinland, öffentliche Bullenhaltung" erreicht war. Hier hatte der Bulle sein festes Standquartier; er wurde im Stall gefüttert und eigentlich nur zur Paarung, die in der Regel draußen im Hof stattfand, aus dem Stall geführt. Wegen seines ungestümen Temperamentes wurde er vom Bullenhalter mittels Nasenringes unter Kontrolle gehalten. Standen – meist war es am frühen Morgen – zwei oder gar drei Kühe zur Paarung an, mußten etwa halbstündige Wartezeiten eingelegt werden, bis sich beim Bullen die Paarungsenergien regeneriert hatten.

Je nach Alter des Kindes, aber auch nach Einstellung der Eltern und des Bullenhalters, durfte das Hütekind beim Paarungsvorgang dabei sein oder mußte in der Stube des Bullenhalters warten, bis der Ruf zum Heimmarsch erging. Auch der Heimweg konnte noch beschwerlich sein, indem die begattete Kuh immer wieder stehenblieb, den Rücken krümmte und bei starkem Ausfluß ein markerschütterndes heiseres Röhren von sich gab. Fragte man nach dem Grund für dieses Verhalten, so lautete die Antwort: *Se treivt* (sie – die Kuh – ‚treibt'). Oft genug wiederholten sich aber auch die Kraftproben des Hinweges, die besonders dann Ärger bereiteten, wenn man wußte, daß der Weg zum Bullen am Abend oder nächsten Morgen erneut angetreten werden mußte. Das war jedesmal der Fall, wenn die Paarung nicht geglückt war. In der Mundart hieß es dann: *D' Koh hoot net gestaanen* (die Kuh hat – noch – nicht ‚gestanden').

Ähnlich ging es übrigens zu, wenn eine brünstige Sau zum Eber geführt wurde.

Als Hütekind hat man dieses strapaziöse Geschehen immer wieder miterlebt, es war Alltagsroutine, über die, wie es schien, kein Wort verloren zu werden brauchte. Und doch war da einiges, das tiefer ging, sogar etwas, das mich im Kern meines werdenden Selbstverständnisses berührte und seine prägende Kraft bis auf den heutigen Tag nicht ganz verloren hat.

Zunächst machte mich, ähnlich wie bei den bereits erwähnten Stoßzweikämpfen, die vitale Eigenmacht betroffen, die aus der brünstigen Kreatur hervorbrach, ein elementarer Lebensdrang, der alle Vertrautheit zwischen dem Menschen und dem von ihm gezähmten Tier außer Kraft setzte. Da half kein Zureden und Zurufen mehr, selbst Schläge verfehlten ihre Wirkung. Die „Bleß", die „Rosa" oder wie sonst die Kuh hieß, war nur noch sich selbst und ihrem Trieb anheimgegeben. Besonders fremdartig berührten mich die erwähnten dumpfen Brüllaute. Indem das brünstige Stück sie mit nach vorn gestrecktem Kopf und stieren Blicks aus sich hervorstieß, glaubte ich den Aufschrei einer Urgewalt zu vernehmen, vor der man nur erschauern konnte.

Gleichwohl zog mich das, was ich da sah und hörte, auch wieder auf eine ganz sonderbare Weise an. Es stiegen Gefühle in mir auf, für die ich lange keinen Namen hatte, Gefühle, die mir seit meinem 5./6. Lebensjahr auch sonst nicht ganz fremd waren, aber durch den Anblick des Brunstgebarens verstärkt oder, wenn sie eingeschlafen waren, zu neuem Leben erweckt wurden. Ich verspürte dann eine wohlige Wärme in mir, ja fühlte mich angetrieben, mir nackte Mädchen vorzustellen und in Gedanken alles Mögliche an ihnen und mit ihnen zu erkunden. Aber kaum waren solche Regungen und Phantasiespiele in Gang gekommen, brachen Schuldgefühle in mir auf. Ich sah meine Aufmerksamkeit – so drücke ich es heute aus – genußvoll auf meinen Sexualbereich hingelenkt, über den die Erwachsenen einen Mantel des Schweigens, zuweilen auch mit direkten Ermahnungen und Zurechtweisungen einen Schleier des Verbotenen und Bösen ausbreiteten. So etwas durfte man nicht unnötigerweise anschauen, zeigen, berühren, folglich, so meine Schlußfolgerung, durfte man dort auch keine Wohlgefühle empfinden. Und wäre ich ein Mädchen gewesen, hätte ich mich zudem auch noch immer „anständig", mit über die Knie gezogenem Rock, hinsetzen müssen. Das alles brachte es zuwege, daß ich noch als Zwölfjähriger in mir Widerstände gegen die Vorstellung verspürte, es könne bei der Fortpflanzung des Menschen ähnlich „tierisch" zugehen wie bei meinen Kühen. Aber auf der anderen Seite konnte ich mir einen inneren Drang in diese Richtung nicht verhehlen, ja dieser Drang wurde von Jahr zu Jahr stärker. Blickte ich allein auf ihn hin, so schien mir ein tierähnliches Verhalten keineswegs als abwegig, sondern im höchsten Grade verlockend, ja war mir – wieder mit meinen heutigen Worten gesagt – zumute, als drücke sich in ihm eine urtümliche Verbundenheit, ja Einheit alles Lebendigen aus. Und doch wünschte ich es mir beim Menschen auch wieder ganz anders, edler, zarter, überhaupt ohne jene Gier, die Bullen und Kuh zueinandertrieb.

So wie ich es heute sehe, war diese Seelenlage im Spiel, als mich im Alter von vierzehn Jahren beim Viehhüten plötzlich ein unnennbares Sehnen überkam, in dem sich, wie durch einen Schleier hindurch, zwei Frauengestalten abzeichneten. Es handelte sich um Mitschülerinnen von mir, die aber nun merkwürdig verwandelt aussahen. Zu beiden zog es mich mit Macht hin, aber auf sehr unterschiedliche Weise. Der einen war ich zugetan mit dem Wohlgefühl, das ich beim Anblick meiner brünstigen Kühe empfand. Vor der anderen hielt ich diesen Drang gerade zurück. Ihr wollte ich in die Augen schauen, mit ihr wollte ich erzählen, wandern und – beten, jawohl beten.

Mir war damals unerfindlich, was es mit dieser Doppelpoligkeit auf sich hatte. Sie stellte für mich ein um so größeres Rätsel dar, als sie auch in der Folgezeit immer wieder vor meinem inneren Auge erstand, wobei die Personen allerdings von Zeit zu Zeit wechselten. Erst viele Jahre später erfuhr ich aus Eduard Sprangers „Psychologie des Jugendalters", daß es sich bei den Gestalten um eine personifizierte Versinnbildlichung zweier Grundkräfte im Menschen handelte, der Grundkräfte Eros und Sexus. Beide markieren das geschlechtliche Aufeinanderbezogensein von Mann und Frau mit der Untergliederung in einen sinnlich begehrenden Pol (Sexus) und einen seelisch-geistigen Pol, dessen Sehnen und Lieben seit Platons Dialog „Symposion" Eros heißt. Und weiter las ich bei Spranger, daß beide Seiten um des Wohles des jugendlichen Menschen willen gar nicht scharf genug ausgeprägt sein können. Sie erzeugen zwar Unruhe und Gespaltenheit im Heranwachsenden, aber je mehr sie zunächst auseinanderstreben, um so reicher und nuancierter kann die Einheit sein, wenn es gelingt, sie in einem gegenseitigen Durchdringungsprozeß auf höherer Ebene miteinander zu versöhnen. Dazu aber ist Erziehung unabdingbar, und zwar eine solche, die die sich regenden Kräfte aufgreift und ihnen Geleit zu freier und harmonischer Entfaltung gibt.

Gemessen an diesem Maßstab war der erzieherische Umgang mit den sexuellen und erotischen Strebekräften, insbesondere den sexuellen, in meiner jugendlichen Lebenswelt eine wahre Katastrophe. Und so sonderbar es zunächst klingen mag, infolge des Brunstphänomens spielte für mich dabei auch das Viehhüten eine gewichtige Rolle. War eine Kuh brünstig, so sah ich mich nicht nur zu erhöhter äußerer, sondern nun auch zu innerer Wachsamkeit herausgefordert. Der Vorgang wurde für mich immer wieder zur drükkenden moralischen Last. Um das näher zu verdeutlichen, ist eine Erörterung der damals in meiner heimatlichen Region herrschenden Sexualmoral und Sexualpädagogik erforderlich. Vom Viehhüten her eröffnen sich damit Einblicke in Maßgaben und Lebensverhältnisse, von denen man heute fast nicht mehr glauben kann, daß es sie in den fünfziger Jahren noch in Mitteleuropa gegeben hat. Oder gibt es sie bei dem einen oder anderen in mehr oder weniger verdeckter Form auch heute noch?

2) Sexualmoral damals

Daß beim Brunstgeschehen Moral ins Spiel kam, deutete sich schon darin an, daß nicht alle Kinder beim Paarungsakt zuschauen durften. Hinter diesem Verbot steckte offensichtlich die Annahme, die auf mich ja schon angesichts des Treibens auf der Wiese zutraf, daß Kinder beim Anblick sexueller Vorgänge auch selbst sexuell erregt werden könnten (wieso eigentlich nur Kinder?). Sexuelle Erregung aber, so die von der Kirche den Gläubigen als absolut gültige Verpflichtung auferlegte Maßgabe, ist etwas abgrundtief Verdächtiges, ja Verwerfliches. Sexuelle Regungen trugen in der kirchlichen Morallehre das Etikett „böse Begierlichkeit" – so wörtlich, wie auch bei den weiteren Zitaten, im „Katholischen Katechismus für die Diözese Trier“ aus dem Jahre 1925, der bis in die fünfziger Jahre offizielles Lehrbuch in den Schulen war. Das Sexuelle galt als Wirkbereich des Teufels, und wenn man diesen Bereich schon hinnehmen mußte, war es doch strengstens verboten, an den von daher entspringenden Antrieben Gefallen zu finden oder gar ihrem Drängen nachzugeben. Geschah dies, so lud man schwere Schuld auf sich, machte man sich nicht nur einer einfachen, einer sogenannten „läßlichen“ Sünde, sondern einer „Todsünde“ schuldig, einer Sünde, von der es hieß, daß sie ewige Höllenstrafen nach sich ziehe. Rettung aus solcher Schuld gab es nur, wenn man diese Sünden reuevoll vor einem Priester beichtete, und zwar so bald als möglich und unter Angabe der „genauen Zahl und der wichtigen Umstände“. Ja, mitunter konnte man sogar hören, daß von hundert Menschen, die nach ihrem Tod in die Hölle kämen, mindestens neunzig wegen sexueller Verfehlungen, wegen Sünden gegen die „heilige Keuschheit“ dort seien.

Gewissenhaft habe man darum auch jede Gelegenheit zur Sünde zu meiden, und wenn man unfreiwillig etwas Unkeusches sehe oder höre, müsse man sich sofort davon abwenden und eventuell auftauchende „Gedanken und Wünsche aus dem Sinn ... schlagen“. Ausdrücklich war in diesem Zusammenhang von „Augen- und Fleischeslust“ die Rede, welcher der Mensch, falls er nicht sein ewiges Heil aufs Spiel setzen wolle, unter allen Umständen zu widerstehen habe. Da blieb für den Katholiken als sexueller Entfaltungsraum allein das Zusammenleben in einer kirchlich geschlossenen Ehe übrig, aber auch hier sollte es möglichst wenig um Lust gehen, sondern um die Hervorbringung von Nachwuchs, um die Erfüllung der „ehelichen Pflicht“, wie es bezeichnenderweise hieß.

Das waren, wie man meinen sollte, eindeutige Direktiven, wie sie in Religionsunterricht, sonntäglicher Christenlehre und nicht zuletzt in einem bischöflichen Hirtenbrief zum Ausdruck kamen, der alljährlich am zweiten Sonntag nach Erscheinung im Zusammenhang mit dem Evangelientext von der Hochzeit zu Kana verlesen wurde. Aber schaute man etwas genauer hin, so blieb doch über das, was im konkreten Einzelfall als Sünde beziehungsweise Nicht-Sünde zu gelten hatte, vieles im dunkeln. Hier hätte nur eine vertrauensvolle Aussprache mit einem vertrauenswürdigen Gesprächspartner weiterhelfen können, aber diese Aussprache fand in meinem Lebenskreis nicht statt, auch nicht zwischen mir und meinen Eltern, bei denen ich doch mit meiner Angst vor Gendarm, Gericht und Gewitter auf so viel Teilnahme und Verständnis stieß. So habe ich als Kind nie eine Begründung dafür gehört, warum die einen Kinder beim Paarungsakt von Bulle und Kuh zuschauen durften und die anderen, darunter ich selbst, nicht. Detailliertere Aufschlüsse erhielt ich eigentlich nur noch in indirekter und dazu noch in negativer Form, dann nämlich, wenn wegen Fehlverhaltens Zurechtweisungen und Strafen ergingen. Das konnte in Form von Ohrfeigen geschehen, die an Kinder verabreicht wurden, weil sie „Unzüchtiges" geredet hätten. Oder es fanden peinliche Einzelverhöre in der Schule statt, wenn die Rede davon ging, daß die und die Kinder es irgendwo und irgendwie „miteinander getrieben" hätten. Oder es kam gar zu einer sonntäglichen Anklage- und Bußpredigt des Pfarrers, nachdem ruchbar geworden war, daß in einem Haus der Pfarrei unehelicher Nachwuchs bevorstand. Als ich einmal nach einer solchen Predigt, in der kein Name genannt worden war, fragte, warum der *Häär* (Pfarrer) denn so geschimpft habe, antwortete meine Mutter kurz und bündig: XY *hoot sich net gescheckt* (... hat sich nicht ‚geschickt' = nicht recht verhalten). Da wußte ich nun Bescheid, das heißt: ich tappte weiter im dunkeln.

In solchem Schweigen drückt sich gewiß etwas von der dem Menschen eigenen Scheu (angeboren oder anerzogen?) aus, intime Bereiche seines Lebens zum Gegenstand eines Gesprächs zu machen. Aber in diesem Fall kam noch erschwerend hinzu, daß schon das Sprechen über sexuelle Regungen und Vorgänge mit Sünde in Verbindung gebracht wurde, auch wenn es sich nicht um das vorhin erwähnte „unzüchtige" Reden handelte. Über ein solchermaßen sündenträchtiges Gebiet, so die Meinung, durfte nur in einer Atmosphäre der Weihe gesprochen werden und möglichst auch nur von einem Geweihten, also einem Priester. So wurde auch über das Brunstphänomen nicht nur wegen seiner Alltäglichkeit kaum ein Wort verloren, sondern nachweislich auch deshalb, weil es sich nach Auffassung der Kirche nicht gehörte, darüber zu reden. Diese sprachliche Abstinenz bezüglich des sexuellen Bereiches wirkte sich bis in die Beichte hinein negativ aus. Denn für das Sündenbekenntnis mußte ja nun doch eine Sprache gefunden werden und sogar eine „ehrbare", „deutliche" und „aufrichtige", wie es im Katechismus ausdrücklich hieß. Wie aber sollte man zu einer solchen Sprache hinfinden, wenn man sich nicht in sie einüben durfte?

Ich habe damals fest an diese Moral geglaubt. Heute weiß ich, daß sie mir viel von meiner Kindheit und Jugend weggenommen hat. Sie wirkte nicht im Sprangerschen und schon gar nicht im Sinne heutiger Sexualpädagogik aufbauend und läuternd, sondern niederdrückend. Dies mit der Bemerkung abzutun, es sei daraus ja „nur" kindliches Leid erwachsen, wäre blanker Zynismus. Denn erstens hielt diese Moral auch die Erwachsenen noch fest im Griff, und zweitens wiegen wie Freude und Glück so auch Schmerz und Leid bei Kindern genauso schwer wie bei Erwachsenen.

Die Heimatpfarrkirche in Utscheid, wie sie bis 1960 aussah, in der ich 1938 zur ersten Beichte und Kommunion ging.

Links: Der im Text zitierte Katechismus (Titelseite). Rechts: Die vorerst (1933) drei Kleinsten der Familie.

3) Gewissensnot

Und meine Not war wirklich groß, vor allem von dem Zeitpunkt an, da ich mich im Alter von gerade neun Jahren auf die erste Beichte vorbereitete. Bei den nun regelmäßig fälligen Gewissenserforschungen stand mir einerseits das vorhin dargelegte generelle Verbot sexueller Lustsuche vor Augen, aber andererseits nicht minder der Umstand, daß ich in den entsprechenden Situationen den besagten Drang gleichwohl in mir verspürte. Daß es sich dabei grundsätzlich um eine „wichtige Sache" handelte, war mir nach dem, was ich gelernt hatte, klar, nicht aber, wie ich unter dieser Maßgabe den jeweiligen Einzelfall zu veranschlagen hatte, der ja doch von Situation zu Situation ein anderer war. Wog es von der Sache her gleichschwer, ob ich den Wunsch hatte, dem Bullen zuzuschauen oder mich mit einem Mädchen in den Wald zurückzuziehen? Und wie stand es vor allem mit dem zweiten Kennzeichen einer Todsünde, wonach zu einer solchen auch gehört, daß in einer wichtigen Sache ein Gebot Gottes „ganz freiwillig" übertreten wird? Hatte ich mich von einem „unkeuschen" Anblick oder einer „unzüchtigen" Vorstellung, wenn auch nicht sofort, so doch noch rechtzeitig genug abgelenkt, um das Vergehen noch in die Rubrik „Unschamhaftigkeit" einordnen zu können? Unschamhaftigkeit galt zwar als Einfallstor zur Unkeuschheit, wurde aber noch zu den schon genannten „läßlichen" Sünden gerechnet, die nicht gleich ewige, sondern nur zeitliche Sündenstrafen (im sogenannten Fegefeuer) nach sich zogen. Entsprechend brauchten hier auch nicht die „genaue Zahl und die wichtigen Umstände" bei der Beichte angegeben zu werden.

Solches Grübeln, das sich nicht selten über Stunden, ja untergründig über Tage hinzog und bei dem ich in den ersten Beichtjahren meine Todsünden an den Fingern zusammenzählte, konnte zur schieren inneren Marter werden. Durchdrungen von dem Gedanken, daß es bei dieser Gewissenserforschung um Himmel und Hölle gehe, entschloß ich mich in Zweifelsfällen immer wieder dazu, möglichst kein Risiko einzugehen und lieber eine Todsünde zuviel als eine zuwenig zu beichten. Und war dann die Entscheidung endlich gefallen, stand als neue Qual das schon erwähnte Formulierungsproblem an. Für beides: sowohl die Unsicherheit über die Schwere meiner Vergehen wie auch die Sprachnot, lag der Hauptgrund in der pauschalen Verteufelung des sexuellen Bereiches und dem damit einhergehenden Schweigen. Die Folge war ein Gefühl unendlicher Einsamkeit und Verlassenheit, ja ein Gefühl erbarmungslosen Ausgeliefertseins. Weil ich mit niemandem über meine Bedrückungen sprechen konnte – die Tuscheleien bestimmter Alterskameraden schieden von vornherein als nicht vertrauenswürdig aus –, gab es für mich keinerlei Korrektiv, das mich hätte trösten und aufmuntern können, keinerlei Korrektiv allerdings auch für den umgekehrten Fall, daß ich eine Sünde zu leicht nahm. Aber dazu neigte ich, ängstlich wie ich war, kaum. Kurz, ich kam mir wie von allen guten Geistern verlassen vor.

Nach heutiger Sicht könnte man vielleicht sagen, auf diese Weise habe sich Spielraum für eigene freie Gewissensentscheidung eröffnet. Aber erstens war damals in meinem Lebenskreis von solchen Entscheidungen noch mit keinem Wort die Rede, und zweitens hätte es – zumindest bei Heranwachsenden – auch für sie des beratenden und ratenden Miteinandersprechens bedurft. Nein, nicht was ich selbst dachte und wollte, war gefragt, sondern was Gott, sprich die Kirche als Sprachrohr Gottes, wie sie sich verstand, für richtig hielt. Und um dieser Maßgabe Geltung zu verschaffen, konnte die Sündendrohung gar nicht umfassend genug und zugleich auch wieder nicht vage genug sein. Ließ sich doch durch diese sonderbare Mischung von radikaler Brandmarkung und vieldeutigem Schweigen eine Lage herbeiführen, in der selbst dort noch Sünden gewittert wurden, wo im förmlichen Sinne keine angesagt waren und wo ich von mir aus auch keine gesucht hätte. Der Ertrag davon war ein permanent schlechtes Gewissen verbunden mit dem Bestreben, für unentwegt angesteuerte moralische Höchstleistungen einen anerkennenden Blick von oben zu erhaschen. Ein solches Bestreben stellt das genaue Gegenteil eines Strebens nach selbstverantwortlicher, personaler Eigenentscheidung dar. Es gab ganz gewiß Situationen, in denen ich ein Bedürfnis nach gewissentlicher Eigenentscheidung verspürte, etwa dem Paarungsakt zuzuschauen oder auch an einem bestimmten Sonntag dem Gottesdienst fernzubleiben. Aber kaum daß sich ein solcher Impuls gemeldet hatte, war durch die geschilderte Seelsorgepraxis in geradezu idealer Weise dafür gesorgt, daß er nicht zum Zuge kam, ich also weiter in Abhängigkeit, ja Hörigkeit verharrte.

Alles in allem kam ich zu dem Schluß: Frei von Sünde gegen das sechste Gebot („Du sollst nicht Unkeuschheit treiben“) ist nur derjenige, dem es gelingt, seine sexuellen Regungen praktisch wirkungslos zu halten beziehungsweise zu machen, derjenige also, der mit dem in ihm aufbegehrenden Drang umgeht, als ob er ihn nicht hätte. Insofern ich aber nun immer wieder und je länger, je mehr die einerseits lustvolle und andererseits zugleich so bestürzende Erfahrung machte, daß dies bei mir nicht der Fall war, sammelten sich folglich in meinem Gewissen Schuldgefühle über Schuldgefühle an. Sie führten dahin, daß ich als Neunjähriger bei meiner ersten Beichte sage und schreibe 62 Todsünden gegen das sechste Gebot bekannte. Nach meinem heutigen Ermessen hätte zumindest jetzt, und zwar auf Initiative des Beichtvaters, eine Aussprache in Gang kommen müssen. Aber wie ich keine Frage stellte, stellte auch er keine. Die Augen mit einem weißen Taschentuch bedeckend, nahm er meine Sünden kommentarlos hin, so wie ich sie ihm vortrug. Auch vor der persönlichsten Begegnungsstätte, dem Beichtstuhl, machte also das Schweigen nicht halt, und war es da, wie ich im Beichtunterricht gelernt hatte, letztlich Gott, dem ich durch die Person des Pfarrers hindurch meine Sünden bekannte, so hat also auch er geschwiegen. Ich konnte das damals nur so verstehen, daß ich tatsächlich 62 mal in Todsünde gefallen war.

Meine Erleichterung nach dieser Beichte war groß, aber sie hielt nicht an. Schon nach wenigen Tagen mußte ich feststellen, daß ich derselbe geblieben war und weiter mit denselben Problemen zu kämpfen hatte. Das weckte in mir die zusätzliche Sorge, ob ich denn auch richtig gebeichtet hätte. Vor allem quälte mich, daß ich nicht die vom Katechismus geforderten „wichtigen Umstände" angegeben hatte. Aber wie ich es auch wandte, ich verstand nicht, was mit dem Wort „Umstände" gemeint war, und auch jetzt wagte ich es nicht, jemanden zu fragen. So wurde die nach vier Wochen anstehende zweite Beichte zur noch größeren Last, zumal sie auch noch die Beichte vor meiner Ersten Kommunion war. Wie, wenn ich nun unwürdig zur Kommunion ginge? Würde sich damit der mir verheißene „schönste Tag meines Lebens" nicht in einen „Gottesraub" verkehren, wie der Fachausdruck im Katechismus für einen unwürdigen Sakramentenempfang lautete?

Infolge der durch das Brunstphänomen bewirkten Ausstrahlungseffekte trug also auch der Hütedienst zu meiner Seelennot bei. Wie oft beneidete ich da andere Kinder, die mit Viehhüten nichts zu tun hatten und denen folglich solche Belastung erspart blieb. Die Situation war um so fataler, als es sich beim Brunstgeschehen um eine der wenigen Gelegenheiten handelte, bei denen ich als Kind und auch noch als Jugendlicher Sexuelles in unmittelbarer Anschauung miterleben konnte. Bilder und Darbietungen, wie sie heute, für jedermann zugänglich, gang und gäbe sind, konnte man sich damals in dieser Region nicht einmal denken. Der daraus resultierende Stau erzeugte einen derartigen moralischen Druck, daß mitunter sogar das brünstige Vieh selbst „moralisiert" wurde, mit negativem Vorzeichen, wie sich versteht. Oder sollte man vielleicht besser sagen, es wurde dämonisiert? Auf jeden Fall erschien dann der so fremdartig und zugleich so verführerisch aufbegehrende Trieb als das Werk böser Geister, die von der betreffenden Kuh Besitz ergriffen hätten. Ja, selbst in bezug auf den Menschen waren solche Vorstellungen in Umlauf, gegenüber Liebespaaren nämlich, wenn sie sich sichtbarlich küßten und umarmten. Nicht nur, daß ihr Anblick als peinlich galt, vielmehr weckte dieser auch den Verdacht, daß die beiden nicht recht bei Sinnen seien und sich auf abschüssiger Bahn zur Hölle befänden. Oder wie sonst hätte man es deuten sollen, daß der Pfarrer „aus gegebener Veranlassung", etwa im Nachgang zur Kirmes, eine förmliche Gerichtspredigt hielt? Immer ging es dabei um das Thema „Unzucht", im Falle der Kirmes, wie ich mich noch genau erinnere, um das Gebaren von Liebesleuten auf ihrem nächtlichen Heimweg von der Tanzmusik, auf dem sie offensichtlich vom Pfarrer beobachtet worden waren. Wenn dabei auch keine Namen fielen, kam doch so viel „Schändliches“ zur Sprache, daß sich der Eindruck aufdrängen konnte, er, der Pfarrer, sei in den beiden Kirmesnächten noch mehr unterwegs und noch weniger im Bett gewesen als die Paare, die er anklagte. Und doch war bei aller mit dem Pfarrer geteilten moralischen Entrüstung auch jetzt wieder etwas in mir, das mich in Neugier erglühen ließ und mich zu den Getadelten hinzog.

Auch hier zeigt sich wieder eine Seelenlage, die zwiespältiger und zerrissener kaum hätte sein können, schon bei mir als Kind das Ergebnis einer Erziehung, die im Menschen Gutes und Böses unheilvoll miteinander vermischt sah, vielleicht sogar mit einem Übergewicht des Bösen. So stand ich über viele Jahre hin zu mir selbst und dem, was sich in mir begab, in einem Verhältnis, das angemessen nur mit dem Wort Haßliebe gekennzeichnet werden kann.

Wenn ich in späteren Jahren Bekannten von dem mir daraus erwachsenen Leid berichtete, ist mir wiederholt bedeutet worden, daß es sich da wohl um eine bedauerliche Ausnahme gehandelt habe. So seien kirchlicher Moralunterricht und kirchliche Seelsorgepraxis – wo ich doch vor allem ihnen die Schuld an dem mir Widerfahrenen gäbe – andernorts nicht gewesen. Ich räume ein, daß es auch damals in der Seelsorge schon Unterschiede gegeben hat, aber so groß, wie von diesen Stimmen behauptet wird, waren sie gewiß nicht, wenigstens nicht in dem Umkreis, den ich überschaue. Als Beweis führe ich zwei sogenannte Volksmissionen an, an denen ich in jungen Jahren teilgenommen habe und die jeweils auf eine Vielzahl von Pfarreien, keineswegs also nur auf meine Heimatpfarrei, abgestimmt waren. Beide Male habe ich miterlebt, wie die Patres unter der Devise „Rette deine Seele“ die Sündenangst geradezu ins Groteske anheizten, wie ich es heute sehe. Da flossen nach der sogenannten Standespredigt, in der das Sündenbewußtsein aufgerüttelt werden sollte, sogar Tränen aus Angst vor der General- oder Lebensbeichte, die am Ende der Mission fällig war.

Ferner besuchte ich ab meinem zwölften Lebensjahr auswärts die höhere Schule und ab meinem 19. Lebensjahr die Universität, so daß es mir an Vergleichsmöglichkeiten nicht gefehlt hat. Ich mußte bis zu meinem 21. Lebensjahr warten, bis mir unter einer beachtlichen Zahl von Vorgängern erstmals ein Beichtvater begegnete, der mir wirklich Trost und Zuversicht zusprach.

Freilich blieb mir auch nicht verborgen, daß ich genug Altersgenossen um mich hatte, die an ihrem Gewissen anscheinend weit weniger litten. Aber wie immer sie damit fertig wurden, mein damaliger Informationsstand, die Regungen, die sich in mir zu Wort meldeten, und meine große Sorge um mein ewiges Heil lassen mich auch heute noch keine Möglichkeit erkennen, wie es damals anders um mich hätte stehen können. Ich gehörte zu den zweifellos ganz wenigen Jugendlichen, die im Katechismus auch das Kleingedruckte lasen. Indem ich es las und immer wieder las, konnte ich mich von Mal zu Mal weniger der Einsicht verschließen, daß mir da zwar auch eine Frohbotschaft, aber doch weit mehr eine Drohbotschaft verkündet wurde. Ich habe diese Botschaft geglaubt, und entsprechend war mir zumute, nicht zuletzt auf der einsamen Wiese bei meinen Kühen.

4) Reifezeit

Eine Denk- und Verhaltensordnung, in der es möglich war, daß schon Kinder von Todsündenangst umgetrieben wurden, konnte den Jugendlichen gegenüber kaum gnädiger und entgegenkommender sein. Ganz im Gegenteil: Meine Probleme nahmen mit dem Übergang vom Kindes- ins Jugendalter noch erheblich zu. Der dafür maßgebliche Tatbestand ist genugsam bekannt: Mit dem Eintritt in die Reifezeit, die sogenannte Pubertät, kommt es beim Heranwachsenden zu körperlichen und damit zusammenhängend auch zu seelischen Veränderungen, die für den jungen Menschen einen tiefen Einschnitt bedeuten. Ich war damit verhältnismäßig spät dran, erst im Alter von vierzehn Jahren, das heißt, die sogenannte Akzeleration, die Vorverlegung der Reifezeit um etwa zwei Jahre, von der inzwischen so viel die Rede ist, fand bei mir noch nicht statt. Da nun auch bezüglich dieser Entwicklung in meinem heimatlichen Lebenskreis Schweigen herrschte, zumindest was den zentralen Punkt der geschlechtlichen Reifung betraf, brach das Reifeereignis wie ein Blitz aus heiterem Himmel über mich herein. Ich war rat- und fassungslos, als sich eines Nachts, eingewoben in einen sexuellen Traum, urplötzlich Dinge mit mir taten, die ich bis dahin selbst in der blühendsten Phantasie nicht für möglich gehalten hätte. Zu der Mitschülerin, die mir dabei im Traum erschien, hatte ich nie eine engere Beziehung, man kannte sich halt; und ich habe ihr auch nie etwas von meinem Traumerlebnis mit ihr erzählt, aber vergessen habe ich sie seitdem auch nicht mehr. Wurde also schon bezüglich dieser Ersterfahrung geschwiegen, so nicht minder über das, was ihr nachfolgte, so daß sich die Situation, weil sie nicht hinlänglich durch Sachinformation erhellt und insofern abgemildert wurde, um so mehr zur moralischen Zerreißprobe zuspitzte. Jetzt sah ich mich erst recht in einer Lage, in der ich zwischen prickelndem Begehren, verbunden mit brennender Neugier, und erbarmungsloser moralischer Zensur hin und her gerissen wurde, anstatt daß mir bedeutet worden wäre, ich solle mich nicht weiter aufregen, so sei das nun mal mit Buben in diesem Alter. Und ebenfalls erst recht und dazu noch, wie ich meinte, in erheblich wichtiger gewordener Sache, war ich mit dem Verhängnis konfrontiert, daß ich meiner Versuchlichkeit immer wieder unterlag. Folglich, so meine Einschätzung, verstrickte ich mich jetzt gleich in ganze Berge von Todsünden. Die Verzweiflung steigerte sich nicht selten bis zu dem Punkt, daß ich buchstäblich den Teufel im Leib zu haben glaubte.

Wollte ich da überleben (nicht selten zerbrechen ja auch junge Menschen an den Problemen der Reifezeit), so mußte ich mich nach zusätzlicher Hilfe umsehen. Nach dem Gesagten ist klar, daß dabei abermals nicht eine Aussprache mit einem vertrauten Menschen in Betracht kam, sondern nur die Nutzung solcher Möglichkeiten, wo ich in mir selbst und bei mir selbst blieb. Ein erster Abhilfeversuch bestand darin, daß ich zeitweise den Beichtzyklus verkürzte, also nicht nur, wie allgemein üblich, alle vier Wochen zur Beichte ging, sondern Zwischenbeichten einlegte. Das hat immerhin dazu beigetragen, daß ich einen besseren Überblick über mein Sündenkonto erhielt.

Einmal entschloß ich mich allerdings zu einer Radikallösung. Ich machte das Gelübde, sprich das förmliche Versprechen gegenüber Gott, einem bestimmten Begehren, das mich als werdenden Mann besonders heftig bedrängte, die Gefolgschaft ein für allemal zu versagen. Wissend, daß ich mich damit unter Sünde, ja – weil es sich um eine „wichtige Sache“ handelte – unter schwerer (= Tod-)Sünde verpflichtete, mein Versprechen zu halten, wollte ich mich gerade durch diesen Druck und diese Drohung stark machen und absichern. Zugleich wollte ich so in besonderer Weise den Beistand Gottes auf mich herabrufen. Doch die Katastrophe hätte nicht größer sein können. Was ich verhindern wollte, geschah aufs neue und gleich mehrere Male in Folge. Also hatte ich mich bei meiner nächsten Beichte zusätzlich – in Gestalt des Gelübdebruches – noch einer Art Supersünde, einer Sünde um meiner Sünden willen, anzuklagen. Der Pater – ich beichtete auswärts – erteilte mir zwar die Lossprechung, hämmerte aber zugleich, vor allem wegen des Gelübdes – weil ich es überhaupt gemacht hatte –, so auf mich ein, daß ich mich auch mit Lossprechung im Höllenfeuer versinken sah. Dabei hatte ich es doch so gut gemeint. Es war furchtbar!

Wurde also auf diese Weise der „Stachel in meinem Fleische“ eher noch verschärft denn gemildert, so bot sich mir als weitere Möglichkeit die Zuflucht zum Gebet an. Hatte ich doch schon als Kind gelernt, daß man mit Versuchungen um so besser fertig werde, je mehr man bete. Auch von dieser Möglichkeit machte ich also Gebrauch, ab meinem fünfzehnten Lebensjahr vor allem unter Hinwendung zum Rosenkranzgebet. Es könnte sein, daß ich in diesen Jahren mehr Rosenkränze vor mich hingesprochen habe als andere in ihrem ganzen Leben. Wenn ich allein war, beispielsweise beim Viehhüten, betete ich laut und mitunter auf den Knien, wobei ich die jeweils zehn

„Gegrüßet seist du Maria“ pro Gesätz wieder an meinen Fingern abzählte. Das Rosenkranzgebet bedeutet mir auch heute noch viel, es macht mich ruhig und stimmt mich meditativ. Es machte mich auch damals ruhiger. Aber gelöst wurde der mich bedrängende innere Konflikt dadurch nicht.

So wandte ich mich schließlich noch einer dritten Möglichkeit zu, deren Grundlage jenes unnennbare Sehnen war, das mich im Alter von vierzehn Jahren beim Viehhüten so plötzlich überkommen hatte und in dem auf so sonderbare Weise zwei Frauengestalten vor meinem inneren Auge erstanden waren. Wie schon einmal gesagt, begleitete mich dieses Bild, in dem allerdings von Zeit zu Zeit neue Gestalten die bisherigen ablösten, auch weiterhin. Dabei fiel mir auf, daß jene Seite, die im Sprangerschen Sinne den Eros-Pol darstellte, starken Schwankungen unterlag, ja zeitweilig ganz in den Hintergrund trat. Ich führe das nachträglich darauf zurück, daß sich der sexuelle Pol übermächtig hervordrängte, nicht weil er von sich aus so übermächtig gewesen wäre, sondern weil die herrschende Moral ihn dazu machte. Wenn man Regungen, die nun einmal da sind, unentwegt verbietet, wertet man sie erst recht auf, ja kann es geschehen, daß ihnen im scheiternden Kampf gegen sie eine gewisse Ausschließlichkeit, eine Art Allgegenwart zuwächst. Aber immerhin meldete sich jenes geistig-reine, mich zu Gespräch, Gesang und Gebet einladende Frauenbild doch noch zu Wort, und darauf gründete sich nun meine Hoffnung. Wie nämlich, so stieg es in mir auf, wenn ich meine Aufmerksamkeit bewußt und willentlich nach dieser Seite hin umlenkte und mich dadurch dem sexuellen Drängen gegenüber weniger angreifbar machte, weil ich ja schon von anderem und Besserem besetzt und erfüllt wäre. Das in mir aufgebrochene Sehnen und Begehren ginge so nicht einfach ins Leere, es hätte vielmehr ein Gegenüber, das mich anzöge und dem ich mich hingeben könnte. Aber zugleich hätte ich die Gewähr, daß ich damit nicht wieder der Unkeuschheit anheimfiele. Ob nur in Gedanken oder in Hinneigung zu einer leibhaftig existierenden Geliebten kämen Gefühle und Befindlichkeiten ins Spiel, die zwar auch nicht alltägliches Gesprächsthema waren, die man aber unbeanstandet von der herrschenden Moral in Liedern und Gedichten feiern durfte.

Aus solcher Blickwendung heraus sind mir damals Lieder wie das „Heidenröslein“, „Es waren zwei Königskinder“ oder „O käm’ das Morgenrot herauf“ zum tiefen Erlebnis geworden. („O käm’ das Morgenrot herauf/ O ging’ die Sonne doch schon auf!/ Säh’ ich herreiten meinen Geliebten/ Wohl über das Feld“).

Doch auch dieser Weg, so erfüllend er zeitweise war und so sehr er in mir schlummernden Sehnsüchten entgegenkam, brachte nicht den erhofften Erfolg. War der sexuelle Gegenpol nicht durch direkten Zugriff im Sinne der von der Kirche vertretenen Moral zu steuern und zu bezwingen, so auch

Liedblatt für die katholische Jugend 1947

nicht auf indirektem Wege durch Konzentration auf den Eros-Pol. Während ich noch „reinen Herzens“ von dem Geliebten sang, den ich mir „über das Feld herreitend“ wünschte, stieg unversehens auch der andere Wunsch in mir auf, der Geliebte möge eine Geliebte sein, die mit wiegenden Brüsten und verführerisch entblößten Armen und Beinen auf mich zukäme. Versuchte ich mich dann auch von diesem Bild noch einmal abzuwenden, wurde der ursprünglich so gemütvoll-lauter Herbeigesehnte gesichts- und konturlos, um schließlich ganz in grauem Nebel zu verschwinden.

Aus solchem Scheitern, das nicht nur für eine punktuelle Episode, sondern für eine sich über Jahre erstreckende innere Erfahrung steht, schließe ich, daß die beiden Pole wesenhaft aufeinander bezogen sind. Sexus ohne Eros, so scheint mir, wird unmenschlich und Eros ohne die anreizeschaffende Energiequelle des Sexus inhalts- und gegenstandslos. Wer die Wirkmacht des Sexuellen außer Kraft setzen will, hebt auch das Erotische auf. Es ist wie in Gottfried Kellers Roman „Der grüne Heinrich“, in dem diese Doppelpoligkeit besonders eindrucksvoll gestaltet ist: Nur weil es für den „grünen Heinrich“ die lebens- und liebesdurstige Judith gab, konnte es für ihn auch deren lichtvolles Gegenbild, die Anna, geben und umgekehrt.

Mochte die seinerzeitige Kirche also das so verstandene Erotische auch billigen oder gar feiern – man denke an die Marienverehrung, die nicht selten ausdrücklich Marienminne heißt –, ich kann mich des Eindrucks nicht erwehren, daß dieselbe Kirche durch ihre negative Sicht des Sexuellen dieses Erotische sofort wieder in Frage stellte. Kritischer Punkt waren dabei die sexuellen Antriebe, die jene seelisch-geistige Hingabe als Gegenpol braucht. Gewährte man ihnen nämlich Einlaß, wie es vonnöten ist, wenn das Sehnen und Hoffen nicht bloßer Schattenvollzug bleiben soll, dann war das sofort wieder Sünde. Auch in der Qualität des Gegenpoles galten diese Antriebe als nur beziehungsweise rein sexuell. Infolgedessen gab es für den, der, wie ich, diese Moral ernst nahm, vor Todsünden keine Rettung, es sei denn, man war bereit, auch auf erotische Begegnung zu verzichten. Aber wäre das eine tragbare, ja überhaupt mögliche Alternative gewesen?

Am einfachsten und überzeugendsten löste sich das Problem dadurch, daß einem eines Tages – mir zugegebenermaßen recht spät – aufging, was sich in Wahrheit hinter dieser Verbotsstrategie verbarg. Ich gestehe gerne zu, daß ich mein ganzes Leben lang ein schwacher und sündiger Mensch gewesen bin. Aber so sündig, wie ich mir vorkam, kann ich mit dem besten Willen nicht gewesen sein. Ich verfiel vielmehr in „Sünden“, für die nicht ich die Verantwortung trug, sondern jene, die einer wirklichkeitsfremden Sicht des Menschen und seiner Strebekräfte anhingen und mir und noch unendlich vielen anderen diese Sicht dann als Moralordnung auferlegten. Was sie dazu veranlaßt hat, wird noch zu bedenken sein. Immerhin gilt schon jetzt: Vor dem Hintergrund dieser Einsicht, daß das Sexuelle vom seelisch-geistigen Einanderhingegebensein nicht einfach hinweggedacht werden kann, sind die Darlegungen dieses ganzen Kapitels, insbesondere die darin maßgeblichen Beurteilungskriterien, konzipiert.

Für den, der es anders sieht, ergibt sich, falls er gläubig ist, noch eine schwerwiegende theologische Konsequenz, die das zur Erörterung stehende Moralsystem ebenfalls nicht sah oder sehen wollte, die Konsequenz, daß Gott dem Menschen das sexuelle Begehren zur Fortpflanzung und im übrigen nur aus dem Grund gegeben habe, um ihn damit zu ärgern und permanent qualvoll auf die Probe zu stellen. Ob Gott es sich so gedacht haben kann?

Ergebnis also: Auch bei diesem dritten Abhilfeversuch scheiterte ich, und zwar nicht nur faktisch, sondern weil ich scheitern mußte. Meine eigene Wirklichkeit war stärker und positiver, als die mich leitende Sexualmoral und Sexualpädagogik es wahrhaben und zulassen wollten.

Bei alledem soll kein Zweifel daran aufkommen, daß die sexuellen Antriebe in Zucht genommen werden müssen, und insofern stellen sie für die Erziehung eine hohe Aufgabe dar. Aber diese Aufgabe ist nicht zu lösen durch Verteufelung, Verdrängung und Tabuisierung, sondern nur so, wie es schon einmal angedeutet wurde: durch positive Annahme, helfende Begleitung und geduldiges Hinlenken zu jener Synthese, die allererst ein volles, nicht von inneren Spannungen zerrissenes Leben ausmacht: zur immer neuen Vermählung von Eros und Sexus, zur Erreichung einer auf höherer Ebene gelegenen Einheit, in der das Sexuelle vom Erotischen her vergeistigt und dieses durch jenes verlebendigt wird.

Es ist hier nicht der Ort, den solcherart ins Positive gewendeten Erziehungsweg näher darzulegen. Betont sei aber noch einmal, daß mir und unzählbar vielen anderen ein solcher positiver Weg auf – fast – unverzeihliche Weise vorenthalten geblieben ist. Nicht die im Sexuellen liegende Verheißung von Glück und Erfüllung stand im Mittelpunkt, sondern allein die von dort ausgehende Bedrohung. Die so beschworene Gefahr wirkte auf mich noch um so mehr, als ich obendrein glaubte erwägen zu müssen, ob ich nicht zum Priester berufen sei. Dann, so sagte ich mir, hätte ich – wegen des Zölibates – wohl noch schärfere Maßstäbe an mich anzulegen. Aber auch so war der Ertrag für mich schon Unglück, Unglück in solchem Maße, daß mir für mindestens zehn Jahre im buchstäblichen Sinne des Wortes das Lachen verging.

Und selbst wenn ich gelöst und heiter war, schlummerte auf dem Grunde meiner Seele doch immer ein Zug von Traurigkeit, bedrückte mich der Gedanke an die nächste Beichte. Es war, als laste auf mir ein Schatten, den ich nicht abzustreifen vermochte. Ja, etwas von diesem Schatten geht bis heute mit mir um. Denn wie „aufgeklärt“ und distanziert gegenüber den geschilderten Verhältnissen ich mittlerweile auch bin, es brauchen nur bestimmte Situationen einzutreten, und schon brechen Spuren der kindlichen und jugendlichen Angst wieder in mir auf ...

Es ist im Laufe vor allem der letzten Jahre mehr und mehr meine Überzeugung geworden, daß es so um den Sinn von Erziehung und menschenwürdig gelebtem Leben in der Welt nicht bestellt sein kann. Der Mensch hat ganz gewiß noch anderes und Wichtigeres zu tun, als sich unentwegt in inneren Skrupeln zu verzehren oder auf Signale zu hören, die ihm solche Skrupel einreden wollen. Das gilt selbst dann, wenn die Signale mit dem Anspruch auftreten, im Namen Gottes zu reden und um das ewige Heil des Menschen besorgt zu sein.

5) Die Kirche

Es sprechen vielfältige Anzeichen dafür, daß sich inzwischen auch in der katholischen Kirche, vor allem im Gefolge des Zweiten Vatikanischen Konzils, ein Wandel vollzogen hat. Zwar gibt es nach wie vor das Dogma von der Erbsünde, aber die Rede von der „bösen Begierlichkeit“ und der damit verbundenen „Augen- und Fleischeslust“ ist doch so gut wie verstummt. Auch das sonderbar schwebende Sagen und Nichtsagen, das vielsagende Schweigen, das mich so schwer belastete, ist aufgebrochen. Heute lädt die Kirche die Gläubigen zu öffentlichen Bußandachten, ja zu förmlichen Beichtgesprächen ein.

Das alles ist erfreulich, aber es bleibt die Frage, warum es nicht schon längst so gewesen ist, ja wie eine solche Moral überhaupt entstehen konnte. Warum mußten noch vor vierzig Jahren Menschen, nicht zuletzt Kinder, wie mein Beispiel zeigt, unter Gewissenslasten stöhnen, die sie, von heute aus gesehen, gar nicht zu tragen brauchten?

Es stimmt gewiß, daß die Kirche in ihrer langen Geschichte viel fremdes, vor allem viel leibfeindliches manichäisches Gedankengut in sich aufgenommen hat, das sie nicht einfach abschütteln kann. Aber das reicht als Entschuldigung für ihr Verhalten und ihre unterdrückenden Direktiven nicht aus. Waren doch außerhalb der Kirche, vor allem im Zusammenhang mit der neuzeitlichen Geistesströmung der Aufklärung, längst Stimmen laut geworden, die es anders sahen. Aber die Schriften dieser Denker standen für die Katholiken auf dem „Index der verbotenen Bücher“, wer sie ohne Erlaubnis seitens der bischöflichen Behörde las, machte sich einer schweren Sünde schuldig. Schwere Sünde also, wo man hinschaute! Inzwischen hat aber ebendieselbe Kirche viele Zugeständnisse an diese Denker gemacht und machen müssen, und vor allem hat sich auch gezeigt, daß ihre Morallehre längst nicht in dem Maße von der hl. Schrift abgedeckt war, wie sie es behauptete. Frage also nochmals: Wenn die Kirche das alles heute weiß, warum hat sie es nicht auch damals schon gewußt, als andere es erkannten und wußten?

Der Verdacht ist nicht von der Hand zu weisen, daß man es nicht wissen wollte. Auch jetzt, ja auf dem sexuellen Sektor erst recht, zielte man, zumindest über weite Strecken, auf autoritäre Machtausübung ab, um in den Gläubigen Folgebereitschaft zu erzeugen und zu erhalten. Und das Konzept dafür hätte nicht wirkungsvoller sein können: Bezüglich eines so sensiblen und intimen Lebensbereiches Höllenstrafen ansagen, dabei den Eindruck zulassen oder gar noch befördern, daß sich hier Todsünden wie auf keinem anderen Gebiet häufen, und dann schließlich sich selbst auch noch zur einzigen Instanz erklären, die von diesen Todsünden freisprechen kann – das ist die sublimste und eindringlichste Form der Machtausübung, die sich denken läßt. Hier reicht die Kompetenz sogar noch über den Tod hinaus. Da konnte es unter den damaligen Verhältnissen an Gefolgschaft nicht fehlen, denn wer wollte (und will!) schon der ewigen Verdammnis anheimfallen. Jedenfalls war es in diesem abgelegenen, rein katholischen Gebiet praktisch unmöglich, sich einem solchen Zugriff zu entziehen, zumal ja auch noch jeder jeden in der Pfarrei kannte und jeder über jedes Kirchentreue (etwa bezüglich Jahresbeichte und Jahreskommunion in der sogenannten österlichen Zeit) wachte. Hier gab es Raum für eigenes Denken und Handeln erst von dem Zeitpunkt an, als durch modernen Verkehr und moderne Medien alternatives Gedankengut und alternative Lebenseinstellungen bekannt wurden und schließlich auch in der Kirche selbst die Idee von der eigenverantwortlichen und mündigen, im Sinne unserer Einleitung gesagt: personalen Gewissensentscheidung allgemein an Boden gewann. Neu war die Idee als solche in der kirchlichen Lehre nicht, aber was hatte man bisher daraus gemacht! Bleibt nur zu hoffen, daß die Kirche es mit dieser Öffnung ernst meint und sich nicht nur, wie sie es schon oft getan hat, vorübergehend an bestimmte, heute auf Selbstverwirklichung und Pluralismus abzielende gesellschaftliche Strömungen anpaßt. Spätschäden ihrer vor kurzem noch so unmenschlichen Sexualmoral bleiben, wie mein Beispiel zeigt, ohnehin noch eine Weile bestehen.

Ich weiß, das klingt alles recht verbittert. Aber ich möchte eigens betonen, daß ich mit meiner Kritik nicht die Kirche schlechthin und im ganzen treffen will, wie es vielleicht scheinen kann, wenn bisher so pauschal und undifferenziert von Kirche die Rede war. Gemeint ist vielmehr die sogenannte Hierarchie, die allerdings insofern mit Kirche gleichgesetzt werden kann, als sie wie über die Glaubenslehre so auch über die Morallehre wachte (und auch heute noch zu wachen versucht, man vergleiche nur den soeben erschienenen

„Welt-Katechismus“). Diese Hierarchie, Kirchenführer etwa von den Bischöfen aufwärts, müßte eigentlich gewußt haben, was sie tat, indem sie einen Katechismus wie den hier mehrfach zitierten als offizielles Lehrbuch, und dazu noch für Kinder und Jugendliche, herausgab. Ausdrücklich erhebe ich also auch keine Anklage gegen die Menschen, die mich erzogen haben, am wenigsten gegen meine Eltern und auch nicht gegen den Pfarrer, der mir den ersten Religionsunterricht erteilt hat. Er war ein sittenstrenger, tiefgläubiger Mann, der sich selbst noch weniger gönnte als denen, die er zu betreuen hatte. Allerdings bleibe ich dabei, daß mir sein Schweigen zu meinen kindlichen „Todsünden“ (ist das nicht schon ein Widerspruch in sich?) mit jedem Tage unverständlicher wird. Aber er bildete keine Ausnahme, es war mehr oder weniger überall dasselbe: Wie die Erwachsenen mit dieser Moral die Kinder in den Griff nahmen, so waren sie auch ihrerseits, einschließlich der einfachen Pfarrer, namens dieser Moral in den Griff genommen worden – und fest darin verblieben. Dabei oblag ihnen sogar noch die zusätzliche Pflicht, für die Kinder und Jugendlichen Vorbild zu sein. Wie immer es auch sonst mit ihrer Versuchlichkeit beziehungsweise moralischen Standhaftigkeit ausgesehen haben mag, nach außen hin wirkte ihr Verhalten, von wenigen Ausnahmen abgesehen, in meinem jugendlichen Lebenskreis so korrekt, um nicht zu sagen perfekt, daß ich mich als Kind ernstlich fragte, warum eigentlich auch sie, die Erwachsenen, zur Beichte gehen mußten.

Anhangweise sei hier noch eingefügt, daß die kirchlichen Moraldirektiven in anderen Bereichen ähnlich rigoros lauteten, ich denke etwa an die Fastenordnung, die Vorschriften über die Sonn- und Feiertagsheiligung und nicht zuletzt an das Nüchternheitsgebot für den Kommunionempfang. Wer am nächsten Tag zur Kommunion gehen wollte, durfte ab Mitternacht keinerlei Speise und Trank mehr zu sich nehmen, andernfalls er sich eines unwürdigen Sakramentenempfangs, also wieder eines „Gottesraubes“, schuldig machte. Höchstens durfte die Frist bis 0.30 Uhr hinausgeschoben werden, weil, wie man rechnete, Mitternacht bei uns nach dem 15. Grad östlicher Länge festgelegt ist, wir aber einige hundert Kilometer weiter westlich wohnten. Nach diesem Zeitpunkt ging endgültig nichts mehr, außer man hatte eine förmliche Dispens vom Pfarrer. Aber wer getraute sich schon, um eine solche nachzusuchen, geschweige daß man sie bekam.

Das war schlimm für Kranke, die auf Medizin angewiesen waren, schlimm für meine Mutter, der auf dem Weg zur Kirche plötzlich einfiel, daß sie die Milchflasche für meine jüngste Schwester abgeschmeckt hatte, schlimm für durstgeplagte Buben, deren erster Gang morgens gewohnheitsmäßig zum Wasserhahn führte. Und es war schlimm auch für mich, der ich in jungen Jahren morgens in der Kirche wiederholt von Ohnmachtsanfällen heimgesucht wurde. Ich weiß gar nicht mehr, wie oft man mich bewußtlos aus der

Kirche hinausgetragen hat oder ich es gerade noch bis nach draußen schaffte und dann vor der Kirchentür zusammenbrach – mindestens ein dutzendmal. Zum letztenmal widerfuhr es mir im Alter von neunzehn Jahren, am Allerseelentag 1948, als ich, auf der hohen Stützmauer der Kirchentreppe sitzend, nach hinten umsank und nur deswegen vor großem Schaden, vielleicht sogar vor dem Tode bewahrt blieb, weil, wie vom Himmel geschickt, urplötzlich ein junger Mann zur Stelle war, der mich an den Füßen festhielt. So von einem Anwohner durchs Stubenfenster beobachtet.

Ohne Zweifel hätten eine Tasse Kaffee und ein Butterbrot nach dem Aufstehen bei mir Wunder gewirkt. Aber dann wäre ich für den Kommunionempfang nicht mehr nüchtern gewesen und hätte auf meiner lehnelosen Kniebank – es waren wahre Marterbänke! – hocken bleiben müssen, während alle meine Altersgenossen zur Kommunionbank schritten. Die Folge war, daß ich ab meiner Ersten Kommunion für mindestens ein Jahr lang die ganze Messe über (bis zum „Ite missa est") „Vater unser" an „Vater unser" reihte mit der Bitte an Gott, er möge es mir nicht schlecht werden lassen. Dem Gottesdienst gar fernzubleiben, kam an Sonn- und Feiertagen, sofern man nicht ausgesprochen krank war, erst recht nicht in Frage. Denn damit wäre man schon wieder in schwere Sünde gefallen (Kirchengebot in Verbindung mit dem dritten Gebot des Dekalogs). Abermals also Sündenelend über Sündenelend.

Auch diese Bedrückungen standen unter dem Anspruch, daß Gott es so wolle. Indem nun aber die Kirche auch hier an Abstrichen nicht vorbeikam, stellt sich aufs neue die Frage, warum noch vor vierzig Jahren Menschen Lasten aufgebürdet bekamen, die sie offensichtlich gar nicht zu tragen brauchten. Immerhin konnte man sich diesmal mit den Lasten einigermaßen arrangieren, da sie mehr nur das äußere Verhalten betrafen. Bei den Lasten hingegen, die aus der Sexualmoral erwuchsen, ging es um den intimsten Kern der menschlichen Person; darum taten hier die Zugriffe ganz besonders weh.

Aber bei allem, was mir an ihr nicht gefällt und was mir und vielen anderen von ihr angetan wurde, letztlich stehe ich doch zu dieser Kirche. Ihre damalige Sexualmoral ist ein schweres Ärgernis, aber als Kirche war und ist sie ja nicht nur moralische Instanz. Vielmehr repräsentiert sie in ihrem tiefsten Grunde die Botschaft von der Erlösung, der Auferstehung und vom Heil des Menschen. Zwar verstößt sie gegen diese Botschaft auch immer wieder selbst, aber die Welt wäre unendlich viel ärmer, gäbe es die Kirche nicht, die die Botschaft sagt und von Geschlecht zu Geschlecht weitersagt. Indem sie das tut, wird sie als Kirche zum Zeichen der Hoffnung in der Welt. Sie ist gleichsam ein Transparent, das ganz gewiß zerknittert und von der Pilgerschaft der Kirche durch die Zeit mit Staub bedeckt ist. Aber soviel Transparenz ist ihr doch geblieben, daß sie den Blick auf den hin freigibt, in dem, nach jenem tiefen Wort des hl. Augustinus, allein das unruhige Menschenherz zur Ruhe kommt: den Blick auf Gott. Das ist tröstlich und eröffnet eine solche Fülle an Sinnperspektiven für das menschliche Leben, daß es sich nach meiner Überzeugung lohnt, an dieser Kirche selbst dann festzuhalten, wenn sie Ärger bis hin zur Qual bereitet.

Das tut sie bis heute und hat sie in meiner Kindheit und Jugend, wie sich zeigte, noch weit mehr getan. Und doch gab es im damaligen kirchlichen Leben auch solche Züge und Begebenheiten, die mich erfreuten und die hier nicht einfach übergangen werden sollen. Ich denke etwa an die große Feierlichkeit zurück, mit der die Kirche die hohen Festtage beging, an denen bei aller Last und Armut, die die Menschen zu tragen hatten, etwas vom Glanz des himmlischen Jerusalem selbst in der bescheidenen Dorfkirche aufstrahlte. Meist war ich für diese Tage „frisch gebeichtet" und ging zur Kommunion, so daß ich mich auch von daher dem himmlischen Jerusalem zugehörig fühlen durfte – allerdings bestenfalls für eine halbe Woche. Mehr als zwei- oder dreimal gingen auch die meisten Erwachsenen nach einer Beichte nicht zur Kommunion, offensichtlich war dann auch bei ihnen die durch Beichte und Kommunion eingebrachte sogenannte heiligmachende Gnade durch neue Sündigkeit wieder vertan. Aber das war in der Regel erst nach dem jeweiligen Festtag der Fall, so daß man sich an diesem selbst durchaus als erlöstes „Gotteskind" fühlen, ja genießen durfte.

Weiterhin denke ich mit Freude an die beschauliche Stimmung während der sonntäglichen Frühmesse zurück, die als Singmesse gefeiert wurde, bei der der Priester die Meßgebete leise sprach und die Gemeinde ein Lied nach dem andern sang. Fiel dann noch ein Strahl der aufgehenden Sonne durch die buntverglasten Kirchenfenster, so mochte ich mich in die Morgenröte österlicher Auferstehung entrückt glauben. Und wie ehrfürchtig und zugleich erhaben war mir zumute, wenn ich als Meßdiener auf den Stufen des Altares kniete. Mich konnten Schauer der Ergriffenheit überkommen, wenn ich mir die Auszeichnung vergegenwärtigte, daß ich der Vermählung von Gott und Welt in der Wandlung der Messe aus allernächster Nähe beiwohnen durfte.

Von solchen Betroffenheiten her und im Blick auf die durch nichts zu ersetzende Botschaft, die sie verkündet, kann ich sogar sagen: Ich liebe diese Kirche – trotz allem!

6) Schlußbetrachtung

Es ist ein weiter Bogen, der sich damit geschlossen hat. Am Anfang stand ein Routinevorkommnis beim Viehhüten, der Umstand, daß von Zeit zu Zeit ein Rind oder eine Kuh brünstig wurde. Aber bei aller Alltäglichkeit hatte dieses Geschehen für mich eine Innenseite, die wie im Brennpunkt einer Sammellinse einen bislang kaum aufgedeckten Bereich des dörflichen Lebens in jener Zeit und jener Region ins Blickfeld rückt: den Problemkomplex Sexualität, Sexualmoral und Sexualerziehung, und zwar so, wie ich ihn im eigenen Erleben erfahren und mehr noch erlitten habe. Es lag in der Natur der Sache, daß sich die Überlegungen zu einer Anfrage an die Kirche verdichteten, die damals in diesem Raum noch absolute Weisungsvollmacht beanspruchte und sie auch weitgehend hatte.

Verglichen mit dem, was den Menschen damals an Maßgaben und, für mich mit diesen verbunden, an Gewissensnöten verhängt war, haben es die Kinder und Jugendlichen heute – auch in der katholischen Westeifel – entschieden leichter. Und das ist gut so. Aber dort wie anderswo gibt es auch heute mit der Sexualität Probleme, von denen eines wenigstens noch erwähnt werden soll. Nach meinem Eindruck neigt die heutige Jugend (und nicht nur sie!) in ihrer sexuellen Freiheit und bei aller Offenheit, über sexuelle Dinge zu reden, zu sexueller Routine. Damit würde dann das Sexuelle abermals in seinem wahren Rang verkannt und mißbraucht, nur von einer anderen Seite her. Und abermals kann auch jetzt nur das Gespräch der Gefahr steuern, vorausgesetzt, es ist wirklich ein Gespräch. Kam es in meiner Kindheit und Jugend nicht zu dem erforderlichen Gespräch über sexuelle Fragen, weil zuviel geschwiegen wurde, so heute häufig nicht, weil zuviel, zu banal und zu professionell darüber gesprochen wird. Das hier angezeigte Gespräch erfordert Pietät und Takt, Preisgabe meiner selbst, wenn ich spreche, Zurückhaltung und aufmerksames Schweigen, wenn der andere spricht, Zärtlichkeit, wenn es ein liebendes Gespräch sein soll.

Was also mit einem Blick auf das scheinbar so triviale Brunstgeschehen begonnen hat, endet, nicht ohne Folgerichtigkeit, mit einer Ermunterung zum rückhaltlos offenen persönlichen Gespräch.

Blick auf das Pfarr- und damalige Schuldorf Utscheid von Nordosten mit der in den sechziger Jahren erneuerten und umgebauten Pfarrkirche. Im südwärts verlaufenden Tal liegt mein Heimatdorf Niederraden.

Sonntagnachmittag im Krieg (1941). Im Dorf gibt es so gut wie keine wehrpflichtigen Männer mehr.

II. Teil
Von den Freuden des Viehhütens

4. Kapitel: Der Hund

1) Sein Herkommen

Unter dem Titel „Mühsal des Viehhütens" hatten einengende und beschränkende Faktoren meiner kindlich-jugendlichen Lebenswelt das Übergewicht. Wie sich im Schlußkapitel zeigen wird, können auch solche Gegebenheiten noch im positiven Sinne Herausforderung sein, aber zunächst wirken sie doch entwicklungshemmend, sind sie Barrieren auf dem Weg zu personalem Selbstsein. Im nun folgenden zweiten Teil über die „Freuden des Viehhütens" ändert sich das Bild. Hier rücken Wirkfelder in den Blick, die meinen personalen Werdeprozeß unterstützten und förderten, beim Viehhüten selbst und als darin aufscheinende Hintergrundsfaktoren auch über dieses hinaus. Wie schon in der Einleitung gesagt und inzwischen durch die Ausführungen im ersten Teil näher verdeutlicht, hatten diese Freuden keineswegs jenes Ausmaß, das ihnen der verklärende Rückblick heute so oft und so gern zulegt, aber soviel ist doch richtig, daß es sie gab, diese Freuden.

Am Anfang steht ein Thema, das den Übergang von der Mühsal zu den Freuden gewissermaßen selbst und als solchen markiert. Einerseits ist dieses Thema noch dem mühevollen Wachdienst zugeordnet, aber auf der anderen Seite läßt es doch schon manches von dem beglückenden Charakter des Aufenthaltes auf dem Weideplatz anklingen. Gemeint ist das Thema Hund, von dem schon gewürdigt zu werden verdient, daß es für mich überhaupt ein Thema darstellte. Erfreulicherweise war nämlich meine Herde groß genug und reichte auch die betriebliche Basis zu Hause aus, um das Halten eines Hundes verkraftbar und sinnvoll zu machen. Im gegenwärtigen Zusammenhang geht es natürlich in erster Linie um die Rolle, die der Hund beim Viehhüten spielte. Doch darf diese Rolle nicht isoliert betrachtet werden; man bekommt sie vielmehr erst dann angemessen in den Blick, wenn man sie vor dem Hintergrund des dörflichen „Hunde"-Lebens im ganzen sieht.

Es waren drei, wenn ich sporadische Hütedienste in späteren Jahren noch dazunehme, insgesamt vier Hunde, mit denen ich viehhütenderweise und auch im sonstigen Umgang näher in Kontakt kam. Alle vier waren, was die väterliche Seite betrifft, unbekannter Herkunft, von Rassereinheit oder zurückverfolgbarem Stammbaum konnte also bei ihnen keine Rede sein. Weil es sich bei keinem der jeweiligen Vorgängerhunde um eine Hündin handelte, so daß wir den Nachfolgehund aus eigener Zucht hätten aufziehen können, bezogen wir sie allesamt von außen. Sie wurden uns wenige Wochen nach ihrer Geburt aus der Nachbarschaft oder von auswärtigen Bekannten geschenkt. Zu diesem Zeitpunkt hatten sie bereits einen rigorosen Ausleseprozeß, wissenschaftlich ausgedrückt: eine sogenannte Selektion, hinter sich. In aller Regel kamen damals in dieser ländlichen Region die Hunde außer Hauses zur Welt, in der Hundehütte im Hof, im Schuppen oder, wenn es hochkam, in der Scheune irgendwo im Stroh. Wie bei den sogenannten Nesthockern üblich, betrug die Anzahl der Nachkommen pro Wurf so zwischen fünf und zehn Stück. Da es keinerlei Geburtshilfe seitens des Menschen gab und auch die Witterungsbedingungen, etwa in kalter Winternacht draußen im Hof, mitunter sehr widrig waren, haben manche Neuankömmlinge schon die Geburt oder auch die ersten Stunden danach nicht überlebt. Doch dann kam es noch viel schlimmer. Wissend, daß man so viele Junge nicht brauchen beziehungsweise an Interessenten weitergeben könne, hat man die zwei oder drei kräftigsten oder auch die in bezug auf die Fellfärbung gefälligsten ausgewählt und die anderen getötet – erschlagen, im Bach ertränkt oder auch lebendigen Leibes im Misthaufen vergraben, wenn man es nicht über sich brachte, ihr Sterben mitanzusehen. Ähnlich verfuhr man übrigens auch mit neugeborenen Katzen, bisweilen selbst mit Kaninchen, wenn der Nachwuchssegen allzu reichlich ausgefallen war. Von Albert Schweitzers Forderung nach „Ehrfurcht vor dem Leben“ war da noch wenig zu spüren. Aber was hätte man machen sollen!

Hatte indes ein Hundebaby diese Hürden erst einmal genommen, so lag vor dem zur Aufzucht Ausersehenen häufig eine drollig-verspielte Jugendzeit, entweder in dem Anwesen, wo es geboren war, oder dort, wohin man es verschenkt, ganz selten verkauft hatte. Die vier Hunde, um die es hier geht, erhielten, nachdem wir sie übernommen hatten, in unserem Haus gleichsam Familienanschluß, und das hieß vor allem, sie bekamen – nach Beratungen im Familienkreis – Namen. Dabei schlummerten heutige Namen wie Tschincha, Anja, Buggi, Tobi, Ajax, Nelson oder gar Whisky noch tief im Zeitenschoße. Es überwogen beiweitem traditionelle Namen wie Wecker, Tell, Waldi, Bleß, Phylax, Karo oder auch Stipp, wenn dem Tier der Schwanz kupiert worden war. Wir fielen mit zwei Namen schon ein wenig aus der Reihe, indem wir den zweiten Hund – übrigens auf Anregung jener Tante, die Pfarrhaushälterin, also etwas „Feineres“, war – Fax und den vierten, erstmals eine Hündin, Floggi nannten. Die anderen beiden hießen Wecker, so daß sich folgende Reihenfolge ergibt: Wecker Nr. 1, Fax, Wecker Nr. 2 und Floggi. Ein besonderes Problem war es um Wecker Nr. 2, insofern er uns im September 1943 von einem Nachbarn in total verlaustem Zustand übergeben wurde. Sinnigerweise nannten wir ihn darum zunächst Lausi. Nachdem Abwaschungen mit Essig und Tabaksud sich als wirkungslos erwiesen hatten, kaufte ich in der Drogerie eine Flasche Cuprex, und prompt hatte es wenige Tage später mit der juckenden Not ein Ende.

Der Kleine revanchierte sich für diese Guttat mit einer geradezu über-

Hüteszene mit „Wecker Nr. 1“.

„Fax“ als „Weidepolizist“ (1937).

schäumenden Spiellaune, an der vor allem wir Kinder unser helles Vergnügen hatten. An allem Möglichen machte er sich zu schaffen oder trug es fort, schließlich sogar einen Schuh meiner kleinen Schwester, den er so gut versteckte, daß er bis heute nicht wieder aufgetaucht ist. Im vierten Kriegsjahr war das ein empfindlicher Verlust.

Trotz ihrer zur Hälfte anonymen und auch sonst recht niederen und gewöhnlichen Herkunft entwickelten sich nicht wenige dieser Dorfhunde zu echten Charaktertypen, zu wahren Hunde-„Persönlichkeiten", wenn dieser Ausdruck erlaubt ist. Auch ohne Kenntnis der modernen Verhaltensforschung, vielleicht sogar gerade, weil man von ihr noch nichts wußte, bildete sich zum Hund ein unmittelbares, natürliches Umgangsverhältnis heraus, das gewiß auch seine Störmomente hatte, aber sich über weite Strecken hin doch zu beider Seiten Nutz und Frommen auswirkte. Das hing ganz wesentlich damit zusammen, daß dem Hund in dieser dörflichen Welt echte Sachaufgaben gestellt waren. Sein Daseinssinn erschöpfte sich nicht darin, Herrchen oder Frauchen zu Gefallen zu sein und/oder ihnen über heraufdrohende Einsamkeitsgefühle hinwegzuhelfen. Der Hund hatte im betrieblichen Ablauf eine festumrissene Position, die, fiel sie aus, nicht nur eine privat-persönliche, sondern auch eine ökonomisch-wirtschaftliche Lücke hinterließ. Damit wuchs dem Hund ein Entfaltungsraum zu, in dem er, menschlich ausgedrückt, Leistungen vollbringen konnte – und sollte, die er sich gleichsam selbst verdankte und für die er Verantwortung übernahm, Leistungen folglich auch, die ihn mit einem eigenen Leistungs-, fast möchte man sagen: mit eigenem Selbstbewußtsein erfüllen durften. Wer solche Aufgaben wahrnimmt, kann mit dem Anspruch auftreten, wer zu sein und etwas zu sagen zu haben. Erstes Aufgabenfeld dieser Art war die Bewachung von Haus und Hof.

2) Bewachung von Haus und Hof

Ich kann mich nicht erinnern, daß einer der vier Hunde auf diese Bewachung ausdrücklich abgerichtet worden wäre. Indem sie heranwuchsen, trat die anfängliche Verspieltheit mehr und mehr zurück und wurden unliebsame Einwirkungen, wie Stören beim Fressen oder Hänseln, mit Knurren bis hin zum Zähnefletschen beantwortet. Zugleich bildeten sich die typischen Belllaute heraus, mit denen der werdende Hof- und Weidepolizist von nun an alles „kommentierte", was er als auffällig, anregend oder provozierend empfand. Dabei waren Intensität und Qualität der Bellaute häufig recht verschieden, je nachdem ob es dem Hund gestattet war, sich im heimischen Anwesen frei zu bewegen oder ob er an der Kette lag. Bei Fax und Wecker Nr. 2 war –

wenigstens über weite Strecken hin – letzteres der Fall. Wegen ihres scharfen Temperamentes wurde ihnen im Schuppen nur ein Bewegungskreis von vielleicht vier Meter Durchmesser eingeräumt, in dessen Mitte eine mit Stroh ausgelegte Kiste als Ruhe- und Schlafstatt für sie bereitstand. Ihr Bellen war bissig und heftig, schon wenn auf der entgegengesetzten Hofseite eine fremde Person den Hofbereich betrat, ganz zu schweigen von dem Sturm, den sie entfachten, wenn eine Katze oder gar ein Schwein aus dem unmittelbar danebenliegenden Schweinestall in die Nähe kam. Zu dem Sturm gehörten dann auch wilde Sprünge und Reißen an der Kette, als ob sich da einer strangulieren wolle. Für fremde Personen, insbesondere Kinder, war es ratsam, hinreichend auf Distanz zu bleiben. Zweimal biß Wecker zu, in einem Fall sogar mit tragischem Ausgang: Der unvorsichtige Flüchtlingsjunge, der in unserem Schuppen an sich nichts zu suchen hatte, behielt auf Lebenszeit ein steifes Knie.

Regulär losgebunden wurden solche Kettenhunde für den Weideaustrieb, den sie schon beim ersten Knarren der Stalltür lautstark feierten, und im Winter, wenn der Weidebetrieb ruhte, für etwa eine halbe Stunde in der Abenddämmerung, um das Vieh auf dem Weg zur Tränke zu begleiten. Dabei blieb meist noch etwas Zeit übrig, in der der Hund gelegentlich auch im Stall und im Haus auftauchte, sich aber doch bald auf die Hauswiese, den schon einmal erwähnten *Pääsch*, verwiesen sah, wo er in gestrecktem Lauf überschüssige Kraft abarbeitete. Nur im seltenen Ausnahmefall war im damaligen Dorf der Hund in dem Maße Haustier, daß er auch im Haus mitwohnen durfte. Jedenfalls wurde der Kettenhund nur unter Aufsicht freigelassen, und war besagte halbe Stunde vorbei oder während der Weidesaison das Vieh wieder im Stall, machte es auch an der Hundekette wieder „klick"; der Hund mußte wieder mit seiner Hütte oder Kiste vorliebnehmen. Diese Behausungen boten in hygienischer Hinsicht nicht immer den besten Anblick, doch war man in diesem Punkt damals im Dorf recht großzügig. Normalerweise litt der Hund keinen Hunger, und daß er stank, im Winter fror und von Flöhen bevölkert war, regte niemanden weiter auf.

Etwas anders verhielt es sich mit der zweiten Gruppe von Hunden, bei denen die Kette die Ausnahme und der freie Auslauf der Regelfall war. Sie durften sich zwar auch nicht auf Dauer im Hause, wohl aber ums Haus und auf dem Hof bewegen, beim Viehhüten und bei sonstigen Begleitdiensten sowieso. Ihnen war auch – im Schuppen oder in der Scheune – eine Liegestatt nach eigener Wahl gestattet, gestattet deswegen, weil sie – wie Wecker Nr. 1 und Floggi – weniger aggressiv waren, und vielleicht waren sie weniger aggressiv, weil sie sich so frei bewegen durften. Auch sie faßten aufmerksam alles ins Auge, was sich in ihrer Sicht-, Hör- und Riechweite abspielte, doch fielen ihre Bellreaktionen in der Regel viel gemäßigter aus. Viel von ihrem

„Fax“ in jugendlicher Spiellaune.

„Wecker Nr. 2“ (1942).

„Wecker Nr. 2“ im Hütedienst mit den Weideplatzgespielen Peter und Martin und einem Maulwurfshügel im Vordergrund (Spätsommer 1943).

Die Hündin „Floggi“ auf dem letzten Bild von meiner Mutter. An ihrer Hand das Enkelkind Gerti (1961).

Aggressionsdrang wurde offensichtlich schon dadurch abgebaut, daß sie sich auf den Eindringling oder den Störfaktor zubewegen konnten.

Und doch hatte die Sache einen Haken, der mir gelegentlich noch heute nächtliche Alpträume verursacht. Wer wollte und konnte einem so herumlaufenden Hund schon trauen, wenn man in dem von ihm bewachten Haus etwas zu erledigen hatte. Unwillkürlich behielt man den hinter einem herschleichenden Mauler und Knurrer mit nach rückwärts gewandtem Kopf und eingezogenem Hinterteil im Blick und atmete erleichtert auf, wenn die Tür zwischen Hund und einem selbst ins Schloß gefallen war.

Ähnliches habe ich beim Vorbeifahren mit dem Fahrrad erlebt, wenn ein solcher Hund kläffend, mitunter sogar zähnefletschend auf die sich drehenden Hinterradspeichen zusprang und ich jeden Augenblick meinte, er würde mich am Bein erwischen. Und je ängstlicher ich nach rückwärts schaute oder gar schrie, um so besser schien der Hund in Fahrt zu kommen. Dabei waren Zwischenfälle, sogar Stürze, nicht ausgeschlossen, die aber nicht unbedingt der direkten Einwirkung des Hundes, sondern dem Umstand zuzuschreiben waren, daß der Fahrerblick nach vorne vernachlässigt wurde.

In der Regel wurde der sich solcherart gebärdende Bewacher von jemandem aus dem Haus zur Ordnung gerufen, und dasselbe widerfuhr auch den Kettenhunden, wenn ihr Bellen und Toben zu heftig wurde oder allzulange andauerte. Und – wiederum in der Regel – fügten sich die Bellwütigen diesem Ruf mehr oder weniger prompt. Dabei vergaßen sie aber nie, noch zwei oder drei grummelnde Abschlußbeller loszulassen, die ganz dem zu entsprechen schienen, was vorhin gesagt wurde: Der Hund schien damit kundtun zu wollen, daß er im Namen heiliger Bewachungspflicht es mal wieder richtig habe sagen beziehungsweise zeigen müssen.

Dieses Souveränitätsgehabe ließ allerdings erheblich nach, wenn der Hund ohne Begleitperson in freier Landschaft unterwegs war. Hier fehlte ihm offensichtlich das Revierbewußtsein, in dem seine Sicherheit gründete.

Besonders merkte dieser Haus- und Hofpolizist auf, wenn er das Bellen anderer Hunde vernahm, um so mehr, wenn es sich dabei um Artgenossen handelte, mit denen er schon einmal in Händel verstrickt war. Da konnten sich bei ihm buchstäblich die Haare sträuben, und dasselbe geschah auch auf der Gegenseite, wenn deren Gebell mit einem Gegengebell beantwortet wurde. Fürwahr, auch das gab es, daß solche Dorfhunde – es waren jeweils gleichgeschlechtliche – in wilde Beißereien miteinander gerieten. Die es mitansahen, überkam häufig helles Entsetzen, vor allem Kinder, wenn sie, weitab von Hilfe seitens der Erwachsenen, mit den Wüterichen draußen auf der Weide allein waren. Hier kam dieselbe vitale Urgewalt zum Vorschein, die uns schon bei den Stoßduellen und im Brunstgebaren der Kühe begegnet ist. Weil man um das Leben der Hunde fürchtete, versuchte man sie auseinanderzubringen, nicht per Hand – das war zu gefährlich –, dafür um so mehr durch Stockhiebe, Übergießen mit Wasser, ja einmal war ich Zeuge, wie die Kontrahenten in den vorbeifließenden Bach befördert wurden. Aber meist fruchtete das alles wenig oder heizte die Beißwut gar noch weiter an, bis die beiden schließlich von selbst voneinander abließen. Mehr oder weniger blessiert, lag der eine auf einmal ungeschützt auf dem Rücken und hörte der andere mit Zubeißen auf. Dann erhob sich der Unterlegene und trottete mit eingezogenem Schwanz und demutsvoll gesenktem Kopf davon.

Einen sonst nie von mir erlebten Höhepunkt erreichten diese Auseinandersetzungen Ende Februar/Anfang März 1945, kurz nachdem das Dorf von den Amerikanern besetzt worden war. Vorsichtig, wie sie waren, banden die Soldaten alle Hunde und auch Großvieh von der Kette los. Offenbar sollten die Tiere, frei im Gelände umherlaufend, eventuell vorhandene Minen zur Explosion bringen. Die Hunde feierten zunächst große Freundschaft, verfeindeten sich aber dann so sehr, daß einige auf Lebenszeit nicht mehr miteinander in ein und denselben „Geruch“ kamen.

Ein eigenes Kapitel stellt schließlich der Wachdienst des Hundes bei Nacht dar. Wie schon gesagt, brachte der Hund die Nacht grundsätzlich draußen zu, in der Hundehütte im Hof oder in Schuppen oder Scheune, nur im Ausnahmefall, bei grimmiger Kälte zum Beispiel, im Stall, weil er dort zu leicht das Vieh beunruhigen konnte. Selbst im Schlaf registrierte er jedes auffällige Geräusch, wachte auf und schlug an, eine beachtliche Hürde für Einbrecher, die den Hof unbemerkt betreten wollten. Oft gab es aber auch Gebell einfach nur so, und sogar ein ganz eigenartiges: einige Bellaute, die in einen langgezogenen Heulton übergingen: „Hu, hu, hu, huuu!“ Häufig war das auslösende Moment dafür das ferne Bellen eines anderen Hundes, das in der tiefen Stille, die über dem Land lag, kilometerweit zu hören war. Mitunter schien der Hund aber auch schlicht nur Langeweile zu haben oder vom Mond beeindruckt zu sein, wenn dieser sein mildes Licht über dem verschlafenen Tal ausgoß. Tatsächlich häuften sich die Auftritte bei Vollmond, vor allem in kalten klaren Winternächten, eine Stütze für die landläufige Meinung, der Hund belle den Mond an.

So beruhigend für die Hausbewohner die Gewißheit war, daß da einer nach dem Rechten sah, so störend wirkte sich das Bellen auf ihren wohlverdienten Schlaf aus. Nicht nur, daß man unsanft geweckt wurde, die Probleme mit dem Wiedereinschlafen waren fast noch größer. In unregelmäßigen Abständen folgten nämlich weitere Bellvorstellungen, wobei man nach jedem neuen Auftritt hoffte, nun möge aber Schluß sein. Doch kaum war man im Hinüberdämmern begriffen, kroch der Wurm schon wieder ins Ohr hinein: „Hu, hu, hu, huuu!“ Zeitweilig, vor allem als ich daheim in meinem Elternhaus an meiner Doktorarbeit schrieb, zerrte das so sehr an meinen

Nerven, daß ich gegen den nächtlichen Ruhestörer nicht nur stimmlich, sondern sogar mit Wurfgeschossen vorging: mit meinen Schuhen oder auch mit Brennholzstücken, die ich mir am Abend im Schlafzimmer paratgelegt hatte. Meist war dann, wenigstens für eine Weile, Ruhe, aber auch jetzt nicht ohne einen knurrenden Abschlußbeller, der mich zu fragen schien, was ich denn eigentlich wolle, es sei doch schließlich um Pflichterfüllung gegangen.

3) Einübungsfeld Viehhüten

Alles in allem war die Bilanz doch ausgesprochen positiv, zumal ja noch jenes Aufgabenfeld hinzukam, um das es in diesem Buch vor allem geht: die Dienstleistung beim Viehhüten. Das bedeutete in erster Linie Mithilfe beim Wachdienst, aber mit dem großen Unterschied gegenüber der Bewachung von Haus und Hof, daß es für die Wahrnehmung dieser Aufgabe einer eigenen Anleitung und Einübung bedurfte. Alles tragende Grundlage war dabei die Weckung des Bewußtseins im Hund, daß die Rinder und Kühe für ihn besondere Lebewesen darstellten, denen er sich mit besonderem Interesse und in besonderer Weise zuzuwenden habe. Dieses „Scharfmachen“ auf das Weidevieh begann etwa ab dem Zeitpunkt, wo der Hund ein normales Fell bekam und sich die normalen Bellaute bei ihm herausbildeten. Das Verfahren war relativ einfach: Man ging mit dem Hund hinter einer Kuh her oder stellte sich, falls man auf der Weide war, mit ihm neben eine in falscher Richtung grasende Kuh, zeigte mit dem Finger auf sie und stieß dabei in scharfgepreßtem Ton diese Befehle aus: *paak se, hull se, treiv se, kss, kss, kss!* (packe, hole, treibe sie).

Normalerweise wurden diese Signale verhältnismäßig schnell verstanden und befolgt. Hinzu kamen, immer noch in unmittelbarer Nähe der Kuh, Ruck-, Sprung- und Scheuchbewegungen in Richtung Kuhhals, mit denen man dem Hund vormachte und ihn dazu anstiftete, der Kuh an den Hals zu springen und sie so in eine andere Richtung zu lenken. Hierzu lautete die Anweisung: *Treiv se rom!* (‚treibe‘ = wende sie um). Beim Sprung gegen den Hals biß der Hund normalerweise nicht zu, wohl aber, wenn er, auf die zuerst genannten Signale hin, die Kuh von hinten anging und an den Fesseln der Hinterbeine zupackte. Doch auch hier floß unter normalen Umständen kein Blut.

Eine eigene Sache war es dabei, wie der Hütehund-„Azubi“ auf den nach dem Biß meist fälligen Austritt der Kuh nach hinten zu parieren lernte. Anfänglich blieben Schläge auf die Schnauze nicht aus. Sie wurden jeweils mit lautem Geheul, heftigem Schneuzen, Kopfschütteln und einem Blick quittiert, der zu sagen schien, wie man denn bloß so dumme Anweisungen erteilen könne. Aber ganz im Sinne des Sprichwortes: „Durch Schaden wird man klug“, entwickelte der Hütelehrling nach und nach eine staunenswerte Fertigkeit, sich nach dem Biß blitzschnell auf den Boden zu ducken oder wegzuspringen, so daß der Tritt ins Leere ging. Weitere Angriffshandlungen, die im Rahmen dieses ersten Instruktionsschrittes erlernt und – wie alle hier anstehenden Lernvorgänge – durch häufige Wiederholung gefestigt wurden, waren Sprünge gegen die Hinterbacken und den seitlichen Leib der Kuh. Auch hierbei entstand so gut wie nie Schaden.

Bis jetzt spielte sich alles in unmittelbarer Nähe der jeweiligen Kuh ab. Man befand sich mit dem Hund gleichsam im Nahbereich, und entsprechend handelte es sich um ein Lernen für den Nahbereich. Aber damit war es nicht genug. Der Hund mußte auch zu einem Einsatz über weitere Entfernungen ertüchtigt werden, wobei der Bezugspunkt für die dazu ergehenden Anweisungen der Standort der Hüteperson auf der Wiese war. Konkret: Der Hund mußte dahin gebracht werden, auf Anweisung sowohl auf der der Hüteperson zugekehrten wie auf der – von ihr aus gesehen – linken und rechten Seite gegen Grenzverletzungen einzuschreiten, um schließlich dasselbe auch noch auf der gegenüberliegenden, der Hüteperson abgekehrten Seite der Weidefläche zu bewerkstelligen. Auch bei diesem zweiten Instruktionsschritt, der Ertüchtigung also für den Fernbereich, vollzog sich der Lernvorgang nach der Methode „Vormachen, Mitmachen, Nachmachen“. Die Hüteperson lief mit dem Hund, der notfalls an der Kette geführt und durch Stockhiebe angetrieben wurde, die von Eskalation bedrohte Grundstückseite ab mit dem wiederholt ausgesprochenen Befehl an den Hund: *Treiv se rom!* (‚treibe‘ = kehre sie um). Diese bereits auf der ersten Stufe eingeübte Anweisung wurde nun mit Richtungsangaben verbunden: durch Armausstrecken und zugleich in Form von gesprochenen Hinweisen. Letztere waren, wie gesagt, auf die Stelle bezogen, wo sich die Hüteperson postiert hatte, von wo aus sie soeben mit dem Hund aufgebrochen war und wohin sie mit ihm – vielleicht – auch wieder zurückkehrte – weil dort Schatten war, man dort einen besseren Überblick hatte oder aus welchem Grunde sonst. Kern dieser mündlichen Richtungsanweisungen waren die Ortsbezeichnungen *hei* (hier), *lo* (da), *vier* (vorn), *hannen* (hinten).

Begleitet von der erwähnten Armbewegung, lauteten die Anweisungen an den Hund: *Gih hei laast, gih lo laast* (gehe hier, gehe da vorbei), *gih vier laast, gih hanne laast* (gehe vorn, gehe hinten vorbei). Durch häufige Wiederholungen sollte sich der Hund diese Richtungsangaben einprägen, um nach und nach auf bloße Aufforderung hin, ohne daß die Hüteperson noch vor- oder mitlief, für den Zusammenhalt der Herde auf dem eigenen Grundstück zu sorgen. Ähnlich ging es schließlich auch mit dem Einüben von: *Treiv se beje-*

nän (treibe sie zusammen) zu, jener Order, die am Mittag und am Abend den Aufbruch nach Hause einleitete.

Daß sich der Hund bei alldem zusätzlich durch Bellen zur Geltung brachte, konnte nur förderlich sein. Wurde den Kühen doch so auch akustisch signalisiert, daß sie mit Eskapaden vorsichtig sein mußten.

Im großen und ganzen verlief bei allen vier Hunden auch diese zweite Einübungsphase erfolgreich. Gleichwohl trat bereits zutage, daß in meinem Elternhaus einfach zu viele und zu verschiedenartige Hundepädagogen am Werke waren. Die Oberhoheit führte mein Onkel, aber für mehr als eine gewisse Grundeinweisung konnte er sich nicht freimachen. Weitaus die meiste Zeit hatten wir Kinder es mit dem Hund zu tun, und da ging dann doch manches wieder durcheinander. Das wirkte sich besonders nachteilig bei dem dritten Einübungsschritt aus, den der Hund zu absolvieren hatte. So wichtig es war, daß der Hund gegenüber den Kühen zupackte, so wichtig war es aber auch, daß er auf Zuruf sofort wieder von ihnen abließ. Dafür lautete die Direktive: *Liss de se wohl goon, kennste wohl heer!* (läßt du sie wohl gehen, kommst du wohl her). Einzuüben war das auf die Weise, daß sowohl im Nah- wie im Fernbereich, zur Not durch Wegzerren mittels der Kette und entsprechende anschließende Sanktionen, das Ablassen erzwungen und konsequent über einen längeren Zeitraum hin trainiert wurde.

Aber genau da haperte es in allen vier Fällen. Vor allem bei Fax und Wecker Nr. 2 schlug, wenn sie erst einmal in Fahrt gekommen waren, offensichtlich allzu stark der urtümliche Jagdinstinkt durch, den die Hunde aus ihrer genetischen Abstammungsreihe mitbringen und der bei diesen beiden von uns viel zu wenig gezähmt und gedämpft wurde. Folglich führten sie von Zeit zu Zeit (nicht immer!) wahre Teufelstänze mit der einen oder anderen Kuh auf der Wiese auf. Dadurch nahm das Übel, das sie mit ihrem Einsatz abstellen sollten, häufig erst recht Kontur an bis hin zu dem Punkt, daß ich mir fast die Stimme aus dem Hals herausschrie, um dem Toben auf der Wiese Einhalt zu gebieten. Selbst mit Pfeifen durch die Finger, welche Kunst ich meisterlich beherrschte, war da mitunter nichts auszurichten. Natürlich ließ ich es, nachdem einige Minuten später wieder Ruhe eingekehrt war, an strafeverheißenden Drohgebärden nicht fehlen. Aber die wurden von dem Sünder meist auf die Weise weggesteckt, daß er gesenkten Hauptes einen weiten Bogen um mich schlug und sich für eine Weile in sicherer Distanz niederließ. Hier wäre eine starke und konsequente Hand vonnöten gewesen, aber die war, soweit ich sehe, nicht nur bei mir, sondern praktisch bei allen Hütekindern Mangelware.

Selbstverständlich sind die dargelegten drei Einübungsphasen nicht so stilrein aufeinandergefolgt. In der Hütewirklichkeit haben sie sich vielmehr immer wieder überlagert und gegenseitig durchformt.

4) Miteinandersein

Trotz der angeführten Mängel blieb für mich die Bilanz des Umgangs mit dem Hund auch beim Viehhüten positiv. Die geschilderten Exzesse fanden ja nicht alle Tage statt, und es gab da ja noch Wecker Nr. 1 und die Hündin Floggi, die von sehr viel sanfterer Sinnesart waren. Aber auch die beiden Rabauken ließen es an Freundlichkeit nicht fehlen, wenn mein Ärger verraucht und ihre Schmollphase beendet war. Ja, sie schienen dann ihre Sünde sogar durch besondere Anhänglichkeit wettmachen zu wollen.

In der Tat ist die Reihe der Freuden und Vergnügungen, die der Hund dem Hütekind bereiten konnte, beachtlich. Es liegt darin wirklich jenes Übergangsglied von der Mühsal des Viehhütens hin zu den schönen und beglückenden Dingen, die man als Hütekind doch auch entdecken, erleben und ins Werk setzen konnte. Mit dem Hund fing das gleich beim Austrieb der Herde an.

Wenn man sich schon selbst auf den morgendlichen beziehungsweise nachmittäglichen Austrieb nicht freute, war es doch eine Art Ermutigung, daß sich wenigstens der Hund darauf freute. Und wie er sich freute! Kaum, daß die Stalltür geöffnet wurde, brach bei ihm sofort eine große Emsigkeit aus, erst recht, wenn er als Kettenhund nun seiner unmittelbar bevorstehenden Freilassung entgegensah. Schon die erste Kuh, die den Stall verließ, bekam durch Anbellen angezeigt, daß die Herde auch diesmal wieder mit ihm, dem Hund, zu rechnen habe.

Mit abnehmender Tendenz hielt die Aufbruchstimmung beim Hund den ganzen Hinweg über an. Da war kaum ein Baum, ein Strauch oder auch nur eine „gebäumte" Distel, die nicht beschnuppert und mit einem scharfen Pinkel-Strahl bedacht wurde. Wo der Hund – es handelte sich um die drei Hunde-Männer – diesen Wasservorrat bloß versteckt hatte, den er auch noch so wohldosiert abgeben konnte? Nicht selten verspürte er aber auch den Drang zu einem sogenannten großen Geschäft, das er, anständig wie er war, nicht etwa auf dem Weg, sondern etwas geduckt und mit gekrümmtem Rücken am Wegrand erledigte. Ja, er war sogar so fein, daß er anschließend seine Hinterlassenschaft durch kräftiges Scharren mit Erde zu bedecken versuchte, ein Bemühen, das er mit seiner nicht weniger feinen Intimfeindin, der Katze, teilte.

Auf der Weidefläche angekommen, suchte ich mir einen günstigen Hüteplatz aus. Von hier aus erhielt der Hund die vorhin gekennzeichneten Aufträge, die er allen Pannen zum Trotz oft genug auch geradezu perfekt ausführte. Je nach Einsatzlaune, aber auch nach Grundstückslage, brachte es der Hund unter Umständen fertig, daß man sich die ganze Weidezeit über kaum von seiner Sitz- oder Liegestatt zu entfernen brauchte. Mitunter wurde er sogar von sich aus aktiv und schlug den Grenzgängerinnen ein Schnippchen, indem er lautlos an sie heranschlich und dann aus nächster Nähe mit lautem Gebell auf sie eindrang. Die Überraschung bei den Betroffenen war um so größer, als sich Zugriffe normalerweise mit Anweisungen der Hüteperson und Bellen des Hundes ankündigten.

Solche Guttaten stifteten Einvernehmen und weckten Freude. Was war es für das Hütekind allein schon ein Glück, auf einsamer Wiese ein Wesen um sich zu haben, dem man in die Augen schauen konnte. Zwar dauerte das nicht lange, weil der Hund dann wieder wegschaute, aber grundsätzlich ging doch Blick in Blick. Verglichen damit kamen selbst die Kühe über kullernde Glotzaugen nicht hinaus. Und wie schienen diese Augen zu strahlen, wenn der Hund nach erledigtem Auftrag fröhlich hechelnd und mit stolzerhobenem Schwanz zum Hüteplatz zurückkam und zur Belohnung gestreichelt, getätschelt, vielleicht sogar gekost wurde. Der Gegendank ließ nicht auf sich warten, er äußerte sich in Wedeln mit dem Schwanz, behaglichem Brummen und weich anschmiegendem Körperkontakt. So scharf und draufgängerisch Fax und Wecker Nr. 2 auch sonst waren, in dieser Situation wurden sie sanft wie Lämmer. Vertrauensvoll legten sie, wenn ich dasaß, ihren Kopf in meinen Schoß und erwiesen mir die Huld, daß ich gefahrlos meine Hand zwischen ihre blendendweißen, messerscharfen Ober- und Unterkieferzähne schieben und mir an ihrem samtzarten Backenfell einen Streichelgenuß verschaffen durfte. Fax war mir sogar in solchem Maße zugetan, daß er mir – es offensichtlich auch selbst genießend – die mollige Außenseite seiner Gesäßbacken als Ruhekissen zur Verfügung stellte. Eine traulichere Szene als solches Miteinander- und Aneinander-Ausruhen kann man sich nicht leicht vorstellen, wobei selbst Flohverdacht kein ernstlicher Hinderungsgrund war.

Besondere Dankbarkeit empfand ich dem Hund gegenüber auf einer langgezogenen Schluchtwiese, deren Ende sich in einem großen, wildschweinbevölkerten Wald verlief. Wo ich mich alsdann selbst nicht mehr hingetraute, getraute sich der Hund noch hin, sogar, wie es schien, mit Vorliebe. Gegenüber Kühen, die sich allzu weit in Richtung Waldschlucht verloren hatten, schritt er so beherzt ein, daß kein Zweifel daran blieb: Die Wildschweine sollten ruhig kommen, sie würden ihr blaues Wunder erleben.

An diesem Beispiel zeigt sich, daß der Hund für das Hütekind nicht nur Hilfe und Traulichkeit, sondern auch Schutz bedeuten konnte. Einfach schon daß es den Hund draußen auf der Weide gab, konnte Unholde vor Übergriffen auf Hütekinder, vor allem Mädchen, die besonders gefährdet waren, abschrecken. Wie fein der Hund dabei differenzierte, zeigt ein Vorfall, den ich Ende August 1944 als Fünfzehnjähriger selbst erlebt habe. Meine gut zwei Jahre ältere Schwester Käthi hütete mit Wecker Nr. 2 die Kühe auf einer Bergwiese, wo ich ihr – weil mich angesichts der täglich näher

Die heute weitgehend zugewachsene Schluchtwiese (An da Zammischterbaach), *an deren Ende Wildschweingefahr drohte.*

Rechts: Der Hofhund „Wumm“ in altehrwürdiger Hütte vorm elterlichen Haus (1993).

heranrückenden Kriegsfront Arbeit kaum mehr reizte – einen Besuch abstattete. Irgendwie kam es dann zu einem Ringkampf zwischen uns beiden, mundartlich ausgedrückt, wir *rolzten* miteinander. Aber kaum hatte ich meine Schwester so richtig umschlungen, gab es ein bösartig fletschendes „Wau, wau“ mit dem Ergebnis, daß mich der Hund durch die Jacke hindurch in die Seite biß, gottlob nicht weiter ernstlich. Den Vorgang kann ich nur so deuten, daß der Hund in meiner Schwester die verantwortliche Hüteperson sah, die er zu beschützen hatte. An anderen Tagen galt dieser Schutz mir, wenn ich selbst diese Person war. Jetzt war ich es nicht, sondern schlicht ein zudringlicher Störenfried. Drückte sich hier nicht pflichtbewußte Treue und ein erstaunliches Unterscheidungsvermögen aus?

Von der Schicksalsgemeinschaft zwischen Hund und mir bei Gewittern war schon einmal die Rede. Alle vier Hunde, um die es hier geht, haßten Gewitter wie die Pest. Selbst als ich in späteren Jahren mit meiner Angst besser fertig wurde, tat es mir bei Gewittern draußen in freier Landschaft immer noch gut, wenn der Hund vertrauensvoll an mich herankroch und mich mit wimmernd-bittenden Lauten (mundartlich *jinxen* genannt) um Geborgenheit anflehte. Es lag für mich darin insofern eine Bereicherung, als ich das Unbehagen, das mich in solcher Situation bis auf den heutigen Tag ankommt, mit einer mitfühlenden Seele teilen konnte. Ja, mehr noch: daß ich mich mit dem Hund einswissen durfte in einer Erkenntnis, von der er mehr zu halten schien als viele Menschen, die sich zu ihrem eigenen und der Welt Unglück immer wieder über sie hinwegsetzen, der Erkenntnis nämlich, daß alles auf Erden in abgrundtiefer Abhängigkeit oder, wie die Philosophen sagen, in einer unaufhebbaren Kontingenz steht. Durfte ich darum dem Hund nicht gar einen Zug von Religiosität zuerkennen, da das zugrundeliegende lateinische Wort „religio“ doch Rückbindung heißt?

Wenn es denn schon ein solches Miteinander gab, konnte es nicht ausbleiben, daß mit dem Hund auch ausgesprochen spaßige Dinge angestellt wurden. Dazu gehörte schon das Vergnügen, ihn in den an der Wiese vorbeifließenden Bach zu hetzen und zu Schwimmübungen zu nötigen, von denen es hieß, daß sie die Flöhe vertrieben. Lustig war auch das sprühende Tropfenspiel danach auf der Wiese, wenn der Hund sich schneuzte und kräftig schüttelte mit dem Erfolg, daß er binnen kurzer Zeit wieder trocken war.

Vergnügen bereitete weiterhin das Werfen von Steinen oder Holzstücken (*Sprinkeln*), die der Hund in Windeseile wieder zurückbrachte. Hie und da floß dabei allerdings Blut, wenn der im Flug aufgeschnappte Stein oder Stab im Maul eine Verletzung hinterließ.

Und dann erst die drolligen Geschichten um den Mausetrieb des Hundes. Man brauchte nur nachhaltig genug auf ein Mauseloch oder einen Maulwurfshügel hinzudeuten und dabei in anfeuerndem Ton *maus, maus!* zu sagen, und schon ging es los: zuerst ein langgezogenes Schnuppern, dann ein verwegenes Kratzen und Scharren mit den Vorderfüßen, unterbrochen von fanatischem Zubeißen in den Rasen, das bei Fax mitunter solche Ausmaße annahm, daß schließlich seine ganze Kopfpartie in der von ihm ausgehobenen Grube verschwand. Von dem verheißenen Mäuslein zeigte sich meist keine Spur.

Schließlich war es auch lustig mitanzusehen, wenn der Hund mit kurzem, scharfen Klapperton nach Mücken schnappte oder an bestimmten Tagen Gras fraß. Die Grasmahlzeit wurde dahingehend ausgelegt, daß es bald Regen geben werde.

Natürlich waren die Späße, die man sich mit dem Hund erlaubte – vielleicht überhaupt das enge Umgangsverhältnis mit ihm, nicht dazu angetan, ihn auf exakte Verhaltenslinien einzuschwören. Doch was sollte es, solches Miteinander hatte auch seinen Wert und seinen Sinn, selbst wenn die Hüteleistung daraufhin nicht so korrekt war, wie sie bei konsequenterer Führung und bei Wahrung größerer Distanz wohl gewesen wäre.

5) Ausfälle

Gelegentlich kam es vor, daß der Hund nicht zur Verfügung stand. Die Wirkung, die daraus für den Hütedienst erwuchs, war sehr unerfreulich, ein Beweis für den Respekt, den die Herde vor dem Hund hatte. Die Kühe schienen bereits aufzumerken, wenn sie beim Verlassen des Stalles nicht angebellt wurden. War dann auch auf dem ganzen Hinweg vom Hund nichts zu sehen und zu hören, konnten die Graserinnen auf der Weide bald die ersten Kraftproben riskieren. Als Hütekind wirkte man diesen Ausbruchsversuchen zunächst in der Weise entgegen, daß man tat, als wäre der Hund doch da, man rief, vielleicht sogar besonders laut, die üblichen Einsatzanweisungen – und hatte einigen Erfolg damit. Aber nach einiger Zeit durchschaute das Hornvieh diese Scheinmanöver, und dann brannte es an allen Ecken und Enden. Es war, als ob sich die Kühe sagen würden, daß sie das Machtvakuum ausnützen müßten, und dementsprechend sah das Ergebnis aus: Das Hütekind absolvierte ein Laufpensum, das alles übertraf, was normalerweise zu erbringen war.

Aber wo war der Hund abgeblieben? Ein erster Abwesenheitsgrund war Läufigkeit einer Hündin. Wecker Nr. 1, Fax und Wecker Nr. 2 waren Rüden und insofern aktiv in dem Geschehen engagiert. Noch bevor der Besitzer einer Hündin zuweilen wußte, daß es mit seiner Hundedame soweit oder wieder soweit war, witterten es die Hundemänner aus nah und fern. Oft ergriffen sie gleich die erste Gelegenheit, wo sie sich frei bewegen konnten, und rissen aus bis in die Nachbardörfer hin. Je näher sie aber der instinktsicher erahnten Geliebten kamen, der sie ihre Aufwartung machen wollten, um so mehr stießen sie auf Mitbewerber, mit denen sie oft genug in bösen Rangstreit gerieten.

Der Ausflug konnte bis zu zwei Tagen dauern, mit der erwähnten Fehlanzeige beim Viehhüten und selbstverständlich auch beim Wachdienst um Haus und Hof. Tauchte der Ausreißer dann endlich wieder auf, sah er häufig geradezu erbarmenswürdig aus: zerzaust, abgemagert, Wecker Nr. 2 sogar einmal mit zerbissener und so dickgeschwollener Schnauze, daß er eine Woche lang mit Löffel und Milch gefüttert werden mußte. Zum „Dank" knurrte er die solcherart um ihn Besorgten auch noch böse an, wenn sie sein Maul, gewiß unter großen Schmerzen für ihn, ein wenig für die Nahrungsaufnahme zu öffnen versuchten.

Weit schlimmer waren aber die Schäden, die Menschen den ihrem Trieb ausgelieferten Tieren zufügten, wahrlich kein Ruhmesblatt für diejenigen, die sich daran beteiligten. So fing man immer wieder mal einen besonders zudringlichen Freierhund ein, dem, wie man meinte, ein Denkzettel gebührte. Sein Hals wurde in eine zweizinkige Heugabel gepreßt und so fest auf den Boden gedrückt, daß man am Schwanz des Hundes einen alten Eimer, einmal, wie ich weiß, auch eine ausgediente Sandschaufel befestigen konnte. Da galt es dann als lustig, wenn der betreffende Hund mit lautem Getöse davonstob, all den Schmerzen ausgeliefert, die eintreten mußten, wenn der Gegenstand irgendwo im Gestrüpp hängenblieb. Der Hund mit der Schaufel, ein Urbild von Treue und Gemüt, aber bei Läufigkeit nun einmal nicht zu halten, kam nach Hause, um gleich danach an der Strangulation, die er sich angetan hatte, zu sterben. In einem anderen Falle ließ man den Schwanz unbehelligt, aber dafür goß man Terpentin in eine hochsensible Körperöffnung und wußte sich dann vor Vergnügen kaum zu halten, als der Hund anschließend hektische Rutschpartien veranstaltete.

Am grausamsten aber waren Verletzungen am männlichen Geschlechtsorgan, die mit der den Hunden eigenen Merkwürdigkeit zu tun hatten, daß der Rüde nach der Paarung sein Glied eine Weile lang nicht aus der Scheide herausziehen kann. Er hängt dann arg verquert mit der Hündin zusammen und braucht nichts dringender als Ruhe, damit sich alles wieder in seinen Normalzustand zurückentwickeln kann. Und doch wurde, wie ich es selbst frühmorgens auf dem Weg zur Schule mitangesehen habe, mittels Steinwürfen und Stockschlägen erbarmungslos auf solche Paare eingedroschen mit der Folge, daß sie hilflos, der Rüde auf drei Beinen und offensichtlich mit größten Schmerzen, davonstürzten. Behielt man den Rüden im Auge, so sah man ihn noch Stunden danach irgendwo herumliegen und sein malträtiertes Organ durch nahezu pausenloses Ablecken kurieren. Doch auch hier konnte

„Wecker Nr. 2", von Verlausung befreit, wird in den Schoß der Familie aufgenommen.

der Ausgang tödlich sein. Ich habe als Kind und selbst noch als Jugendlicher von den angedeuteten biologischen Sachverhalten kaum etwas gewußt, wohl aber erkannt, daß diesen Hunden bittere Not zugefügt wurde.

Anders als mit den drei Rüden verhielt es sich bei Läufigkeit natürlich mit der Hündin Floggi. War ihre Zeit gekommen, glänzte auch sie gelegentlich durch Abwesenheit, indem sie sich mit Liebhabern im Gebüsch herumtrieb. Aber so lange wie ihre männlichen Artgenossen blieb sie nicht aus. Statt dessen hatte sie das Vergnügen, tagelang auf mehr oder weniger große Distanz Herrenbesuch um sich zu sehen, auch auf der Weide, besonders aber nachts. Um ihr eine angemessene Nachtruhe zu verschaffen, sperrten wir sie mitunter in die Scheune ein, und da hätte nun eines Sonntagmorgens im Frühling die Situation kaum kurioser sein können. Beim Blick aus dem Schlafzimmerfenster gewahrte ich einen regelrechten Auflauf von Freiern. Zwei versuchten durch Beißen die Scheunentür aufzubrechen, während vielleicht zehn andere auf dem *Pääsch* vorm Haus wie in einem Wartezimmer gleichsam dem Zuruf „Bitte eintreten“ entgegenharrten. Teils lagen sie da, teils liefen sie aufgeregt hin und her, allesamt aber waren sie einander mit Knurren, Wimmern (*Jinxen*), Zähnefletschen und vereinzelten Bellern zugetan. Erst als die Betglocke läutete und in Hof und Dorf Bewegung entstand, löste sich die sonderbare Versammlung auf.

Fehlanzeige beim Viehhüten also infolge Läufigkeit. Eine andersgeartete Fehlanzeige war für einen Nachmittag Ende August 1942 fällig aus einem Grunde, der dieses Ereignis im höchsten Grade überlieferungswürdig macht. Man befand sich im dritten Kriegsjahr, als der NS-Führung auf einmal die Idee kam, daß auch die Hunde ihren Beitrag zur Erringung des deutschen Endsieges zu leisten hätten: als Meldehunde an der Front oder als Polizeihunde. Geeignet waren dazu aber nur solche Exemplare, die bei Schuß- und Detonationsgeräuschen die Nerven behielten. Also wurden Hundemusterungen anberaumt, für meinen heimatlichen Amtsbezirk auf einer großen Wiese neben einem größeren Fluß. Hier hatten sich alle Hundehalter des Amtsbezirkes mit vielleicht zweihundert Tieren einzufinden. Während ich auf der Weide alle Hände voll zu tun hatte, machte sich meine älteste Schwester mit Fax, den sie an der Kette führte, auf den zehn Kilometer weiten Weg. Kaum hatte es mit den Duftmarkierungen ein Ende, tauchten, ebenfalls an der Kette geführt, immer mehr Hunde auf, darunter auch läufige Hündinnen, für die sich die Rüden brennend interessierten. Fax riß so irrsinnig an der Kette, daß er sich die Luft abschnürte und schon stockheiser war, als er auf besagter Wiese ankam. Dort gab es nun erst recht „Hundeturbulenzen“, bis auf einmal einige Böllerschüsse loskrachten. Mit Ausnahme von nur ganz wenigen Standfesten stob die Meute, darunter auch Fax, augenblicks in panischer Flucht auseinander, einige rissen sogar ihre Begleiter mit in den Fluß hinein.

Da war es mit dem Dienst für „Führer, Volk und Vaterland" so gut wie nichts, so gut wie nichts mehr aber auch mit Faxens Gesundheit. Die Heiserkeit ging nicht mehr weg, es bildete sich in seinem Hals eine Geschwulst, derentwegen wir ihn ein halbes Jahr später töten lassen mußten.

Und schließlich war der Ausfall beim Viehhüten durch zunehmendes Alter des Hundes bedingt, wie sich besonders bei Wecker Nr. 1 zeigte. Außer daß auch er, ja gerade er, bei Läufigkeit aus dem Häuschen geriet (*d'Schäätzje* verlor), zeichnete ihn sonst eine geradezu bezaubernde Sanftmut und Verständnisinnigkeit aus. Er war allen, besonders uns Kindern, so sehr ans Herz gewachsen, daß stillschweigendes Einvernehmen darüber bestand, ihm das Gnadenbrot zu geben – solange es irgendwie anging. Er bedankte sich dafür, indem er sich redlich mühte, trotz schwerer gewordener Beine seinen Dienst getreu weiter zu erfüllen. Eines Tages schaffte er es einfach nicht mehr, doch blieb er auch jetzt noch nicht schlichtweg zu Hause, sondern setzte gleichsam einen symbolischen Akt: Ein Stück des Weges ging er mit der Herde noch mit und wartete dann im Schatten eines Ginsterbusches, bis die Herde am Mittag oder Abend wieder zurückkam.

Auf der Weide war derweil zunehmend die Hölle los, so daß bald kein Zweifel mehr daran bestand: Ein neuer Hund mußte herbei. Dazu aber mußte Wecker erst abtreten. Eines Abends fiel mir auf, daß ich ihn den ganzen Tag über nicht gesehen hatte – ich war damals sieben Jahre alt. Auf Anfrage wurde mir gesagt, Wecker sei in der vergangenen Nacht weggegangen . . .

So sehr ich noch Kind war, ich konnte es nicht glauben; sonst war er ja immer wiedergekommen, und wohin sollte er gegangen sein! Irgendwie erfuhr ich dann, daß mein Vater ihn getötet hatte – wie, wollte ich nicht wissen und weiß es bis heute nicht. Der Schock hätte nicht größer sein können. Er wuchs sich zu einer schweren kindlichen Vertrauenskrise gegenüber meinem Vater aus, die mich um so mehr bedrückte, als ich mit niemandem darüber zu sprechen wagte (mal wieder!). Die Krise löste sich erst, als ich nach etwa einem Jahr einsah, daß mein Vater nur getan hatte, was irgendeiner tun mußte – als mir Jahr um Jahr deutlicher wurde, daß es einen treueren, selbstloseren und gütigeren Menschen als meinen Vater in meiner Lebenswelt nicht gab.

Nein, mit einer vom Tierarzt verabreichten Einschläferungsspritze war es 1936 in dieser ländlichen Region noch nichts – noch lange nichts!

6) Partnerschaft?

Es ist kein Zufall, daß in den vorstehenden Darlegungen immer wieder Wendungen auftauchten, die ein menschliches oder doch menschenähnliches Umgangsverhältnis zwischen meinem Hund und mir anklingen ließen. Sie können den Eindruck erwecken, als habe es der Mensch im Umgang mit seinem Hund „irgendwie" mit seinesgleichen zu tun. Ob das so ist, habe ich mich, freilich in sehr einfacher Form, schon als Kind gefragt, nicht zuletzt aufgrund meiner Erlebnisse beim Viehhüten, und zwar vor allem dann, wenn mich der Hund, wie ich meinte, so treu anschaute und mich überdies mit geöffnetem Maul, emsig vibrierender Zunge und hechelndem Atem auch noch anzulächeln schien. Dann aber meinte ich wieder, um mit dem Menschen vergleichbar zu sein, müsse der Hund sprechen können. Ohne Zweifel vermochte er sich zu äußern: wie er sich fühlte, was er begehrte und fürchtete, und ebenso stand für mich fest, weil ich es jeden Tag erlebte, daß er meine Anweisungen verstand. Aber konnte ich das schon sprechen und Sprache nennen?

Diese Frage schien sich auf einmal ganz schnell zu klären, als ich mit großem Interesse die Nachricht vernahm, der Phylax hinten im Dorf habe vom Kuhjungen das Sprechen gelernt. Ich war gespannt wie bis dahin in den etwa sieben Lebensjahren, auf die ich damals zurückblickte, kaum einmal.

In der Tat war Phylax ein Prachtstück von Hund und der Kuhjunge, wie sich später herausstellte, eine begnadete pädagogische Begabung. Aus gediegenen und doch auch wieder aus ärmlichen Verhältnissen stammend – sonst hätte er ja nicht als Kuhjunge zu dienen brauchen – wollte der Junge zunächst Geistlicher werden, und glücklicherweise fand sich auch bald ein Weg, daß er eine Ordensschule besuchen konnte. Um sich schon ein wenig auf den von ihm erwählten Beruf vorzuüben, richtete er im Waldstück neben der Wiese eine Art Phantasiekirche ein. Aus zerlöcherten Säcken und Stoffresten nähte er sich ein Meßgewand, ein Holzstoß fungierte als Altar, an den Bäumen ringsum prangten Heiligenbilder, die er aus der Missionszeitschrift „Stadt-Gottes" ausgeschnitten hatte. Und im Geäst eines Baumes hing, mit dem Boden nach oben, ein zerbeulter alter Eimer. Innendrin baumelte ein Stein-Klöppel und – zum Daranziehen – vom oberen Rand bis hinunter zum Waldboden ein mehrfach aneinandergeknotetes Garbenbindeseil. Das war die Glocke, deren Klapperklang die heilige Handlung einläutete. Und auch das mitfeiernde Publikum blieb nicht aus, es kam Phylax, dem das Amt des Meßdieners übertragen wurde. Kein Wunder also, daß sich in ihm eine besondere Gnadenfülle ansammelte, die ihn dann auch zu besonderen Leistungen befähigen mochte.

Aus dem Kuhjungen wurde zwar kein Priester, dafür aber ein hochgeschätzter Lehrer, Ausbildungsleiter für Junglehrer, Heimatschriftsteller und Initiator eines großen Schulzentrums. Nach seinem viel zu frühen Tod wurde sogar eine Straße nach ihm benannt, eine Auszeichnung, die in diesem Landstrich nahezu Einmaligkeitswert hat. Wie seine „Meßfeier" mit Phylax zeigt, regte sich die ihm eigene Begabung bereits in seiner Jugend, und die Menschen, die ihn kannten, wußten dies zu würdigen. Er galt schon jetzt als einer, der Dinge sah und Dinge fertigbrachte, die andere nicht sahen und nicht fertigbrachten, warum sollte er also nicht auch in der Lage sein, seinen Phylax zum Sprechen zu erwecken?

Und wirklich gab Phylax bei der für mich arrangierten Vorstellung erstaunliche Laute von sich, die er je nach Zurede und optischer Zeichengebärde auch noch prompt und vielfältig zu variieren verstand. Unbewußt war mir und wurde mir nun erst recht vieles bewußt, was ich Jahrzehnte später auf meinen speziellen Studiengebieten der philosophischen Anthropologie und der Sprachphilosophie ausdrücklich bestätigt fand. Einen ersten Aspekt kann ich, wie im Kapitel über Brunst zum Teil schon geschehen, in meiner heutigen Sprechweise so formulieren: Es besteht unzweifelhaft eine Urverbundenheit, wenn nicht gar eine Einheit alles Lebendigen. Meine Betroffenheit und gleichzeitige Versuchtheit durch das Brunstphänomen und nun – fast noch urtümlicher – das verstehende Hinüber und Herüber zwischen Hund und mir, das alles ließ mich schon als Kind erahnen, wie unrecht der mir später so vertraut gewordene französische Philosoph René Descartes (1596–1650) mit der Auffassung hatte, die Tiere seien nichts weiter als seelenlose Automaten, nichts anderes als mechanisch funktionierende Maschinen. Ich erfuhr eindeutig das genaue Gegenteil davon: Was ich an Empfindungen, Trieben, Gefühlen in mir verspürte, war offensichtlich, zumindest in ähnlicher Ausprägung, auch in Kuh und Hund lebendig. Kurz, wir waren zutiefst miteinander verwandt.

Darin wurzelte auch der Abscheu, den ich schon als Kind empfand, wenn ich mitansehen mußte, wie Tiere mißhandelt, ja sogar auf die für eine Weile untrennbar verpaarten Hunde eingeschlagen wurde. Ich konnte mir mein Empfinden zwar noch nicht bewußt vergegenwärtigen, aber tiefinnerlich war mir klar, daß der so Zuschlagende in der von ihm gequälten Kreatur auch sich selbst schlägt. Er entwürdigt sich, auf jenes Leben einzuschlagen, das auch sein und seiner Mitmenschen Anteil ist, wobei die Mitmenschen kaum Besseres von ihm zu erwarten haben, als was er den Tieren antut. Albert Schweitzer hat wirklich recht mit seinem Appell, daß dem Leben „Ehrfurcht" gebühre, und nicht nur dem menschlichen Leben, sondern durchaus auch schon dem tierischen, ja sogar schon dem pflanzlichen Leben.

Und doch, wie sehr sich Phylax in seinem Examen anstrengte, ja sich förmlich danach zu recken schien, es zu schaffen, es waren, wie ich fand, nicht

„Verunkrautetes" Grasfeld. Und doch: „... Sieh, Vater, nur die Pracht,/ die hat der liebe Gott gemacht!" (Julius Sturm, in Lesebuch für 3. und 4. Schuljahr 1937). Aufnahme 1939 mit Besuch aus Kleve.

Mühselige Heuernte, hier: der Onkel beim Grasspreiten ...

... hier Abladen in glühender Hitze (1936).

Worte, die ich von ihm vernahm, sondern Laute, vielleicht auch nur, freilich ungewöhnlich differenziert, Töne und Geräusche. Es war nichts von dem, was ich selbst unter Sprache verstand und als Sprache kennengelernt hatte. Die Situation wurde auch dadurch nicht besser, daß sich der Kuhjunge, verschmitzt schmunzelnd, zu Phylax niederbeugte, sein Ohr an Phylaxens Schnauze hielt und mir dann zu verstehen gab, Phylax habe ihm das und das zugeflüstert. Und erst recht wurde ich skeptisch, als es dann noch dumpf in mir aufdämmerte, daß ich mit der Sprache, wie ich sie hatte, Fragen stellen, ja sogar den Wald beschreiben konnte, in dem ich im Frühjahr Rabennester geplündert hatte. Von so etwas schien mir bei Phylax vollends keine Spur zu sein. Oder sah ich es doch falsch, wie mir später wiederholt von Biologen bedeutet wurde, welche die Dinge klarer zu sehen glaubten? Für sie sind solche tierischen Äußerungen durchaus Sprache, nur tritt sie (noch) nicht voll als Sprache in Erscheinung. Sie schlummert gewissermaßen, ist (noch) für den Menschen verschlüsselt, verborgen, aber – zumindest dem Ansatz nach – im Tier ganz gewiß vorhanden.

Mit diesem Standpunkt hat es der zweite Aspekt zu tun, unter dem die späteren Studien meine kindlichen Anmutungen bestätigten. Wäre der erwähnte Standpunkt richtig, dann müßten die Phylaxe – und mit ihnen die Tiere überhaupt – eine bestimmte Leistung aufweisen, die uns beim Menschen selbstverständlich ist, aber ohne die ihm eigene Sprache, seine menschliche Art zu sprechen, nicht möglich wäre. Gemeint ist der Tatbestand, daß der Mensch die Dinge, Verhältnisse und Geschehnisse, die er in der Welt vorfindet, nicht einfach nur hinnimmt beziehungsweise sich ihnen nur nahrung- und schutzsuchend zuwendet. Er greift diese Gegebenheiten vielmehr auf, greift in sie ein, gestaltet sie um, ja baut aus ihnen und über sie hinaus gleichsam eine neue, zweite Welt. Im Unterschied zu der vorgefundenen Welt, die wir gängigerweise als Natur bezeichnen, ist diese neue, zweite Welt also eine solche, die sich der Mensch selbst erschafft, eine Welt der Kultur, wie wir sie nennen. Sie gliedert sich noch einmal in Teilbereiche auf, in die Bereiche Wissenschaft, Kunst, Literatur, Recht, Religion . . . und, heute besonders gewichtig, Wirtschaft und Technik.

In gewisser Beziehung braucht der Mensch diese Kulturwelt zum Überleben. Denn so mangelhaft ausgestattet wie er kommt kein anderes Wesen auf die Welt, zum Beispiel bleibt er ohne Haarkleid und damit ohne natürlichen Witterungsschutz. Selbst der gutmütige Hase hat noch ein warmes Fell und dazu noch schnelle Beine, die der Mensch ebenfalls nicht hat, um sich seinen Feinden zu entziehen. Will der Mensch also nicht untergehen – und welches Lebewesen will das schon –, muß er sich folglich das, was ihm die Natur vorenthalten hat, aus eigener Kraft und Initiative herstellen. Im Falle der Bedrohung durch Kälte stellt er Kleider her, baut er sich Häuser, Heizungen,

Klimaanlagen; im Falle der Bedrohung durch Feinde fertigt er Waffen (und was für welche!).

Aber der Mensch läßt es mit dem Ausgleich der ihm anhaftenden Mängel keineswegs bewenden, vielmehr – und da fängt die Kultur erst so richtig an – erstellt er auch solche Dinge, die er eigentlich gar nicht „braucht", an denen er aber gleichwohl hohes, ja höchstes Interesse hat. Das reicht vom Marmorblock, aus dem er eine Statue meißelt, bis hin zu Domen, Fabrikanlagen, Kunsthallen, Musikinstrumenten, Symphonien, Dichtungen, Rechtsbüchern, Gebeten ...

Die Frage ist, wieso der Mensch das kann. Es kann es, weil er in einem ganz bestimmten Verhältnis zur Wirklichkeit steht, bei dem es mit dem oben erwähnten Fühlen, Begehren und Fürchten nicht mehr getan ist. Um Dinge aufgreifen und umgestalten zu können, um aus ihnen und über sie hinaus Neues ins Werk zu setzen, muß der Mensch diese Dinge erst einmal klar umrissen vor sich sehen, Dinge jetzt im weitesten Sinne des Wortes verstanden. Daß er sie so sieht, zumindest sehen kann, genau das verdankt er der Sprache, die er spricht, einem Sichäußern nicht mehr nur in Gestalt von Blikken, Gesten oder Lauten, sondern in Gestalt von Worten. Durch das Wort erhalten Dinge, Verhältnisse und Geschehnisse Namen und treten sie kraft des Namens als sie selbst und als unterschieden von anderen Dingen oder Vorgängen hervor. Im Wort wird etwas allererst faßbar, kann man es sich merken und als das, was es ist, dem Gedächtnis einprägen, um es nach Bedarf wieder zu vergegenwärtigen, das heißt in der Vorstellung als dasselbe neu erstehen zu lassen. Ja mehr noch und in unserem Zusammenhang erst recht: Indem im „geworteten" Ding faßbar wird, was das Ding ist, läßt sich auch absehen, wie der Mensch es für seine Zwecke umformen und als Baustein für Neues und Höheres in Dienst nehmen kann. Kurz: es eröffnet sich Spielraum für den Aufbau einer Kulturwelt.

Das alles tut und vollbringt der Mensch. Doch wie steht es in dieser Hinsicht mit dem Tier? Selbst beim gescheiten Phylax war nicht eine Spur von solchem Vollbringen zu entdecken, und ebenso verhält es sich mit allen anderen Tieren, selbst mit denen, die auf einer noch höheren Entwicklungsstufe stehen wie die Schimpansen. Das heißt aber: Sprache nach Art des menschlichen Sprechens ist ihnen allesamt nicht zu eigen, auch nicht in verdeckter, schlummernder, verschlüsselter oder ansatzweiser Form. Denn sonst hätte sich längst ansatzweise auch etwas der Kultur Vergleichbares bei ihnen herausbilden müssen, dürfte es nicht, wie offensichtlich der Fall, bei einer stereotypen Wiederholung der in der Entwicklungsgeschichte eingespurten Lebensfristungsstrategien geblieben sein, etwa was Nahrungssuche, Bau von Nestern und Höhlen, Aufzucht des Nachwuchses betrifft. Ist es doch schlechterdings undenkbar, daß Lebewesen, die aufgrund von Sprache zu Kulturleistungen befähigt sind, von dieser Befähigung keinen Gebrauch machen würden. Sie könnten durch diesen Gebrauch nur gewinnen, zum Beispiel in dem Sinne, daß die Tiere, anstatt auf bestimmte Umwelten und Klimazonen eingeschränkt zu sein, in die Lage kämen, wie der Mensch überall auf der Erde leben zu können. Indem nun aber derartiges bei den Tieren nicht geschieht, ist das der Beweis dafür, daß das Kulturschaffen, aber früher und grundlegender noch die dieses ermöglichende Sprache einen abgrundtiefen Trennungsstrich zwischen Mensch und Tier ziehen. Mensch und Tier sind miteinander verwandt, aber kraft der Sprache, immer streng als Wortsprache verstanden, ragt der Mensch zugleich wesenhaft über jedes Tier hinaus. Es gibt gewiß Einvernehmen zwischen Mensch und Tier, dieses ganze Kapitel zeugt davon, aber es ist nicht ein sprechendes, sondern – vielleicht darf man so sagen – nur ein sich verständigendes Einvernehmen.

Das gilt selbst noch von scheinbar so menschlichen Vorgängen, wie daß der Hund traumsicher seinen Herrn wiedererkennt oder mit hängendem Kopf den Tod des Herrn betrauert. Ohne Zweifel sind da im Hund Erinnerungsspuren lebendig, die es mit dem Herrn zu tun haben, aber sie haben es nicht mit dem Herrn *als* Herrn zu tun. Im Vergleich zum Menschen fehlt ihnen das, was in der Fachsprache „Reflexion" heißt. Diese Reflexion ist an das Wort gebunden und kommt nur beim Menschen vor.

Oder wieder mit Augenzwinkern gesagt: Selbst die „Gnadenfülle", die Phylax bei der Waldmesse erwarb, reichte nicht aus, um die Sprachbarriere für ihn überwindbar zu machen.

Es war also ein ganzes anthropologisches Programm, das sich in meiner kindlichen Frage zusammenschnürte, was der Hund, da er mir doch so vielfältig zugewandt war, für ein Wesen sei. Ohne es schon im einzelnen abschätzen zu können, setzte ich intuitiv an jenem Punkt an, der sich soeben als der alles entscheidende herausgestellt hat: daß dem Hund Sprache zukommen müßte, wenn ich ihn als meinesgleichen ansehen sollte. Ich hätte natürlich auch auf bestimmte menschliche Kulturleistungen hinschauen können, aber was wußte ich damals schon von Kultur. Vom Sprechen dagegen verstand ich eine ganze Menge, sie nannten mich mitunter *Maulert*, solche, die es nicht gut mit mir meinten, gar *Schnessert* (*Schneß* = Schnauze). Diese Titulaturen schmeicheln mir im nachhinein um so mehr, als meine Sprechemsigkeit ganz gewiß dazu beigetragen hat, daß ich schon in jungen Jahren die Sprache als ausschließlich menschliche Begabung entdeckt habe – mit erhellender Wirkung bis auf den heutigen Tag. So lag ich auch mit meiner Diagnose bei Phylaxens Sprachexamen – von dem Kuhjungen so humorvoll-wissend inszeniert – vollkommen richtig: Phylax sprach nicht!

Dieses Ergebnis verwies zwar die Qualität meines Umganges mit dem Hund auf einen minderen Platz, ja es müßten eigentlich im nachhinein alle

Wendungen, die im vorstehenden Text nach einem menschlichen oder menschenähnlichen Verhältnis klingen, im Geiste mit Anführungszeichen versehen werden. Aber das Ergebnis hat doch zugleich auch eine höchst positive Seite: Es erkennt dem Menschen eine einmalige Sonderstellung in der Welt zu. Gemeint ist jene Daseinsbestimmung, die Gott, laut Bibel, schon dem ersten Menschenpaar mit auf den Weg gegeben hat: „Seid fruchtbar! Mehret euch! Füllet die Erde! Macht sie euch untertan! Herrschet über des Meeres Fische, über des Himmels Vögel und über alle Lebewesen, die auf Erden wimmeln" (Gen 1,28). Und was nicht weniger wichtig ist: „Gott, der Herr, formte aus dem Ackerboden alle Tiere des Feldes und alle Vögel des Himmels und führte sie dem Menschen zu, um zu sehen, wie er sie benennen würde. Wie der Mensch jedes lebendige Wesen benannte, so sollte es heißen. Der Mensch gab Namen allem Vieh, den Vögeln des Himmels und allen Tieren des Feldes" (Gen 2, 19 + 20). Wir wissen es inzwischen: Der Mensch ist der Namengeber; darin ist er zutiefst und wesenhaft Mensch.

Wenn also in unserer Überschrift das Wort Partnerschaft mit einem Fragezeichen versehen war, so läßt sich die Antwort nun wie folgt geben: Zwischen Mensch und Tier besteht Partnerschaft, aber nicht auf gleicher Ebene. Der eigentliche Partner für den Menschen ist der Mensch. Wann immer oder wo immer er es mit beiden, mit Menschen wie mit Tieren, zu tun hat, gebührt der Beziehung zum Menschen absoluter Vorrang. Alles andere wäre eine Verkehrung der Seinsordnung, auch wenn einem der „getreue" Hund noch so sehr ans Herz gewachsen ist.

Natürlich darf auch die Kehrseite dieser Sonderstellung nicht übersehen werden. Sie besteht in der Fähigkeit des Menschen, tierischer als jedes Tier zu sein. Aber der Mensch kann auch das andere, was Tiere ebenfalls nicht können: Er vermag seine Begierde zu durchgeistigen, seine Habgier und Machtsucht in Güte zu verwandeln, ja im Sinne der Bergpredigt sogar seine Feinde zu lieben und denen Gutes zu tun, die ihn hassen (Lk 6, 27).

Auch beim Thema Hund hat unsere Darstellung einen weiten Bogen geschlagen. Und doch wurde selbst bei der anthropologischen Schlußbetrachtung nur entfaltet, was beim Leben und Treiben auf der Wiese als Erfahrung und Frage bereits da war und mich dann für meinen beruflichen Lebensweg in hohem Maße geprägt hat. Dem Viehhüten und meinem sich darin verdichtenden Umgang mit dem Hund schreibe ich es wesentlich zu, daß mir so früh und so nachhaltig die vom personalen Selbstsein nicht ablösbare Frage aufgegangen ist: Was ist der Mensch?

5. Kapitel: „Huppen“-Wagen, „Zarrisch“ und anderes

1) Zum Thema

Man sieht, der Hund konnte ein Juwel sein, er konnte aber auch Ärger bereiten. Selbst wenn sein Verhalten einmal ohne Fehl und Tadel war, blieb für das Hütekind immer noch ein dunkler Hintergrund von heraufdrohender Langeweile und den anderen Bedrückungen, die im ersten Teil dieses Buches dargelegt wurden. Da kam es nun auf die Eigeninitiative des Hütekindes an, wenn aus leerlaufender oder gar negativ eingefärbter Zeit eine erfüllte Zeit werden sollte. Von solchen Unternehmungen wird im folgenden zu berichten sein, womit die Darstellung den Übergang zu dem für das kindliche und jugendliche Werden so wichtigen Thema „Spiel“ vollzieht. In Friedrich Schillers „Briefen über ästhetische Erziehung“ steht der berühmt gewordene Satz: „Der Mensch ist nur da ganz Mensch, wo er spielt“. Versteht man dieses „Ganz-Mensch-sein“ im Sinne des in der Einleitung umrissenen Bewertungsmaßstabes als personales Sein – und in diesem Sinne versteht es Schiller letztlich –, so ergibt sich folgende wichtige Konsequenz: Um seiner selbst bewußt zu werden, sich in Freiheit selbst zu bestimmen und zu verantworten, bedarf der Mensch der Anregung zu und der Einübung in Spiel. Jedes Spiel, das gespielt oder nicht gespielt wird, ist ein Gewinn oder Verlust an Menschlichkeit in der Welt. Für die erzieherische Bewertung einer bestimmten Lebenswelt ist es also von höchstem Interesse, welche Spielmöglichkeiten darin gegeben waren und sind und was aus diesen Möglichkeiten gemacht wurde und wird.

Im folgenden ergeht diese Frage an meine jugendliche Lebenswelt, zunächst in bezug auf das Spielen auf der Hütewiese und später – sich von dort her eröffnend – auch bezüglich des übrigen Spielgeschehens, in das ich eingebunden war. Zwar gesellt sich im weiteren Verlauf zu diesem Spielimpuls als personaler Antriebskraft noch ein zweiter, womöglich noch tieferer Impuls, der dann „dialogisches Leben“ heißen wird, aber das hebt es nicht auf, daß gerade auch im spontan und zweckfrei gespielten Spiel jene Kräfte und Anlagen im Menschen sich entwickeln und zum Austrag kommen, die ihn innerlich souverän machen, die ihn nicht auf etwas hin ausbilden, sondern ihn bilden, die ihn nicht von anderswoher in Anspruch nehmen, sondern ihn sich selbst anheimgeben. Es sind jene Kräfte und Antriebe, in denen nicht etwas am Menschen, sondern der Mensch selbst hervortritt, wo er nicht tut, was andere ihm gebieten, sondern was er selbst will: wo er, wie die Fremdwörter dafür heißen, originär und kreativ tätig ist.

Wenden wir uns also zunächst den spielerischen Initiativen auf der Wiese zu, so ist zweierlei von vornherein klar. Erstens, daß diese Initiativen mit dem Hütedienst selbst nichts mehr zu tun hatten; sie wurden ins Werk gesetzt, um den nun einmal unvermeidbaren Aufenthalt auf der Wiese so angenehm wie möglich zu machen. Zweitens ist klar, daß es bei den infragestehenden Unternehmungen von Kind zu Kind Unterschiede gab. Die einen ließen sich mehr, die anderen weniger einfallen, die einen dieses, die anderen jenes, angefangen von einfachsten Baumkletterpartien bis hin zu so subtilen Spielformen, wie wir sie am Beispiel „Waldkirche" und an Phylaxens „Sprachexamen" bereits kennengelernt haben.

Aber bei allen Unterschieden gab es doch auch bestimmte Standardunternehmungen, die zwar immer noch regional begrenzt blieben, aber innerhalb dieser Begrenzung einen gewissen Allgemeincharakter aufwiesen. Die Beispiele, die im folgenden angeführt werden, sind insgesamt solche, bei denen ich selbst engagiert, zumindest mitengagiert war, zum Teil sind es auch individuell-persönliche Betätigungsformen. Indem ich sie darlege, leiste ich akzentuiert den in der Einleitung angesagten Beitrag zur Volkskunde und Heimatgeschichte. Zwar gab es in der Region ohne Frage noch weitere Vollzugsformen dieser Art, aber auch die hier ins Auge gefaßten sind es wert, in Erinnerung behalten und von der heimatkundlichen Forschung aufgearbeitet zu werden. Um den in ihnen beschlossenen erzieherischen Gehalt zu verdeutlichen, brauchten die Beispiele vielleicht nicht so zahlreich zu sein. Aber dann ließe sich keine rechte Vorstellung von ihrer Mannigfaltigkeit mehr vermitteln. Mein Versuch zu einem Ausgleich: Für Leser, die das Angebot ermüdet, sind bestimmte Abschnitte in kursivem Druck gesetzt, um anzuzeigen, daß sie ohne weiteren Schaden (was die Gesamtkonzeption des Buches betrifft) übergangen werden können. Im übrigen vertraue ich darauf, daß mittels der eingefügten Bilder und Illustrationen das jeweils vom Text her Gemeinte verhältnismäßig leicht eingängig ist. Daß dabei die zu schildernden Unternehmungen allesamt unter dem Leitwort Spiel stehen, wird später zu erläutern sein.

Ferner müssen wir uns gleich zu Anfang vergegenwärtigen, daß sich die darzustellenden Spielformen in zwei Gruppen aufgliedern: in solche, die ein Hütekind einzeln für sich ausübte oder ausüben konnte, und in solche, die aus dem Zusammensein mit anderen erwuchsen, ja sich selbst als solches Zusammensein darstellten. In der Hütewirklichkeit gingen die beiden Arten häufig ineinander über, was uns aber nicht daran hindern soll, zunächst die erste Gruppe näher ins Auge zu fassen, auch auf die Gefahr hin, daß es dabei zu einer gewissen künstlichen Isolierung kommt.

Und schließlich noch eine Vorbemerkung zum Alter der Hütekinder. Der Hütedienst betraf zwei Entwicklungsphasen des Heranwachsenden. Schwerpunktmäßig gehörte er der eigentlichen Kindheit an und reichte gegen Ende noch in das sogenannte Jugendalter hinein. An der Schwelle von dem einen zum anderen trat in der Spielhaltung des jungen Menschen schon immer ein Wandel ein, der aber im gegenwärtigen Zusammenhang vorerst noch auf sich beruhen bleiben soll. Sowohl bei der Darstellung der Einzelaktivitäten wie auch des Zusammenspielens mit anderen wollen wir uns zunächst auf die Kindheit beschränken. Betätigungen, die darüber hinausreichten, vom Heranwachsenden also jenseits des 13./14. Lebensjahres ausgeübt wurden, werden eigens als solche kenntlich gemacht.

Doch nun zum so umgrenzten Thema selbst. Versuchen wir uns einmal auszumalen, Kinder von neun oder zehn Jahren müßten heutzutage bis zu acht Stunden am Tag auf der Wiese beim Vieh zubringen. Die sie bedrohende Langeweile hätten sie ohne Zweifel mit ihren damaligen Schicksalsgenossen gemeinsam, aber ganz gewiß nicht die Art und Weise, wie sie gegen diese Langeweile angehen würden. Vielleicht hätten sie einen Packen Micky-Maus-Hefte dabei, vielleicht ein Taschenradio, einen Walkman, ein einfaches Sprechfunkgerät oder neuestens gar einen Gameboy. Von alledem war vor 40/50 Jahren noch nicht im Traum die Rede. Der Radioapparat, sofern man überhaupt einen besaß, stand ortsfest und aufs Stromnetz angewiesen daheim in der Stube, und an Lesestoff fand man nur jenes Schrifttum vor, das im Abschnitt über Langeweile schon genannt wurde und das für Kinder absolut ungeeignet war. Selbst bereits bekanntes Spielzeug blieb weithin unzugänglich, sei es, daß man kein Geld dafür hatte oder daß es wegen der Kriegs- und Nachkriegsnot nicht erhältlich war.

Um so wichtiger waren mir vier Dinge, die es buchstäblich in sich hatten. Zunächst handelte es sich um jene Grundausrüstung, die damals nach gängiger Meinung im Dorf in die Hosentasche eines jeden richtigen Jungen hineingehörten: ein Taschenmesser, ein fünf bis sechs Zentimeter langer Nagel und ein vielleicht zwei Meter langes Stück Seil. Hinzu kam bei mir noch ein viertes Requisit, ein sogenanntes *Musiksdingen*, eine Mundharmonika, von der noch gesondert zu handeln sein wird. Verglichen mit dieser Ausstattung war ein Taschentuch blanker Luxus, auf den man ohne weiteres verzichten konnte. Die Welt war so groß, in die hinein man schneuzen, niesen und spucken konnte, wie desgleichen die Ärmel von Jacke, Pullover oder Hemd förmlich darauf geeicht schienen, daß auf ihnen, durch Vorbeireiben angesammelt, *Schnuudel* (= Nasensekret) verkrustete und langsam abbröckelte. Hauptsache, man litt keinen Mangel an jenen Dingen, mit denen sich jederzeit Pannen beheben, ja sogar Werke gestalten ließen.

2) Das Taschenmesser

Bei weitem am wichtigsten war unter diesen Gegenständen das Messer. Dabei handelte es sich wahrlich nicht um ein Wunderwerk der Taschenmesserproduktion, schon eine zweite Klinge und ein Korkenzieher galten als Galaausstattung. Ausschlaggebend für die Wahl einer so bescheidenen Version waren die Anschaffungskosten, um so mehr, als infolge kindlicher Unachtsamkeit die Messer immer wieder verlorengingen und Neuanschaffungen erforderlich wurden. Ich kann es meinen Eltern dankbar bezeugen, daß sie selbst in den dürren Kriegs- und Nachkriegsjahren, so gut es eben ging, darum besorgt waren, daß bei mir nicht eine „messerlose, eine schreckliche Zeit" eintrat. Mein Vater legte sogar großen Wert darauf, daß auf der Klinge jeweils das Gütezeichen „Solingen" eingraviert war, ein Neidungsgrund für nicht wenige Alterskameraden, die sich, falls sie überhaupt über ein Messer verfügten, mit einer blechgehämmerten Kirmesbudenausgabe begnügen mußten. Mitunter konnte ich sogar ein Exemplar mit weißem Knochengriff und der erwähnten Prachtausstattung, sprich zweiter Klinge und Korkenzieher, mein eigen nennen. Der Verlust eines solchen Stückes tat meiner Bubenseele natürlich besonders weh. Ich mußte es dann auch zufrieden sein, wenn das Nachfolgemesser eine Weile auf sich warten ließ und keinen vollwertigen Ersatz für das verlorene darstellte. Auch im Ressort Taschenmesser mußte Schlamperei nun einmal geahndet werden.

Schon gleich zu Beginn der Weidesaison im Frühjahr gedieh das Taschenmesser zu hoher Bedeutsamkeit, wenn im vollen Saft stehende Eschen- oder auch Weidenschößlinge zur Herstellung von Flöten einluden.

Man schnitt ein astloses, glattes, etwa daumendickes Stück von vielleicht 15 bis 20 cm Länge, je nachdem wie tief man die Töne haben wollte, zurecht, an den Enden in der Senkrechten sorgfältig abgeplattet. Dann wurde am dickeren (= unteren) Ende die Rinde mit dem Messer rundherum bis auf das Holz eingeritzt, so daß ein wenige Zentimeter langes Anfaßstück mit fest auf dem Holz verbleibender Rinde entstand. Das andere, längere Stück wurde anschließend auf ebener Unterlage mit dem Messergriff, die Klinge flach zwischen Daumen und Zeigefinger geklemmt, so lange rundherum geklopft, bis sich das Holz mühelos aus der Rinde herausziehen ließ. Das klappte eben nur im Frühjahr, wenn zwischen Holz und Rinde der frische Saft emporstieg.

Dann kam die Feinarbeit. Man steckte den Holzstab wieder voll in die Rinde hinein und formte am dünneren (= oberen) Ende ein Mund- oder Pflockstück: Abschrägung der senkrecht verlaufenden Deckfläche; etwa 2–3 cm weiter abwärts Einkerbung in Rinde und Holzstab mit senkrechtem Schnitt oben und Schrägschnitt von unten her, Herausziehen des Stabes, rechtwinkeliges Abschneiden des Stabteiles oberhalb der Kerbe und Flachschnitt des so entstandenen Pflocks an der oberen, nicht durch Abschrägung verkürzten Seite, deckungsgleiches Einfügen des Pflocks in die Rindenröhre. Damit waren Flötenkopf und Labialpartie der Flöte fertig. Infolge des Flachschnittes ließ der Pflock den Luftstrom aus dem Mund passieren, der Luftstrom traf auf den unteren Kerbrand und erzeugte dort den Flötenton. Führte man nun mit Zupacken am rindenbelassenen Anfaßstück den Holzstab in die Rinde hinein, so wurde der Ton um so höher, je weiter man den Stab nach oben schob. Glücklich dann, wer die Schiebeintervalle so zu dosieren verstand, daß eine Liedmelodie zustandekam. Ganz habe ich das nie geschafft.

Mitunter fertigte man gleich zwei oder drei Flöten, größere und kleinere, die folglich auch in der Tonlage verschieden waren. Hatte man einmal einen besonders geglückten Wurf beisammen, so gelang es doch nicht, das Werk zu konservieren. Schon nach einem Tag führte die Austrocknung dazu, daß Holz und Rinde nicht mehr dicht schlossen, und damit war die Herrlichkeit vorbei.

Im gleichen instrumentalen „Bauprozeß“ wurden meist auch sogenannte *Happen* gefertigt – einen hochdeutschen Namen dafür kenne ich nicht.

Es handelte sich um ein wesentlich dünneres und kürzeres Eschen- oder Weideholzstäbchen, bei dem die Rinde auf dieselbe Weise gelöst wurde wie bei der Flöte. Man behielt allein die Rinde zurück und schabte am dünneren Ende die „Oberhaut“ der Rinde mit dem Messer ab. Dann nahm man dieses Ende in den Mund und biß es etwas in die Breite zusammen. Richtig geblasen, gab die Happ *darauf, je nach ihrer Länge und Dicke, einen höheren oder tieferen, jedenfalls einen sehr durchdringenden Ton von sich.*

Dieser durchdringende Ton muß es gewesen sein, der zu der Redewendung führte: *Et gäht wie en ‚Happ‘* (es geht wie eine „Happ“) – wenn etwas besonders zügig und gelungen vonstatten ging. Diese Redewendung wird auch heute noch gebraucht.

Übrigens stellte man Happen *auch aus den Stengeln der Löwenzahnblüten her. Mundartlich heißt der Löwenzahn* Baieblejsch *(*Bai = *Biene,* Blejsch = *Lauch), offensichtlich deshalb, weil die Blüten so viel Bienenbesuch bekommen. Wiederum handelte es sich um ein relativ kurzes Stück, das aus dem Stengel herausgeschnitten oder mit den Fingernägeln herausgeknipst wurde. Auch jetzt biß man am unteren Ende etwas zu, und schon ergingen, falls man richtig blies, ganz ähnliche* Happ-*Töne wie bei den soeben beschriebenen Rindeninstrumenten. – Den bitteren Geschmack des milchigweißen Löwenzahnsaftes habe ich seitdem jederzeit abrufbereit auf meiner Zunge.*

Ein weiterer Tonerzeuger, der – allerdings weit seltener – beim Viehhüten mittels Taschenmesser hergestellt wurde, waren Flöten aus Stein. Auf dem einen oder anderen Weideplatz fanden sich nämlich Steine, die so weich waren, daß man sie mit dem Messer bearbeiten konnte, allerdings um den Preis, daß die Klinge anschließend auf dem wasserbefeuchteten Drehschleifstein daheim neu geschärft werden mußte. Die Flöte hieß in meinem Heimatdorf *Liewerick*, andernorts *Lieweckelchen*; in beiden Fällen handelte es sich um die Mundartbezeichnung für Lerche (= *Liewerick*), deren Gesang die Flöte nachahmte.

Man suchte sich einen möglichst quadratisch geformten Stein, der auf eine Flächengröße von 4–6 qcm und eine Höhe von ca. 1 cm zurechtgeschnitten und an einer Seite an den Ecken abgerundet wurde. Von der gegenüberliegenden Schmalseite her hebelte man dann mit Hilfe der Messerspitze eine flache Höhlung in den Stein hinein, etwa bis zur Steinmitte, wobei beidseitig massive Ränder erhalten blieben. Alsdann wurden die beiden Deckflächen ebengerubbelt und in eine der beiden, wiederum mittels Messerspitze, ein kleines Loch hineingebohrt, das, etwa in Höhe der Rückwand, senkrecht auf der zuvor ausgehobenen ovalen Flachöffnung stand.

Jetzt konnte das Probieren beginnen. Man umfaßte den so präparierten Stein mit Daumen und Zeigefinger und schob ihn mit nach außen gekehrter Flachöffnung und nach unten gewendetem Bohrloch in den Mund hinein. Zunge und Lippen waren so zu formen, daß Luftstöße aus dem Mund ihren Weg durch Bohrloch und Flachhöhlung nehmen mußten. Stimmten die Proportionen am Stein und brachte man diesen in die richtige Lage, dann erging der lerchengesangsähnliche Pfeifton, der bei gutgelungenen Exemplaren beachtliche Lautstärken erreichen konnte.

Nur ganz selten klappte es auf Anhieb, es mußte geschabt und probiert werden bis hin zu dem Punkt, daß sich als lästige Begleiterscheinung im Mund des Flötenkonstrukteurs eine Menge Rubbelsand ansammelte. Denn daß man Wasser zur Hand hatte, in dem man den Stein wieder und wieder abwaschen konnte, war die Ausnahme.

Also schluckte man den durch Einspeichelung entstandenen Staubbrei kurzerhand hinunter eingedenk der in dieser Region umlaufenden Volksweisheit: *Saand scheiert de Mooch* (Sand scheuert den Magen). Skrupel wegen Hygiene oder Gesundheit tauchten nicht einmal ansatzweise auf. Nahm man es doch selbst mit Nahrungsmitteln in diesem Punkt nicht so genau, beispielsweise mit dem Brot, das man im eigenen Backofen buk und bei dem eine Serie (*Baachischt*) für etwa zwei Wochen reichen mußte. Da war es, zumal in den Sommermonaten, an der Tagesordnung, daß sich an Kruste wie Schnittfläche immer wieder grünliche Schimmelpilze ansiedelten, von den Konservierungsmethoden bezüglich Fleischwaren gar nicht erst zu reden. Aber wie hätte man es bei den damaligen Verhältnissen anders machen sollen?

Das Taschenmesser also im Dienste der Herstellung von Tonerzeugern. Weitere und sogar besonders ergiebige Möglichkeiten zeichneten sich im Blick auf die vielen Haselnußstauden ab, die praktisch auf jedem Weideplatz

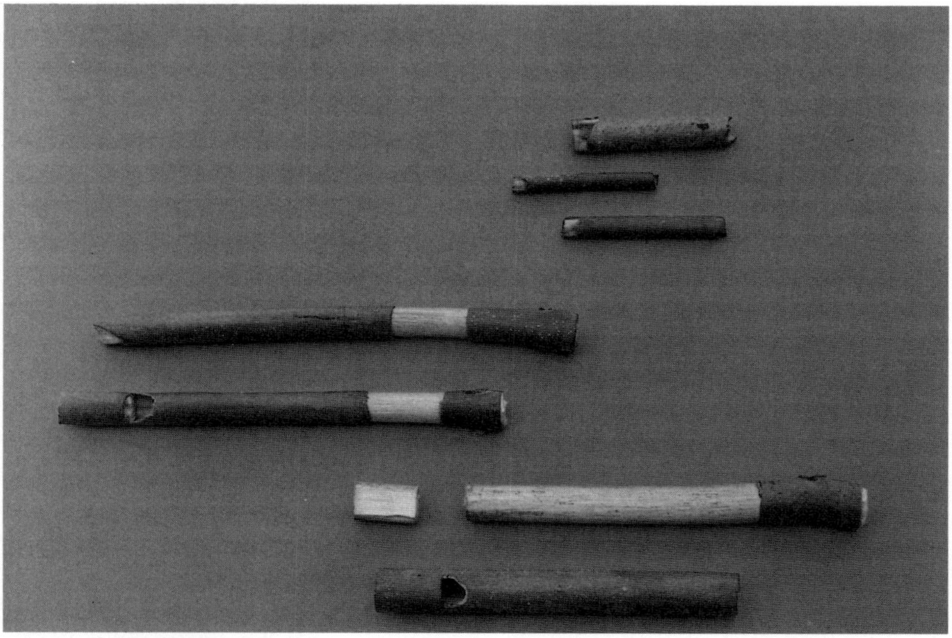

Flöten und Happen.

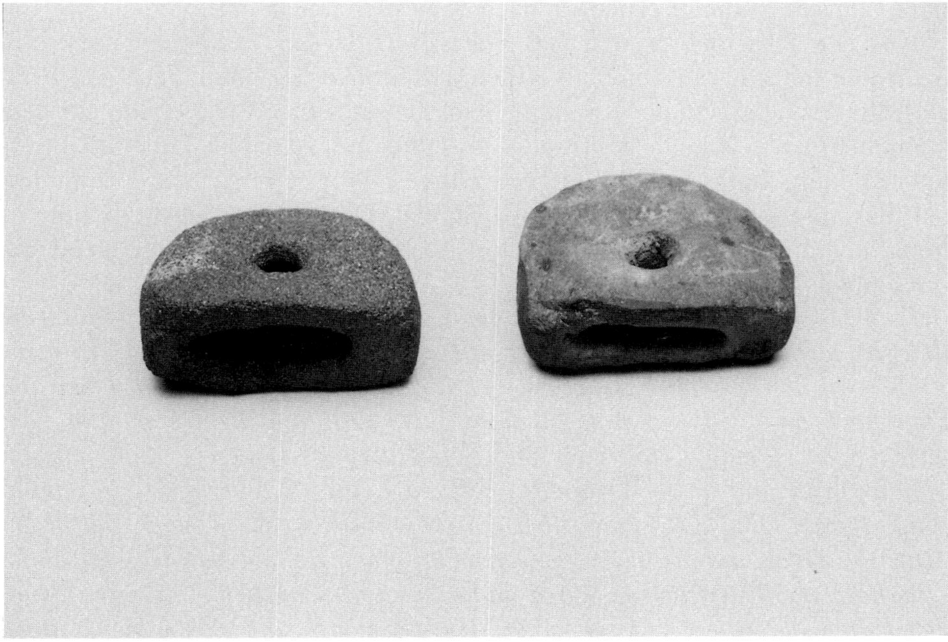

Steinflöten (Liewerecken).

in erreichbarer Nähe waren. Zunächst ging es da um die Schößlinge, von denen man die dünneren als Ruten und die dickeren zur Anfertigung von Stöcken nutzen konnte. Hier stand so gut wie kein Hütekind abseits, wobei man im Blick auf die Stöcke häufig sogar ästhetischen Feinsinn walten ließ. Zumindest wurde die Rinde bis auf ein Griffstück am dickeren Ende abgeschabt; wer es noch feiner wollte, gravierte mittels des Messers in die Rinde Ornamente ein, mit besonderer Vorliebe die Anfangsbuchstaben des eigenen Namens, in meinem Falle also JN, aber häufig auch Figuren, Zierleisten und ähnliches. Zeitweilig verfügte ich über ein regelrechtes Stöckearsenal. Allerdings hatte ich hin und wieder einen Stock auch auf „höhere Weisung" hin zu schneiden, dann nämlich, wenn dem Lehrer der Stock ausgegangen war und ich ihm einen neuen besorgen mußte. Darin lag insofern etwas Makaberes, als es mit diesem Stock in der Schule immer wieder Prügel absetzte, ich also Beihilfe zur Schmerz- und Leidzufügung leistete. Davon später mehr.

Übrigens schnitt ich meine Namensinitialen wiederholt auch in die glattschalige Rinde von Buchen ein, die in der Nähe des einen oder anderen Weideplatzes standen, meist unter Hinzufügung der Jahreszahl. Noch nach Jahren waren diese Inschriften wiederzuerkennen, und ich hatte dann meine Freude daran, wenn ich sah, wieviel in der Zwischenzeit der Baum, aber auch ich selbst gewachsen war, ablesbar an der geradeausgerichteten Blickhöhe, die sich mitunter erheblich nach oben verschoben hatte.

Aus den Haselnußstauden ließ sich mit Hilfe des Taschenmessers aber noch weit mehr herausholen als Ruten und Stöcke. Sie boten auch den Rohstoff für das bereits in der Kapitelüberschrift genannte Werkgebilde mit dem Namen *Huppen*-Wagen. Wer immer als Hütekind, zumal als Hütebub, etwas auf sich hielt, mußte sich im Bau von *Huppen*-Wagen versuchen – zumindest galt das im engeren Umkreis meiner Heimat. Der Mundartausdruck *huppen* heißt soviel wie niederkauern, hocken, sich ducken, und entsprechend sah das einfach konstruierte Gefährt aus.

Es war ein Kufenvehikel, für das man an erster Stelle eine etwa 50–60 cm lange Astgabel an einem vielleicht 1 m langen Stammteil benötigte. An ihren Enden wurde die Gabel zusammengebunden, so daß zwischen Knoten und Stammteil ein Oval entstand. In diese ovale Öffnung fügte man nun zwei gleichlange, zu einem Halbkreis gebogene Haselnußstöcke ein, unten auseinanderstehend und in der Öffnung überkreuzt. Von Schnittpunkt zu Schnittpunkt legte man alsdann längs über das Oval einen weiteren Stock, der in der Mitte des Ovals durch ein übergelegtes und unter die Gabelarme geklemmtes Querholz stabilisiert wurde. Eben dadurch wurden auch die halbkreisförmigen Kufen stabilisiert und gegen ein Herausrutschen und Zusammenklappen abgesichert. Damit war der Huppen-*Wagen fertig.*

Man packte Grasbüsche oder auch einiges Geäst darauf und stapfte mit ihm, am Stammteil ziehend, auf der Wiese einher, laut keuchend, um anzuzeigen, wie schwer man geladen hatte und was für ein gewichtiger Fuhrunternehmer man war, erst recht dann, wenn man einen Geleitzug von zwei oder gar drei *Huppen*-Wagen hinter sich her zog. Versuche, mittels eines Zuggeschirrs aus Seil den Hund davorzuspannen, gingen meist daneben. Da war nämlich weniger behutsames Gleiten als vielmehr chaotischer Wirbel angesagt.

Phantasievoll ausgeschmückte Rollenspiele dieser Art sind bei Kindern im typischen Kindesalter sehr beliebt, vorausgesetzt, die dazu erforderliche Phantasie ist auch wirklich vorhanden. Ich selbst brachte es in diesem Punkt zu Formen, die vielleicht nur auf mich zutrafen und beim Viehhüten ebenfalls ihren idealen Entfaltungsrahmen hatten. Dabei war abermals der Wechselbezug von Taschenmesser und Haselnußstaude im Spiel, zum Beispiel bei der Idee, ich wäre ein Motorradfahrer.

Schon in der Einleitung wurde bemerkt, wie spärlich damals Motorengeräusche im Dorf zu hören waren, aber immerhin gesellten sich zu den wenigen Autos im Laufe der dreißiger Jahre auch einige Motorräder, die mich in solchem Maße faszinierten, daß ich schon auf 500 m Entfernung heraushörte, ob es sich um die Marke NSU, DKW oder Zündapp handelte. Vor diesem Hintergrund wurde mir auf einmal klar, daß man nicht nur aus den Trieben, sondern auch aus dem Astholz der Haselnußstauden Sinnvolles zurechtschneiden konnte, nämlich eine imitierte Motorradlenkstange mit allen Hebeln, Zügen und Griffen, die dazugehörten: je ein Abzweigast für Kupplung, Handbremse, Lichtschalter, am rechten Endstück eine Rindenmarkierung für den Gasgriff und ein längerer, nach unten weisender Ast als Hebel für die Gangschaltung.

Es waren viele Stunden, in denen ich mit einem solchen Monstrum in Vorhalte und brr-brr-machend am Wiesenrand auf und ab lief. Ich kam mir dabei ganz erwachsen vor und war am Ende zwar müde, aber glücklich.

Aber auch damit der Ehren für das Taschenmesser noch nicht genug: Zusammen mit dem Nagel in meiner Hosentasche avancierte es zum Zahnarztbesteck. Hintergrund war dabei der Umstand, daß ich seit meinem sechsten Lebensjahr immer wieder von Zahnschmerzen geplagt wurde. Über Monate hin fuhr darum meine Mutter, als ich zehn Jahre alt war, per Postauto mit mir zum Zahnarzt, wo bitterböse gebohrt und auch der eine oder andere Zahn, jeweils von Ohnmachtsanfällen begleitet, gezogen wurde. Also spielte ich, wie zum Ausgleich für meine Angst und Schwäche, beim Viehhüten Zahnarzt, wobei ich in Personalunion zugleich die Rolle des Patienten übernahm.

Ein weißgeschältes Haselnußholz mit herabgestutzten Astaustrieben stellte den zahnbestandenen Kiefer dar. An den Austriebsstellen machte ich mich nun mit der Messerspitze ans Bohren, wobei dem Nagel die Funktion der Sonde zukam. Klar, daß ich während der Prozedur die Rolle wechselte und die für den Patienten obligaten Schmerzenslaute ausstieß. Dann schlüpfte ich wieder in die Rolle des Zahnarztes zurück, sprach aufmunternde Worte und rührte mit Lehm und Spucke eine Füllmasse an, die ich fein säuberlich, die Messerklinge als Spachtel benutzend, in die Löcher einstrich. Damit waren die Plomben fertig, und es fehlte nur noch der Hinweis an den Patienten, daß er die nächsten vier Stunden nicht kauen dürfe. Doch auch damit hatte es, begleitet von einem Händedruck zum Abschied, keine Not.

Nicht auszudenken, wenn ich damals geahnt hätte, daß ich später einmal eine Zahnärztin aus einem Zahnarzthaus heiraten würde . . .

Bei einem weiteren, nun wieder allgemein verbreiteten Herstellungsprozeß kam auch das dritte Requisit in der Tasche eines Dorfjungen zur Geltung, das Seil. Es handelte sich um die Anfertigung eines Schießbogens mit dazugehörigen Pfeilen.

Ein hinreichend langer, astloser Haselnußstab wurde an beiden Enden eingekerbt. Hatte man an einem Ende das Seil befestigt, so folgte als nächstes das vorsichtige Biegen des Stabes zur Bogenform mit Befestigung des Seiles auch am anderen Ende. Je nachdem wie dick der Stab war, konnte das Seil einen beachtlichen Spannungsgrad erreichen. Auch die Pfeile wurden aus – dünneren – Haselnußschößlingen geschnitzt, etwas länger als die Bogenhöhe, entschalt, vorne gespitzt und am dickeren Ende mit zwei Einkerbungen versehen: einmal auf der rechtwinkelig zum Schaft verlaufenden Schnittfläche – zum Aufsetzen auf das straffgespannte Seil (= Sehne) – und zum anderen parallel dazu auf der Ober- und Unterseite – zum Anfassen mit Daumen und Zeigefinger beim Zurückziehen des Seiles zwecks Pfeilabschusses.

Es konnte Freude bereiten, wenn man sich, so ausgerüstet, auf der Wiese der Kunst des Bogenschießens hingab. Die Freude war natürlich noch größer, wenn der Hund die Pfeile zurückbrachte oder es gar mit anderen Hütekindern zu einem Turnier kam. Bei fortschreitender Weidesaison waren Zusammenkünfte dieser Art keine Seltenheit, wie wir noch sehen werden.

Dem Schießen diente auch die Anfertigung von Schleudern.

Grundlage dafür war eine etwa handgroße Astgabel – meist wieder aus Haselnußholz – mit einem Stamm- (= Halte-)stück. An dem so zurechtgeschnittenen Gebilde wurden die Zinken eingekerbt und daran zwei kurze Schnüre befestigt, die ihrerseits wieder zum Anknotepunkt für zwei auseinandergeschnittene Einmachgummihälften wurden. An diesen wiederum knotete man zwei weitere Schnurstücke an, die durch einen abschließenden, die beiden Stränge zusammenfügenden Oberlederflecken miteinander verbunden wurden. Der Lederflecken war für die Aufnahme des kleinen, möglichst rundlichen Schleudersteines bestimmt. Hielt man nun mit der linken Hand die Gabel in Zielrich-

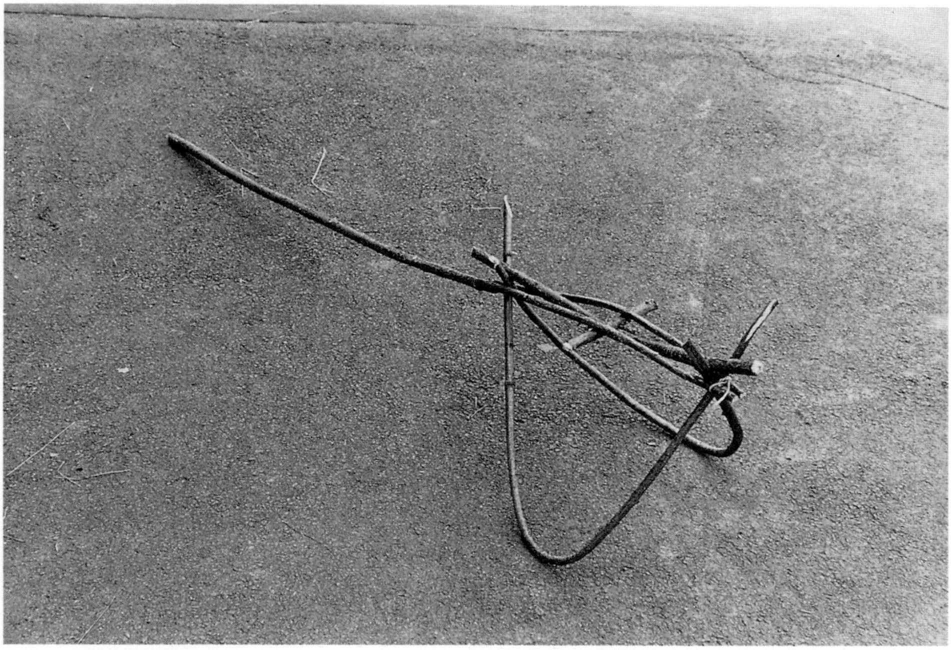

Huppen-*Wagen.*

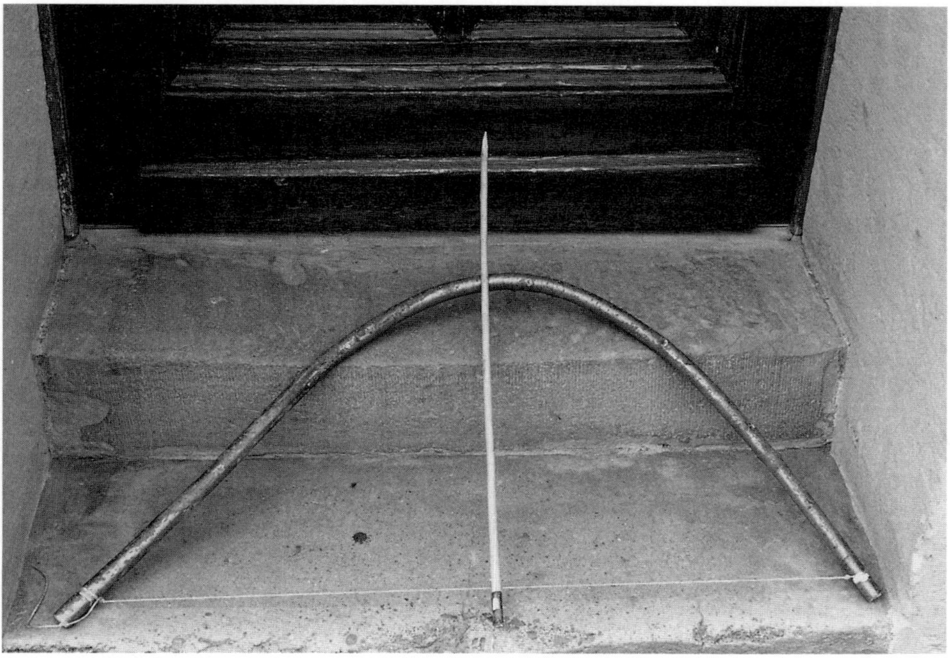

Pfeil und Bogen.

tung von sich ab und zog mit der rechten das Ganze möglichst weit auseinander, so bedurfte es nur eines flutschenden Loslassens, und schon trat der Stein aus der Umklammerung zwischen Daumen und Zeigefinger im Lederflecken seine Flugreise an, bei guter Qualität der Schleuder über 50 und mehr Meter.

Mitunter zielte ich mit einer solchen Schleuder auf grenzüberschreitende Kühe, aber selbst wenn ich traf, nötigte das dem Hornvieh, dickfellig wie es war, kaum ein Schwanzwedeln ab. Um so mehr versuchte ich es mit Zielschießen auf Krähen, Spatzen und Elstern, doch da habe ich heute noch den ersten Treffer zu erzielen.

Noch ein drittes Schießwerkzeug war auf dem Weideplatz in Gebrauch, das allerdings meist zu Hause angefertigt wurde. Diesmal bestand es nicht aus Haselnuß-, sondern aus Holunderholz, das an Wegen und in der Randzone von Wäldern reichlich zu finden war.

Es handelte sich um ein etwa 30 cm langes Stammstück, das man mit der Säge zurechtschnitt und aus dem man mittels eines Bolzens das Mark heraustrieb. Anschließend fertigte man aus einem getrockneten Eichenholzspan, weil er besonders hart ist, einen Stößel, der genau in die Öffnung hineinpaßte, am Ende einen Griff hatte und den Hohlraum in voller Länge ausfüllte. Durch Eintauchen in Wasser, meist durch Kauen (Batscheln), *wurde nun Zeitungspapier durchgeweicht und an einem Ende, luftdicht schließend, in den Röhreneingang hineingepreßt. Dann erfolgte am anderen Ende dieselbe Prozedur, darauf abzielend, einen der beiden Papierkorken mittels des Stößels, zur Not durch Drücken gegen den Bauch, möglichst schnell durch den Hohlraum hindurchzuschieben. Auf diese Weise verdichtete sich die darin befindliche Luft bis zu dem Punkt, daß auf einmal der Papierkorken am entgegengesetzten Ende mit beachtlichem Knall (wenn man es richtig machte) hinausflog.*

Auf eben diesen Knall kam es an. Er bedeutete mir so viel, daß ich das Gerät wiederholt samt Zeitungspapier mit auf die Wiese nahm und mich der gänsehauttreibenden Geschmackstortur des Papierkauens unterzog. War der Knall gar so nachhaltig, daß der Hund laut aufjaulend auf der Wiese eine Runde drehte, dann genoß ich das Vergnügen erst recht.

Übrigens stellte man nach demselben Prinzip auch Wasserspritzen her, indem man an einem Ende des Holunderrohres einen festsitzenden, dünndurchlöcherten Holzstopfen einsetzte. Allerdings mußte dann der Stößel wasserdicht schließen, damit er beim Herausziehen Wasser ansaugte und beim Hineinstoßen dasselbe Wasser mit Wucht wieder hinaustrieb. Nicht nur der Hund, sondern auch in der Nähe befindliche Weideplatzgespielen wunderten sich nicht wenig, wenn ihnen mit einer solchen Spritze unversehens eine nasse Überraschung verabreicht wurde.

Schleuder.

Papierkorken-Schießgerät, auch als Wasserspritze zu gebrauchen.

3) Spielendes Werken

Es wurde schon gesagt: Alle diese Aktivitäten und Unternehmungen stehen für uns unter dem Leitwort „Spiel“. Damit soll nicht gesagt sein, daß sie keine Anstrengung erforderten, das konnte bei ihnen sehr wohl der Fall sein. Was sie aber grundsätzlich von ihrem Gegenstück, der Arbeit, unterschied, war in erster Linie der ihnen eigene Charakter der Freiwilligkeit und damit verbunden der Umstand, daß man als Hütekind über ihr Gelingen und Mißlingen niemandem Rechenschaft abzulegen brauchte, ja noch nicht einmal darüber, ob überhaupt derartiges ins Werk gesetzt wurde oder nicht. Die Gestaltungen hatten ihren Sinn gleichsam in sich selbst, sie dienten keinem anderen Zweck, als daß man Freude an ihnen hatte. Darum wurde auch die Anstrengung, die das Hütekind in sie investierte, nicht eigentlich als Mühsal oder gar als Last empfunden. Die Anstrengung wurde vielmehr aus freien Stücken geleistet, und es blieb nichts darüber Hinausliegende ungetan, wenn man sie unterließ oder das Werk nicht vollendete. Das alles stand in scharfem Gegensatz zum Hütedienst auf der Wiese, bei dem es darum ging, daß die Kühe auf ordnungsgemäße Weise satt wurden. Hier war nicht Spiel, sondern Arbeit gefordert, Arbeit im Sinne von Ausdauer und korrekter Pflichterfüllung, ob das einem nun gefiel oder nicht.

Bei der ersten Unternehmung in der sich fortsetzenden Reihe von Gestaltungen geht es zwar weiterhin noch um Taschenmesser und Holzstäbe, aber nun doch schon in einem umfänglicheren Sinne. Gemeint ist die Erstellung eines sogenannten Wasserrades.

Unter den Weideplätzen befanden sich auch solche, die am Bach lagen oder Quellen aufwiesen, deren Wasserrinnsale sich in die Wiese ergossen und hier, zur Vermeidung von Versumpfung, meist sorgfältig „kanalisiert“ wurden. Mundartlich hießen diese Abflüsse *Fluxen*, offensichtlich vom lateinischen „fluere“ (= fließen) abgeleitet. Um die Abflüsse auszuheben, hatte man eine eigene *Fluxenaxt*, ein breitausladendes, beilförmiges Schneide- und Spaltgerät mit aufgesetzter Hacke an einem langen Hackenstiel. Das in den *Fluxen* kristallklar dahinfließende Wasser übte auf mich und offensichtlich auch auf andere Hütekinder eine magische Anziehungskraft aus, es bedeutete bereits eine Freude, seinem emsigen Lauf und dem dadurch bewirkten Plätschern und Gluckern einfach nur zuzuschauen und zuzuhören. („Vom Wasser haben wir's gelernt, das Wandern . . .“). Aber immer wieder mal meldete sich in der kindlichen, vor allem in der Bubenseele, auch der „homo faber“, der „Ingenieur“ zu Wort mit der Idee, mittels Rasenstücken (*Woosen*) einen Wasserstau (*Pohl*) zu inszenieren und vor dem Rasendamm in der *Flux* ein Miniaturkraftwerk zu errichten. Kernstück desselben war das Wasserrad.

Als zentraler Bestandteil mußte zunächst die Drehachse zurechtgeschnitten werden, man nahm dafür – der besonderen Elastizität wegen – vorzugsweise Weidenholz, im Falle des Fluxen-*Wasserrades ein vielleicht 30–40 cm langes, mindestens daumendickes Stück, in dessen Enden Führungsrillen eingeschnitten wurden. Dann präparierte man drei wesentlich dünnere und auch kürzere Schaufelstäbe, für die man wieder Anleihen in der Haselnußstaude machte. In der Mitte der Drehachse wurden nun drei Messerdurchstiche in möglichst gleichem Drehkreisabstand vollführt und durch Drehen der Messerklinge etwas gedehnt, damit man die drei Schaufelstäbe, jeweils gemittelt, in sie einziehen konnte. Durch den Gegendruck des Achsenholzes saßen sie einigermaßen fest. Danach wurden aus einem dickeren Haselnußstammholz sechs möglichst dünne und möglichst breite Schaufelblätter gefertigt, die in parallel zur Achse verlaufende Einschlitzungen an den sechs Schaufelarmenden eingeklemmt wurden. Damit war das Wasserrad im wesentlichen fertig. An die beiden Seiten der* Flux *kam nun noch je eine achsenkonforme Astgabel zu stehen, die genau auf die jeweilige Führungsrille des Achsenstückes abgestimmt war.*

*Und das Wasser zum Betreiben des Rades? Es hatte sich derweil längst in hinreichendem Volumen im Stau-*Pohl *hinter dem Rasenstückendamm angesammelt. Überschüssiges Wasser wurde seitlich am Damm abgeleitet, während man in dessen Mitte in Kammhöhe ein ausgetrocknetes Baumrindenstück einließ, durch welches das angestaute Wasser in scharfem Strahl in die weiterführende* Flux *hinein „zu Tal stürzte“ – wenn alle Proportionen stimmten: genau auf die Schaufelblätter des Wasserrades, das dann nicht umhin konnte, sich munter und ein wenig ruckartig zu drehen.*

Und schon war es wie im Lied: „. . . und sah dem Räderspiele und sah den Wassern zu“. – Ja, ich konnte diesem Spiel lange zuschauen und darüber fast die Zeit, mitunter sogar meine Kühe vergessen, die vielleicht schon in nachbarliche Gefilde eingebrochen waren.

Besonders hübsch war die Szenerie natürlich, wenn man statt der trockenen Baumrinde in den oberen Teil der „Staumauer“ ein Röhrensystem einbaute, Röhren aus dickmarkigen Holunderschößlingen, aus denen das Mark herausgetrieben worden war, oder auch aus einem hohlstengeligen Feuchtwiesengewächs, das wir „Schierlick“ (gefleckter Schierling?) nannten. Auf diese Weise konnten die „zu Tal stürzenden“ Wasser-„Massen“ noch besser dirigiert und portioniert werden.

Zwei meiner Weideplätze lagen direkt am Bach, in dem man weit größere Wasserräder aufstellen konnte: an Stellen mit niedrigem Wasserstand, wo sie dann vom Fließwasser angetrieben wurden. Auch an ihnen hatte man als Hütekind im Einerlei des Weidealltags seine Freude, vor allem dann, wenn sie von emsig zappelnden Wasserflöhen (*Schneddern* = Schneidern) und stahlblau glänzenden Wasserjungfern umvölkert wurden.

Gegen Ende der Weidesaison, im September/Oktober, widmeten sich nicht wenige Hütebuben mit großer Hingabe dem Bau von Backöfen.

In ihrer einfachsten Form handelte es sich bei ihnen um etwa 50 cm tiefe Erdhöhlen, die mittels eines Aushubeisens in einen Abhang hineingetrieben und am hinteren Ende mit einem nach oben führenden Rauchabzugrohr versehen waren, meist einem abgebrochenen Stück Drainagerohr von geringem Durchmesser, das man irgendwo gefunden hatte. Das Feuer, das in diesen Backöfen entzündet wurde, konnte einen beachtlichen Zug entwickeln und brachte dann Äpfel und Kartoffeln binnen kurzem zum Braten.

Einmal ging es aber auch auf einer Bergweide um die Errichtung eines regelrecht aus kleinen Steinen gemauerten Backofens, wobei mein älterer, später im Krieg verschollener Bruder Regie führte. Wie oft lief ich da den Berg hinunter zu einem kleinen Wasserlauf, um in einer 10,5 cm-Kartusche aus dem Ersten Weltkrieg Wasser zu holen, mit dem der Mörtel (*d'Speis*) angerührt wurde. Als der Rohbau stand, gab es ein Richtfest mit Richtstrauß und Festmahl auf der Wiese, an dem auch meine zweitälteste Schwester und mein jüngerer Bruder teilnahmen. Mit ihrem feinen Gespür für das, was Kindern Freude macht, hatte uns meine Mutter eine Kanne „Frigeo-Geister-Limonade", einige Schnitten Brot und ein für die damaligen Verhältnisse beachtliches Stück rohen Schinken in ein Körbchen gepackt. Damit konnten wir in aller Form *d' Strouß vazehren*, unter Einschluß auch von Betrunkenheitsszenen – genau wieder wie bei den großen Leuten. Selbst Wecker Nr. 1 feierte mit, indem er sich an der Schwarte des Schinkens verlustieren durfte.

Ende August 1939, kurz vor Ausbruch des Zweiten Weltkrieges, als schon Soldaten bei uns einquartiert waren, schritt ich zur Erstellung einer Laubhütte unter dem dichten Geäst einer Haselnußstaude an einem heckenumsäumten Wiesenrand. Die Äste und ebenso das sich verzweigende Stammgehölz packte ich über und über voll mit abgeschnittenen Laubzweigen, so daß schließlich ein dämmeriges Halbdunkel entstand, in dem ich mich auf einem Reisigbündel niederließ. Hier träumte ich die sonderbarsten Visionen vor mich hin, entzückende und gruselige, in prickelndes Wohlbehagen vor allem dann getaucht, wenn dicke Regentropfen im Laubdach raschelten. Und wie wurde ich nachdenklich, als ich auf einmal von ferne Soldaten das Lied singen hörte: „In der Heimat, in der Heimat, da gibt's ein Wiedersehn". Ich habe mich später oft gefragt, wie viele von ihnen wohl vergeblich auf dieses Wiedersehen gehofft haben. – Leider vertrocknete das Laub verhältnismäßig schnell, womit dann die beschaulichen Stunden zu Ende gingen. Denn wieder von vorne anzufangen, zunächst auch noch wegzuräumen, dazu hatte ich keine Lust.

Ein Vergnügen ganz eigener Art bereitete die Anfertigung eines sogenannten *Zarrischs*, der, ebenso wie der *Huppen*-Wagen, bereits in der Kapitelüberschrift erwähnt ist. Was es mit dem Wort auf sich hat, weiß ich bis heute nicht, aber das damit gemeinte Gebilde ist mir nach wie vor wohlvertraut. (Vielleicht ist der Name einfach von dem Geräusch hergenommen, das der in Betrieb befindliche *Zarrisch* erzeugte).

Der Zarrisch *hatte seine Zeit im Spätsommer, wenn die Haselnüsse eine feste Schale bekamen. Man suchte sich eine möglichst dicke Nuß aus und bohrte an ihren beiden Flachseiten mit der Messerspitze je ein Loch durch die Schale hindurch, und zwar senkrecht übereinander. Die beiden Löcher waren für die Einführung eines etwa 5 cm langen Nagels bestimmt, dessen Kopf aber nicht durch die Öffnungen hindurchgehen durfte. Dann wurde ein drittes Loch an einer der Schmalseiten in die Nuß gebohrt, und das alles zu folgendem Behufe: Gleich unter dem Kopf, dort, wo der Nagel ein wenig gerauht ist, befestigte man ein längeres Stück reißfesten Zwirns an ihm, führte dann den Zwirn durch eine der Flachöffnungen hindurch und durch die Schmalseitenöffnung wieder hinaus. Darauf wurde der Nagel in Zwirnrichtung in die beiden Flachbohrlöcher eingeführt und mit der Spitze haltefest in den Stielteil eines mitteldicken Apfels gedrückt (mittlerweile, Ende August, waren ja auch die Äpfel soweit gediehen). Dann wickelte man den Zwirn durch Drehen des Apfels im Innern der Nuß um den Nagel auf und brachte am Zwirnende ein Ziehstäbchen an. Hielt man nun die Nuß am spitzen und stumpfen Ende zwischen Daumen und Zeigefinger fest, so bedurfte es nur eines rechtshändigen ruckartigen Ziehens am Zwirn, und schon schnurrte der Apfel los, daß es eine Lust war. Selbsttätig wickelte sich der durch den Ruck abgewickelte Zwirn wieder auf, und das Spiel konnte in gegenläufiger Drehrichtung von neuem beginnen. Der* Zarrisch *war eine Art Landausgabe des Jo-Jo-Spiels und stand diesem in der Freude, die er bereitete, gewiß nicht nach.*

Und schließlich in diesem Zusammenhang noch ein Letztes. Weilte ich mit meiner Herde auf einer der erwähnten Feuchtwiesen, an deren Rand, etwa am Bach entlang, Binsen wuchsen, so flocht ich bisweilen ein sogenanntes Katzenstühlchen. Auch dieses Hantieren mit *Jinken* (wohl auf das lateinische „juncus" = Binse zurückgehend) erfreute sich allgemeiner Beliebtheit.

Für dieses Katzenstühlchen rupfte man zunächst eine möglichst große Binse ab und schlang sie, bei nach oben geöffneter linker Hand, um Mittel- und Ringfinger, die Binsenenden ebenfalls nach oben gerichtet. Dann schob man an diese Erstbinse, auf die flache linke Hand gelegt, eine zweite heran und knickte über sie die Enden der ersten in die Zwischenräume zu den beiden Nachbarfingern nach unten. Neben diese Zweitbinse kam eine dritte zu liegen, über die man die nun waagerecht ausladenden Enden der zweiten ebenfalls nach unten in die besagten Zwischenräume hineinknickte. Das ging so lange fort, bis man meinte, die Sitzfläche sei groß genug. Für eine Katze reichte diese nie aus, wie mir denn auch bis heute schleierhaft geblieben ist, worauf sich die

Zarrisch *im Gebrauch . . .*

Wasserrad im Bach

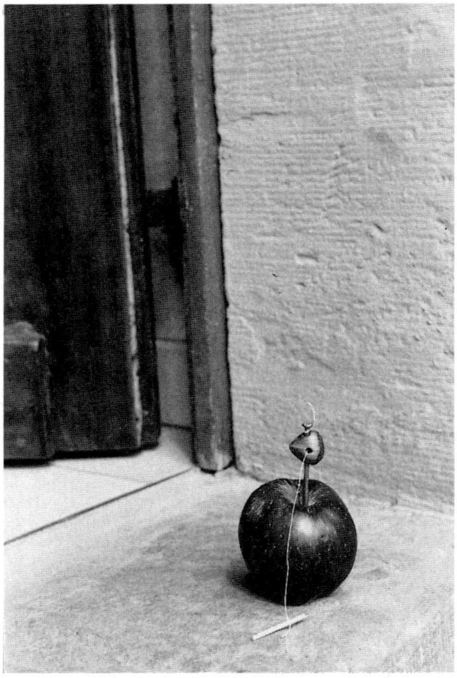

Zarrisch *in seiner Konstruktion*

Katzenstühlchen

Bezeichnung Katzenstühlchen präzise stützt. Immerhin erhielt das Flechtwerk, wenn man Mittel- und Ringfinger aus der Schlaufe der Erstbinse herauszog und diese etwas nach oben bog, auch noch eine Rückenlehne. Vollendet wurde das Werk durch Zurechtstutzen und Zusammenbinden der nach unten weisenden Binsenenden, einschließlich der letzten Binse, die keine weitere mehr umklammerte.

Man konnte das Geflecht dann wie einen kleinen Blumenstrauß vor sich hertragen. Das bedeutete gewiß keine Sensation, aber gefallen konnten die so zusammengefügten und an den Knickstellen auch noch mattschimmernden tiefgrünen *Jinken* schon.

4) Sich nützlich machen

Wie schon gesagt: Das alles war spielerisches Gestalten und dazu ein solches, das – mit Ausnahme natürlich des Backofen-Richtfestes – vom Hütekind prinzipiell allein ins Werk gesetzt werden konnte. Bevor wir uns im folgenden Kapitel den Beitrag vergegenwärtigen, den andere Kinder in dieses Spielgeschehen einbrachten, sei zunächst noch auf bestimmte Tätigkeiten hingewiesen, die gleichfalls nicht im strengen Sinne gefordert, aber bis zu einem gewissen Grade erwünscht waren. Sie zielten auf einen über sie selbst hinausreichenden Nutzen ab, selbst wenn dieser, wie gleich beim ersten Beispiel, fragwürdig genug blieb.

Im Blick steht dabei die spätsommerliche Wespenplage, die das Vieh zu den bereits erwähnten wilden Querfeldeintouren anstachelte. Mit prickelnder Sensationslust und einem Anhauch von Mannesmut war man folglich, zumal als Bub, darauf aus, das Wespennest aufzuspüren und den Quälgeistern das zu ebener Erde liegende Ausflugloch zu versperren. War man fündig geworden, gab es nur noch eines: Lehmbrei anrühren – wenn Wasser fehlte, zur Not mittels Blasenentleerung – und dann nichts wie mit der teigigen Masse in das Loch hinein. Das mußte jeweils per Wurf geschehen, aber selbst auf solche Distanz hin konnte es zu Stichen kommen. Einmal erwischte es mich an der Schläfe just in dem Augenblick, als ich zum Wurf ausholte, und weil ich reflexartig reagierte, landete der Brei nicht im Loch, sondern in meinem Gesicht. Die betreffende Kopfseite schwoll beachtlich an, was mich aber nicht davon abhielt, den Hergang zu Hause in einer Art und Weise zu erzählen, als hätte ich das Eiserne Kreuz erster Klasse verdient. Aber diese Tapferkeit fruchtete wenig; den Wespen war es ein leichtes, den Ausgang wieder freizulegen oder einen neuen zu suchen.

Sehr viel Sinnvolleres leisteten da meine drei älteren Geschwister, indem sie auf Weideplätze, wo man sich die Hände waschen konnte, das sogenannte

Stock mit Verzierung und Initialen.

Meine Schwester Käthi mit dem Spinnrad am Rücken.

Der große Gutshof im Dorf hatte eine Schafherde. Mit dem Schäfer, „Herrn Horn“, verband mich verehrende Freundschaft. Rechts: „Onkel Heinrich“ aus Kleve.

Botzgescheer (Putzzeug: Blechkamm und Bürste) mitnahmen. Die Kühe zu „putzen", war alles andere als Luxus; der Stall daheim wurde zwar zweimal täglich gemistet, aber das konnte es nicht verhindern, daß sich an der Hinterpartie der Kühe gleichwohl ganze Flächen von Kotkrusten und Kotzotten bildeten. Manche beließen es einfach dabei, nicht aber meine beiden älteren Schwestern und mein älterer Bruder, denen eine stille Feude aus den Augen leuchtete, wenn sie am Abend eine geschniegelte und gestriegelte Herde heimtrieben. Ich war in diesem Punkt weit weniger auf Ästhetik bedacht, was mir gelegentlich den verhaltenen Vorwurf einbrachte, ich wolle wohl etwas Besseres sein. Vielleicht stimmte das – später – sogar, jedenfalls hätte es mir schlecht angestanden, hätte ich bezüglich Viehputzen auf Verdienste gepocht.

In einem anderen Punkt aber machte ich mit: wenn es darum ging, die weidenden Kühe von blutsaugenden Zecken zu befreien, die sich mit Vorliebe an der zarten Innenseite des vorderen Beinsansatzes festbissen. Ja, mitunter drückte ich sogar aus hügelartigen Erhebungen auf dem Kuhrücken die Raupen der Dasselfliegen heraus, mir dadurch einen Anblick bereitend, wie er unappetitlicher kaum gedacht werden kann. Diese Schmarotzer machen bekanntlich das aus einem solchen Fell gegerbte Leder unbrauchbar.

Eine eigene Sache war es mit dem Spielverhalten der Hütemädchen. Fast alle im vorhergehenden geschilderten Unternehmungen waren Bubenspiele. Das heißt aber nicht, daß sich die Mädchen einfach der Langeweile auslieferten. Ihre Neigung galt, vor allem im Frühjahr, den Blumen auf der Wiese, sei es, daß sie Sträuße für den Maialtar pflückten, lange Ketten aus Löwenzahnstengeln flochten, Blüten für die Fronleichnamsprozession sammelten oder gar dicke Bälle aus Schlüsselblumen steckten. Hinzu kamen Girlanden und kleine Kränze, die sie auf dem Heimweg um Hals oder Kopf trugen, um sie stolz der Dorföffentlichkeit vorzuführen. Zu den Mitbringseln gehörten auch Heilkräuter für die Hausapotheke: Thymian, Kamille, Lindenblüten, Holunderblüten. Insgesamt waren aber die Aktivitäten der Mädchen weniger zahlreich als die der Buben, und sie gingen auch früher in spezifisch mädchenhafte Nutzleistungen wie Stricken, Stopfen und Häkeln über. Kaum daß man sich daneben noch mit Ball- oder Hüpfspielen die Zeit vertrieb, am wenigsten dann, wenn man allein bei der Herde war.

Zu einer besonderen Leistung brachte es meine zweitälteste Schwester, indem sie, nach Huckepackmethode, in den ersten Nachkriegsjahren ihr Spinnrad mit auf den Weideplatz nahm. In den zwanziger Jahren hatte man die Spinnräder, die bis dahin in dieser Region fest verankert waren, ausgemustert. Sofern man sie aufbewahrte, dämmerten sie auf dem Dachboden (*Daachfasihn*) vor sich hin, bis sie in der Notzeit nach dem Zweiten Weltkrieg reaktiviert wurden, vorausgesetzt, man hatte aus eigener Schafhaltung (wir hatten zeitweilig zwei Schafe) oder von sonstwoher Rohwolle zur Verfügung. Besagtes Spinnrad meiner Schwester war sogar von einem kunstverständigen Drechslermeister neu angefertigt worden. So tat das Rad also nicht nur daheim in der Stube, sondern auch draußen auf der Weide gute Dienste. Meine Schwester war allerdings zu dieser Zeit schon weitgehend aus den Kinderschuhen herausgewachsen.

5) Spiel und „Spiel"

Wenn bislang auch der von anderen Kindern mitgestaltete Zeitvertreib beim Viehhüten noch nicht zur Sprache gekommen ist, können wir doch an dieser Stelle schon eine sichtende Zwischenbilanz ziehen. Grundlage dafür ist die bereits getroffene und erläuterte Feststellung, daß es wirklich echte Spielmöglichkeiten waren, die sich auf der Wiese darboten, Möglichkeiten, die von den Hütekindern mehr oder weniger intensiv genutzt wurden. Auch über den pädagogischen Stellenwert solch musisch-spielerischen Tuns wurde schon das Erforderliche gesagt: Spätestens seit dem französischen Aufklärungsphilosophen und Pädagogen Jean Jacques Rousseau (1712–1778) wissen wir, daß ein rechter Erwachsener nur werden kann, wer zuvor voll und ganz Kind gewesen ist. Zum Kindsein aber gehört das Spielen, und zwar so sehr, daß der zeitgenössische holländische Pädagoge Martinus J. Langeveld den Satz niederschreiben konnte: „Das Spiel ist die wesentlichste Beschäftigung des gesicherten Kindes mit einer Welt, die noch alle Seinsmöglichkeiten hat". Da obliegt den Erwachsenen gewiß auch die erzieherische Verpflichtung, das Kind mit dem Ernstcharakter und den Notwendigkeiten der Arbeitswelt vertraut zu machen, aber früher noch und tiefer müssen sie sich gehalten wissen, Spielmöglichkeiten zu eröffnen und das Kind zum Spielen zu ermuntern.

Unter solchem Richtmaß betrachtet, war und bleibt es Spiel, was da auf der Wiese stattfand, aber, so könnte man einwenden, doch nur ein Spiel mit begrenzten, vielleicht sogar allzu begrenzten „Spiel-Räumen". Von einer „Welt, die noch alle Seinsmöglichkeiten hat", konnte nicht entfernt die Rede sein. Diese Kinder lebten durchweg in Verhältnissen, in denen die Entfaltungsmöglichkeiten – man denke nur an die zwölf Personen in meinem Elternhaus – denkbar eng waren. Diese Kinder wurden nicht gefragt, ob ihnen das Viehhüten Spaß mache oder nicht, sie mußten auf der Wiese stundenlang, selbst bei Regen, Gewitter und Kriegsgefährdung, ausharren. Und wenn es zum Spielen ebenfalls wesentlich hinzugehört, daß man sich ihm selbst- und weltvergessen hingeben kann, so hatte es auch damit seine Not. Immer wieder mußte man das spielerische Tun unterbrechen und bei der

Herde nach dem Rechten sehen, man mußte laufen und wehren, wenn man nicht böse Maßregelung riskieren wollte.

Und was stand diesen Kindern, vom heutigen Standard aus gesehen, schon an Spielmaterial zur Verfügung: Messer, Nagel, Seil, Holz, Wasser, Stein und vielleicht noch die eine oder andere bescheidene Gabe zu Nikolaus und Weihnachten. Was zählt das alles schon, könnte man meinen, wenn man auf heutige Utensilien, Materialien und Gerätschaften hinblickt wie Plastilin, Zeichen- und Transparentpapier, Farb- und Baukästen, Pappmaché, Bilderbücher, kind- und jugendgemäße Lektüre, Musikinstrumente bis hin zu solchen Begleitgaben, wie wir sie zu Anfang dieses Kapitels als mögliche Ausstattung heutiger Hütekinder, wenn es sie noch gäbe, erwogen haben: Taschenradio, Walkman, Sprechfunkgerät, Gameboy . . .

Und weiterhin: Diesen Kindern stand niemand zur Seite, der sie zum Spielen ermunterte oder gar psychologisch geschult dazu anleitete. Den Erwachsenen war es gleichgültig, ob Spielmöglichkeiten ergriffen wurden, ober ob ein Hütekind – was ebenfalls vorkam – die Zeit einfach „verdöste"; Hauptsache war, der Hütedienst gab zu keinen Beanstandungen Anlaß. Und das alles bei einer Zukunftperspektive, die diesen Kindern kaum Besseres zu verheißen schien, als was sie an den Erwachsenen, deren Obhut sie anvertraut waren, wahrnahmen: daß sie sich Jahr um Jahr, tagaus tagein, im Schweiße ihres Angesichts abrackern müßten, um im Leben nur einigermaßen bestehen zu können.

Es stimmt ohne Zweifel: Die Spiel-Räume – das Wort im übertragenen wie im wörtlichen Sinne genommen, waren eng. Besonders empfand ich das im Hinblick auf den musikalischen Bereich, von dem noch gesondert zu sprechen sein wird. Und doch wäre es falsch, wollte man das damalige Spiel auf der Wiese nur in Dämmerfarben malen, es zwar als Spiel gelten lassen, aber mit erheblichen Vorbehalten versehen. Waren doch diesem Spiel auch solche Züge zu eigen, die es über weite Strecken hin über die heutige Art kindlichen Spielens hinaushoben, Züge also, die nicht das heutige, sondern das damalige Spielen als das echtere und ursprünglichere ausweisen.

Als erstes fällt da schon ins Gewicht, daß in unserer Wohlstandsgesellschaft viele Kinder mit Spielzeug und Spielmaterial förmlich überhäuft werden. Wie soll sich ein Kind einem bestimmten Spiel oder Spielzeug noch mit ganzer Hingabe zuwenden und selbstvergessen darin und dabei verweilen, wenn zugleich noch so viel anderes da ist, das im Sinne derer, die es geschenkt haben, doch auch benutzt werden soll, ja muß. Möchte doch jeder, der sich das Schenken etwas hat kosten lassen, vom Kind bestätigt bekommen, daß ihm gerade dieses Spiel oder Spielzeug Freude macht. Von solcher Überflußnot haben die Hütekinder damals nicht das Geringste gewußt.

Schlimmer noch ist das Zweite: daß es sich bei den modernen Spielgaben zum ganz großen Teil, zumindest was Zuspruch und Verbreitung betrifft, um Erzeugnisse handelt, bei denen die Art des spielerischen Umgangs mit ihnen von vornherein festgelegt ist. Gewiß gibt es, für jedermann erschwinglich, gerade heute auch hervorragend geartetes anderes Spielgut, wie ebenfalls nicht übersehen werden soll, daß viele, vor allem junge Eltern, ihre Kinder auf solche „offeneren“ Materialien einzuüben versuchen. Aber der große Renner sind diese nicht, der Trend geht eindeutig zu jenen Spielgegenständen hin, bei denen kaum noch etwas zu erstellen und zu gestalten, sondern nur noch zu betätigen und auszuführen ist. Plastikauto, Taschenradio und selbst die so hochgeschätzte elektrische Eisenbahn, von Spiel-„Automaten“ (ist das nicht schon ein Widerspruch in sich?) ganz zu schweigen, sind im Prinzip fertig vorgegeben. Das Kind kann sie zwar „bedienen“ und vielleicht auch ausbauen, aber zu er-bauen bleibt ihm da nichts.

Da ging es damals auf der Wiese beim Viehhüten sehr anders zu, wenn aus Trieben und Ästen der Haselnußstaude ein *Huppen*-Wagen, aus Steinen und Mörtel ein Backofen, aus Haselnuß, Nagel, Zwirn und Apfel ein *Zarrisch* oder aus Blumen ein Kranz oder Blütenball gefertigt wurde. Hier hatte man es nicht mit bereits gestalteter, sondern erst zu gestaltender Spielwirklichkeit zu tun unter Einschluß auch der Möglichkeit, daß aus ein und demselben Material statt eines *Huppen*-Wagens ein Wasserrad hätte werden können. Freilich bestand angesichts der drohenden Langeweile eine gewisse Nötigung, sich etwas einfallen zu lassen. Aber selbst, daß es darüber hinaus keine weitere Ermutigung oder gar Anleitung zum Spielen gab, hatte noch etwas Gutes an sich: Was da gestaltet wurde, beruhte ganz auf spontan-eigener Initiative. Dem steht auch nicht entgegen, daß man die Art der Herstellung irgendwo abgeschaut hatte. Denn mit dem Zuschauen war keinerlei Aufforderung verbunden, nun auch selbst ein solches Werk zu erstellen. Tat man es trotzdem, so tat man es aus sich selbst heraus, und mindestens dieser Eigenimpuls ging dann als individuell-persönliche Note in das Werk ein.

Das alles führt genau auf jene Spontaneität, Originalität und Kreativität hinaus, die das Spiel für den Menschen allgemein und speziell für den jungen Menschen in seinem Selbstwerdungsprozeß unentbehrlich machen. Gerade in solchem Spielen verwirklicht sich des Menschen tiefste Wesensart: daß jeder Mensch ein einmaliges Geschöpf Gottes darstellt, daß er mit „Würd' und Hoheit angetan“ ist (Joseph Haydn, „Die Schöpfung“), dazu befähigt und berufen, frei zu sein und nicht, wie das Tier, nur zu reagieren, sondern „mit innerer Anfangskraft in die Wirklichkeit einzugreifen“, wie es bei Romano Guardini (1885–1968) heißt. Kurz, es kommt zum Austrag, daß der Mensch Person ist.

Freilich sprechen wir auch vom Spiel der Tiere, insbesondere von verspielten Jungtieren. Eine Entsprechung liegt sicher vor, doch mit demselben

Wesensunterschied wie zwischen tiereigenem Sichmitteilen und menschlichem Sprechen: Das eine ist aus Trieb, das andere „aus Freiheit" geboren.

Man muß es sich schon so vor Augen stellen, um ermessen zu können, was jungen Menschen bei der heute weithin gängigen Art zu spielen vorenthalten wird. Indem wir sie unentwegt mit einer bereits perfekt konstruierten Spielwelt überhäufen, hindern wir sie daran, zur vollen Höhe des Menschseins aufzusteigen. Das heißt dann auch, wir machen ihnen den seelisch-geistigen und zum Teil auch physischen Aufenthalt in dieser Spielwelt – weil sie so perfekt ist und außer Ausführungshandlungen keinen Eigeneinsatz erfordert – so bequem, daß sie darüber die wirkliche Welt mehr oder weniger aus dem Auge verlieren. Konkret: Plastiktraktor, Taschenradio, Spieleisenbahn ... nehmen das Kind so gefangen, daß Haselnußstrauch und Rinnsal auf der Wiese gar nicht mehr bemerkt werden, geschweige, daß noch darüber nachgedacht würde, was man daraus machen könnte. Es verhält sich mit einem solchen Kind wie mit jenem Jugendlichen, von dem der Verhaltensforscher Konrad Lorenz (1903–1989) berichtet: „Auf einem Waldspaziergang hörten einst meine Frau und ich unerwartet das rasch sich nähernde Geplärre eines Kofferradios, das ein etwa 16jähriger Radfahrer auf dem Gepäckträger mit sich führte. Meine Frau bemerkte: ‚Der hat Angst, er könnte die Vögel singen hören' ".

Verlust des „Bezugs zur primären Welt" hat man diesen wirklichkeitsentfremdenden Vorgang genannt (Hugo Staudinger). Dieser Verlust bedroht die gesamte in der technischen Zivilisation lebende Menschheit, in ganz besonderem Maße aber die Kinder. Anstatt zum Selbstdenken, Selbstentscheiden und Selbstgestalten zu erwachen, werden sie von früh an, sogar in dem, was dann Spiel heißt, in eine von außen bestimmte Konsumhaltung hineingelockt. Geprägt von einer solchen Konsumhaltung, entscheiden dann nicht sie selbst darüber, wie sie demnächst als Erwachsene in und zum Leben stehen werden, sondern moderne Profitmanager im Verein mit einem entsprechend gearteten ideologischen und politischen Klima. Da braucht nur ein neuer Diktator zu erscheinen, und schon werden ihm die solcherart von Kindsbeinen an Manipulierten genauso bedenkenlos folgen, wie sie jetzt den neuesten „Kreationen" auf dem Spielwarenmarkt zum Opfer fallen. Es versteht sich von selbst, daß hier von Spiel und Spielen nur noch in Anführungszeichen gesprochen werden kann, eine Situation, die umso bedrückender ist, als es bei den heutigen Möglichkeiten auch genau umgekehrt sein könnte. Denn wenn man so viel Minderwertiges an den Mann, hier das Kind, bringen kann, müßte doch auch die Chance für das Gute (für phantasiebeflügelndes Spielmaterial, für den Einsatz geschulter Spielbetreuer und Spieltherapeuten, für früher verschlossene Spielanregungen durch Reisen usw.) entsprechend größer sein.

Die alte Linde in meinem Heimatdorf mit Sockel und Madonna im hohlen Baum.

Wie zur Zeit die Dinge liegen, läßt sich folgende Feststellung nicht umgehen: Die spielerischen Aktivitäten damals beim Viehhüten waren nicht nur auch Spiel, sie waren mehr und urtümlicher Spiel als so manches, vielleicht sogar das meiste, was heute unter dem Etikett Spiel einhergeht. Karger Rahmen und bescheidene äußere Voraussetzungen standen damals oft genug in umgekehrtem Verhältnis zu dem, was ein Spiel zum Spiel macht: daß es aus Freiheit geboren ist, auf schöpferischen Kräften beruht und schöpferische Kräfte fördert. Zwar wünschte ich mir auch auf dem Spielsektor als Kind manches anders, aber es war nicht wie bei den im ersten Teil dieses Buches genannten Punkten, daß ich etwas wegwünschte, sondern daß es mehr sein möge, daß ich auf eine breitere, wenn man so will: eine „kultiviertere" Palette von Spielmöglichkeiten ausgreifen könne. Das betraf, wie schon einmal gesagt, vor allem den musikalischen Bereich, wobei ich aber dankbar war und bis heute bin, daß mir immerhin so viel zu Gebote stand.

So glaube ich auch mit gutem Grund sagen zu dürfen, daß damals auf der Wiese – freilich ohne daß ich es bewußt vor Augen hatte – vieles in mir seinen Anfang nahm und erste zarte Knospen trieb, was sich auf mein weiteres Leben hin segensreich ausgewirkt hat. Ich übte mich in selbst gestellte Aufgaben ein, tat Dinge, die ich nicht tun mußte, fortwirkend bis auf den heutigen Tag. Mit dem *Huppen*-Wagen, dem Wasserrad, dem *Zarrisch* . . ., aber übrigens auch mit der zu höchster Kreativität einladenden Hobelbank meines Onkels, fing es an, daß sich in mir eine tief eingewurzelte Abneigung gegen jegliche Vereinnahmung von Menschen herausgebildet hat, daß mich nichts so sehr schreckt, wie daß immer mehr Menschen im Massendasein unserer Tage untertauchen, der „Einebnung" im alltäglichen „Man" verfallen, wie es bei Martin Heidegger heißt.

Einübung in diese selbstgestellten Aufgaben bedeutete dann auch einen Zuwachs an Geschicklichkeit, Übersicht, Abschätzungsvermögen und darin einbegriffen ein sich verfeinerndes Gespür für unterschiedliche Seinsqualitäten. Ich erfuhr am leibhaftigen Objekt, daß man mit Wasser anders umgehen muß als mit Holz, mit diesem wieder anders als mit Steinen usw. Es war ein wachsendes Gespür dafür, daß alles seine Eigenart und sein Eigenwesen hat und daß man, um auch nur eine einfache *Happ* zu fertigen, vor jedem Verfügenwollen erst einmal, fast möchte ich sagen: demutsvoll und ehrfürchtig, dieses Eigensein respektieren und akzeptieren muß. Daraus erwuchs mir die frühe Ahnung, daß nicht Herrschen, sondern Annehmen und Verehren dem Menschen als Urgebärde ansteht. Wie recht ich mit dieser Ahnung hatte, zeigt sich in unseren Tagen, wo die Menschheit – als Ertrag der von ihr über die Natur ausgeübten Herrschaft – vor der Wahl steht: Ende oder Wende, Untergang oder aber der moderne Mensch macht ernst damit, daß den Dingen und Wesen in ihrem jeweiligen Eigensein auch ein Eigenwert innewohnt,

„O selig, o selig ein Kind noch zu sein ...“ (Albert Lortzing, „Zar und Zimmermann“). Im Heimatdorf 1943.

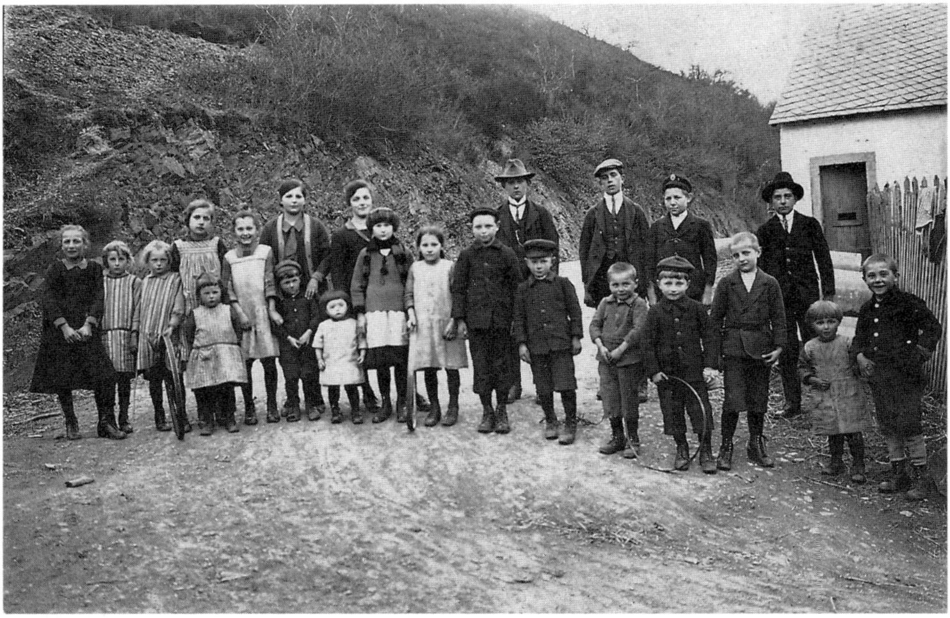

Fast die gesamte Jugend meines Heimatdorfes Mitte der zwanziger Jahre.

über den sich der Mensch nicht nach Belieben hinwegsetzen darf, den er vielmehr achten und wahren muß.

Diese ahnende Erfahrung beim Viehhüten setzte sich für mich auch in den geistigen Bereich hinein fort. Wie bei *Huppen*-Wagen, Flöte, Wasserrad, *Zarrisch* die Proportionen stimmen mußten, wurde es mir auch in meiner späteren wissenschaftlichen Arbeit ein Anliegen, so korrekt und exakt wie nur möglich zu sein. Dabei blieben ganz gewiß Mängel bestehen, aber ich gab mir, von früh an mitgeprägt von meinen Werkgestaltungen auf der Wiese, redliche Mühe, diese Mängel tunlichst in Grenzen zu halten.

Daß aus alledem auch ein Zuwachs an Selbstvertrauen und Selbständigkeit hervorging, versteht sich von selbst.

Und noch ein anderes Ahnen überkam mich, eines, das mit Sehnsucht gepaart war. Was stieg nicht alles an Träumen und Bildern in meiner Seele auf, wenn ich mich auf meinen selbstgebastelten Flöten versuchte oder mich dem Anblick meines munter spielenden Wasserrades hingab. Wohin trugen mich meine Gedanken beim Fuhrmannspiel mit dem *Huppen*-Wagen oder wenn ich mit Pfeil und Bogen auf die Pirsch ging. Und was brach erst an Ahnungen und Sehnsüchten im Dämmerlicht meiner Laubhütte in mir auf, angefangen von den bereits erwähnten Visionen bis hin zu einem inneren Schauen, in dem ich den rinnenden Sand der Weltenuhr zu vernehmen glaubte. Und jedesmal spannte „meine Seele weit ihre Flügel aus", nicht um – wie bei Eichendorff – nach Hause zu fliegen, sondern um in die Morgenröte einer geheimnisvollen Zukunft einzutauchen . . .

Wer weiß, was geworden wäre, hätte ich dieses „Gefühl des Morgendlichen" (O. F. Bollnow) nicht gehabt. Ob ich dann die entbehrungsreiche Studienzeit in den Kriegs- und Nachkriegsjahren und die Seelennot wegen meiner angeblichen Todsünden durchgestanden hätte? – Es war eine gute Zeit, die mir im kindlichen Spiel draußen bei meinen Kühen beschieden war.

Und doch war es, verglichen mit heute, auch wieder eine arme Zeit, die niemand zurückwünschen kann. Selbst wer es wollte, könnte die damaligen Spielformen und Spielweisen, so wie sie ins gelebte Leben eingebettet waren, nicht wiedererwecken. Auch hier gilt die alte Weisheit, daß sich das Rad der Geschichte nicht zurückdrehen läßt. Wohl aber muß die zitierte „innere Anfangskraft" erhalten bleiben, die in solchem Spielen wirksam war. Das vorliegende Kapitel wollte zu diesem Fortbestand beitragen, indem es Gewesenes vergegenwärtigte, damit sich auf dieser Grundlage kreative Spielformen nach heutigem Zuschnitt herausbilden können. Dazu ist aber eine Absage an sehr vieles vonnöten, was gegenwärtig auf dem Spielwarensektor angeboten wird. Nur solche Askese berechtigt zu der Hoffnung, daß Kinder weiterhin zu Menschen und nicht zu Funktionären einer perfekt organisierten Profit- und Genußgesellschaft heranwachsen.

Das Heimatdorf im Morgensonnenschein (1934). Links: Samstäglicher Putz in ländlichem Ambiente (März 1940).

6. Kapitel: Zusammen mit anderen

1) Chancen und Formen

Geteilte Freude ist doppelte Freude – so sagt es das Sprichwort. Das galt uneingeschränkt auch von den Freuden des Viehhütens. War Gesellschaft auf dem Weideplatz auch keineswegs der Regelfall, so nahmen die Gelegenheiten dazu bei fortschreitender Weideperiode doch zu. Zwar war dem Hütekind auch jetzt unmittelbar nur die ihm beschiedene Freude gegenwärtig, aber das hinderte nicht daran, daß auf dem Rücken dieser Freude abermals, ja nun erst recht Tieferes geschah. Zentraler Punkt war nach wie vor die Weckung schöpferischer Kräfte, jener Kräfte, die den Menschen als Wesen der Selbstbestimmung und Selbstverantwortung: die ihn als Person ausweisen.

Da kam schon dem vom Hütekind für sich allein gespielten Spiel eine hohe Bedeutung zu. Aber urtümlicher noch hat es der personale Werdeprozeß mit dem Mitmenschen zu tun, jenem einzigartigen Partner, an den, wie sich zeigte, selbst der getreue Hund nicht heranreicht. Vor allem auf den Mitmenschen hin und zugleich von ihm her erwacht im Menschen die ihn auszeichnende „innere Anfangskraft". Gegenseitige Zuwendung und Offenheit füreinander, gegenseitige Herausforderung und Erfüllung, gegenseitiges Fragen und Antworten, das – so die Philosophie gerade unseres Jahrhunderts – sind die urtümlichen Formen, in denen sich Selbstsein herausbildet und in denen zugleich die Maßgaben aufleuchten, auf die hin sich Selbstverantwortung vollzieht. Die Gegenseitigkeit des Bezugs ist hier genauso unabdingbar wie beim Gespräch, ja es handelt sich um dieselbe Gegenseitigkeit, die uns im Gespräch entgegentritt, das seinen Namen nur so lange verdient, wie jeder, der daran teilhat, angemessen zu Wort kommt. Aus diesem Grunde hat der große jüdische Philosoph Martin Buber (1878–1965) ganzmenschlich (= personal) gelebtes Leben mit „dialogischem Leben" gleichgesetzt, und dasselbe ist gemeint, wenn er von „Begegnung" spricht. Auch Begegnung meint ja einen Wechselbezug, in dem die Partner miteinander verbunden, voneinander betroffen und aufeinander hin herausgefordert sind.

Aus dieser Vorüberlegung ergeben sich für die nachfolgende Darstellung zwei grundlegende Richtpunkte. Erstens, daß es allemal ein Alarmzeichen ist, wenn an die Stelle mitmenschlicher Verbundenheit Egoismus, Isolation und Einsamkeit treten. Und zweitens ergibt sich – nun wieder direkt auf das Viehhüten bezogen –, daß das Zusammensein auf der Wiese sich um so fruchtbarer gestaltete, je mehr es „dialogischen" Charakter annahm. Das geschah dann zwar auf kindliche Weise, aber es kann kein Zweifel daran

Kapelleneinweihung 1936, rechts die Hang-Weideflächen An da Speer.

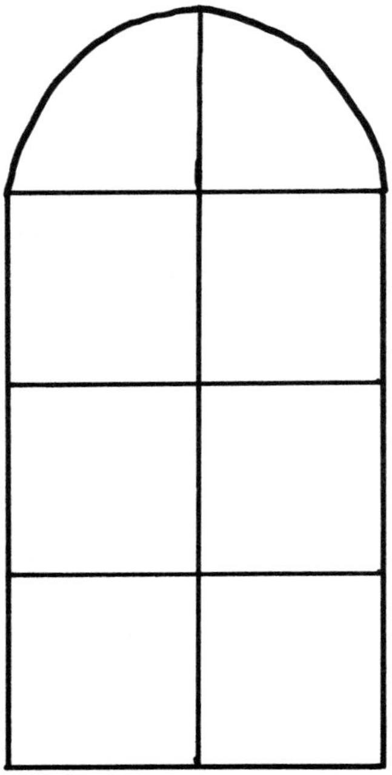

Modell eines Fuppenhaisjens.

bestehen, daß es auch bereits unter Kindern Herausforderung, Betroffenheit und Erfüllung in dem gekennzeichneten Sinne gibt: durch gemeinsames Schauen, Miteinandersprechen und, ergiebiger noch, durch gemeinsames Spielen. Im letzteren Falle werden nämlich zusätzlich die spieleigenen Herausforderungen wirksam, jetzt noch bereichert durch die Anregungen und Beiträge der (des) Mitspieler(s).

Es war weiß Gott nicht immer Sensationelles, was da ablief, vieles schien einfach kindlicher Zeitvertreib zu sein. Gleichwohl werden uns im folgenden genug Züge begegnen, die eine innere Dramatik widerspiegeln, in denen sich also personale Selbstwerdung abzeichnete.

Als erstes ist in diesem Zusammenhang zu fragen, wer denn die anderen waren, mit denen man auf dem Weideplatz zusammenkam.

Wie schon einmal erwähnt, konnte es ein jüngeres Geschwister sein, das aber die Alleinverantwortung des älteren für den ordnungsgemäßen Ablauf des Weidebetriebes nicht minderte. So erfreulich und hilfreich die Anwesenheit dieses Geschwisters vor allem dann war, wenn erhöhte Hütelasten anfielen, so hatte doch auch das Zusammensein mit Kindern aus anderen Elternhäusern einen eigenen Reiz. Diese Kinder waren einem zwar vertraut, aber doch zugleich unbekannt genug, um ihnen Neues und Überraschendes zuzutrauen. Weil man weniger um ihre Schwächen und Fehler wußte, traute man ihnen Fähigkeiten, ja eine Souveränität zu, die man weder sich selbst noch den eigenen Geschwistern, vielleicht noch nicht einmal den eigenen Eltern zuerkannte. In der Bewährungssituation stellte sich allerdings meist sehr rasch eine andere Bewertung ein, in der das Familienprinzip vorherrschte. Doch selbst dann, beispielsweise bei Überflügen feindlicher Bomberverbände oder bei Gewittern, empfand ich es als Trost, Schicksalsgenossen zumindest in Sichtweite zu haben, die ich für stark genug hielt, um mich, wie ich meinte, an ihnen aufrichten zu können. Die Faszination also des Andersartigen, ja Fremden, im vorliegenden Fall konkretisiert als besondere Anziehungskraft solcher Kinder, mit denen man gerade nicht im selben Familienverband zusammenlebte.

Kinder aus anderen Familien, die nicht auch ihrerseits durch Viehhüten gebunden waren, bildeten in den Dörfern die Ausnahme. Sie waren wegen ihrer frei verfügbaren Zeit als Gespielen auf der Wiese besonders gefragt, ja mitunter geradezu angefleht. In meinem Heimatdorf fand sich nicht ein einziges Kind dieser Art; folglich kam im Regelfall nur ein Zusammensein mit anderen Hütekindern in Frage, deren jeweiliger Weideplatz nahe genug bei dem eigenen lag, um vom gemeinsamen Aufenthaltsort aus mitbewacht werden zu können. Die Chancen für solche Zusammenkünfte gestalteten sich im Laufe der Weideperiode unterschiedlich. Am geringsten waren sie im Frühjahr, am größten im Herbst.

Wir hörten schon, daß zu Beginn der Weidesaison im Frühjahr nur wenige Weideplätze, hauptsächlich an den Bergabhängen, zur Verfügung standen, weil die ergiebigeren und günstiger gelegenen Grasflächen zur Heubevorratung genutzt wurden. Da konnten im Frühjahr die einzelnen Herden kilometerweit voneinander entfernt sein. War aber Ende Juni die Heuernte vorbei, wuchs die Zahl der Weideplätze schlagartig an; nur wenige Talwiesen blieben zum Zwecke eines zweiten Schnittes weiterhin ausgespart. So konnte man nun innerhalb bestimmter Grenzen zwischen verschiedenen Weideplätzen wählen mit der Chance, daß sich auf der Wiese nebenan ein anderes Hütekind mit seiner Herde einfand. Allerdings mußte dann sorgfältig auf Abstand geachtet werden – wegen der sonst drohenden Stoßduelle.

Damit war der Weg frei für das „dialogische“ und spielerische Miteinander. Zwar war Ende Juni die Flöten- und Blütezeit des Frühjahrs vorbei, aber unter den im vorigen Kapitel dargestellten Unternehmungen befanden sich genug jahreszeitunabhängige Verwirklichungsformen, die auch zu zweit oder zu dritt ergriffen werden konnten. Sie bewegten sich dann auch allesamt in dem erwähnten vertieften und erweiterten Wirkrahmen: daß das Zusammenspielen sowohl größere Freude bereitete als auch – untergründig – verstärkte Anreize auf den Selbstwerdungsprozeß der Spielenden ausübte. Im einzelnen brauchen hier die Abläufe nicht erläutert zu werden, sie waren im großen und ganzen die gleichen wie die im vorigen Kapitel dargestellten, jeweils erweitert oder auch aufgeteilt auf den oder die Mitspieler. Ebenfalls handelte es sich nach wie vor in erster Linie um Aktivitäten und Gestaltungen der Buben, wobei auf zwei Talwiesen auch der vorbeifließende Bach Interessen und Gelüste weckte. Man watete in ihm herum und ging – unerlaubterweise – auf Forellenfang aus. Soweit ich dabei mitmachte, war das Ergebnis immer gleich Null.

Eine neue Lage entstand in der Gesellschaft mit Mädchen. Da blieb es häufig beim Erzählen, oder man ging zu offeneren, weniger auf Zugriff denn auf Verlauf hin angelegten Spielformen und Spielweisen über, etwa zum sogenannten *Fuppen*-Spiel, vorausgesetzt, es war ein einigermaßen ebener Weg in der Nähe. *Fuppen* heißt „auf einem Bein hüpfen“. Mittels eines spitzen Steines zeichnete man auf dem Weg ein Markierungsfeld ein, ein *Fuppenhaisjen* (-häuschen), das in verschiedene Unterfelder, in der Regel sechs, aufgeteilt war. Da galt es dann, einen kleinen flachen Stein *fuppend* aus einem Teilfeld in das nächste zu kicken. Kam der Stein auf eine der Markierungslinien zu liegen, mußte man pausieren, bis den Spielpartner das gleiche Schicksal ereilt hatte. Sieger war, wer als erster alle Teilfelder durchkickt hatte. In den beiden oberen Feldern, die etwas größer und oben gerundet waren (vgl. Zeichnung), durfte man für einige Augenblicke auf beiden Füßen ausruhen.

Oder man spielte „Ochs vorm Berg“, reizvoll vor allem dann, wenn noch ein dritter oder gar vierter Mitspieler zugegen war. Einer kehrte den anderen den Rücken zu, nachdem diese in einer Distanz von vielleicht 30 bis 40 Metern Aufstellung genommen hatten. Diese anderen hatten sich nun auf den ersteren hin in Bewegung zu setzen, der seinerseits nach Gutdünken für jeweils einen Augenblick den Kopf nach rückwärts wenden durfte. In dem betreffenden Augenblick mußten die anderen wie angewurzelt stehen; wer als in Bewegung befindlich ausgemacht wurde, war „Ochs vorm Berg“; er mußte zum Ausgangspunkt zurück und wieder von vorne anfangen. Derjenige, der als erster ohne gesichtete Fortbewegung beim Aufpasser anlangte, hatte gewonnen und durfte nun seinerseits die Aufpasserrolle übernehmen.

Entsprechend ging es bei Wettlauf-, Fang- und Ratespielen zu.

Wenn denn schon mehrere Kinder beisammen waren, konnte man auch miteinander Schule spielen. Dabei kam es aber für denjenigen, der die Rolle des Lehrers innehatte, weniger auf geistvolle Fragen und Antworten an als vielmehr darauf, Anlässe und Gelegenheiten zur Verabreichung von Hieben auszumachen. Das war offensichtlich der nachhaltigste Eindruck, den die damalige Dorfschule in der Seele der Hütekinder hinterließ: daß es in der Schule vor allem anderen um Strafe und Züchtigung gehe, ein Eindruck, der, wie sich zeigen wird, noch nicht einmal so unbegründet war. Wie in der richtigen Schule wurden die Schläge auch auf der Wiese vornehmlich mit dem Stock ausgeteilt. Für mich selbst ergab sich dabei eine zutiefst zwiegesichtige Situation, wenn es mir oblag, auf die entsprechende Körperpartie eines Mädchens einzuschlagen. Ich verfuhr dann entschieden sanfter, als es Buben gegenüber der Fall war. Ja, ich ertappte mich dabei, wie ich meinen Hieben fast einen Zug von Zärtlichkeit beimischte, begleitet von Empfindungen, die es lustvoll warm in mir werden ließen. Und bei der Adressatin meiner Strafhandlung schien es mir kaum anders zu sein. Sie beantwortete meine „Streichel“-Hiebe mit einem Gesicht und einer Gebärde, als habe sich in ihr wenig Schmerz mit erheblich mehr Lust verbunden. Gesprochen wurde darüber nie, wie es auch – zumindest in meinem Beisein – nie zu weitergehenden Berührungen oder Anblicken kam. Aber auch so war ich schon verwirrt genug bis hin zu der Frage, ob ich meinen Todsündenkatalog nicht um eine Sparte zu erweitern hätte.

Mein Grübeln verstärkte sich noch, als ich etwa ab meinem neunten Lebensjahr bemerkte, daß sich um das eine oder andere Hütemädchen noch ganz andere Bezugsverhältnisse entwickelten. Diese Mädchen, fast schon zu jungen Frauen herangediehen, sprangen am Sonntagnachmittag beim Viehhüten ein (wie es vor allem auch mein Vater tat), um die jüngeren Geschwister wenigstens einmal in der Woche zu entlasten. Oder hatten sie für ihren Liebesdienst noch andere Gründe? Jedenfalls tauchten mehr oder weniger regelmäßig junge Männer bei ihnen auf, die kaum den Eindruck erweckten, daß sie der zu bewachenden Kühe wegen auf der Wiese erschienen. Obgleich ich aus eigener Anschauung keinerlei Anhaltspunkt dafür hatte, daß bei diesen Treffen der Rahmen des damals für schicklich Erachteten überschritten wurde, kam bei mir doch immer wieder der fatale Mechanismus von moralischem Abscheu einerseits und phantasiegespeistem Entzücken andererseits in Gang. Gefangen in dem Dunstkreis von Todsündenangst und aufbrechendem Lebensdrang, wollte ich die beiden bald nicht mehr recht für voll nehmen, bald bei ihnen Mäuschen spielen, um zu hören, was sie sagten, und zu sehen, was sie miteinander taten. Erst Jahre später vermochte ich den Betreffenden das Glück, das sie möglicherweise genossen, sowohl bedenkenlos wie neidlos zu gönnen. In einigen Fällen verband sich damit eine abbitteleistende Rückerinnerung an junge Männer, die, kaum daß sich ihr Sehnen an einem solchen Hütemädchen festgemacht hatte, in den Krieg ziehen mußten, aus dem sie nicht mehr heimkehrten. Wenn ihnen da wenigstens an diesen Sonntagnachmittagen auf der Wiese noch ein Stückchen Himmel auf Erden beschieden war!

In Form eines kurzen Exkurses sei hier eingefügt, daß besagte Besuche einen Brauch berührten, der in Resten hie und da heute noch lebendig ist. Einschlägig war dabei die Frage, ob der Besucher aus dem Dorf oder von auswärts stammte. Kam er von auswärts, so war er den dorfansässigen unverheirateten Männern gegenüber, etwa vom sechzehnten Lebensjahr an aufwärts, tributpflichtig. Denn diese galten, was das Werben um die Dorfschönen betraf, als bevorrechtigt. Fällig war der Tribut nach mindestens drei sonntäglichen Besuchen in Folge. Nur der Sonntag zählte offiziell als Freierstag, und die Zahl „Drei“ stand als Beweis dafür, daß ernste Absichten vorlagen. In dieser Rechnung schlugen nun auch die Besuche auf der Weide voll zu Buche, weshalb man brennend daran interessiert war, ob sich dort etwas tat oder nicht. Und auch das galt als ausgemacht, daß der Ablösebetrag noch am selben Sonntagabend im nachbardörflichen Wirtshaus in Alkohol umgesetzt wurde.

Die Einforderungsprozedur, *scheeßen gohn* (schießen gehen) oder auch *Schléifen* (Schleifen) genannt, verlief nach festeingespurtem Ritual. Bestand Gewißheit darüber, daß sich der Verehrer im Haus der Umworbenen befand, versammelte sich die dazu berechtigte Mannschaft in der Abenddämmerung vor der Eingangstür und entsandte den ihrer Meinung nach Sprachmächtigsten ins Haus. Sooft ich dabei war, fiel diese Rolle mir zu. Im Haus erging dann an den auswärtigen Bewerber in hochdeutscher(!) Sprache folgender Spruch: „Wir haben vernommen,/daß Sie sind gekommen,/die schönste Blume zu pflücken/in unserem Garten./Das lassen wir uns nicht gefallen,/es wird gleich knallen.“

Kaum war das Wort „knallen“ ausgesprochen, ging draußen auch schon mit Pulverladungen ein beachtliches Getöse los. Im Kriegsjahr 1944, als ich mein Debüt gab, waren selbst Knallkorken Mangelware; folglich behalf man sich mit zwei der damals obligatorischen Luftschutztüten, die, zum Auffüllen mit Löschsand bestimmt, nun aufgeblasen und zum Platzen gebracht wurden. Nach der Knallerei erfolgte die Geldübergabe, bei der, je nachdem um wen es sich handelte, auch bescheidene Beträge dankbar entgegengenommen wurden. Es versteht sich von selbst, daß der alkoholisierte nächtliche Heimmarsch vom Nachbardorf mitunter abenteuerliche Züge annahm.

Übrigens wurde der Tribut in ganz seltenen Fällen auch verweigert. Dann durfte im Dorf eine sogenannte Eselshochzeit arrangiert werden, nachdem das betreffende Paar geheiratet hatte. Diese für die Westeifel typische Eselshochzeit stellt ein eigenes Thema dar, zu dem in unserem Zusammenhang grundsätzlich nur so viel gesagt werden soll: Für eine bestimmte Zeit (drei bis vier Wochen) wurde allabendlich im Dorf ein Riesenlärm entfacht *(de Scharribarri gekloopt* = geklopft), dann fand ein großes Fest statt, in dessen Mittelpunkt die Scheintrauung eines jungen Mannes mit einem als Braut verkleideten anderen jungen Mann stand, vollzogen durch einen Schein-Standesbeamten vor zwei mit Eselsköpfen maskierten Trauzeugen in einem Wirtshaus. Zu dem anschließenden Festmahl mit Essen, Trinken und Tanzen bis tief in die Nacht hinein waren selbst Verwandte und Bekannte aus dem Umland eingeladen. Nur der knauserige Brautwerber samt Familie durfte – zum Zeichen der Schande – nicht mitmachen.

So konnte aus dem, was scheinbar so harmlos, vielleicht gerade beim sonntäglichen Viehhüten, begonnen hatte, ein Brandmal für das ganze fernere Leben erwachsen. Denn wer sich eine Eselshochzeit zugezogen hatte, durfte sicher sein, daß ihm dies selbst beim Erklingen der Totenglocke (mundartlich *Piis*) noch als Merkzeichen anhängen werde: gestorben sei der, dem das Dorf damals eine Eselshochzeit gemacht habe. Die Dorfmoral kannte da keinen Pardon.

Und noch in einem anderen Sinne konnte aus dem Zusammensein beim Viehhüten Schicksal erwachsen, speziell für Buben, aus einem Tun, das an vergnüglicher Gewichtigkeit kaum überbietbar zu sein schien. Gemeint ist der Umstand, daß sich Buben beim Viehhüten häufig zu den ersten Rauchversuchen ermunterten. Ich selbst war kräftig mit von der Partie, wenn dürres Laub zerkleinert, in Zeitungspapier eingerollt, als Zigarre in den Mund gesteckt und dann angezündet wurde – einer hatte immer Streichholz dabei. Mitunter wurde sogar um die Wette geraucht: wer die dicksten Rauchwolken zustandebrachte. Es war ganz so, wie es der Volksmund mit dem Spruch umschrieb: *Et dempt, wie wann en ormen Maan Brutt baacht* (es raucht, wie wenn ein armer Mann Brot bäckt).

Eselshochzeit: Trauzeremonie

Das „neuvermählte" Paar mit den „Trauzeugen"

Ein andermal griff man zur Pfeife, zur Tonpfeife, die in den Weckmann auf dem Nikolausteller eingebacken war, oder auch zu einer Holzpfeife, die man sich aus Holunderholz selbst hergestellt hatte. Richtige, sogenannte „aktive" Zigaretten oder richtiger Pfeifentabak waren die Ausnahme; dazu mußte man sich schon unbemerkt an die Bestände der Erwachsenen heranmachen. Immerhin wurde es mir im Alter von elf Jahren in einem solchen Ausnahmefall von Pfeifentabak so schlecht, daß ich selbst und auch mein Rauchergenosse, der den Tabak mitgebracht hatte, Schlimmstes befürchtete. Aber auch wenn man sich mit dürrem Laub oder Heusamen begnügte, stellten sich unangenehme Folgen ein. Mitunter war meine Zunge so hochgradig gereizt, daß ich kaum noch warmen Kaffee oder eine warme Kartoffel darauf vertragen konnte.

Und doch ließ ich von weiteren Versuchen nicht ab. Es war darin Wichtigtuerei und wechselseitige Erwachsenheitsdemonstration am Werke, um so mehr, als es damals im Dorf hieß: Wer nicht raucht, ist kein richtiger Mann. Also konnte man sich auch gar nicht früh genug darauf einüben. Bekanntlich sieht das die heutige Welt entschieden anders, weshalb ich es als unrühmliches, ja ruchloses Laster zu tragen habe, daß aus diesen ersten Versuchen bei mir eine regelrechte Raucherkarriere geworden ist. Aber das ändert nichts an der Tatsache, daß das Vergnügen groß war und daß auch der Versuch, in der Entwicklung einen Sprung nach vorne zu tun, an sich keinen Tadel verdiente. Nur hatte ich, ebenso wie die vielen anderen Hütebuben, denen es ähnlich erging, die falsche Art und Weise, vor allem die falsche Sparte gewählt.

Angemerkt sei in diesem Zusammenhang noch, daß meine Raucherlaufbahn einen weiteren wichtigen Impuls erhielt, als Ende Februar 1945 amerikanische Truppen die Westeifel eroberten. Wo sie standen und gingen, entledigten sich die im Überfluß lebenden Soldaten sogenannter Eiserner Rationen, in denen sich neben Nahrungsmitteln auch Zigaretten befanden. Aus Verdruß, Hunger oder auch einfach aus Langeweile – die Zivilbevölkerung war gleich für fast zwei Wochen auf engstem Raum „kaserniert" worden – griff man begierig nach den Schachteln mit den Aufschriften „Lucky strike", „Chesterfield", „Camel", „Philip Morris" und paffte, was das Zeug, in diesem Fall die Lunge, hielt.

Solche Zigaretten hatte es seit Kriegsbeginn in Deutschland nicht mehr gegeben. Ihre Qualität konnte selbst geübte Raucher übermannen. Vielleicht wäre ich damals zurückhaltender gewesen, hätte ich nicht vom Viehhüten her schon auf eine entsprechende Vorgeschichte zurückgeblickt. Abermals also ein Beispiel dafür, wie sich beim Viehhüten Schicksal anbahnen konnte.

2) Offene Weideplätze

Mit Abstand die beste Zeit für ein dialogisch-spielerisches Beisammensein mit anderen Hütekindern waren die Monate September und Oktober bis zum Ende des Weidebetriebes um Allerheiligen herum. Jetzt wurden auch jene Wiesen noch frei, die für eine zweite Heuernte reserviert geblieben waren, und zudem nahm nun auch der Graswuchs noch einmal zu, weil Herbstregen, milderer Sonnenschein, längere und kühlere Nächte günstigere Wachstumsbedingungen schufen. Ungeduldig erwarteter Höhepunkt dieser Hütefreuden war das Fest des Erzengels Michael am 29. September, an dem es wie Schalmeienklang durch jedes Hütekindes Seele drang: *D'Wiesen sen op!* (die Wiesen sind auf!). Mancherorts hieß es auch: *Et as Préis!* (es ist Preis!), wohl von „preisgeben" (hier: loslassen, von Grenzen absehen, freigeben) abgeleitet. Auf jeden Fall war gemeint, daß von diesem Tag an Weidefreiheit herrschte, die offiziell bis zum Fest der hl. Gertrud am 17. März des Folgejahres andauerte, de facto aber nur bis zum Ende des Weidezyklus wahrgenommen wurde.

Von nun an durfte also jedermanns Vieh auf jedermanns Wiese weiden, weil, wie man nüchtern unterstellte, selbst der beste Grasbestand den bald hereinbrechenden Winter nicht überdauern werde. In Geltung blieb allein die Vorsichtsmaßregel, daß sich die Herden nicht miteinander vermischen durften. Nur in ganz seltenen Ausnahmefällen, wenn beispielsweise eine Grasfläche neu angelegt worden war, konnte es ratsam erscheinen, das Betreten auch jetzt noch zu untersagen. Dies mußte dann aber eigens durch sogenannte *Fierschta* (Förster) angezeigt werden: durch einige im Grenzbereich in den Boden gesteckte Stöcke, in die oben in einen Schlitz ein Stroh- oder Ginsterbüschel eingeklemmt war. Diese Markierungen hatten amtlichen Charakter und verpflichteten den Feldhüter (Amtsdiener) zum Einschreiten, wenn Zuwiderhandlungen ruchbar wurden.

Mitunter hatte man nun einen ganzen Wiesengrund zur Verfügung, und wie schön, wenn sich da eine Hütegesellschaft zusammenfand, die über die Aufteilung der großräumigen Fläche schnell handelseinig war: die eine Herde rechts des Weges, die andere links davon, eine dritte jenseits des Baches oder bis zu einem bestimmten Baum oder einer bestimmten Hecke. Der gemeinsame Hütedienst gestaltete sich noch um so angenehmer, als nun, wie im ersten Kapitel bereits erwähnt, pro Tag nur noch ein Austrieb gleich nach dem Mittagessen erfolgte, der sich dann allerdings über den ganzen Nachmittag, bis zur herbstlich vorgerückten Abenddämmerung, erstreckte. Weil in dieser Zeit Hunger aufkommen konnte – den Sommer über hatte es nachmittags eine Kaffeemahlzeit gegeben –, wanderte, meist in Zeitungspapier verpackt, ein Butterbrot mit auf die Weide. Noch heute habe ich die sonderbare Duftmischung von Brotgeruch und dem Geruch von Butter und Zeitungspapier in der Nase.

Die im vorhergehenden dargestellten Unternehmungen und Gestaltungen blieben – soweit es die äußeren Bedingungen zuließen – weiterhin in Kraft. Aber sie wurden nun bereichert durch die Wahrnehmung spezifisch herbstlicher Möglichkeiten. Da gab es Zwetschgen-, Apfel- und Birnbäume, deren reife Früchte auch dann zu einem „Besuch" einluden, wenn dieser an sich verboten war; man durfte sich halt nicht erwischen lassen. Hinzu kamen in günstigen Jahren Unmengen von Haselnüssen an den Stauden am Wiesen- oder benachbarten Waldesrand. Viele wurden sogleich verzehrt, andere in einem kleinen Sack als Wintervorrat angesammelt. Im Rückblick auf so manche Haselnußschlemmerei war es für mich noch nach Jahren eine Genugtuung, als ich von einem ungarischen Medizinprofessor erfuhr, daß Haselnüsse gleichsam Kraftfutter fürs Gehirn seien. Kaum auszudenken also, was die Haselnüsse in mir nicht alles in Gang gebracht haben, gelegentliche Kopfschmerzen damals auf jeden Fall, wenn ich ihrem Genuß allzusehr gefrönt hatte. Ähnlich verhielt es sich mit den Bucheckern im nahegelegenen Wald, bei denen Sammel- und Ablieferungseifer in der fettarmen Kriegs- und Nachkriegszeit sogar mit Margarinegutscheinen honoriert wurde. Auch und gerade sie verursachten – übermäßig verzehrt – Kopfschmerzen bis hin zu Übelkeit und Erbrechen. Und schließlich präsentierten sich auf dem herbstlichen Gabentisch Schlehen und Hagebutten, empfehlenswert allerdings erst, wenn die ersten Nachtfröste über sie hinweggegangen waren. Zwar schmeckten die Schlehen auch jetzt noch sauer genug, aber selbst wenn sie den Mund zusammenzogen, hatte ihr Geschmack ebenso einen eigenen Reiz wie der der teigigen Paste aus den Hagebuttenfrüchten. Und das alles nicht nur allein, sondern im Verein mit anderen genossen, die Schlehen gar in gegenseitigem Grimassenwettbewerb – das Vergnügen hätte kaum größer sein können.

Genuß bereiteten weiterhin die stimmungsvollen, zum Nachdenken anregenden herbstlichen Anblicke, von denen im Kapitel über Wind und Wetter bereits die Rede war. Besonders fesselten dabei die nach Süden gerichteten Kranichzüge, die Flugketten der *Hoolgänsen*, wie sie mundartlich heißen. Ihren Flug mit vier oder gar sechs Augen zu verfolgen, konnte zum mächtigen Anreiz für Gespräch und für einen entsprechenden Flug auch von Ahnungen und Gedanken werden. Kaum hatte man einen Zug gesichtet, oft erst durch den scharfen Schrei der Tiere darauf aufmerksam geworden, setzte auch schon ein eifriges Wettzählen ein. Dann ging es darum, wer wieviele Züge in diesem Herbst schon gesehen hatte, ob die *Hoolgänsen* diesmal früh oder spät aufgebrochen seien und ob dementsprechend mit einem frühen und kalten oder einem späten, vielleicht besonders milden Winter zu rechnen sei. Und wie konnte es die Phantasie beflügeln, wenn man sich mit dem kärglichen Wissen, das die Dorfschule vermittelte, die „unendlich“ weite Flugreise nach Afrika ausmalte, über Berge und Meere in jenes Land, in dem, wie man meinte, nur sengende Hitze herrschte und wo die „armen Heidenkinder“ lebten, um derentwillen man dem „Kindheit-Jesu-Verein“ angehörte. Augenblicks sah ich dann den schwarzen König Kaspar in der ärmlichen Weihnachtskrippe der Dorfkirche vor mir, desgleichen den Negerjungen auf dem Opferkästchen davor, der so dankbar mit dem Kopf nickte, wenn ich meinen Spargroschen in den Geldschlitz hineinfallen ließ. Diese bereits erwähnte Anziehungskraft und Faszination des Andersartigen und Fremden haftete in meinen Augen schon den großen Postomnibussen an, die ich auf der Haltestelle im Nachbardorf immer wieder in Augenschein nahm, mir vergegenwärtigend, was sie alles auf der Fahrt zur Kreisstadt und zurück zu „sehen“ bekamen. Im Falle der Kraniche war das Flair des Abenteuerlichen natürlich noch sehr viel stärker, wobei dann auch Erwägungen darüber in Gang kommen konnten, was und wie es wohl sein werde, wenn die Kraniche im nächsten Frühjahr zurückkehrten. Wieviel würde ich dann wohl gewachsen sein – ich wollte möglichst schnell groß werden –, und ob es mir bis dahin in der Kirche nicht wieder schlecht geworden sein würde . . .

Für solche Meditationen war es wie eine erhellende Zauberformel, als ich im dritten Schuljahr (1937/38) das Lied von Walter Flex: „Wildgänse rauschen durch die Nacht“ kennenlernte: „. . . und fahren wir ohne Wiederkehr, rauscht uns im Herbst ein Amen“. Was hier vom Frühjahr auf den Herbst hin gesagt ist, kann natürlich auch vom Herbst auf das Frühjahr hin gelten. Angestoßen wurden die Betrachtungen jeweils durch das „dialogische“ Zusammensein auf der Wiese, indem der eine diese, der andere jene Bemerkung zum Kranichzug fallen ließ, bis schließlich für einige Minuten Stillschweigen einkehrte. Während die Kraniche Auge und Ohr entschwanden, verlagerte sich das Geschehen nach innen in die Seele hinein. Hier wurden Kräfte und Sehnsüchte wach, die sich zu einer inneren Welt verdichteten und damit einen machtvollen Entwicklungsimpuls darstellten.

Ähnliche Betrachtungen konnten auch die Schwalben begleiten, die sich schon früher – in langen Zeilen auf Elektro- und Telefonleitungen aufgereiht – sammelten, um ihren Flug nach Süden anzutreten. Hier galt der im Volksmund umlaufende, hochdeutsch gesprochene Spruch: „An Mariä Geburt (8. September) ziehen die Schwalben fuurt“. Und auch jetzt gab es einen mit Inbrunst gesungenen Liedtext, der Phantasie und Anteilnahme nachhaltig anregte: „In maurischer Wüste gefangen/sitzt ein Krieger mit schwermüt'gem Blick./Die Schwalben sind heimwärts gezogen/und sie kehren aufs neue zurück./Teure Schwalben, auf Deutschlands grünen Auen!/Die ihr den Weg durch Sand und Wüste fand',/bringt mir ein' Gruß, ein' Gruß/aus fer-

„Im schönsten Wiesengrunde . . . “, ein idealer Ort bei offenen Weideplätzen (zwischen Niederraden und Oberraden). Rechts im Waldsaum, etwa in der Mitte des Bildes, befand sich die Phantasiekirche.

Im selben Tal: Brücke über den größeren der zwei heimischen Bäche (Radenbach), auf der ich im Herbst 1937 die erste richtige Zigarette (Africaine) rauchte.

nem Heimatland". Wie sentimental die Melodie auch war, zusammen mit dem Text schlug das Lied eine Bresche in den Hurra-Patriotismus, der so manche Winterabenderzählung von den Fronterlebnissen im Ersten Weltkrieg begleitete. Es wurde deutlich, daß Krieg auch zu erbarmungsloser Verlassenheit führen konnte, in die als Brücke zur Heimat und den Lieben dort nur noch die im Frühjahr nach Norden und im Herbst wieder nach Süden ziehenden Schwalben hineinreichten.

In den dreißiger Jahren, als der Krieg von den NS-Machthabern geradezu verherrlicht wurde, weckte das – auf kindliche Weise – in mir die sehr anders gerichtete Frage, ob denn die Welt nicht ohne Krieg sein könne. Zwar wurde diese Frage danach mitunter überlagert, aber der in ihr enthaltene Friedensappell war ein Bildungselement von hohem Rang, das mich seitdem, selbst bei den großen Siegesmeldungen zu Beginn des Zweiten Weltkrieges, nie mehr ganz losgelassen hat.

Aber auch sonst spielten Vögel im Leben des Hütekindes eine große Rolle. Man hatte auf der Wiese ja reichlich Zeit, ihrem vielfältigen Treiben zuzuschauen: ihrer Geschäftigkeit im Frühjahr beim Nestbau und der Aufzucht der Jungen, den Lerchen, wie sie sich trillernd in die Luft emporschraubten, den Bussarden und Habichten (*Hohnerdeewen* = Hühnerdieben), wenn sie mit scharfen „Ij"-Lauten ihre Kreise zogen oder sich gar Luftkämpfe mit Raben lieferten, und abermals den Schwalben bei ihren schon erwähnten Tiefflügen während des Heraufzugs von Gewittern. Und schließlich blieben auf Talwiesen auch die Tauben nicht ausgespart. Mit ihrem Gurren verband sich sogar eine Hütegeschichte, in der eine Taube buchstäblich als Friedenstaube auftritt: Einem Kuhjungen war, wie es hieß, eine Kuh abhandengekommen. Just in dem Augenblick, als der Dingherr zornentbrannt auf den Jungen einschlagen wollte, mischte sich die Taube mit diesem erlösenden Ruf (der das Gurren trefflich nachahmt) in den Streit ein: *Loß de Jung gohn, loß de Jung gohn, d'Koh kennt, d'Koh kennt, kuck!* (laß den Jungen gehen, laß den Jungen gehen, die Kuh kommt, die Kuh kommt, guck!). Wenige Augenblicke später, so das gute Ende der Geschichte, traf die vermißte Kuh, von der Taube in luftiger Höhe einfühlsam erspäht, tatsächlich wieder bei der Herde ein.

Am markantesten für das herbstliche Beisammensein auf offenem Weideterrain war aber das Entzünden und Abbrennen von Herbstfeuern. Kaum hatte man sich an einer für den Hütedienst günstigen Stelle zusammengefunden, ging es auch schon mit Holzeinsammeln los. Besonders geeignet waren auf dem Waldboden liegende dürre Äste, die in kleine Stücke gebrochen wurden, und dazu dürre Ginsterzweige als Anmachholz. Dieser „Feuer-" Eifer steigerte sich im gleichen Maße, wie herbstliche Kühle in einen hineinkroch. In diesem Fall bevorzugte man offene Feuer am Wiesenrand, weil sie

Herbst.

Der bunte Herbst geht durch das Land
mit langem Schritt und starker Hand.
Die dünnen Bäume schüttelt er,
die dicken Bäume rüttelt er,
dann purzeln herunter die reifen und losen
Äpfel, Birnen und Aprikosen.
Die Mädchen und Jungen rufen: „Hurra,
der Onkel Herbst ist wieder da!“

Fr. J. Koch.

47

Ein Bild, das mich faszinierte (in „Der bunte Garten“, Lesebuch für das zweite Schuljahr, 1936).

mehr Wärme spendeten. Im übrigen – vor allem bei Sturm und Regen – benutzte man die Backöfen, von denen schon die Rede war.

An sich war Feuer den Hütekindern wohlvertraut; im heimischen Herd und Ofen oder auch in Gestalt des Schmiedefeuers hatten sie es täglich vor Augen. Und doch hatte dieses Feuer, das man als Kind entzündete und bei dem nur Kinder zugegen waren, etwas wonnesam Unheimliches an sich. Es war Feuer, das einem selbst gehörte, für das nur Kinder die Verantwortung trugen und in dem etwas von der geheimnisvollen Hintergründigkeit aufglühte, die im antiken Mythos von Prometheus zum Ausdruck kommt. Oder mit Schiller gesprochen: „Wohltätig ist des Feuers Macht, wenn sie der Mensch bezähmt, bewacht ... Doch furchtbar wird die Himmelskraft, wenn sie der Fessel sich entrafft ...“ (Das Lied von der Glocke). Das konnte dahin führen, daß man zu zweit oder zu dritt wie gebannt in die prasselnde Glut schaute und in wortlosem Einverständnis wehmütig-ahnenden Bildern und Gedanken anhing. Es war eine Art Urerfahrung, die sich da in der Seele Bahn brach, ein Anstoß zu Welt- und Selbstentdeckung, vermittelt durch die Erfahrung des Feuers und den Anblick der in den unendlichen Himmelsraum aufsteigenden und sich dort verzehrenden Rauchwolken. Ähnliches habe ich später nur noch einmal erlebt, als ich 1947 als Angehöriger des damals schwer am Boden liegenden deutschen Volkes mit jungen Franzosen um ein Lagerfeuer versammelt war, in dessen verglimmende Glut das „Vater unser“ hineingesprochen wurde ...

Natürlich dauerte solche Nachdenklichkeit nicht an; sie war eingebettet in andere, weit extensivere Vollzüge. In bereits geschilderter Manier wurden Zigarren oder auch Zigaretten gewickelt und Pfeifen gestopft. Und vor allem bereitete es Vergnügen, Äpfel, mitunter auch Zwetschgen und Kartoffeln, im Feuer zu braten. Der Verzehr, an dem auch der Hund teilnehmen durfte, geriet allemal zum kleinen rustikalen Festmahl in Gottes freier Natur.

Zu der vorhin erwähnten kindereigenen Verantwortung zählte besonders die Obsorge dafür, daß das Feuer, wie es hieß, nicht weiterlief und womöglich Hecken oder den benachbarten Wald in Brand setzte. Solche Brände kamen hin und wieder vor, nicht zuletzt aufgrund dessen, daß sich die Glut nach Verlassen des Weideplatzes durch aufkommenden Wind selbständig machte. Also war es ratsam, die Glut vor dem Viehabtrieb gänzlich zu löschen, zur Not durch umschichtiges Befeuchten mit körpereigener Flüssigkeit. Dabei sollen, wenn die männlichen Vorräte nicht ausreichten, mitunter auch Mädchen mitgemacht haben. Zwar vermochte ich mir nicht vorzustellen, wie das vonstatten ging, aber laut damals umlaufenden Tuscheleien soll es tatsächlich so gewesen sein. Wie es sich gehörte, war ich über solches Tun moralisch entrüstet, doch insgeheim wäre ich auch wieder gern dabeigewesen.

Übrigens war während der Kriegsjahre das abendliche Löschen der Glut auch aus Luftschutzgründen geboten. Hieß es doch, daß die nächtlichen Luftinvasoren vornehmlich dort Bomben abwarfen, wo sie ein Licht erblickten. Da legte man Wert darauf, daß selbst die kleinste Spur von Licht- oder Feuerschein noch getilgt wurde, auch wenn in Fällen wie diesem kaum etwas zu befürchten war.

Schließlich sei zum Thema „Zusammensein mit anderen" noch angemerkt, daß – gutes Wetter vorausgesetzt – im Haus weilender Besuch von auswärts gelegentlich am Sonntagnachmittag in den Wiesengrund ausgeführt wurde. Traf man dort auf einen viehhütenden Verwandten oder Bekannten, so konnte daraus ein fröhliches Stelldichein werden. Das Bild S. 164 zeigt eine solche Szene mit Besuch aus Kleve, der sich in den dreißiger Jahren alljährlich Ende Juli/Anfang August zu einem zweiwöchigen Ferienaufenthalt bei uns einfand. Zwar wurden dadurch die Verhältnisse im Haus noch enger, als sie es ohnehin schon waren, aber das tat der Freude keinen Abbruch, wenn es mal wieder hieß: Die „Klevier" (so nannten wir sie) kommen.

3) Viehhüten und Musik

Soviel im vorhergehenden schon von Spiel auf der Wiese die Rede war, eines blieb dabei ausgespart: die Musik. Dieser Bereich verdient insofern eine gesonderte Darstellung, als sich in ihm in akzentuierter Weise das widerspiegelt, was man dörfliches Kulturleben nennen kann. Viehhüten also im Bannkreis und als Transparent dörflichen Musikgeschehens – in den Beglückungen sowohl, die davon ausgingen, wie nicht minder auch in der Begrenztheit, die dieser dörflichen Musikszene anhaftete, beides wieder so, wie ich es ganz persönlich erlebt habe.

Da ging es wahrhaftig nicht um Chöre oder Orchester, die auf der Wiese aufgetreten wären, wohl aber – zum Beispiel – darum, daß ich beim Viehhüten im Alter von 3-4 Jahren die ersten Lieder lernte, an die ich mich erinnern kann. Lehrmeisterin war dabei meine älteste Schwester Sanny, die praktisch auf jeder Seite dieses Buches mit Informationen, die sie beisteuerte, und vor allem durch ihre innere Anteilnahme gegenwärtig ist. Um so tragischer, daß sie just während der ersten Niederschrift gerade dieser Zeilen aus dem Leben abberufen wurde (22. April 1992). Sie war für alle, die ihr nahestanden, Mitte und unerschöpflicher Quell von Freude und Ermutigung. Darum lebt sie, wenn nun auch mit leiblichen Augen nicht mehr zu sehen, wirkmächtig weiter fort – bis in dieses Buch hinein.

Zwischen ihr, der neun Jahre Älteren, und mir bestand seit den frühesten Kindertagen, bis in die Urgründe meiner Erinnerungsfähigkeit hinein, ein

Weideplatzszene am Sonntagnachmittag mit den weiblichen Vertretern des Besuchs aus Kleve (den „Kleviern“).

Sonntagnachmittags-Gesellschaft auf dem Pääsch *vorm elterlichen Haus in den zwanziger Jahren.*

Verhältnis besonderer geschwisterlicher Zuneigung. Das zeigte sich nicht zuletzt daran, daß diese Schwester mich Anfang der dreißiger Jahre, als sie zwischen zehn und fünfzehn Jahren zählte und so gut wie hauptamtlich mit dem Hütedienst betraut war, immer wieder mit auf den Weideplatz nahm – nicht weil sie mußte, sondern weil sie es offensichtlich selbst wollte. Wenn unterwegs Holper- und Steilstrecken meine kleinen Beine überforderten, trug Sanny mich am Rücken, nahm sie mich auf den *Hoozelboozel.* Anschließend stand auf der Wiese neben dem Hütedienst Spiel mit dem kleinen Bruder auf dem Programm. Dazu gehörten auch Ermunterung und Anleitung zum Singen, und das vor dem Hintergrund einer häuslichen und dörflichen Atmosphäre, die für eine musikalische Anfangserweckung noch nicht einmal so ungünstig war.

Soweit ich zurückdenken kann, wurde in unserem Haus und im Dorf gesungen, zum Beispiel am Sonntagnachmittag im Sommer auf der Bank vorm Haus, wie schon gesagt, mitunter auch an den langen Winterabenden in der Stube. Dieses abendliche Singen war teils improvisiert, teils vollzog es sich so, daß sich eine sangesfreudige Gruppe zusammenfand, die an dem einen Abend in diesem, am anderen in jenem Haus auftrat und zum Mitsingen einlud. Gesungen wurden Volkslieder, wie sie damals in diesem ländlichen Raum in Umlauf waren: „Am Brunnen vor dem Tore", „Im schönsten Wiesengrunde", „Im grünen Wald, dort wo die Drossel singt", oder auch Lieder wie das schon einmal zitierte: „In maurischer Wüste gefangen ...";auch religiöse Lieder waren nicht ausgenommen. Hin und wieder wurde bei solchen Zusammenkünften in einer größeren Stube auch getanzt: am Sonntagabend, außer an den Advents- und Fastensonntagen, weil dann, wie es hieß, „geschlossene Zeit" war. Musikinstrumente, mit denen man zum Tanz hätte aufspielen können, standen nicht zur Verfügung, man mußte sich mit Gesang behelfen, der allenfalls durch eine sogenannte Teufelsgeige unterstützt wurde, ein selbstgefertigtes Instrument in Gestalt eines schmalen, bis zu zwei Meter langen Brettes, auf das einige Drähte gespannt waren. Durch Stampfen auf den Boden und Schlagen gegen die Drähte wurde der Gesang auf den gehörigen Rhythmus gebracht. In der Instrumentenfrage blieben die ersten nennenswerten Initiativen meinem Vater vorbehalten.

Mein Vater stammte aus dem weiter nördlich gelegenen Höhengebiet der Eifel, wo die Menschen zwar ärmer, aber dafür um so geselliger und sangesfreudiger waren. Hier hatte er sich in seiner Jugend einen beachtlichen Schatz an volkstümlichem Liedgut angeeignet, das er nun in die Gesangsrunden einbrachte. Ja, mehr noch, als Schneidermeister sang er mit Lust und Hingabe auch beim Nähen, auch in den Häusern seiner weitverstreuten Kundschaft, was ihn dort noch beliebter machte, als er ohnehin schon war.

All diesen Klängen und Weisen hörte ich mit spitzen Ohren und weitgeöffneter Seele zu. Daß aber aus dem zunächst nur schemenhaft Aufgenommenen auch Lieder für mich wurden, Lieder, die ich ton- und textgetreu selbst singen konnte, verdanke ich für die ganze Anfangsphase meiner bewußten Entwicklung dieser meiner Schwester Sanny. Liebevoll nahm sie mich, auf der Wiese sitzend, auf den Schoß, mein Gesicht dem ihren zugewandt, faßte mich bei den Händen und sang mir das jeweilige Lied vor. Dabei schwang etwas von dem ermunternden Kopfnicken mit, mit dem sie mich, wie sie mir viele Jahre später erzählte, schon während der ersten Tage nach meiner Geburt angeschaut hatte.

Letzteres hing mit dem Umstand zusammen, daß ich als Achtmonatskind geboren wurde. Wäre ich, wie vorgesehen, in der zweiten Märzhälfte zur Welt gekommen, hätte man mir – wegen des Festes des hl. Josefs am 19. März – den Vornamen Josef gegeben, den ich nun nur als zweiten Vornamen trage. Immerhin erblickte ich infolge des früheren Geburtstermins das Licht der Welt bei minus 20 Grad – in dem jahrhundertkalten Winter 1928/29. Weil man um mein Überleben bangte und ich nicht ungetauft sterben sollte, brachte man mich trotz Kälte in die Pfarrkirche. Das mir über den Kopf gegossene Taufwasser hatte der Küster in einem Fläschchen in der Hosentasche mit sich getragen, um es vor dem Gefrieren zu bewahren und mich nicht allzu sehr abzuschrecken. Als ich wieder daheim in der Wiege lag, galt ein Auftrag erst recht, den die große Schwester schon vorher von meiner Mutter erhalten hatte: immer wieder mal nachzuschauen, ob *d' Kinni* (das Kindchen) noch atme. Da war dann ein ermunternder Zuspruch mit entsprechender Gebärde schon angebracht. Beider Fürsorge wurde belohnt: Ich atme bis auf den heutigen Tag, wobei ich es kaum jemals froheren Herzens getan habe als in jenen Augenblicken, da ich die von der Schwester vorgesprochenen und vorgesungenen Texte und Weisen nachsprach und nachsang, einfühlsam korrigiert, wenn es nicht recht klappen wollte.

So sind mir denn auch noch genau das Lied und der Weideplatz gegenwärtig, wo mir zum erstenmal etwas von der bewegenden und erfüllenden Kraft des gesungenen Wortes, des Musikalischen also, bewußt wurde. Es war das Lied: „Nach meiner Heimat zieht's mich wieder". Mag die Melodie auch reichlich sentimental klingen, in mir erweckte sie eine ganze innere Welt von Gefühlen, Ahnungen und Sehnsüchten, die sich genauer allerdings erst später abklärten, als ich die entsprechenden Worte dafür kennenlernte.

Immerhin hatte sich bis zu meinem vierten Lebensjahr in mir ein solches Liedrepertoire angesammelt, daß ich sofort zuzugreifen bereit war, als ich erstmals um einen öffentlichen Auftritt angegangen wurde.

Ich befand mich mit meiner Mutter auf der Hochzeit einer auswärts wohnenden Kusine, genauer gesagt war es der zweite Hochzeitstag, auf dem schon ein Hauch von Langeweile lag. Wie es anfing, weiß ich nicht mehr, jedenfalls hob man mich auf einmal auf drei übereinandergestellte Tische hinauf mit der Bitte zu singen. Dicht unter der Zimmerdecke hockend, tat ich das dann auch und, wie ich annehmen darf, mit gar nicht übel klingender Stimme. An einige Lieder entsinne ich mich noch: „Waldeslust", „Die Vöglein im Walde", „Rote Rosen am Himmel", „Im grünen Wald", „Deutschland über alles" und zum Schluß – im Stil der neuen Zeit 1933! – „Die Fahne hoch!". Ich wurde kräftig beklatscht, und anschließend machte meine blausamtene Matrosenmütze die Runde, in die vor allem die am Tisch sitzenden Kartenspieler eifrig Pfennige und Groschen hineinwarfen. Mit ansehnlich beschwerter Hosentasche kam ich mir unendlich reich vor, aber fast noch schwerer wogen die Aufmerksamkeit und der Beifall, der mir gespendet worden war.

Ich konnte damals nicht ahnen, daß mein ganzes späteres Berufsleben eine einzige lange Kette von öffentlichen Auftritten werden würde, zwar nicht in Musik, wohl aber in vortragender Rede. Die Faszination jedoch, die darin liegt, andere faszinieren zu können, habe ich schon damals gespürt, und ich gestehe freimütig, daß ich sie dankbar auskoste bis auf den heutigen Tag. Ich fühlte mich dadurch stets zu weiterer Anstrengung beflügelt und hatte auch schon bald Gelegenheit, ein zweites Mal Aufsehen zu erregen: im Wirtshaus an der Postomnibushaltestelle im Nachbardorf, wohin mich mein Onkel mitgenommen hatte. Diesmal zog die Hosentasche womöglich noch kräftiger nach unten, Anerkennung genug für mein offensichtlich frohes, anderen Menschen zugewandtes Wesen.

Eine neue Qualität musikalischen Erlebens brach in mir auf, als ich etwa ein Jahr später erstmals mit in die Kirche genommen wurde und dort Gemeinde- und Chorgesang und vor allem das Harmonium hörte, das mich vom ersten Augenblick an in seinen Bann schlug. Von meiner heutigen Warte aus gesehen, war es zwar Bemühtes, aber sonst nicht eben viel, was da zwei Männer, der Müller im Pfarrdorf, zugleich Chorleiter, und ein Schneidermeister, der im Nebendorf den Küsterdienst versah, aus dem Instrument hervorholten. Doch das tat meiner grenzenlosen Verehrung für die beiden keinen Abbruch. Melodiegerecht und dazu noch mit Begleitung, so hausbakken diese auch war, mit so vielen Tasten und Registern umgehen zu können – Größeres und Höheres vermochte ich mir nicht auszudenken. Als ich dann nach meiner Einschulung auf einer der schon mehrfach „gewürdigten" lehnelosen Marterbänke knien mußte, war ich immer wieder versucht, den Kopf nach hinten, in Richtung Empore (*Zinkel*) und Harmonium, zu wenden. Das aber war damals strengstens verboten, und so stand eines Tages urplötzlich die Lehrerin neben mir und schlug mich beidhändig so um die Ohren, daß ich weniger mehr das Harmonium als die Engel im Himmel pfeifen hörte. Das tat bitterweh, auf meinen heißauflaufenden Backen und Ohren selbstre-

Vor dieser Hochzeitsgesellschaft hatte ich 1933 meinen ersten öffentlichen Auftritt.

Das ausgemusterte Harmonium heute (in der Filialkapelle in Oberraden).

dend, aber viel weher noch in meiner kindlichen Seele, zumal mit den Schlägen auch noch eine abgrundtief entwürdigende Zurechtweisung verbunden war. Nein, nicht was mich faszinierte war gefragt, sondern daß ich parierte gemäß einer für geheiligt ausgegebenen unmenschlichen Ordnung. Die verstohlenen Tränen, die aus meinen so selbstvergessen dem Harmonium zugewandten Bubenaugen flossen, wirkten nicht als Anklage, sondern weit eher als Grund dafür, daß sich eine Lehrerin einer vermeintlich guten Tat vor Gott, dem Herrn, rühmen durfte.

Ich hatte großes Glück, daß ich daheim auf mehr Verständnis stieß. So durfte ich meine Eltern zu einem sechs Kilometer entfernten Marienwallfahrtsort begleiten, damit ich dort eine Orgel hören könne. Und vor allem: von meinem ersten Schuljahr an bekam ich – ausgenommen wieder die Kriegsjahre – fast jedes Jahr, meist zu Nikolaus oder Weihnachten, eine Mundharmonika, jenes schon einmal genannte *Musiksdingen*, geschenkt. Länger als ein Jahr hielt ein solches Instrument in der Regel bei mir nicht, weil ich praktisch jeden Tag darauf spielte. Das war also das vierte Requisit, das mich neben Taschenmesser, Nagel und Seil in meinen jungen Jahren tagtäglich begleitete. Einmal wurde mir sogar eine Kombinationsmundharmonika mit drei Teilinstrumenten zuteil, die jeweils auf eine andere Tonart gestimmt waren. Seitdem hat sich mir die unterschiedliche Klangqualität unterschiedlicher Tonarten fest eingeprägt, daß zum Beispiel G-Dur strahlend hell und D-Dur rund und warm klingt.

Dieses Instrument war Teil einer Sammelbestellung, die mein Vater bei der Musikfirma Meinel & Herold in Klingenthal in Sachsen getätigt hatte und die als Kernstücke eine Mandoline für meine Schwester Sanny und eine Blockflöte für meinen älteren Bruder Peter enthielt.

Auf solche Weise trug mein Vater wesentlich dazu bei, daß außer Gesang auch Instrumentenklang ins Haus und ins Dorf einzog. Darüber wurde dann auch eine Akkordzither reaktiviert, die von einem im Ersten Weltkrieg gefallenen Onkel herrührte. Übrigens legte ich bei der ersten Familienfahrt nach der Wiedervereinigung nach Sachsen großen Wert auf einen Besuch in Klingenthal, weil mir die Stadt seit damals, 1937, so lebendig in Erinnerung geblieben ist.

Als einziger nicht nur im Haus, sondern auch im Dorf machte ich mich auf allen vier Instrumenten so weit kundig, daß ich die mir bekannten Lieder darauf spielen konnte – auswendig, wie sich versteht. Weder in der Volksschule noch im Gymnasium noch sonstwo war es mir vergönnt, in die Geheimnisse der Notenschrift eingeführt zu werden. Bis auf gelegentliches Einüben von Liedern nach Gehör war Musikunterricht Fehlanzeige, im Gymnasium wegen der Einberufung des Lehrers zum Kriegsdienst. Aber auch so wurde es mir zum musikalischen Erlebnis, daß ich auf Mandoline,

Blockflöte und Zither Töne (wie mir später klar wurde: Halbtöne) spielen konnte, die auf der Mundharmonika nicht herauszubekommen waren. Dafür bot die Mundharmonika eine wohlklingende Begleitung, die wiederum den anderen Instrumenten fehlte. Auf der Zither hätte ich freilich beides haben können, aber da gab es zunächst Schwierigkeiten mit dem Stimmen der Akkordsaiten. Als ich das System endlich durchschaute, war auch schon das Ende meines diesbezüglichen Genusses programmiert: die Zither wurde 1945 von amerikanischen Besatzungssoldaten entzweigeschlagen. Die Mandoline hinterließen sie mit einem Riß im Resonanzkasten, und Blockflöte und Mundharmonika tauchten erst gar nicht wieder auf. Offenbar wurden wie Radioapparate auch Musikinstrumente zur Kriegsbeute gezählt. Das tat mir bis in die Seele hinein weh. Doch wen kümmerte das damals schon bei den Siegern!

Bei allen Möglichkeiten indes, die diese Instrumente in den Jahren davor boten, war doch mein Herzenswunsch ein Harmonium, und ich sprach diesen Wunsch wiederholt offen aus. Daraufhin bestellte mein Vater – wieder bei Meinel & Herold – einen Katalog, der Instrumente zwischen 100 und 2000 Mark („RM“) auswies. An Kauf war jetzt natürlich ebensowenig zu denken wie später, als ich mir ein Fernglas wünschte und es gleichfalls beim Bezug eines Kataloges blieb. Das hatte mit Zynismus nicht das geringste zu tun, wohl aber damit, daß in solcher Situation auch schon die bildliche Darstellung des gewünschten Gegenstandes einen Hauch von Besitzerfreude vermitteln kann. Meinem Vater war das wohl kaum in dieser Klarheit bewußt, aber gütig und feinfühlend, wie er war, erspürte er es und handelte danach.

Übrigens versuchte ich mir meinen Wunsch nach einem Fernglas im Januar 1945 auf die Weise zu erfüllen, daß ich bei Nacht und strömendem Regen aus einem erbeuteten amerikanischen Panzerspähwagen das Zielfernrohr herausmontierte. Wäre ich dabei entdeckt worden, hätte man mich mit Sicherheit wegen Schädigung der deutschen Wehrmacht an die Wand gestellt. Um das Risiko möglichst gering zu halten, vergrub ich – abermals bei Nacht und Nebel – das kostbare Stück im Garten, wo es wenige Wochen später – welche Ironie des Schicksals! – von einer amerikanischen Granate zerfetzt wurde.

Doch das nur nebenbei. Was wieder die dörfliche Musikszene betrifft, so verstand es sich von selbst, daß all die Erfüllungen, aber auch die Träume und Sehnsüchte, von denen inzwischen die Rede war, mit auf den Weideplatz wanderten. Das war damals bei meiner Schwester der Fall, als sie mir beim Viehhüten den ersten Gesangsunterricht erteilte, und das traf nun auch auf mich zu, nachdem ich selbst zum Hütekind herangewachsen war. Umfangen von Gottes vieltönender freier Natur, spannte die auf Sang und Klang gestimmte Seele – wir hörten es schon – vor allem am frühen Abend ihre

Flügel aus, wenn die Rückkehr nach Hause bevorstand oder bereits angetreten war. Da brauchte nur noch der Klang der Betglocke vom Kapellenturm auf dem Felsen im Dorf hinzuzukommen, und schon mutete es an wie in Ludwig Uhlands Gedicht: „Droben stehet die Kapelle,/ schauet still ins Tal hinab./ Drunten singt bei Wies und Quelle/ froh und hell der Hirtenknab".

Von den vorhin erwähnten Instrumenten nahm ich, solange sie existierten, nur die Mundharmonika mit auf die Weide, weil ich nur über sie volles Verfügungsrecht besaß. Meist blieb auch sie daheim, weil ich sie vor Schaden bewahren wollte. Hatte ich sie aber mal dabei, mußte sie buchstäblich alles hergeben – nicht selten unter lautem Jaulen des Hundes. Ich spielte alle mir bekannten Volkslieder, mit Inbrunst aber auch Kirchenlieder, bei denen ich mich in die Rolle der zwei von mir so bewunderten Harmoniumspieler hineinträumte. Ich versuchte es sogar mit stümperhafter Choralbegleitung, wobei mir allerdings auffiel – vor allem wenn es sich um Requiempassagen handelte –, daß es nicht so richtig klang, nicht so, wie es der auf seine Art recht feinsinnige Müller hinbrachte. Kein Wunder, meine Mundharmonika gab keine Mollklänge her.

Das alles konnte beim Viehhüten Einzelleistung sein und war es auch oft. Aber gerade auf dem Feld der Musik mußten Freude und Anregung um so größer sein, je mehr man das Singen und Musizieren mit anderen teilen konnte, vorausgesetzt natürlich, diese anderen waren gleichfalls für Musik offen und auf Musik gestimmt. Das traf in besonderem Maße auf den im Hinterdorf (im sogenannten *Äk*) wohnenden Hütebub Peter zu, den jüngsten Bruder übrigens des Kuhjungen, der einige Jahre zuvor dem Hund Phylax Sprachunterricht erteilt hatte. Wir trafen uns jeweils in einem Wiesengrund, wo unsere Herden durch den größeren der beiden heimischen Bäche getrennt waren, so daß wir uns fast ungestört unseren musikalischen Neigungen hingeben konnten. Peter spielte wie ich Mundharmonika, aber wichtiger war noch, daß ich von ihm Lieder lernte, die mir seitdem liebe Begleiter geblieben sind.

Einmal, im Frühjahr, als Wald und Flur in saftigem Grün prangten, war es das Lied: „Ich geh durch einen grasgrünen Wald", ein andermal die von Engelbert Humperdinck in die Märchenoper „Hänsel und Gretel" übernommene Volksweise „Ein Männlein steht im Walde", und wieder ein andermal, im Herbst, das Lied „O wie ist es kalt geworden". Und schließlich – am 27. August 1944, einem Sonntagnachmittag – lernte ich von ihm das textlich auf Justinus Kerner zurückgehende Lied „Preisend mit viel schönen Reden ihrer Länder Wert und Zahl". Bei diesem Lied sind mir die Umstände, unter denen ich es lernte, deshalb so genau in Erinnerung geblieben, weil während des Einübens mehrfach amerikanische Jagdbomber über uns hinwegzogen, die auf die näher heranrückende Kriegsfront hindeuteten. Peter und ich ahnten, wie bitterernst es inzwischen um die vom Dichter gepriesenen „Länder“ stand, und da weckte der treuherzig biedere Ton, der sowohl durch den Text wie die Melodie hindurchklingt, in uns Gefühle der Wehmut und der Sehnsucht. Möge es doch in Deutschland, so unser banger Begleitkommentar, noch einmal so traulich, so gemütlich und heimelig werden, wie es damals war, als „viele deutsche Fürsten“, „ihrer Länder Wert und Zahl“ preisend, „zu Worms im Kaisersaal“ saßen. Das Lied hat diese Stimmungsqualität für mich bis auf den heutigen Tag behalten.

Man braucht das alles nur so auszusprechen, um auch beim Thema „Viehhüten und Musik“ wieder den Eindruck entstehen zu lassen, wie betulich und behaglich es damals im Dorf zugegangen sei. An diesem Eindruck ist soviel richtig, daß Singen und Musizieren unter den Freuden des Viehhütens in der Tat einen Spitzenplatz innehatten. Aber darüber darf doch auch das Bedrückende nicht vergessen werden, von dem im vorhergehenden gleichfalls die Rede war. Selbst wenn man von der heraufziehenden Kriegsfurie und besagter Ohrfeige mit der dahinterstehenden Mentalität absieht, bleibt immer noch ein entscheidender Mangel bestehen: Eine Förderung musikalischer Interessen und Begabungen über das geschilderte Maß hinaus war damals in dieser Region so gut wie ausgeschlossen, zumindest in den Dörfern. Ich weiß nicht, ob ich musikalisch begabt bin, aber ich hätte es in jungen Jahren liebend gern erprobt, es war mir nicht vergönnt. Bei aller Hinneigung zur Musik, die mich begleitet, seitdem ich denken kann, mußte ich mich mit meiner Sehnsucht begnügen. Zugespitzt formuliert: Ich hatte es leichter, Professor der Philosophie zu werden, als in meiner Kindheit und Jugend die Anfangsgründe des Klavierspiels oder auch nur die Notenschrift zu erlernen. Wie bereits gesagt, fiel dabei infolge des Krieges selbst das Gymnasium aus, wo mir übrigens auch keine einzige Stunde Kunstunterricht beschieden war. Als ich mir dann im Alter von fast dreißig Jahren endlich eine Ausbildung hätte leisten können, war es bei den vielen Verpflichtungen, denen ich mich mittlerweile gegenübersah, zu spät.

So ist es also bei meiner Sehnsucht geblieben, gepaart mit mancherlei autodidaktischen Versuchen, nicht zuletzt auf dem für mich auch später noch in Zauberglanz gehüllten Harmonium in meiner Heimatpfarrkirche. In blankem Wildwuchs arbeitete ich mich in Tonarten und Akkorde ein mit dem verwegenen Ergebnis, daß ich ab meinem siebzehnten Lebensjahr hin und wieder – wenn von den beiden bestallten Spielern keiner zur Stelle war – Meß- und Andachtsgesänge begleitete. Das klang wahrlich nicht gut und vor allem nicht notengerecht, ändert aber nichts an der Tatsache, daß mir später selbst bei großen Festreden nicht gewichtiger und feierlicher zumute war, als wenn ich in der bescheidenen Dorfkirche für vielleicht zehn Mitfeiernde „Maria zu lieben“ spielte (in G-Dur!).

Heute spiele ich nur noch auf meiner kleinen Heimorgel im Wohnzimmer und möglichst auch nur dann, wenn ich allein bin, wenn es also ein Spiel nur für mich und den lieben Gott ist. Und was spiele ich da? Mit Vorliebe die Lieder aus dem alten Gesang- und Gebetbuch der Diözese Trier, jene Lieder, die zwei längst verstorbene Männer – und zwischendurch auch ich selbst – auf einem längst ausgemusterten Harmonium gespielt haben. Es sind die Lieder, mit denen ich aufgewachsen bin und von denen jedes eine eigene Stimmungsnote hat. Bei allen Schatten, die damals für mich auf Kirche und Gottesdienstbesuch lasteten, trifft auf jedes dieser Lieder doch auch wieder etwas von dem zu, was Theodor Storm in seinem Gedicht „Die Stadt" ausspricht: „Der Jugend Zauber für und für/ ruht lächelnd doch auf dir, auf dir". Oder mit einem Wort von Georges Bernanos: Es ist „die süße Kindheit, ‚die als erste aufsteigt aus den Tiefen einer jeden Agonie' " (zitiert bei Walter Strolz).

Alles in allem liegt also ein unabschätzbarer Gewinn darin, daß heute auch in ländlichen Regionen wie der Eifel jedes Kind, das sich für Musik interessiert und entsprechend begabt ist, fachgerecht gefördert werden kann. Allerdings wird dieser Gewinn zunehmend dadurch verdunkelt, daß er gar nicht mehr so recht als Gewinn empfunden wird und daß folglich auch die innere Hingabe bei der Wahrnehmung der gebotenen Möglichkeiten größer sein könnte. Auch hier bewahrheitet sich etwas von dem Sprichwort: „Was nichts (mehr) kostet, ist auch nichts wert". Das probateste Mittel gegen solche Verflüchtigungsmentalität sind Rückblicke wie die in diesem Kapitel angestellten. Ergibt sich doch aus ihnen wie von selbst der Appell, von Herzen dankbar zu sein, wenn man heute Klavier-, Violin- oder was sonst für einen Instrumentalunterricht bekommt, wo doch vor noch gar nicht so langer Zeit schon eine einfache Mundharmonika die halbe Welt bedeuten konnte.

Die Situation wird heute weiter dadurch erschwert, daß – aufgrund der modernen Medien – Musik zum allgegenwärtigen Alltagsphänomen geworden ist. Damit droht die Gefahr, daß nun gerade auch die Musik zum bloßen Konsumartikel verkommt. Sie wird zur Berieselung, die man, falls überhaupt, nur noch untergründig wahrnimmt, von der abstumpfenden Wirkung der Lärmorgie im Kopfhörer oder des ohrenbetäubenden „Sounds" in der Diskothek gar nicht erst zu reden. Da bleibt dann so gut wie nichts mehr von dem Entzücken, der Wehmut, dem Heimweh und der stillen Freude, die mich schon als kleines Kind anrührte, als ich beim Viehhüten von meiner Schwester die ersten Lieder lernte.

Und was wird heute nicht alles als Musik ausgegeben! Soll da Musik auch weiterhin menschenbildend wirken, sollen Menschen weiterhin durch sie innerlich bereichert und zu einem Mehr an Menschlichkeit gerufen werden, so bedarf es derselben Maßgaben und Maßnahmen, wie sie in früherem

Zusammenhang schon bezüglich Spiel und Spielen allgemein zutage getreten sind: Es muß sorgfältig Werthaltiges von Minderwertigem unterschieden und die junge Generation – so paradox es klingen mag – in eine gewisse Musikaskese eingeübt werden. Es ist traurig, daß in meiner Kindheit und Jugend so viel Sehnsucht nach Musik unerfüllt geblieben ist, aber andererseits kann Musik ohne wenigstens einen Funken dieser Sehnsucht auch wieder nicht sein; ohne ihn würde sie verdorren und schließlich im Nichts verklingen. Bannen läßt sich diese Gefahr heute nur durch wohlabgewogene Enthaltsamkeit, durch einen Wechsel von Ausblenden und Konzentration: eben durch Askese.

4) Winterszeit

Dem letzten Hütetag kurz vor oder kurz nach Allerheiligen war ein Zug von Beschaulichkeit zu eigen, vorausgesetzt, das Hütekind wußte, daß es der letzte war. Mitunter ging nämlich die Hütezeit auch ohne förmlichen Letzttag zu Ende, indem eine Regenperiode einsetzte und das Ende sich einfach nur so ergab. Aber selbst dann war Nachdenklichkeit angesagt, denn was konnte jetzt zum Abschluß nicht alles vor dem inneren Auge Revue passieren! An etwa 180 Tagen war das Vieh seit dem Frühjahr auf der Weide gewesen, davon an mindestens 150 Tagen sowohl am Vor- wie am Nachmittag. Eine Fülle von Erlebnissen und Erfahrungen hatten sich in dieser Zeit in der Seele angesammelt, beglückende, aber auch bedrückende, die nun aufatmen ließen. Was zu diesen Erlebnissen und Erfahrungen hingeführt hatte, war nun vorbei, schon fielen die ersten Blätter und welkten die letzten Blumen: Der Winter stand vor der Tür. Wurde es da schon auf der Dorfstraße stiller, so erst recht auf den Feldern und Weideplätzen. Abgeräumt, verlassen und in verblassende Farben getaucht, waren sie fortan Sturm und Regen, den herbstlichen Nebeln und danach den winterlichen Frösten und Schneefällen anheimgegeben. Bevölkert wurden sie nur noch von dem einen oder anderen Jäger, von Krähen, Hasen und Rehen, die weiterhin auf ihnen nach Nahrung suchten, und von Unterbodentieren wie Mäusen und Maulwürfen, die sich tief in die Erde hineingruben. Immer früher flammten nun in den Häusern die Lichter auf (in meinem Heimatdorf seit 1922 elektrische), deren milder Schein durch die Fenster nach draußen drang und der dunklen, oft sturmgeschüttelten Herbstesnacht einen Hauch von Besänftigung, ja Behaglichkeit abtrotzte. Ausgenommen waren davon allerdings die Kriegsjahre, in denen strikte Verdunkelungspflicht bestand und man es sich schließlich kaum mehr vorzustellen vermochte, wie es wäre, wenn wieder „still erleuchtet jedes Haus“ (Eichendorff) dastünde. Mit dem Aufleuchten der Lampe begann jener Tagesabschnitt, da sich die Hausbewohner „um des Lichts gesell'ge Flamme“ (Schiller) versammelten und der lange Winterabend seinen Anfang nahm.

In solcher Atmosphäre des Ausruhens, ja der Innerlichkeit konnten es die Kinder als wirkliche Wohltat empfinden, daß das Viehhüten nun von ihnen genommen war. Überblickt man von diesem Einschnitt her die Vielfalt der Aspekte und Perspektiven, die in den bis jetzt durchmessenen beiden ersten Teilen dieses Buches zutage getreten sind, so dürfte sich die Voraussage bereits bestätigt haben: Das Viehhüten stellte wirklich ein Verdichtungszentrum kindlich-jugendlichen Werdens im Dorf dar. Von ihm selbst gingen gewichtige Einflüsse aus wie sich darin zugleich die ganze Atmosphäre spiegelte, die mich in meinen jungen Jahren umgab und prägte. Indirekt war also im Viehhüten auch das Leben und Erleben außerhalb des Hütedienstes gegenwärtig, wie sich das vorhin gerade am Beispiel Musik anschaulich gezeigt hat. Dieses Umfeld gilt es nachfolgend weiter aufzuhellen, womit dann der in der Einleitung umrissene zweite Aussagenkreis mehr und mehr hervortritt, allerdings so, daß das Viehhüten als Basis und Rahmen der Darstellung weiterhin in Kraft bleibt. Als erstes bietet sich da erneut das Thema Spiel an und – aus diesem erwachsend – das soeben signalisierte Thema Winterszeit, beide Themen vorwiegend wieder auf die spezifisch kindliche Alters- und Erlebnisstufe bezogen.

Es versteht sich von selbst, daß es auch unabhängig vom Spiel auf der Wiese im Dorf Kinderlust und Kinderspiel gab. Das traf selbst während der Weideperiode zu, wo bei aller Beanspruchung durch Hütedienst und Schule immer noch die eine oder andere Stunde blieb, die von den Kindern auf ihre Weise genutzt werden konnte, etwa am frühen Nachmittag, während das Vieh im Stall war, und vor allem am Sonntagnachmittag, wenn die „Großen“ beim Hütedienst einsprangen. Da vergnügte man sich je nach Jahreszeit und äußeren Umständen mit Kreisel- (*Dielendoop-*) und Klicker- (*Knackessen-* oder *Murbel-*) Spiel. Da gab es Vier-Ecken-Spiel, Völkerball sowie Fang- und Versteckspiele, letztere mundartlich *Hieschdeppches* genannt. Die Mädchen legten beim Ball-Spielen, nach genau festgelegtem Ritual, (mit zehn (?) Testaufgaben) die „Prüfung“ ab und führten Abzähl- und Reigenspiele auf. Von letzteren sind mir noch einige Verse in Erinnerung. Ich führe sie hier schlagwortartig an in der Hoffnung, daß sie bei dem einen oder anderen Leser Assoziationen wecken und daß so die betreffenden Spiele vor dem Vergessen bewahrt werden:

> „Klein Ännchen von der Mühle, saß eines Abends kühle auf einem harten Stein ...“; „Wir bauen eine Brück ... aus Gold und Silbersteinen ...“; „Kommt ein Reitersmann daher auf der grünen Wiese ...“;

In winterlicher Pracht. Neuschnee, vor allem der erste im sich neigenden Jahr, hatte trotz Erschwerung des Schulweges einen eigenen Zauber. Wie still war es jetzt erst im Tal! Selbst die Angelus-Glocke im Kapellenturm klang nun gedämpft und verhalten. Wollte auch sie das makellose Weiß auf Pääsch *und Strohhaufen (im Vordergrund) hüten?*

„Hans Michel der wohnt in der Lämmer- Lämmerstraß, kann machen, was er will ...“; „Rote Kirschen eß ich gern ..., saß ein Kuckuck auf dem Dach, hat gesungen die ganze Nacht: diese, diese muß es sein!“

Beliebt war es auch, in forschem Gleichschritt neben einem anderen Kind einherzugehen, sich gegenseitig über Kreuz an den Händen zu halten und dabei folgenden Spruch zu deklamieren: „Ackersmann, Bauersmann, links, rechts di-wupp“. Bei „di-wupp“ erfolgte eine Wendung um 180 Grad, und schon ging es in entgegengesetzter Richtung weiter.

Bei Kindern im Grundschulalter stand, zumal im Frühjahr, das sogenannte „Band-fahren“ hoch im Kurs. Mit „Band“ (*Baand*) waren ausgediente Eisenreifen von Holzrädern oder ausgemusterte Fahrradfelgen gemeint, die durch schubsende Stockhiebe angetrieben und im Mitlaufen in Bewegung gehalten und gelenkt wurden. Größere Buben schließlich konnten sich für den Sonntagnachmittag im Sommer kein erleseneres Vergnügen denken, als sich auf improvisierter Kegelbahn unter Benutzung eigenhändig gefertigter Kegel und Kugeln in Geschicklichkeit und Treffgenauigkeit zu messen. Mundartlich heißt Kegeln anschauungsgerecht *Kaalen-scheiwen* (Kegel schieben), mit *Kaalen* (= Kegel) und *Kaalen-Kläätzern* (= Kegelklötze = Kugeln).

Aber wie mit den Spielen auf dem Weideplatz war es bei der nun heraufziehenden Winterszeit auch mit dem Großteil dieser Spiele vorbei. Wenn da gleichwohl kein Vakuum entstand, so aus dem Grunde, weil sich nun neue, spezifisch winterliche Möglichkeiten eröffneten. An deren Spitze stand das Schlittenfahren, zu dem tiefverschneite Hänge und schneebedeckte, abschüssige Wege einluden. Grundausstattung waren dabei niedrige, kistenartige Bretterkufenschlitten, die zum Teil noch nicht einmal Eisenbeschlag aufwiesen. Bis Ende der dreißiger Jahre kamen allerdings einige Rodelschlitten hinzu, wohingegen feineres Gerät wie Schlittschuhe und Bobschlitten einigen Bessergestellten im Pfarrdorf vorbehalten blieb. Besonders spannend wurde es, wenn am Abend, nach Erledigung der Stallarbeit, auch die „Großen“, die die Schule bereits hinter sich hatten, mitmachten. Da kamen mitunter sogar die sehr viel breiteren und längeren Ackerschlitten zum Einsatz, auf denen sonst die Eggen vom Gespannvieh aufs Feld gezogen wurden. Je mehr darauf Platz nahmen, um so größer war das Vergnügen, zumal dann, wenn die ganze Besatzung, in eine Schneewolke gehüllt, im Graben landete. Da konnte man in bitterer Kälte vor innerer Wärme glühen, wonnevoll obendrein vom Mond angerührt, der in einer Klarheit am Himmel stand, wie man ihn sonst im Jahr nur selten sieht. Und wie groß und schön war dieser Mond zuvor in kalter Winterluft über den östlichen Bergen aufgegangen!

Kaum weniger Freude bereitete das Eisschlittern (*Rollen*) auf den zugefrorenen Bächen und den Eisflächen, die sich auf Talwiesen ausbreiteten. Jetzt erwachte auf diesen Wiesen neues, diesmal winterliches Leben, das noch um so vergnüglicher war, als die Dorfkinder damals an Werktagen durchweg pinnenbeschlagene Schuhe trugen, die eine enorme Gleitfähigkeit gewährleisteten. Die Eisflächen entstanden dadurch, daß der Bach über die Ufer getreten war und das Wasser gleich danach gefror, oder auch so, daß die Eigentümer das nunmehr gefrorene Wasser aus dem Bach abgeleitet hatten, um ihre Wiesen zu wässern und den Mäusen und Maulwürfen den Garaus zu machen. Solche „*Roll*-Partien" fanden auch auf dem gut zwei Kilometer langen Heimweg von der Schule statt mit der Folge, daß die Kinder reichlich verspätet zu Hause ankamen. Einmal war meine Mutter – weil sie das Essen über Gebühr lange warmhalten mußte – so erzürnt, daß sie mir kräftig mit dem Stock zuleibe rückte. Das kam auch sonst hin und wieder vor, etwa im Frühjahr, wenn sie wegen des Plünders von Rabennestern um mich bangte, weil mir dabei kaum ein Baum zu hoch war. Wunderbar war aber dann an dieser seelengroßen und lebensweisen Frau, daß sie schon wenige Minuten später alles wieder gut sein ließ. An ihr – und nicht weniger an meinem Vater – habe ich gelernt, was Verzeihen heißt: die Gewährung einer Chance zum Neuanfang, so als ob nichts gewesen wäre.

Erfreulich waren im Winter ferner die sich häufenden kirchlichen Festtage, allerdings mit Einschränkung, wie sich noch zeigen wird. Für die Kinder ragten dabei besonders der Nikolaustag und Weihnachten hervor, weil dies bis auf wenige Ausnahmen (wenn zum Beispiel ein neues Taschenmesser oder ein Gang zu Kirmesbuden anfiel) die einzigen Geschenktage im Jahr waren. Geburtstag wurde überhaupt nicht gefeiert, und zum Namenstag gab es allenfalls eine Kleinigkeit, etwa ein Taschentuch mit farbig aufgedrucktem Wolf und Rotkäppchen, oder man bekam einfach nur gratuliert. Auch die Geschenke vom Nikolaus und Christkind waren, an heutigen Maßstäben gemessen, minimal, vor allem in den Kriegs- und ersten Nachkriegsjahren. Da fehlten auf dem Teller sogar die traditionelle Apfelsine und zu Nikolaus der Weckmann mit der eingebackenen weißen Tonpfeife. Auch sonst war unter den Geschenken kaum etwas, das man (wie eine Unterhose) nicht ohnehin gebraucht hätte, wobei ich insofern noch zu den Begünstigten gehörte, als mir in dem einen oder anderen Jahr eine Mundharmonika, ein andermal ein Burg-Baukasten und einmal sogar ein aufziehbarer Panzerwagen zuteil wurde, der beim Fahren aus der Kanone heraus Feuer spuckte.

Eine gewisse Schizophrenie haftete dem Nikolaustag infolge des mitagierenden Knechts Rupprecht an, bei uns Hans Muff genannt. Nicht nur daß er schon Tage vorher durch abendliches Kettenrasseln vor der Haustür die Kinder in Angst und Schrecken versetzte, die Angst nahm noch erheblich zu, als er einmal im Gefolge des heiligen Mannes mit einem Rucksack in unserer Stube erschien, aus dem zwei beschuhte Kinderfüße herausschauten.

Rodelpartie im Eifeldorf

Mich packte das blanke Entsetzen. Doch um so größer war am nächsten Morgen die Freude, als sich zeigte, daß der Teller nichts zu wünschen übrig ließ. An den Weihnachtsgeschenken glaubte man gar im Lichtschein des Christbaumes Spuren von christkindbegleitenden Engeln ausmachen zu können. Da wollte es mir absolut nicht in den Kopf hinein, daß mein Onkel die ihm freudig vorgezeigten Gaben einmal mit dem Ausspruch kommentierte: *Et as zeviel, et as zeviel* (es ist zuviel, es ist zuviel). Das Christkind, sagte ich mir, werde doch wohl wissen, was es tue.

Hinter diesem Zwiespalt verbarg sich eine merkwürdige Zurückhaltung der Erwachsenen, die Kinder über die wahre Natur solchen Schenkens aufzuklären. Bis zu meinem 8./9. Lebensjahr glaubte ich ungebrochen daran, daß die Geschenke vom Nikolaus und Christkind persönlich herrührten, und entsprechend eifrig war mein Beten zu ihnen; in meinem zweiten Schuljahr, als ich „schon" so weit zählen konnte, brachte ich es auf siebzig „Vater unser" und „Gegrüßet seist du, Maria". Ein erster Zweifel, den ich meiner Mutter gegenüber unter Berufung auf meinen Vetter Martin äußerte, wurde von dieser mit einer kommentarlos verabreichten schallenden Ohrfeige beantwortet. Daraufhin war mein Glaube augenblicks für ein weiteres Jahr wiederhergestellt. Als ich dann nach Ablauf dieses Jahres den Hergang der Dinge schließlich doch illusionslos durchschaute, sah ich mich einem Verhalten gegenüber, für das die in Rede stehende Einsicht das Selbstverständlichste von der Welt zu sein schien – auf einmal! Es schien sich jetzt um ein Wissen zu handeln, das nicht eigentlich übermittelt, sondern von einem bestimmten Zeitpunkt an einfach als gegeben unterstellt zu werden brauchte. Bei Verabreichung der Ohrfeige war dieser Zeitpunkt in den Augen meiner Mutter offensichtlich noch nicht gekommen, folglich hatte sie, so vermutlich ihr Gedanke, entgegenzuwirken, und zwar in einer Weise, die sie nicht zu einer von mir einklagbaren Falschaussage zwang.

Aber damit wurde die Ohrfeige kaum sinnvoller. Sie gibt mir bis heute Rätsel auf an dieser Frau, deren Seelengröße und uneingeschränkte Verzeihensbereitschaft soeben noch zu rühmen waren. Ich kann mir ihr Verhalten nur so erklären, daß in diesem Punkt dasselbe Schweigen regierte, das uns in sehr viel massiverer Gestalt schon bezüglich des sexuellen Bereiches begegnet ist. Wie dort fühlte man sich offensichtlich auch hier stillschweigend an ein als verpflichtend erachtetes, von außen auferlegtes „Normal"-Maß gebunden, gegen das man nicht verstoßen wollte, über das man aber mit den Kindern, die es anging, auch nicht offen zu sprechen vermochte. Bei allem guten Willen, den meine Mutter ohne Zweifel hatte, blieb ich also, bedingt durch eine autoritär strukturierte Lebenswelt, wiederum allein.

Vor allem war das dörfliche Leben im Winter, wie schon wiederholt gesagt, durch das lange abendliche Beisammensein in der wohligwarmen

Winterszeit und große Dreschmaschine im Dorf: Fast das halbe Dorf ist auf den Beinen und im Einsatz.

„Die Glocken sind nach Rom“: die „Klapperjungen“ meines Heimatdorfes an Karsamstag 1944.

Stube mit dem behaglich donnernden Ofen in der Ecke gekennzeichnet. Aber auch das zeigte sich schon, daß mit Erzählen allein, dem sogenannten *ze Uuschten-gohn*, die allzeit wie ein dunkler Schatten im Hintergrund lauernde Langeweile nicht zu bannen war. Es mußte mehr geschehen; also wandten sich Erwachsene wie Kinder bestimmten Gesellschaftsspielen zu, die zwar nicht durch besondere Originalität glänzten, aber gute Dienste taten. Beliebt waren „Mensch ärgere dich nicht", „Mühle" (mit verschiedenfarbigen Bohnen als Spielmarken) und diverse Kartenspiele. Hin und wieder fand man sich auch zu einem in der Region gern geübten Pfänderspiel zusammen, bei dem die Pfandpflichtigen wie folgt ermittelt wurden: Mehrere Personen saßen um den Tisch und bliesen einen Wollbausch über diesen hin. Wer zu schwach blies, so daß der Bausch bei ihm herunterfiel, mußte ein Pfand herausrücken. Glaubte man genug Pfänder beisammen zu haben, mußte der jeweilige Spender die Stube für eine kleine Weile verlassen, währenddessen die anderen eine – mitunter recht derbe – Aufgabe ausheckten, die zu bestehen war, um das Pfandgut wiederzuerlangen, etwa bei verbundenen Augen auf einen Gegenstand beißen, der als Kernseife zu identifizieren war. Zur Legende gedieh die Ausdauer einzelner Männer beim Skatspiel. An den Karnevalstagen spielten sie – bewirtet mit Kaffee und Kreppel (*Nouzen*) und angefeuert durch scharfe Obstschnäpse – nicht selten ganze Nächte durch.

Und schließlich wartete auf die Dorfkinder, näherhin die Buben, noch ein Höhepunkt von ganz eigener Art: das „Hütten-" oder – wie es andernorts heißt – das „Burgbrennen" am ersten Fastensonntag, dem sogenannten *Schaaf-(Scheef-)sonndich*. Es handelte sich dabei um das Abbrennen eines riesigen, aus Fichtenreisig und Stroh (um einen Tannenbaum) gewundenen Kreuzes auf dorfbeherrschender Höhe, verbunden mit dem Entzünden von Strohfackeln und dem Feuerwerk eines neben dem Kreuz aufgeschichteten, bis zu vier Meter hohen Schlehdorn- und Reisigstapels. Bis es soweit war, bedurfte es wochenlanger Vorbereitungsarbeiten seitens der Dorfbuben, bei denen der älteste noch nicht schulentlassene Junge Regie führte, mundartlich ausgedrückt: als *Kupphäär* fungierte (Herr des Haufens). Dieser Brauch, den es auch heute noch gibt und der streng auf die Westeifel und Nordluxemburg begrenzt ist, hat längst wissenschaftliche Dignität erlangt, weshalb hier nur so viel gesagt werden soll: Die damalige Dorfbevölkerung verstand das Hüttenbrennen als Winterverbrennung, in die religiöse Elemente eingelagert waren: christliche, aber auch, wie die Forschung nachgewiesen hat, heidnische. Die christlichen traten vor allem darin zutage, daß vor dem Anzünden des Kreuzes unter dem Geläut der Abendbetglocke der „Engel des Herrn" gebetet wurde. Übrigens mußte während der Kriegsjahre – wiederum aus Verdunkelungsgründen – das Hüttenbrennen unterbleiben.

Hinzuweisen wäre auch noch auf den „Klapperdienst" der Dorfbuben an den Kartagen. Da waren, wie es hieß, die Glocken nach Rom geflogen, will sagen, sie schwiegen. Ersetzt wurde (und wird!?) das Geläut durch das Knarren und Rattern von Holzklappern, worüber es ebenfalls eine reichhaltige Literatur gibt.

Faßt man das alles zusammen, so scheint der Befund eindeutig zu sein: Mehr fast noch als im Sommer, so könnte man annehmen, geriet das Leben der Dorfkinder damals im Winter zur unbeschwert glücklichen Idylle. Doch wäre auch diesmal bei einer solchen Einschätzung nachträgliche Verklärung und Idealisierung im Spiel. Gewiß gab es die Freuden des Schlittenfahrens und *Rollens*, aber daneben gab es doch auch viele andere Tage, die grau in grau, nebelverhangen oder verregnet in ödem, räumlich noch enger gestricktem Alltagstrott dahingingen. Selbst die erwähnten vielen kirchlichen Festtage hatten Schattenseiten, insofern sie einen entsprechend gesteigerten Gottesdienstbesuch in der über zwei Kilometer entfernten kalten Pfarrkirche geboten. Wie oft kam man dort nach dreiviertelstündigem Anmarsch durchnäßt und durchgefroren an, und wie kroch die Kälte dann erst recht in einen hinein, wenn man eine gute halbe Stunde lang auf niedriger Bank, in den ersten Jahren auch noch freischwebend, knien mußte. Ich werde nie den glitzernden Firn an den Wänden und die Eisblumen an den in Bleigitter gefaßten bunten Kirchenfenstern vergessen, die sich als ästhetische Gegengabe für kalte Füße, klamme Finger, brennende Ohren und eine juckend auftauende Nase darboten, die sich bei großer Kälte zunächst wie verklebt anfühlte. Und das alles unter der Forderung, ungeteilt („mit Andacht") dem Geschehen auf dem Altar zugewandt zu sein, in dessen Bannkreis man sich kaum bewegen, geschweige den Kopf nach rückwärts drehen durfte.

Überdies galt zu solch heiliger Zeit auch die Werktagsmesse am frühen Morgen, kaum daß ein erstes Dämmerlicht aufschimmerte, als in höherem Maße verpflichtend. Außer in den Weihnachtsferien führte der Weg dann aus der kalten Kirche in die Schule, wo der Ofen – zunächst wenigstens – weit mehr Rauch als Wärme an die Kinder abgab. Hier mußte nun die durchnäßte Kleidung am Leib trocknen. Dabei wurden an manchen Tagen, zum Beispiel wenn Kinder bei abtauendem Glatteis auf der Straße in Pfützen gefallen waren, Gerüche freigesetzt, die heute den Tatbestand ökologischer Luftverschmutzung erfüllen würden. Strotzten die Kleider doch mitunter geradezu von unedlen Ingredienzien. Und dann am Sonntagnachmittag, wie schon einmal gesagt, auch noch der Rosenkranz in der womöglich noch kälteren Dorfkapelle und an den Werktagen das abendliche Rosenkranzgebet daheim in der Stube, alles unter Stillsitzauflagen, mit denen verglichen der Bewegungsfreiraum auf dem sommerlichen Weideplatz wie ein Land der unbegrenzten Möglichkeiten anmuten konnte.

Und nicht zuletzt gab es auch jetzt kindliche Arbeitspflichten. An die Stelle des sommerlichen Hütedienstes trat nun die Aufgabe, die an das Vieh zu verfütternden Runkel- und Kohlrüben von ihnen anhaftenden Erdresten zu reinigen, mittels Messer also Rüben „zu putzen“. Berechnet auf unseren Viehbestand hockte ich da täglich eine geschlagene Stunde vor dem Rübenhaufen im Schuppen oder Keller und frönte einem Tun, wie es eintöniger und geistloser nicht gedacht werden kann. Hinzu kam die Mithilfe beim Getreidedreschen in der kalten und staubigen Scheune, beim täglichen Sägen und Hacken des Brennholzes sowie nach wie vor beim Geleit einer Kuh zum Bullen oder einer Sau zum Eber. Für die Mädchen fielen verstärkt Hilfsdienste bei der Haus- und Stallarbeit an.

Derweil wurden mit fortschreitender Winterszeit in manchen Häusern die Nahrungsmittel knapp. War die Vorjahresernte schlecht ausgefallen, mußte man verschiedentlich schon jetzt im Vorgriff auf die nächste Ernte in der Mühle im Nachbardorf Mehl borgen. Noch kritischer stand es um die Versorgung mit Fleisch. Das eine Schwein, das ärmere Familien meist nur zu mästen imstande waren, reichte allenfalls für eine Fleischmahlzeit pro Woche, in der Regel am Sonntag, und das auch nur für wenige Monate.

Eine eigene Sache war es um das Schlachten der Tiere. Wegen der kühlen Witterung – damit das Fleisch nicht verdarb – wurde nur im Winter geschlachtet und ausschließlich in Form von Hausschlachtungen. Das zum Schlachten bestimmte Schwein wurde aus dem Stall getrieben und an Strikken festgehalten. Mittels eines weiteren Strickes im Maul zog man den Kopf in die Waagerechte, woraufhin ein darin geübter Mann mit umgedrehter Axt dem Tier den Schädel einschlug. War das Schwein gefallen, schnitt man ihm die Kehle durch und fing das ausströmende Blut zur Blutwurstherstellung auf. Zu letzterem Dienst wurden gelegentlich auch größere Kinder und Jugendliche herangezogen, wobei mir heute aber eines gewiß ist: Was ich damals als Dreizehn- oder Vierzehnjähriger schaffte, würde ich heute nicht mehr über mich bringen. Dabei sehe ich noch von jenen schlimmen Fällen ab, in denen der Axthieb nicht „richtig saß“ und das Tier furchtbarer Qual bis hin zu verzweifelten Fluchtversuchen ausgeliefert wurde.

Trotzdem schmeckte das Fleisch, so sonderbar uns das heute anmuten mag. Offenbar war damals das Verhältnis zum Tier noch etwas anders, vielleicht sogar naturwüchsiger als heute. Ohne weiter darüber nachzudenken, ließ man sich von der elementaren Lebenslogik leiten, daß Leben nun einmal von Leben lebt. Das schloß Zuneigung zum Tier nicht aus, doch liegt ohne Zweifel ein Fortschritt darin, daß wir heute von „Ehrfurcht vor dem Leben“ sprechen und – bei gutem Willen – in diese Ehrfurcht ausdrücklich das Leben der Tiere, ja schon das der Pflanzen miteinbeziehen. Wenn auch die Einstellung von damals nicht einfach als lebensverachtend gewertet werden darf, so war sie doch einer erheblichen Veredelung, wenn man so will: einer „Humanisierung“ bedürftig und fähig, insbesondere was die Art und Weise des Tötens betrifft: daß es dabei schmerzlos zugehe – wenn denn schon getötet werden muß.

Bei fortschreitender Winterszeit wurden aber auch für das Vieh im Stall die Nahrungsvorräte knapp. So wankten nicht selten im nächsten Frühjahr rappeldürre Gestalten zur Weide, und zwar zum frühestmöglichen Termin. Meine Familie blieb von solchen Engpässen weitgehend verschont. Ohne nennenswerten Hunger im Bauch konnte ich mich so auch um so mehr darüber freuen, daß nun im Winter keine Gewitter mehr zu befürchten waren.

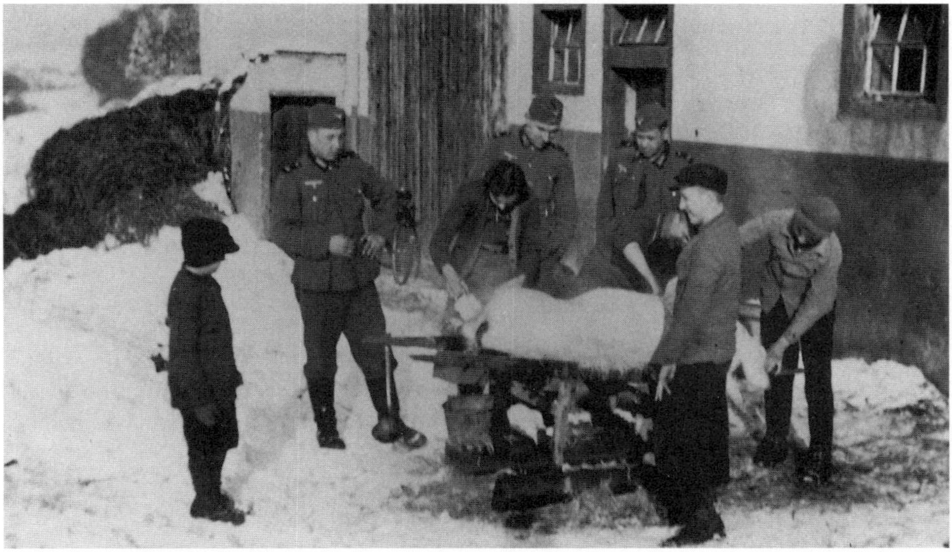

Winterliche Hausschlachtung 1939/40. Die einquartierten Soldaten schauen interessiert zu.

Erstes Bild von „Schwesterlein und Brüderlein" – vor ausgeräumter Dungkuhle und elterlichem Haus. Erster (!) Versuch auch des Fotografen...

Im ersten Schuljahr.

Ländliche „Fortbildungsschule für Mädchen" im heimatlichen Schuldorf Utscheid 1936.

III. Teil
Viehhüten als Spiegel von Bildungsgang und Menschenschicksal

7. Kapitel. Viehhüten und Dorfschule

1) Zwiespältiges Bild

Bezüglich des Erlebens und Treibens auf dem Weideplatz wurde bislang in diesem Buch zwischen Mühsal und Freuden des Viehhütens unterschieden. Dabei eröffneten sich Einblicke in tragende Grunderfahrungen kindlich-jugendlichen Werdens beim Viehhüten selbst, aber nicht minder, gleichsam durch dieses hindurch, in prägende andere Bereiche der damaligen dörflichen Lebenswelt. Wie schon in der Einleitung bemerkt, gab es daneben noch weitere Erscheinungen und Begebenheiten, die für mich Schicksal in sich bargen und ebenfalls vom Viehhüten her faßbar sind, sich aber nicht mehr unter die Gesichtspunkte Mühsal und Freuden des Viehhütens einordnen lassen. Ihnen ist der nachfolgende dritte Teil des Buches gewidmet. Vor allem zwei Bereiche sind dabei bedeutsam: mein schulischer Bildungsgang und die Sphäre des Politischen, so wie sie sich mir in schwerer Zeit (Drittes Reich und Zweiter Weltkrieg) eröffnete und mich beeinflußte, dargestellt unter dem Leitthema „Menschenschicksal“.

Geht es also zunächst um meinen schulischen Bildungsgang, so ist gleich zu Anfang zu bemerken, daß ich in meinem heimatlichen Pfarr- und Schulbezirk damals einer der ganz wenigen war, die aus der Dorfschule in die höhere Schule aufstiegen – in einem Zeitraum von fast dreißig Jahren einer von nur zweien. Bis es soweit war, besuchte ich ab meinem sechsten Lebensjahr die Volksschule im Pfarrdorf. Diese ist inzwischen längst zugunsten einer vollausgebauten Grund- und Hauptschule in einem größeren Dorf der Nachbarschaft aufgelöst, so daß im angestammten Pfarrdorf nur noch das um die Jahrhundertwende erstellte Gebäude von vergangenen Schultagen und Schülerschicksalen kündet. Gut sechs Jahre verbrachte ich als Schüler in dieser Schule, mein Übergang zur höheren Schule war eigentlich um zwei Jahre verspätet. Um so mehr konnten sich mir die Erlebnisse und Erfahrungen in der Dorfschule einprägen.

Bei der vielen Zeit, die man in jungen Jahren in der Schule verbringt – weit mehr noch als damals bei den Kühen auf der Wiese –, wäre es fast ein Wunder gewesen, hätte die Schule beim Viehhüten keinen Widerhall gefunden. Soweit es sich um mein Erleben in der Dorfschule handelt, wurden die wichtigsten Punkte schon erwähnt. Wir hörten, daß ich für Lehrer und Lehrerin Stöcke zurechtzuschneiden hatte, die zwar auch als Zeigestöcke dienten, aber nicht minder als Instrumente zur Schmerzzufügung. Zusammen mit anderen Hütekindern spielte ich auf der Wiese Schule, wobei es vor allem auf die Verabreichung von Hieben ankam. In der Schule erworbenes Wissen und dort gelerntes Liedgut kamen mir in den Sinn, wenn ich dem herbstlichen Schwalben- und Kranichzug nachschaute. Aus der Schule herrührende Informationen, die meinen historischen und zeitgeschichtlichen Interessen entgegenkamen, verdichteten sich im Blick auf aktuelle Ereignisse (Zweiter Weltkrieg!) gerade in der beschaulichen Atmosphäre des Viehhütens in mir zu jugendlichen Deutungen und Planspielen. Angesichts strahlender Sonnenuntergänge, sturmgepeitschter Wolken und sich entladender Gewitter schlugen sich Brücken von der Wiese zum schulischen Religionsunterricht hin und zu seinen Aussagen über Gott und die Welt. Und abermals ging es um den Religionsunterricht, wenn ich beim Viehhüten mein Gewissen für die nächste Beichte erforschte, zerrissenen Gemütes an meinen Fingern „Todsünden" zusammenzählte und Sühnegebete verrichtete.

Keine Frage also: Wie das Leben in der Familie, im Dorf und in der Pfarrei spiegelte sich im Viehhüten auch das Leben in der Schule wider. Aber schon obige Zusammenstellung macht deutlich, daß es sich um eine etwas sonderbare Widerspiegelung handelte. So fällt schon auf, daß das Echo im Vergleich zum Zeitaufwand für die Schule doch nur verhältnismäßig gering, auf jeden Fall nur sporadisch war. Daraus läßt sich von vornherein entnehmen, daß die Dorfschule nicht im Mittelpunkt des Interesses stand. Daß Kinder, auch die vom Lande, sich, wie heute weitgehend der Fall, gleichsam hauptamtlich als Schüler fühlen und dazu angehalten werden, sich so zu fühlen, kam damals noch nicht in Betracht. Zweitens fällt an der Widerspiegelung eine bemerkenswerte Zwiespältigkeit auf. Auf der einen Seite bedeutete mir die Vergegenwärtigung von Schule Hilfe und Bereicherung, auf der anderen Seite erstand vor meinem inneren Auge im Gewand von Schlägen und Gewissensqualen bis hin zu Höllenangst ein unfreundlicher und ungeliebter Aufenthaltsort.

Das so strukturierte Gefüge gilt es im folgenden zu entfalten und mit Leben, so wie es damals gelebt wurde, zu erfüllen. Vorboten der angedeuteten gefühlsmäßigen „Gemengelage" zeichneten sich in mir schon ab, bevor noch meine Schulzeit begonnen hatte, besonders in den letzten Wochen vor meinem Schuleintritt. Gottlob hielten sich meine Eltern frei von der Unvernunft derjenigen, die ihre zur Einschulung anstehenden Kleinen schon aus nichtigem Anlaß mit der Ankündigung bedrohten: „O warte nur, wenn Du in die Schule kommst ...". Aber ich hörte es bei anderen und konnte mich daraufhin einer gewissen Vor-Bangigkeit nicht erwehren. Weiterhin bedrückte mich der Gedanke an den gut zwei Kilometer weiten Schulweg. Man hatte mich ja ab meinem fünften Lebensjahr hie und da mit in die Sonntagsmesse genommen. So sehr mich dann das Harmonium faszinierte, so sehr hatte ich aber auch Anlaß, über müde Beine zu klagen. Und nun diese Wegstrecke täglich zurücklegen ...

Dieser Weg zur Schule und entsprechend auch zur Kirche war und blieb ein Problem. Wie unendlich weit und langweilig mutete er meist an, im Sommer oft bei sengender Hitze und sich zusammenballenden Gewitterwolken, im Winter nicht selten bei schneidend-eisigen Ostwinden und – am frühen Morgen – in frischgefallenem, ungespurtem Schnee. Von den daraus erwachsenen Beschwerden samt Folgen war schon einmal die Rede, wobei wir Talkinder es im Vergleich zu denen, die aus anderen Filialen über die Höhe anmarschieren mußten, immer noch verhältnismäßig gut hatten. Doch auch so fragte ich mich später wiederholt, ob es auf der gekieselten Talstraße auch nur einen einzigen Stein gebe, auf den ich noch nicht getreten hätte.

Aber auch der Gedanke daran, daß ich nun wohl nicht mehr so viel und so unbeschwert spielen könne, machte mich schon im Vorfeld meines Schuleintritts traurig. Wußte ich doch von meinen älteren Geschwistern, daß es in der Schule ernst zugehe, daß man dort pünktlich, ordentlich und fleißig sein müsse, wenn man sich nicht harter Bestrafung aussetzen wolle. Und doch klang auch noch anderes in meiner kindlichen Seele auf: die Vorfreude darauf, daß ich mit dem Schuleintritt zu den größeren Kindern zählen und mich dann jeden Tag in der „großen“ Welt des Pfarrdorfes bewegen würde. Darin schwang zugleich und zutiefst eine Vorfreude darauf hin mit, daß ich – so drücke ich es heute aus – in der Schule Wissen und Können erwerben werde, für das es zu Hause keine Chance gäbe. Im Rückblick erweist sich mir diese Lernwilligkeit sogar als das wichtigste Kapital. Es war so stark und reich, daß es alle Belastungen, von denen in diesem und im nächsten Kapitel zu berichten ist, überstand. Dazu mag angeborene Begabung und Aufgewecktheit beigetragen haben, aber den Löwenanteil schreibe ich doch der Atmosphäre und dem geistigen Klima in meinem Elternhaus zu. Gewiß gab es dort die Enge, die Beschränkungen und Zwänge, von denen nun schon mehrfach die Rede war, aber das ließ eines unangetastet: den nicht primär materiell-wirtschaftlich, sondern bis in den Kern hinein geistig gestimmten Grundton des Umgangs und Miteinanderlebens in dieser Familie. Kein Wunder also, daß von gescheiten, vor allem studierten Leuten, erst recht wenn sie Geistliche waren, in unserem Haus nur mit größter Hochachtung, fast schon mit Ehrfurcht gesprochen wurde. Es wird sich im folgenden zeigen, wieviel ein solcher geistiger „Rückenwind“ wert ist.

2) Einschulung

Die ersten drei Wochen meiner Schulzeit verliefen für die damaligen Verhältnisse normal und sensationslos. Der erste Schultag Ende April 1935 führte mich an der Hand meiner Mutter und in Gesellschaft anderer Dorfbewohner zunächst in die Messe in der mir schon ein wenig vertrauten Pfarrkirche. Unterwegs stieß ein Korbmacherssohn mit seiner älteren Stiefschwester zu uns, die den Halbbruder kurz vor dem Ziel dazu nötigte, sich am wegbegleitenden Bach das Gesicht zu waschen. Offensichtlich bestand in diesem Punkt Handlungs- beziehungsweise Nachholbedarf. Die Szene hat mich damals tief berührt, so als hätte ich erahnt, welches Schicksal sich in dieser Familie und speziell in diesem mir gegenüber drei Jahre älteren Jungen verkörperte. Die Leute waren bitterarm, die Mutter vor Jammer gestorben, der Vater in seinem Korbmacherhandwerk zwar tüchtig und fleißig, aber was davon der Familie zugute kam, reichte nicht fürs Existenzminimum. Wiederholt soll Hundefleisch auf dem Tisch gestanden haben; jedenfalls gerieten alle Dorfhunde in fletschendkläffende Alarmstimmung, wenn einer aus der Familie in Riechweite kam. Und was mußte „Misch" (=Michael), so der Rufname des Jungen, nicht obendrein noch alles in der Schule erdulden, wie wir noch sehen werden. Aber allem Elend zum Trotz bewahrte er sich ein ergreifend fröhliches Gemüt, das er, kaum achtzehn Jahre alt, auch mit an die Front nahm. Wie unzählige andere wurde er von den endlosen Weiten Rußlands spurlos verschlungen. Ein so kurzes Leben mit so viel Schatten darin – da kann sich schon die Frage erheben, wie sich dieses Los mit der in Gott verehrten unendlichen Güte und Allmacht zusammenreimt.

Immerhin betrat „Misch" an meinem ersten Schultag mit gewaschenem Gesicht die Kirche, wo ich an diesem Morgen zum letzten Mal neben meiner Mutter in einer der Frauenbänke Platz nahm – Männer- und Frauenbänke waren damals noch streng getrennt, Männer rechts, Frauen links. Fortan war ich ein Gottesdienstbesucher eigenen Rechts, der seinen Platz fürs erste auf einer lehnelosen Kniebank direkt neben dem Altar hatte – jener Kniebank, auf der ich ein halbes Jahr später meinen ersten Ohnmachtsanfall in der Kirche erlitt. Nach der Messe ging es zur Schule, die ich noch nie von innen gesehen hatte. Im unteren Saal befand sich der Hauptlehrer mit den Oberstufenschülern, im oberen die Lehrerin mit den Klassen eins bis vier, wo ich mich also mit den anderen Neulingen – insgesamt fünfzehn – einzufinden hatte. Die Lehrerin war der Eifeler Mundart mächtig, was insofern einen Gewinn bedeutete, als Hochdeutsch für die Kinder vom Dorf zunächst fast eine Fremdsprache war.

Von Schultüten und dem, was heute sonst noch alles zum Schulanfang für Kinder aufgeboten wird, fand sich damals bei uns Neulingen nicht die Spur. Wohl aber teilte die Lehrerin Bonbons an uns aus, die ohne Zweifel dazu beitrugen, daß wir mit einem gewissen Eifer schon an diesem ersten Tag in Sütterlinschrift ein „i" auf unsere Tafeln schrieben oder doch zu schreiben versuchten.

Diese Schreib- und Leseübungen – beides natürlich nach der sogenannten „synthetischen“ Methode – waren einstweilen Hauptunterrichtsstoff, verbunden mit ersten Übungen im Rechnen und Ziffernschreiben. Zwischendurch mußte sich die Lehrerin auch den Klassen zwei bis vier zuwenden, derweil wir Kleinen Buchstabenreihen auf die Tafel schrieben (mein Gott, mußte man da auf genaue Ober- und Unterlängen achten!) oder auch einfach stillzusitzen hatten. Nebenbei fiel mir auf, daß wiederholt Schüler einen anderen Platz zugewiesen bekamen. Wer gute Antworten gab, durfte in der Bank weiter nach vorne, wer Falsches oder überhaupt nichts sagte, mußte weiter nach hinten rücken. Diese leistungsorientierte Sitzordnung sollte Wett- und damit Lerneifer wecken, konnte aber auch, wie ich noch selbst am eigenen Leibe erfahren sollte, zu anderen Zwecken genutzt, eigentlich mißbraucht werden.

Hie und da, hauptsächlich bei den Größeren, setzte es Hiebe ab. Auch wenn diese nicht mir galten und vorerst den Rahmen dessen kaum überschritten, was viele Kinder schon von zu Hause her gewohnt waren, machten sie mich doch betroffen. Nein, ein Zuckerschlecken war die Schule nicht. Bei aller Freude, nun ein Schulkind zu sein, ließen doch auch die vorausbefürchteten Negativposten nicht auf sich warten: Es gab Schläge, müde Beine und nicht zuletzt massive Einbrüche in meine kindliche Spielwelt. Das ungebundene Herumtollen im Hof und in Gottes freier Natur unterlag nun erheblichen Einschränkungen; ein beträchtlicher Teil des Tages gehörte von jetzt an eben der Schule.

3) Dorfschule als Randerscheinung

Das Doppelgesicht, das die Dorfschule mir schon gleich zu Anfang zeigte und das in der Folgezeit erhalten blieb, beruhte nicht nur auf Einwirkungen, die, wie Lob und Strafe, unmittelbar in der Hand des Lehrers lagen. Es spielten auch solche Faktoren eine Rolle, die mit der Institution Schule zusammenhingen und dem Umfeld, in das die Dorfschule eingebettet war. Dabei schlugen hauptsächlich negative Züge zu Buche, zunächst der Umstand, daß für die Dorfbevölkerung zwischen Schule und Leben ein tiefer Graben aufklaffte. So sahen es die Erwachsenen und, von diesen angesteckt, auf ihre Art dann auch die Schulkinder.

Leben bedeutete für weitaus die meisten Menschen im Dorf in erster Linie schwere körperliche Arbeit, um den Lebensunterhalt, oft genug nur notdürftig, sicherzustellen. Für die übergroße Mehrzahl handelte es sich dabei um landwirtschaftliche, für einige wenige um handwerkliche Arbeit. Fragt man nun, wo die für den Unterhaltserwerb erforderlichen Verrichtungen und

Getreideernte mit viel „Personal“

Kartoffelernte: dicke, kleine und halbdicke (= Saat-) Kartoffeln jeweils in einen eigenen Korb hinein! Großes Problem: die dauernd zu treffenden Entscheidungen …

Tätigkeiten gelernt wurden, so lautet die Antwort nicht: in der Schule, sondern: an Ort und Stelle, im landwirtschaftlichen oder handwerklichen Anwesen. Was die Landwirtschaft betrifft, hatte man sich bis zum 15./16. Lebensjahr nach der Methode „Vormachen-Nachmachen" so gut wie alle Fähigkeiten angeeignet, deren es zur Bestellung von Feld, Stall und Haus bedurfte. Bei den Buben gehörte dazu sogar das Mähen mit der Sense, das eine besondere Geschicklichkeit erforderte, nicht zuletzt beim Schärfen der Sense mittels Hämmern und Wetzen mit dem im sogenannten *Looterfaaß* feuchtgehaltenen Wetzstein. Als *Looterfaaß* diente meist das spitze Endstück eines Viehhorns, das der Mäher an seinem Rücken am Hosenbund trug und so beim Mähvorgang jederzeit zur Hand hatte. Für das Erlernen eines Handwerks brauchte man freilich eine eigene Lehre im Anschluß an die Volksschulzeit, wobei der „Lehrjunge" in aller Regel mit sogenanntem Familienanschluß im Haus des Meisters wohnte. Aber auch beim damaligen Handwerk fiel das in der Schule erworbene Wissen und Können – außer vielleicht bei der Meisterprüfung – so gut wie nicht ins Gewicht.

Kein Wunder also, wenn die Schule im Erleben dieser Menschen eine Randexistenz fristete und der Schulbesuch als entbehrliche Pflichtübung erschien. Das schloß nicht aus, daß die Lehrkräfte in den Augen der meisten unnahbare Respektspersonen waren, angeredet als *Här Lehrer* beziehungsweise *Freilein* (Fräulein), und daß es als wünschenswert galt, wenn man als Schulentlassener Zeitung und „Paulinus" (Bistumsblatt) lesen konnte, Briefe zu schreiben vermochte, das sogenannte bürgerliche Rechnen beherrschte und auch über Kenntnisse in Geographie und Geschichte verfügte. Aber an den eigentlichen Ernstfall, gleichsam die Substanz des Lebens reichte das alles, wie es schien, nicht heran. Der Ernstfall war nun einmal die Sorge fürs Überleben von Mensch und Vieh. Vor allem solchen Kindern lag die Schule fern, die daheim oder gar als verdingte Kuhjungen in einem anderen Haus voll in den Arbeitsprozeß eingespannt waren, nicht selten, wie im ersten Kapitel schon einmal gesagt, bis zum Tatbestand offener Kindesmißhandlung. Wer nach stundenlanger nachmittäglicher Schwerarbeit am Abend, wenn die Augen vor Müdigkeit schon fast zufielen, noch eine Bibellektion für den nächsten Morgen auswendig lernen mußte, wie sollte der an der Schule Gefallen finden. Selbst das im Bibellernen maßgebliche religiöse Anliegen, so schwer es im Bewußtsein der Dorfbewohner wog, ließ die Schule nicht als unverzichtbar erscheinen. Hätten doch die zum religiösen Leben erforderlichen Kenntnisse auch auf anderem Wege, etwa durch sonntägliche Christenlehre, vermittelt werden können, wie es das ganze Mittelalter hindurch bis weit in die Neuzeit hinein der Fall war.

In solcher Denkweise spiegelt sich ein Restbestand der Probleme wider, die mit der Einführung der allgemeinen Schulpflicht im 18. Jahrhundert bei

Oben: Von diesen Häusern auf der Höhe (Ortsteil Buscht) donnerten die Clo-Türen zu Tal.

Rechts: Beladener Wagen, freundliches Gespräch mit Nachbarn vor der Heimfahrt.

einem Großteil der Landbevölkerung verbunden waren. Es wurde schon an früherer Stelle vermerkt, daß sich die Schulpflicht in der Praxis erst nach und nach durchsetzte, weil die Eltern ihre Kinder für die Arbeit daheim verfügbar behalten wollten. Die Schulbehörde mußte darauf Rücksicht nehmen, indem sie es zunächst mit einer Schulpflicht nur für die Wintermonate bewenden ließ und noch in den fünfziger Jahren unseres Jahrhunderts damit einverstanden sein mußte, daß sich die Sommerferien auf dem Lande nach dem landwirtschaftlichen Arbeitsanfall staffelten und aufgliederten. Umgekehrt konnte das der Dorfbevölkerung und nicht zuletzt den Schulkindern als Bestätigung erscheinen, daß man die Schule nicht allzu ernst zu nehmen brauche.

Es ist für mich keine Frage, daß die Dorfschule, so wie ich sie erlebt habe, weder ihrem Ansehen noch ihrer Wirksamkeit nach das war, was sie hätte sein sollen. Und auch soviel zeichnet sich schon ab, daß ein ganzes Bündel von Gründen dafür verantwortlich war, nicht zuletzt also auch der Umstand, daß allzu viele – Eltern wie Schüler – allzu wenig um den wahren und vollen Sinn von Schule wußten, daß dieser Sinn ihnen also nicht in angemessener Weise nahegebracht wurde. Wie hätte es sonst geschehen können, daß in dieser Region noch um 1950 herum Menschen, die nicht körperlich arbeiteten, unter Nichtstuer- und Faulenzerverdacht gerieten – auch ich selbst, nachdem ich 1941 ins Gymnasium hinübergewechselt war. Oder wie anders soll man die Widerstände erklären, auf die in den dreißiger Jahren die Einführung der sogenannten ländlichen Fortbildungsschule stieß. Daß die aus der Volksschule Entlassenen bis zum 17. Lebensjahr einmal in der Woche am späten Nachmittag oder frühen Abend in der Dorfschule am Fortbildungsunterricht teilzunehmen hatten, war für viele Familien so überflüssig und ärgerlich, daß sie es sogar auf Strafmandate wegen unentschuldigten Fernbleibens vom Unterricht ankommen ließen. Und auch die Jugendlichen selbst, um die es ja ging, rächten sich auf ihre Weise. So hängten fortbildungspflichtige Buben eines Abends nach Unterrichtsschluß in einem hochgelegenen Filialort alle erreichbaren Clo-Türen aus und ließen sie vierkant den steilen Bergabhang hinunterkullern. Das galt damals als gelungenes Bravourstück, bei dem nebenbei ein bemerkenswertes Licht auf die dörflichen Toilettenverhältnisse von damals fällt. Die Türen waren zugänglich, weil sich die Clos grundsätzlich außer Hauses, im Hof oder gar abseits im Garten, befanden – soweit nicht auch jetzt noch, wie seit eh und je, die Ginsterbüsche auf der Wiese jenseits des Baches, im sogenannten *Schéißepääsch,* als Sichtschutz dienten – so in meinem Heimatdorf.

Nicht minder war auch die Zahl der Übertritte in weiterführende Schulen ein Indikator. Ich weiß nur zu gut, in welch hohem Maße hier Abkömmlichkeit eines Kindes als Arbeitskraft und die mit der höheren Schule verbundene Kostenfrage eine Rolle spielten. Aber ebenso gewiß gab es mehr Familien, die beides hätten verkraften können, als Kinder aus dem Dorf zur höheren Schule geschickt wurden – noch nicht ein Prozent gegenüber vielleicht zwanzig Prozent eines Schülerjahrganges heute. Hier müssen also noch andere Gründe im Spiel gewesen sein, eben auch der Grund, daß schon Volksschulbildung und erst recht Bildung im Sinne der höheren Schule als nicht dringlich, bei der höheren Schule womöglich als verachtenswürdig erschien.

An erster Stelle wäre also eine Freistellung der Schulkinder von allzu großen Lasten außerhalb der Schule vonnöten gewesen. Zweitens hätte es einer nachhaltigeren Weckung geistiger Interessen bei der Dorfbevölkerung bedurft, der Vermittlung eines Gespürs dafür, daß der Mensch zwar auch, aber nicht allein vom Brote lebt. Was den religiösen Bereich betrifft, gab es mit diesem Gespür keine Probleme, man denke nur an die großen Mühen, die diese Menschen um eines regelmäßigen und pünktlichen Gottesdienstbesuches willen auf sich nahmen. Aber das allein hätte nicht befriedigen dürfen, erforderlich wäre auch die Einsicht gewesen, daß die Welt des Geistes viel weiter gespannt ist, daß Lernen auch dann Sinn hat und sich lohnt, wenn es weder auf religiöse noch auf solche Gehalte gerichtet ist, aus denen sich ein unmittelbarer Gewinn für den Broterwerb erwarten läßt. Im Blick stehen dabei Aufgabenfelder wie Aneignung mathematischen, historischen, literarischen usw. Wissens, Erlangung künstlerischer, musikalischer oder gymnastischer Fähigkeiten, kurz alle Gehalte, die zwischen Religion einerseits und der Einübung in praktische Lebensfragen den Bestand schulischer, in diesem Fall spezifisch geistiger Bildung ausmachen.

Auch mir war das alles nicht in dem Sinne klar, wie es hier gesagt wird, schon gar nicht am Anfang meiner Schulzeit. Auch in meinem Elternhaus drängte sich die Bestellung von Acker und Hof mitunter so stark in den Vordergrund, daß ich mich zeitweise weit mehr als durch die Schule vom Leben und Tun daheim in Beschlag genommen sah. Und ebenfalls blieb in Kraft, was im Kapitel über Langeweile schon einmal gesagt wurde: Während meiner Volksschulzeit nahm ich nie aus freien Stücken Schulbücher mit auf den Weideplatz, geschweige, daß ich dem schulischen Lernprozeß, etwa durch Begleitlektüre, gezielt zugearbeitet oder ihm gar vorgegriffen hätte. Dazu kam es erst nach meinem Übertritt in die höhere Schule.

Und doch ging meine Distanz zur Dorfschule nicht so weit, daß daraus eine Blockade geworden wäre. Mir kamen beim Viehhüten ja auch positive Seiten der Dorfschule in den Sinn, man denke nur wieder an die Stichwörter Kranichzug, Einordnung und Gewichtung von Kriegsereignissen, Gedanken über Gott und die Welt. Ich scheiterte also nicht an der Hürde eines unzureichenden Verständnisses für den Sinn von Schule, einer Hürde, an der für nicht eben wenige Mitschüler, die es nur zu minimalen Leistungen brachten und bis zu dreimal nicht versetzt wurden, möglicherweise schon das schulische „Aus" erging. Mir waren so auch hinreichende Fortschritte beschieden, um den Weg zur Aufnahmeprüfung fürs Gymnasium wagen und mich aufs Gymnasium freuen zu können.

Frage ich mich, welcher Seite ich diese Fortschritte und diese Freude mehr, genauer gesagt: ursprünglicher verdankte, der Schule oder meinem Elternhaus, so muß ich im Sinne dessen, was sich schon im Zusammenhang mit meinem Schuleintritt abzeichnete, wohl mit dem Hinweis auf mein Elternhaus antworten. Wäre beides nämlich primär das Werk der Dorfschule gewesen – natürlich hatte nachfolgend die Schule in Form von Entfaltung, Ausbau und Erfüllung auch ihren Anteil –, so hätte die Zahl der für schulische Bildung aufgeschlossenen Kinder im Dorf größer sein müssen. Meine Geschwister gehörten auf jeden Fall dazu. Warum aber dann der Weg zur höheren Schule nur mir offenstand und nicht etwa meiner ältesten Schwester Sanny, mit deren Zeugnissen in der Volksschule ich mich nicht vergleichen konnte – ich vermag es mir außer mit Arbeitskraft- und Kostengründen, die aber wohl bezwingbar gewesen wären, nur mit zeitbedingten Voreingenommenheiten zu erklären. Bei aller geistigen Aufgeschlossenheit war auch meine Familie von solchen Voreingenommenheiten nicht frei, zwar freier als andere, aber in bestimmten Punkten dann auch wieder nicht. Noch auf dem Sterbebett hat es diese Schwester mir gegenüber ausgesprochen: *Wann se mejch op d'Schull gescheckt hätten* . . . (Wenn sie mich auf die – höhere – Schule geschickt hätten). Vor demselben Hintergrund versteht sich auch folgende Begebenheit: Sanny errang 1937 im regionalen Berufswettkampf den ersten Preis, woraufhin sie zum Gauwettkampf nach Koblenz eingeladen wurde. Die Teilnahme daran wurde ihr seitens der Familie untersagt, weil es sich um eine NS-Veranstaltung handele. Dabei ging es der Siebzehnjährigen wahrhaftig nicht um Gefolgschaftstreue gegenüber dem braunen System, sondern um Leistung und Tüchtigkeit. Einen ganzen Abend lang weinte sie bittere Tränen der Enttäuschung und Sehnsucht nach Weiterbildung.

4) Unfreundliche Schule

Aber nicht nur ihre Randposition war der Dorfschule, wie ich sie erlebt habe, abträglich. Daß sie nur sehr begrenzt geistige Interessen weckte, hing auch mit den Grundlinien ihres „Innenlebens" zusammen, insbesondere der Art und Weise, wie sich der Unterricht in ihr gestaltete.

In diesen Schulen unterrichteten Lehrkräfte, die während ihrer Ausbildung im (konfessionellen) Lehrerseminar ganz auf die Pädagogik Johann

Meine heimatliche Dorfschule damals – mit den im Erdgeschoß im unteren Teil überstrichenen Fensterscheiben.

Ährenlesen der Schulkinder noch in den vierziger Jahren.

Friedrich Herbarts (1776–1841) und, was die Schulpädagogik betraf, auf die Unterrichtslehre des Herbartschülers Tuiskon Ziller (1817–1882) eingeschworen worden waren. Zentraler Punkt dieser Pädagogik ist Herbarts Theorie von der „Bildung des Gedankenkreises“, zuhöchst eines sittlich-moralischen Gedankenkreises. Denn, so Herbart wörtlich, „aus Gedanken werden Empfindungen und daraus Grundsätze und Handlungsweisen“. Diesen „Gedankenkreis“ konnte man ohne weiteres auch im religiös-kirchlichen Sinne interpretieren, wie das in den katholischen Lehrerseminaren und von daher auch in den katholischen Schulen ausnahmslos der Fall war.

Mit dieser Kernbestimmung wird der Schwerpunkt des Unterrichts auf das Wort gelegt, denn der kürzeste Weg, Gedanken zu übermitteln und im Schüler auszubilden, ist das Wort, das gesprochene und – in indirekter Form – das geschriebene Wort. Ausgangspunkt und zentrale Mitte dieses Wort-Unterrichts konnte nur der Lehrer sein, denn allein er wußte ja, welche Gedanken die richtigen und guten sind. Folglich mußte alles auf eine möglichst ablenkungsfreie Zuwendung der Schüler zum Lehrer abgestellt und ausgerichtet sein. Unter diesem Gesichtspunkt waren keineswegs nur Raumenge und Geldnot im Spiel, sondern entsprach es einer schlichten Logik, daß sich die beiden Säle meiner Dorfschule folgendermaßen ausnahmen: im oberen Saal eine Reihe mit Bänken für je acht bis zehn Schüler, im unteren Saal zwei Bankreihen mit jeweils vier Schülern pro Bank, allesamt auf die Stirnwand des Saales ausgerichtet, vor der auf banküberragendem Podest Tisch und Stuhl des Lehrers standen. Von hier aus erging also an die geradezu militärisch aufgereihten Schüler das maßgebliche Lehrerwort, dem auch dann kein Abbruch geschah, wenn der Lehrer bisweilen im Mittelgang zwischen den beiden Bankreihen oder im schmalen Gang entlang den Fenstern, die im unteren Teil überstrichen(!) waren, auf- und abschritt. Denn unsichtbar, gleichsam virtuell, thronte er auch jetzt noch auf seinem alles beherrschenden Podest. Allein also schon in dieser Anordnung drückte sich die Aufforderung an die Schüler aus, möglichst regungslos in der Bank zu sitzen, aufmerksam zuzuhören und sich das Vernommene innerlich zu eigen zu machen.

Ablenkung hätte auch von Wandschmuck ausgehen können, also blieben die weißgetünchten Wandflächen so gut wie kahl. Ausgenommen war nur solcher „Schmuck“, der auch seinerseits die Dringlichkeit ungeteilter Aufmerksamkeit einschärfte: bei meinem Schuleintritt 1935 an der Stirnseite des Saales ein Kruzifix und je ein Bild von Hindenburg und Adolf Hitler, 1936 nur noch Kreuz und Hitlerbild und ab 1937 nur noch der „Führer“ allein.

Es erübrigt sich fast, darauf hinzuweisen, wie abgrundtief unkindlich, ja abstoßend und den Aufenthalt in der Schule vergällend, solche Zurüstung auf die Schüler wirken mußte. Aber um des richtigen „Gedankenkreises“

willen glaubte man darüber hinwegsehen zu dürfen, nimmt Herbart ausdrücklich sogar Kindertränen in Kauf. Ähnlich unfreundlich und unkindgemäß gestaltete sich nun auch der Unterricht selbst, wiederum nicht erst durch Fehlverhalten des Lehrers, sondern gleichsam schon von der Idee dieses Unterrichts her. Die Vorherrschaft des Wortes bedingte eine weitgehende Vernachlässigung dessen, was in der Unterrichtslehre seit Jan Amos Comenius (1592–1670) Anschauungsprinzip heißt. Die im Unterricht zu vermittelnden Gegenstände wurden in Worte gefaßt, aber nur im Ausnahmefall im Unterricht selbst vorgeführt, durch Bilder verdeutlicht oder sonstwie anschaulich gemacht und erlebnisnah konkretisiert. Und erst recht war es die Ausnahme, daß unterrichtlich zu behandelnde Erscheinungen und Gegebenheiten (etwa ein Ährenfeld) durch Unterrichtsgänge an Ort und Stelle in Augenschein genommen wurden. In gut sechs Jahren Dorfschule habe ich ganze drei Unterrichtsgänge miterlebt, alle drei im dritten Schuljahr 1937. Der eine führte zur Quelle, der andere zur Mündung des kleineren der beiden Bäche in meinem Heimatdorf, der dritte in ein Filialdorf an der großen Landstraße, wo wir unser Vergnügen an vorüberziehenden Manöversoldaten haben sollten. Wir hatten aber Pech; zu diesem Zeitpunkt waren keine zu sehen.

Außer diesen Gelegenheiten waren Lehrkräfte und Schüler nur noch bei folgenden Standardanlässen während der Unterrichtszeit außerhalb der Schule zusammen: ein- oder zweimal im August auf den abgeernteten Getreidefeldern zum Ährenlesen *(Ihren-Raafen),* ebenfalls ein- oder zweimal um Allerheiligen herum zum Bucheckernsammeln *(Boochaakeren-Raafen)* in den herbstlichen Wäldern. In beiden Fällen sollte der Ertrag der Ernährungslage des deutschen Volkes zugute kommen. Ab 1937 kam dann während der Sommermonate im Zwei-Wochen-Takt noch ein Gang über die Kartoffelfelder hinzu, um den angeblichen „Volksfeind Nr. 1“, den Kartoffelkäfer, aufzuspüren. In der jeweils anderen Woche waren die Erwachsenen an der Reihe.

Ferner sei in diesem Zusammenhang angemerkt, daß es bis zur Aufhebung des konfessionellen Charakters der Schule im Jahre 1937 noch zwei weitere Anlässe gab, zu denen Kinder stundenweise vom Unterricht freigestellt wurden: Meßdiener, wenn am Vormittag eine Hochzeits- oder Beerdigungsmesse anstand, Mädchen aus der Oberstufe, wenn mal wieder ein Bittgang zu den sogenannten *Siewen Kréizen* geraten schien. Dieser Bittgang zu sieben in der Gemarkung befindlichen Feldkreuzen wurde jeweils von der Familie eines im Sterben liegenden Angehörigen erbeten, damit sich aufgrund des Gebetes der Mädchen im Befinden des Kranken eine Wende einstelle: eine Besserung oder ein rascher gnädiger Tod. Die im Pfarrdorf den Bittgang bemerkten, wußten, daß mal wieder bei einem das letzte Lebensregister gezogen wurde.

Aber auch solche Dienste waren kaum geeignet, die Schule in den Augen der Kinder einladender zu machen. Eine ermunternde Note, die dann auch das Lernen beflügelt, ist in der Schule nun einmal daran gebunden, daß sich die Kinder – und je kleiner sie sind, um so mehr – auf kindgemäße Weise regen und bewegen dürfen, daß es für sie etwas zum Anschauen, Greifen, Gestalten, im recht verstandenen Sinne sogar etwas zum Spielen gibt. Den unschätzbaren Vorzug dieser zwar nicht mehr, wie durch das Wort, direkten, aber dafür um so eingängigeren und nachhaltigeren „Bildung des Gedankenkreises" (wenn es denn bei dieser Zielmaßgabe bleiben soll) hat erst die sogenannte „Pädagogische Reformbewegung" zu Beginn unseres Jahrhunderts erkannt. Aber von der durch sie entwickelten „Pädagogik vom Kinde aus" war in der Westeifel damals noch kein Hauch zu spüren, so daß es hier vorerst auch bei anderen unterrichtlichen Hürden blieb, nicht zuletzt bei frustrierender Einseitigkeit.

Denn wiederum durch die Vorherrschaft des Wortes bedingt, lag der Schwerpunkt auf Religions-, Sprach- und Rechenunterricht, während die Sach- und musisch-künstlerischen Fächer mehr oder weniger am Rande rangierten und überdies noch einer gewissen Willkür der jeweiligen Lehrkraft anheimgegeben waren. Konnte ich mit Heimatkunde, Erdkunde und Geschichte einigermaßen zufrieden sein, so war bezüglich Biologie, Physik, Chemie und Kunst Totalausfall zu vermelden. Musikunterricht hatte ich nur auf der Mittelstufe und auch da nur zeitweise, ohnehin beschränkt auf das Einüben von Liedern, und was Sport, damals noch Turnen genannt, betrifft, wäre selbst der alte „Turnvater Jahn" (1778–1852) als Avantgardist erschienen gegenüber dem, was da gelegentlich auf dem Turnplatz oder einer Wiese ablief. Dabei hätten gerade diese so arg vernachlässigten Fächer, angemessen betrieben, den weithin öden Schulalltag auflockern und das Lernen reizvoller gestalten können.

Weiter erschwert wurde die Situation dadurch, daß die Landschulen damals entweder überhaupt nicht oder nur wenig gegliedert waren, also auf engem Raum mehrere oder gar alle Jahrgänge vereinigten. Folglich hatte der Lehrer für eine Jahrgangsstufe nur einen Bruchteil, in der ungegliederten Schule theoretisch nur ein Achtel der Zeit zur Verfügung, die dem Kollegen in einem vollausgebauten System zu Gebote stand. Wechselweise mußte darum Stillarbeit eingelegt werden, die aber häufig nur Stillbeschäftigung war, so daß sich vor allem die begabteren Schüler mitunter herzlich langweilten. Da war es kaum ein Trost, daß die durch diese Schule vermittelte Bildung immer wieder als ganzheitliche Bildung gepriesen wurde, ganzheitlich besonders im Blick auf die Religion. In ihr, so die Argumentation, habe diese Schule einen zentralen Einheitspunkt, dessen Chance um so größer sei, als der Unterricht über so lange Zeit in der Hand ein und desselben Lehrers liege. Aber die Gegenrechnung ist ebenso schnell aufgemacht: Gefahr der Heranzüchtung von Scheuklappenmentalität und jahrelanges Verhängnis für die Schüler, wenn die in Frage stehende Lehrerhand eine ungute Hand war.

Gewinn hätte aus dieser Situation nur erwachsen können, wenn sie seitens der Lehrkräfte zur Ausbildung eines Helfersystems genutzt worden wäre: daß ältere Schüler jüngeren, begabtere weniger begabten geholfen hätten, wie es ein Kerngedanke des sogenannten Jena-Plans von Peter Petersen (1884–1952) ist. Aber gerade dazu kam es in dieser Dorfschule nicht ansatzweise, gewiß auch aus Raum- und Sitzordnungsgründen, aber letztlich doch wohl aus der Befürchtung heraus, daß auf diese Weise so etwas wie „konspirative Zellen“ innerhalb des Klassengefüges entstehen und die alleinige Maßgeblichkeit des Lehrers bedrohen könnten. Das durfte unter keinen Umständen geschehen. Wie gesagt, war „Bildung des Gedankenkreises“ hier immer gleichbedeutend mit Bildung eines (von oben festgelegten) „richtigen“ Gedankenkreises, und da konnten unterrichtlicher Eigenwuchs in Schülergruppen, Eigenstand und personale Selbstwerdung der Schüler nur als abwegig erscheinen.

Mit anderen Worten: Von der äußeren Anlage und Ausstattung bis hin zu Lehrinhalten und Lehrmethoden war in dieser Schule alles auf autoritäre Erziehung abgestellt, dieselbe autoritäre Erziehung, die uns auch in den anderen Bereichen dörflichen Lebens begegnet ist. Da konnte sich die Schule wirklich nur als ungeliebter, unbehauster Ort, als Ort mit Vorbehalt, erweisen, erst recht, wenn man noch hinzunimmt, wie nachhaltig diese Schule – auch außerhalb des Religionsunterrichts, in Lesestücken etwa – Moral predigte und Höllenangst schürte. Hatte die Dorfschule damals also schon aus äußeren Gründen wie Schulweg und dann vor allem wegen ihrer scheinbaren Lebensferne nur wenig Kredit, so war auch der in ihr erteilte Unterricht nicht dazu angetan, diesen Kredit in den Augen der Schüler aufzubessern.

Manche Schüler, die mit den anderen Hemmschwellen noch fertig wurden, konnten nun an der Art und Weise des Unterrichts irre werden mit der Folge, daß sie ihr Bildungsstreben aufsteckten und nie den Übergang zur höheren Schule geschafft hätten.

Auch ich blieb von Frustration und Unbehagen nicht verschont, ohne freilich – mangels Vergleichsmöglichkeiten – genau sagen zu können, wie ich es gern anders gehabt hätte. Soviel allerdings wußte ich, daß ich mich streckenweise entsetzlich langweilte und wegen der mir eingeredeten moralischen Verworfenheit bedrückt war. Zudem hatte ich infolge der abstrakten Lehrmethoden mitunter Verständnisprobleme, beispielsweise im Rechnen, als es um die sogenannten gemeinen Brüche und die Dreisatzrechnung ging. Doch erwuchs daraus abermals keine Blockade, vielmehr wußte ich spannendere Unterrichtsstunden sehr wohl noch als solche wahrzunehmen und Gewinn aus ihnen zu ziehen.

Ihren Höhepunkt erreichten die Erschwernisse, wissenschaftlich ausgedrückt: die „abdressierenden Reize" der Dorfschule in Gestalt der dort verhängten Strafen. Über das Institutionelle der Schule hinaus erlangten dabei nun vor allem die jeweiligen Lehrkräfte schicksalsschwangeres Gewicht.

5) Schulschock

Schon im Exkurs über Erziehung und wiederholt auch in späterem Zusammenhang wurde auf die enge Verflechtung von autoritärer Erziehung und Strafe hingewiesen. Ist es das Grundanliegen personaler Erziehung, daß sich die im Kind schlummernden Anlagen und die in ihm wirksamen Antriebe zu unverwechselbarem Eigen- und Selbstsein entwickeln, so das Anliegen autoritärer Erziehung, daß dieses Eigene möglichst nicht zum Zuge kommt. Denn nur in dem Maße, wie freie Selbstentscheidung und Eigenprofilierung zurückgedrängt, vielleicht sogar außer Kraft gesetzt werden, eröffnet sich die Chance, dem Kind den – vermeintlich – „richtigen" Gedankenkreis einzupflanzen, ihm die von irgendwelcher Obrigkeit verordnete Paßform aufzuprägen. Dieses Zurückdrängen und Unterbinden bedeutet insofern Strafe, als dem Kind und Jugendlichen dadurch auf leidvolle Weise fühlbar gemacht wird, daß sie selbst es an der – angeblich – erforderlichen Unterwerfung oder Kontrolle, etwa der sexuellen oder der Selbstbehauptungsantriebe, schuldhaft haben fehlen lassen.

Nun soll auch jetzt kein Zweifel daran aufkommen, daß die in Frage stehenden Regungen und Antriebe in Zucht genommen werden müssen, aber doch nicht in einem Grundakt des „Dagegen", der „Gegenwirkung", sondern in Form unterstützender Läuterung. Andernfalls jene Folgen eintreten, von denen gleichfalls schon die Rede war: Verunsicherung, Lebensangst, Agressionsbereitschaft, Rachegefühle und Racheakte, alles Gegebenheiten und Befindlichkeiten, die das Heranreifen zu verantwortungsbewußtem personalen Selbstsein erst recht erschweren, wenn nicht gar unmöglich machen.

Sofern nun schon die äußeren Umstände und dann auch die Unterrichtsgestaltung in der Dorfschule auf autoritäre Erziehung angelegt waren, darf von vornherein angenommen werden, daß in dieser Schule generell viel zu viel und viel zu hart gestraft wurde. Zu diesen Strafen gehörte selbstredend damals auch die körperliche, also die Prügelstrafe, um die es noch einmal ein besonderes Problem ist. Denn die Prügelstrafe berührt in verwundender, schmerzzufügender Weise den Leib eines Wesens, in dem Geist und Freiheit aufscheinen, zumindest aufscheinen können und das darum unantastbar, ja wie es bei Immanuel Kant (1724–1804) heißt, heilig sein sollte. Nur in drei Fällen wird diese Würde durch äußere Einwirkung eindeutig nicht verletzt: bei Notwehr, Berührung seitens des Arztes zur Wiederherstellung der Gesundheit und beim Erweis von Zärtlichkeit im liebenden Miteinandersein. Soll nun überdies – viertens – auch noch Berührung zu Erziehungszwecken, als Erziehungsstrafe, gerechtfertigt sein, so äußerstenfalls und nur unter dieser einen Bedingung: daß die Schläge – selbstverständlich gewissenhaft moderiert – von einer Person ausgehen, bezüglich derer Kind und Jugendlicher nicht eine Sekunde zweifeln, daß diese Person es selbst im Zuschlagen nur gut mit ihnen meint. Normalerweise sollte das zumindest auf die Eltern zutreffen, weshalb der große Johann Heinrich Pestalozzi (1746–1827) körperliche Erziehungsstrafen soweit, aber auch nur soweit, gelten läßt, als es sich, wie es bei ihm heißt, um „Vater- und Mutterstrafen“ handelt.

Nun war in diesem Kapitel über die Dorfschule auch bisher schon von Strafen, nicht zuletzt in Gestalt von Hieben, die Rede. Das konnte sich so anhören, als wäre es um diese Strafen, außer daß sie zu den Schattenseiten, den „abdressierenden Reizen“ der Dorfschule zählten, nichts Besonderes gewesen. Sie konnten als unerfreuliches Vorkommnis neben anderen erscheinen, das man übrigens auch schon von zu Hause her genugsam gekannt habe. Es mag sein, daß es in anderen Schulen tatsächlich mehr oder weniger damit sein Bewenden hatte, auch in meiner Klasse schien sich ja zunächst, während der ersten drei Wochen, Entsprechendes abzuzeichnen. Aber das war nur ein schmaler Ausschnitt, erschließbar schon aus dem Gewicht, das beim Schulespielen gerade den Hieben beigemessen wurde. Kurzum, was ich nachfolgend zum Thema Schulstrafen zu berichten habe, forderte nun mitunter auch mich aufs äußerste heraus, um mir wenigstens noch einen Funken Freude an dieser Schule zu bewahren. Andere bekamen nun offensichtlich vollends den Rest, denn nur so kann ich mir erklären, daß so viele Mitschüler unter ihrem dürftigen Schulerfolg nicht nur nicht litten, sondern unangefochten damit zufrieden schienen, allein darin kann vor allem der Grund für die Hemmungslosigkeit und Schadenfreude gelegen haben, mit der Racheakte am Lehrer und Angriffe gegenüber Mitschülern, Sachen und selbst Tieren ausgeheckt und ausgeführt wurden.

Sehen wir also zu.

Der von mir als zwiespältig, aber nicht eigentlich als bedrückend empfundene Schulanfang währte tatsächlich nur besagte drei Wochen lang. Dann trat erstmals eine dritte Lehrkraft ihren Dienst in meiner heimatlichen Dorfschule an, ein sogenannter Hilfslehrer, dem die zwei untersten Jahrgänge, ich in der ersten und meine zweitälteste Schwester Käthi in der zweiten Klasse, zugeteilt wurden. Nicht nur wir Kinder, auch die Erwachsenen waren gespannt, was der Neue wohl für einer sein werde, hatte es doch seit 1914, als die Lehrerin ihren Dienst aufnahm, keine personellen Veränderungen an der Schule mehr gegeben. Der Lehrer, der als Hauptlehrer die Funktion des Schulleiters ausübte, war bereits seit 1904 an der Schule tätig. Von ihm wurde der Neuling denn auch am ersten Nachmittag – wir hatten fortan an vier Tagen der Woche Nachmittagsunterricht – eingeführt. Schon der erste Eindruck machte uns stutzig. Es handelte sich um einen jungen Mann von etwa 20 bis 25 Jahren mit kurzgeschnittenem blonden Stoppelhaar. Er trug – damals in dieser Gegend noch auffallend – Knickerbocker und hatte auf einer Ferse ein so großes Loch im Strumpf, daß man am oberen Halbschuhrand den blanken Fuß sehen konnte. Kaum mit uns allein, fing der Hilfslehrer das Schreien an, als Fragen nicht prompt beantwortet und Leseübungen am Buchstabenkasten nur unbefriedigend erledigt wurden. Dann griff er auch schon zum Stock und schlug zu. Ein grausameres Wechselbad kindlicher Gefühle von gespannter Erwartung zu sich anbahnender tiefer Enttäuschung ist nicht leicht denkbar. Als es dann kurz vor Unterrichtsschluß gar noch Stockhiebe auf den Kopf einer Erstklässerin absetzte, nahm schon an diesem ersten Tag die Enttäuschung Züge von Entsetzen an.

Verstört und nahezu wortlos machten wir Kinder uns anschließend auf den Heimweg. Auf die Frage daheim, wie es denn gewesen sei, flossen bereits die ersten Tränen. Und dabei war das nur der Anfang. Das Schreien und Schlagen setzte sich in solchem Maße fort, daß es nun auch zu Hause Hiebe gab, selbst seitens meiner Mutter, weil die Kinder den Weg zur Schule nicht mehr antreten wollten. Ihren Höhepunkt erreichte die Verweigerungshaltung darin, daß eines Tages ein Mann aus einem anderen Filialdorf seinen Sohn an einer Kette bei der Schule ablieferte. Der Sohn war an den vorangegangenen Tagen zwar zu Hause aufgebrochen, hatte es aber vorgezogen, die Unterrichtszeit nicht in der Schule, sondern zusammen mit einem Zweitklässerbub im frühlingsdurchfluteten Bergwald zu verbringen. Und noch einen zweiten Höhepunkt gab es nach einigen Wochen: als der Hilfslehrer eine Zweitklässerin aufforderte, nach Unterrichtsschluß bei ihm im Saal zurückzubleiben. Die es mitansahen, waren entsetzt, als das Mädchen augenblicks seinen Ranzen packte und nach draußen stürzte, verfolgt vom tobenden Lehrer, aber auch vom flehentlichen Bittruf besorgter Mitschüler: *„Marie, komm rom, soss schläät en dich dutt!"* (Maria, komm zurück, sonst schlägt er dich tot.) Nun, „Marie" kam nicht zurück und wurde auch nicht totgeschlagen, sondern hatte intuitiv das Richtige getan.

Das Ende dieses Hilfslehrers an diesem Dienstort ist schnell erzählt. Nach etwa zwei Monaten sah ich ihn eines Morgens zwischen zwei Polizisten auf der Rückbank des kleinen Landpostautos sitzen, das zweimal täglich in meinem Heimatdorf verkehrte. Der von uns Kindern so Gefürchtete wurde in Handschellen abgeführt, aber nicht wegen seines Verhaltens in der Schule, sondern, wie ich viel später hörte, wegen Zugehörigkeit zu einer Homosexuellengruppe. Wir leidgeprüften Kinder jubelten, ich allerdings nicht ohne einen zarten Unterton von Traurigkeit, von dem gleich noch zu sprechen sein wird.

Wenn meiner Schwester und mir von diesem Lehrer auch nicht ein Haar gekrümmt worden war, hatte mich das Leid anderer und die ständige Angst, demnächst auch selbst an der Reihe zu sein, doch bis in die Seele hinein getroffen. Nach der Art eines frühkindlichen Prägeeffektes blieb in mir ein förmlicher Schulschock zurück (ich glaube es so nennen zu dürfen), der mich bis zum Abitur dreizehn Jahre später nie mehr ganz losgelassen hat. Trotz nicht nur guter, sondern – in diesem Kontext darf ich es wohl aussprechen – bester, mehrfach öffentlich ausgezeichneter Leistungen beschlich mich selbst noch auf der Oberstufe des Gymnasiums mitunter ein Gefühl des Ausgeliefertseins an die Schule. Den Lehrern blieb ein Zug von Unheimlichkeit eigen, vor dem ich mich allenfalls in den Tagen zwischen Notenkonferenz und Zeugnisausgabe sicher fühlte, weil dann „nichts mehr zu befürchten war". Schon jetzt, gleich am Anfang, stieg ein Wunsch in mir auf, der einer Ursehnsucht gequälter Schülerseelen zu entstammen scheint und sich gleichfalls über Jahre hinweg „aus gegebenem Anlaß" zu Wort meldete: der Wunsch, die Schule möge am nächsten Morgen abgebrannt sein. Wie ich bei meinem späteren Pädagogikstudium feststellen konnte, ist dieser Wunsch schon in mittelalterlichen Schulchroniken verzeichnet unter Einschluß auch derselben fürsorglichen Note, wie sie bei mir vorlag: Über Nacht sollte die Schule abbrennen, wenn sich niemand in ihr aufhielt und infolgedessen auch niemand zu Schaden kommen konnte.

Und doch war da meine soeben erwähnte zarte Trauer, als ich den Lehrer zwischen den beiden Polizisten sah. Mich bewegten Fragen. Warum waren meine Schwester und ich eigentlich von Schlägen verschont geblieben, ja hatte mir dieser Prügelpädagoge sogar einmal einen „Groschen", ein Zehnpfennigstück, geschenkt? Und wie sollte ich vor allem die Geste einordnen, mit der er mich am Nachmittag zuvor, an seinem letzten Tag in dieser Schule, überrascht hatte? Man stelle sich vor: Die Mädchen spielen in der Pause das von Fröbel herrührende sogenannte „Mutter- und Koselied" „Häslein in der Grube". Singend bewegen sie sich mehrfach in Reigenform im Kreise, gehen aufeinander zu und wieder zurück in den Kreis usw. Plötzlich nimmt mich der Hilfslehrer auf den Arm, trägt mich in den Kreis, setzt mich auf den Boden und sagt zu den Mädchen: „Da ist Euer Häslein!"

Keine Frage, dieser bedauernswerte Mann – so wie ich es heute sehe, war er ein ganz armer Teufel – hat mich „irgendwie" geliebt. Grund dafür mag der Umstand gewesen sein, daß ich mir durch alle Schleier des Verhängnisses hindurch einen kleinen Schimmer von Zugewandtheit zur Schule und auch gegenüber seiner Person bewahrte, eine Freundlichkeit, die er bemerkte und auf seine Art belohnte – eine Freundlichkeit freilich auch, die ich ursprünglich nicht ihm, sondern wiederum dem guten Geist in meiner Familie verdankte. Und bei meiner Schwester dürfte es ähnlich gewesen sein. Wenn ein solcher Mann geht, scheidet mit dem Wüterich ein ganz klein wenig auch ein Freund von dannen, der es verdient, daß der Jubel über seinen Weggang von eben jenem zarten Unterton von Traurigkeit durchwirkt ist. Ich habe nie mehr etwas von dem Mann gehört, aber hie und da schon an ihn gedacht.

Es versteht sich von selbst, daß ein solches Zuschlagen auch bereits in der Seele von Erst- und Zweitklässern Groll erzeugt und Gegenkräfte weckt. Aber vorerst blieb es bei Tränen und halblaut vor sich hingesprochenen Verwünschungen und kindlichen Flüchen – sehr im Unterschied zu dem, was ich später in der Oberstufe miterleben sollte.

6) Schülerpassion

Im letzten Satz deutet sich bereits an, daß mit der Ablösung dieses Hilfslehrers die schulische Lage in meiner Heimatpfarrei keineswegs bereinigt war. Aus heutiger Sicht hinterläßt es schon einen bitteren Nachgeschmack, daß es zu einer solchen Tragödie überhaupt hat kommen können und daß es gerade die Kleinsten und Wehrlosesten waren, die diesem Anfänger überantwortet wurden. Zweitens bedrückt es, daß weder die Eltern noch der Schulleiter ihre Stimme erhoben und daß nicht auch schulische Gründe bei der Ablösung geltend gemacht wurden. Deutet das doch darauf hin, daß selbst ein solches schulisches Verhalten damals noch als tragbar erschien. Drittens liegt darin einbegriffen, daß es auch unabhängig von dem Hilfslehrer in dieser Schule um das Thema Strafe Probleme gab. Sehen wir also weiter zu.

Auf diesen ersten Hilfslehrer folgten noch drei weitere, zuletzt eine Lehrerin, von denen ich aber nur noch den ersten näher kennenlernte. Er war ein besonnener Mann, der weit weniger zum Stock griff, ihn aber vor allem dann nicht verschmähte, wenn er in SA-Uniform zum Unterricht erschien. Mit Beginn meines dritten Schuljahres, Ostern 1937, kam ich für zwei Jahre zur Lehrerin, die meinen Jahrgang eingeschult hatte und uns Kindern in leidlich guter Erinnerung geblieben war. Vor allem ich durfte – zunächst – nicht klagen. Ich war erster in der Bubenriege meines Jahrgangs und erfreute mich beachtlichen Wohlwollens. So schloß mich die gut Vierzigjährige mütterlich in ihre Arme, wenn ich bei Gewittern, die während der Unterrichtszeit aufzogen, zu zittern anfing, oder sie schickte mich einfach zu meiner in der Nähe wohnenden Tante. Einmal kochte sie mir in ihrer an das Schulhaus angrenzenden kleinen Wohnung sogar eine Tasse Kaffee (mit Milch und Zucker!), als ich in der Pause bei einem Sprung über eine Ginsterhecke so unglücklich gestürzt war, daß ich für etwa zehn Minuten das Bewußtsein verlor. Schon griff unter meinen Mitschülern Neid und Eifersucht um sich, als plötzlich der Wind in die genau entgegengesetzte Richtung umschlug.

Eines Mittags bekam ich von dieser Lehrerin den Auftrag, für den nächsten Tag einen neuen Stock zurechtzuschneiden und mitzubringen. Ob es nun Abneigung gegen den Stock war oder was sonst immer, ich erschien am nächsten Tag ohne Stock in der Schule. Auf die Frage, wo er denn geblieben sei, antwortete ich wahrheitsgemäß: „Ich habe nicht mehr daran gedacht, ich habe ihn vergessen.“ Die Strafe war furchtbar. Die Lehrerin wörtlich: „Jetzt bist Du mein Junge nicht mehr!“ Als bis dahin erster in der Bubenreihe meines Jahrgangs mußte ich um zwei Plätze in der Bank nach hinten rücken, ja schlimmer noch: Für mindestens zwei Monate wurde ich von der Lehrerin nicht mehr aufgerufen („drangenommen“), wie eifrig und schließlich fast flehentlich ich meinen Finger auch strecken mochte. In dieselbe Zeit fielen auch die bereits erwähnten Ohrfeigen in der Kirche, weil ich den Kopf zum Mann am Harmonium hingewandt hatte.

Ich verstand die Welt nicht mehr, der Gang zur Schule wurde mir zur inneren Qual, zumal es wieder niemanden gab, dem ich meine Not ungeschminkt hätte anvertrauen können. Mag sein, daß ich Strafe verdient hatte, aber was wäre da selbst eine die Würde meines Leibes verletzende ordentliche Tracht Prügel gewesen im Vergleich zu diesem langen Liebesentzug! Ohne Zweifel gehört Liebesentzug zu den legitimen Erziehungsmitteln, doch nur dann, wenn man es, nach der Art meiner Mutter, nach höchstens zwei Stunden wieder gut sein läßt.

Mir wurde wirklich das Letzte abverlangt, um an der Lehrerin und an der Schule nicht zu verzweifeln. Wenn mir nun doch noch ein Hoffnungsschimmer blieb, so deshalb, weil ich von dieser Frau ja auch anderes, Gutes, erfahren hatte, und nicht zuletzt wieder aus dem mir von zu Hause her eingewurzelten Bewußtsein, daß geistige Interessen und geistiges Leben sich selbst dann lohnen, wenn auf krummen Linien gerade geschrieben werden muß. So zeigte ich also tapfer weiter auf und blieb, wenn auch etwas gequält, freundlich, hielt mich vor allem von Trotz und Rachegefühlen frei. Ja, eben jetzt erschien mir die Lehrerin wiederholt in kindlich sexuellen Phantasien, in denen sie mich streichelte und koste und ich mir ausmalte, wie es wäre, wenn ich auch sie kosen und streicheln dürfte. Meine Ausdauer wurde schließlich belohnt: Mit Beginn des vierten Schuljahres kam ich wieder auf den ersten Platz und hatte ein verhältnismäßig glückliches und erfolgreiches Schuljahr vor mir. Aber eine Einsicht blieb: daß ich nun erst recht mit denen mitzuleiden hätte, denen in der Schule Unrecht geschah.

Es fiel mir nicht ganz leicht, zu Beginn des fünften Schuljahres mit meinem Jahrgang zum Hauptlehrer in den unteren Schulsaal zu wechseln, wo die Klassen fünf bis acht, rund sechzig Schüler, auf engem Raum vereinigt waren. Mein Unbehagen war um so größer, als dieser Hauptlehrer nichts gegen den schlimmen Hilfslehrer unternommen hatte und ich überdies als Zweitklässer, als er noch gar nicht mein Lehrer war, eine Szene von ihm hatte hinnehmen müssen, die auch nach drei Jahren noch böse mit mir umging. Ich war damals eines Morgens etwas verfrüht bei der Schule und schaute aus einer Ecke des Schulhofes (des sogenannten Turnplatzes) zu, wie vielleicht zehn Meter von mir entfernt der Lehrer, das Gesicht von mir abgewandt, mit den in Reih und Glied stehenden Oberstufenbuben Leibesübungen machte (wenn man es denn so nennen wollte). Als die Buben auf einmal unter Hochziehen des Knies kräftig auf der Stelle zu trampeln hatten, kam mir das so lustig vor, daß ich wohl übers ganze Gesicht gelacht haben muß. Das bewog einige Buben dazu, mit Trampeln nachzulassen. Vom Lehrer befragt, was denn los sei, lautete ihre Antwort: „Der Häns (so mein heimatlicher Rufname) lacht!“ Kaum war es gesagt, sah ich mich seitens des Lehrers vor die versammelte Front zitiert, und dann geschah es: Mit der linken Hand zog mir der Lehrer die rechte Backe stramm und schlug sodann mit der rechten Hand zwei- oder dreimal so erbarmungslos auf meine linke Backe, daß es mir für Augenblicke schwarz vor den Augen wurde. Ich brach in Tränen aus, versuchte aber trotzdem, noch ein wenig zu lachen, weil die Buben beim Anblick der Szene ein herzloses, lautes Gröhlen erhoben. Auf kindliche Weise kam ich mir wie öffentlich vorgeführt, ja hingerichtet vor, wobei ich bis heute nicht weiß, was ich verbrochen hatte.

Kaum verwunderlich also, daß ich nun als Fünftklässer diesem Mann, der fortan mein Lehrer sein sollte, nicht gerade mit freudigen Erwartungen entgegensah. Soweit es mich selbst betrifft, ging es besser, als ich befürchtet hatte – aber das Gros meiner Mitschüler! Wenn auch nicht ganz auf die Weise des Hilfslehrers, so aber doch immer noch bestürzend genug breitete sich vor mir eine Schüler- und nicht minder Lehrertragödie aus, die den Menschen und erst recht den Pädagogen in mir bis auf den heutigen Tag umtreibt. Es fing schon damit an, daß dieser Lehrer gleich eine ganze Palette von körperlichen Züchtigungsformen praktizierte: Kopfnüsse, mitunter mit zugeklapptem Taschenmesser, Ohrfeigen und Backenstreiche nach soeben beschriebener Art, Stockhiebe auf Hand und ausgestreckte Finger, Schläge auf den Rücken und – nur bei Buben – auch aufs Hinterteil, sei es bei nach unten gebeugtem Oberkörper oder strammgezogener Hose mittels Beugung über Knie oder Bank. Stand eine besonders dramatische Exekution an, schloß der Lehrer zunächst alle Fenster, damit die zu erwartenden Schreie nicht allzu sehr nach draußen drangen.

Strafanlaß war alles, was dem Lehrer nicht in Ordnung schien: Schwätzen während des Unterrichts oder auch in der Kirche, Inszenierung von Streichen, Rohheitsakte und ruchbar gewordene Verstöße gegen Moral und – angeblich – geheiligte Sitte, auch dann, wenn es sich um Verstöße außerhalb der Schule handelte, die man eigentlich der Zuständigkeit der Eltern hätte überlassen können (und sollen!). Nein, bei der elterlichen Zuständigkeit blieb es häufig nicht, vielmehr wurden dann für ein und dieselbe Übeltat gleich dreimal Prügel bezogen: von den Eltern, vom Lehrer und schließlich noch einmal vom Pfarrer. „Schade", so ein geflügeltes Wort damals in dieser Region, „schade um jeden Hieb, der danebengeht", sinngemäß fortgesetzt also auch: „Schade um jeden Hieb, der nicht ausgeteilt wird . . .".

Nicht zuletzt gab es Hiebe für schlechte Leistungen in der Schule, für ein Versagen, bei dem körperliche Züchtigung besonders fragwürdig ist. Aber das hielt diesen Lehrer nicht davon ab, die Prügelstrafe sogar, ja gerade dort einzusetzen, wo sie am allerfragwürdigsten ist: im Religions- näherhin im Bibelunterricht dienstagmorgens in den ersten zwei Stunden. Da konnten schon nach einer halben Stunde bis zu zehn Deliquenten, die die aufgegebene Lektion nicht auswendig herzusagen vermochten, ihre „Fänge" bezogen haben. Und das war dann die „ideale" Atmosphäre, um den Kindern die Froh-Botschaft der für in einer Woche zu lernenden nächsten Lektion nahezubringen. Nicht selten sah es dabei im Schulsaal aus wie in einem spätnächtlichen Wartesaal im Bahnhof: diverse Köpfe, die auf ineinanderverschränkten Armen mit nach unten gewandtem Gesicht auf der Bank lagen. Hintergrund dieses Phänomens: Wer Schläge mit dem Stock bezogen hatte, bekam eine Schmollphase gewährt, die aber auf Verlangen des Lehrers sofort zu beenden war. Geschah das nicht, konnte es neue Hiebe absetzen, freilich dann auch mit anschließender neuer Schmollphase, womöglich so fort bis zur Pause beziehungsweise zum Schulschluß.

Die solcherart Traktierten schrien indes nicht nur aus Leibeskräften, sondern schlugen bisweilen bei der Strafprozedur auch mit Händen und Füßen nach allen Richtungen hin aus. Einmal traf ein Über-die-Bank-Gezogener mit turnschuhbekleidetem Fuß den Lehrer unterm Kinn; ein anderes Mal ging der Schlag gegen die Brust, so daß der Lehrer, nach rückwärts fallend, die hinter ihm in Schrägstellung befindliche Schultafel zum Überkippen brachte. Zum Ergötzen der Schüler schritt er anschließend mit spiegelschriftlichen Teilen des Tafeltextes auf dem Rücken im Schulsaal auf und ab. Ein dritter „Übeltäter" erwischte beim „Strafakt übers Knie" ein Bein des Lehrertisches auf dem Podest und brachte den Tisch in den engen Zwischenraum zwischen Stirnwand und erster Bank hinein zum Überschlag. Was darauf folgte, steht mir noch heute vor Augen, wenn ich das Wort Kettenreaktion höre. Folge Nr. 1: Die weißen Cebiontabletten, die in einem großen

Umschlag auf dem Tisch gelegen hatten und von denen täglich eine zur „Hebung der deutschen Volkskraft“ an jeden Schüler zu verteilen war, rollten in den Schulsaal hinein und fanden gierige Abnehmer. Folge Nr. 2: Der herabstürzende Tisch schlug gegen den Kartenständer, an dem der Lehrer kurz zuvor die große Karte mit der östlichen Erdhalbkugel aufgezogen hatte. Der Kartenständer fiel um. Folge Nr. 3: Im Nach-der-Seite-Kippen streifte das Endstück der oberen Kartenleiste den Globus auf dem Schrank in der Ecke. Auch der Globus stürzte wie in einem symbolischen Weltuntergang in die Tiefe in ein Chaos hinein, das dem nach der Zerstörung von Jericho – wir hatten diese Bibellektion gerade gelernt – kaum nachstand.

Ein ähnliches Chaos brach übrigens aus, wenn ein Prügelkandidat in Voraussicht des auf ihn Zukommenden noch eben rechtzeitig unter den Bänken verschwand. Dann mußten die betreffenden Bänke geräumt werden, damit der Lehrer mit dem Ruf: „Wo ist der Kerl?“ auf ihnen hin und herspringen konnte, um den Abgetauchten mit Stockhieben zwischen Sitz- und abgeschrägter Pultfläche hindurch zu verfolgen.

In alledem spiegelte sich zusätzlich noch ein abgrundtiefer pädagogischer Pessimismus dieses Lehrers wider. Laut entsprechenden Äußerungen von ihm war er des Glaubens, daß sich Schule nur um der Kinder aus ganz bestimmten Familien willen lohne, und weil er lange genug in dieser Schule tätig war, wußte er auch genau, welche Familien – in der ganzen Pfarrei vielleicht ein Dutzend – er damit meinte. Für die anderen Kinder reiche es aus, wenn sie – wörtlich – „täglich ihr Bündel Heu“ bekämen. „Dumm, faul, frech und gefräßig“, wie sie nun einmal seien, tue ihnen als Beilage zu dieser Mahlzeit nur noch eine Tracht Prügel not. An dieser Stelle ist noch einmal an den Korbmacherssohn „Misch“ zu erinnern, der sich fast täglich mit der stereotypen Frage konfrontiert sah, ob er sein Bündel Heu schon bekommen habe. Und wie oft – ebenso wie ein Waisenjunge aus einem anderen Filialdorf – mußte er aus nichtigem Anlaß noch kurz vor Schulschluß nach vorne kommen und Schläge auf die Finger in Empfang nehmen – offensichtlich nur, damit er nicht ohne Prügel nach Hause gehen konnte. Ich möchte mit diesem Jungen nicht so umgegangen sein und sehe es auch als zweifelhaften Ruhm an, daß dieser Lehrer von sich sagen konnte, über einen Zeitraum von 45 Jahren (1904–1949) jeden, der in der Pfarrei aufgewachsen war – auch mich –, durchgehauen zu haben.

Wie gegen den Hilfslehrer erhob sich auch gegen dieses Schulgebaren seitens der Eltern kein nennenswerter Widerstand – und das über fast ein halbes Jahrhundert hin, wobei laut Stimmen aus meiner Elterngeneration die ersten Jahre noch weit schlimmer waren. Erklären läßt sich das nur mit einem lückenlos funktionierenden autoritären System, das denen, die darin lebten, von Gott selbst verfügt schien. Das aber heißt: Eine Bresche hätte

Weit schöner daheim als in der Schule: Entkeimen von Kartoffeln in entspannter Atmosphäre (Sommer 1938).

Fast selbst schon ein Fest: Winden von Girlanden für die Kapelleneinweihung 1936.

hier nur der Pfarrer schlagen können. Doch auch der schlug zu, bis zur Aufhebung des konfessionellen Charakters der Schule im Jahre 1937 gerade auch im schulischen Katechismusunterricht. Er schlug zwar nicht so oft und weniger mit dem Stock, aber dafür um so gekonnter in Gestalt unglaublich schnell aufeinanderfolgender, äußerst schmerzhaft plazierter Ohrfeigen.

Schule als Ort beflügelten Lernens und der Weckung geistiger Interessen? Nun erst recht nicht. Weit eher mußte sie als Ort der Drangsal erscheinen. Entsprechend beklagenswert war der Leistungsstand der Schüler, er ließ so sehr zu wünschen übrig, daß der Schulrat bei einer Visitation diese Oberstufe schulöffentlich (ich habe es selbst gehört) als eine der dümmsten im ganzen Kreis verdonnerte und ihr zusätzlichen Nachmittagsunterricht androhte. Mag sein, daß dabei tatsächlich auch die Begabungslage eine Rolle gespielt hat, aber so wenig begabt, wie es der Blick allein auf die Leistungen vermuten läßt, konnten so viele Schüler unmöglich sein. Daß sie es nicht waren, hat ein Großteil von ihnen im späteren Leben bewiesen.

7) Schülerreaktionen

Wenn denn die Lehrkräfte und der Pfarrer es so für richtig hielten und auch die Eltern schwiegen, an den Kindern ging diese Art von Schulwirklichkeit nicht spurlos vorüber. Die Kinder zeigten Wirkung, und zwar nicht mehr nur, wie seinerzeit die Kleinen beim Hilfslehrer, mit Tränen und halblaut vor sich hingesprochenen Verwünschungen, sondern in Gestalt einer sehr viel härteren Gangart. Entweder zogen sie sich enttäuscht, verängstigt und schließlich teilnahmslos-gleichgültig auf sich selbst zurück mit entsprechend minimalen schulischen Leistungen, oder sie schritten – vor allem die Buben – zu den bereits angedeuteten hemmungslos geplanten und ausgeführten Störaktionen bis hin zu Racheakten. Kann da der Widerstand beim „Strafvollzug“ selbst noch als reflektorisch aus der Not geboren gelten, so läßt sich das von anderen Unternehmungen nicht mehr sagen. Dazu zählt schon der mehrfach unternommene und während meiner Zeit einmal geglückte Versuch, dem Lehrer mittels Nadel im Bastgeflecht seines Stuhles auf dem Podest eine „Sitzüberraschung“ zu bereiten. Ein andermal war das Ofenrohr mit Tafellappen verstopft, so daß der Unterricht infolge Rauchentwicklung bis zur Behebung des Schadens unterbrochen werden mußte. Und wie oft gab es beim Heizen Probleme, weil der Kohlevorrat im Brennholzschuppen durch „Defäkationen“ beeinträchtigt war.

Als 1936 eine neue Toilettenanlage auf dem „Turnplatz“ den bisherigen sichtdurchlässigen Bretterverschlag ablöste, waren nach knapp einem halben

Jahr auf der Bubenseite die Closchüsseln so hoffnungslos mit Steinen verkeilt, daß an Benutzung nicht mehr zu denken war. Kaum daß es wieder „Abzug" gab, stellte sich dieselbe Situation erneut ein und so fort. Im August 1940 wurde mir das zum Verhängnis, als ich bei Durchfall das Ausweich-Clo, sprich den kleinen Tannenwald am nahen Bergabhang, nicht mehr rechtzeitig erreichte und doch erst am Mittag zu Hause die Kleider wechseln konnte ...

Aus diesem Tannenwald flogen wiederholt – die Werfer jeweils durch Astwerk verdeckt – Steine auf das Wellblechdach einer armen Witwe, weil man wußte, daß diese sich beim Lehrer beschweren werde. Ermittlungen nach dem/den Täter(n) gingen in aller Regel ins Leere, bewirkten aber die beabsichtigte Störung des Unterrichts und heizten vor allem den seitens der Schüler mit Wonneangst genossenen Zorn des Lehrers an. Meist schlug dieser dann auf Verdacht zu, einmal an einem Samstagvormittag so ungeheuerlich, daß ich die Schreie des Schülers heute noch im Ohr habe.

Während des Vormittags gab es nur eine Pause, die regulär wohl 15 oder 20 Minuten dauern sollte, aber von Lehrer und Lehrerin, außer ein Schulratsbesuch stand ins Haus, nach Belieben überzogen wurde. Die beiden standen dann auf der Eingangstreppe und redeten und redeten miteinander, Tag für Tag – noch heute möchte ich wissen, worüber es soviel zu reden gab. Derweil unternahmen die größeren Buben Ausflüge weit über die Banngrenzen hinaus, wobei im Sommer kein Kirschbaum und im Herbst kein Birn- und Apfelbaum vor ihnen sicher war. Beschwerden seitens der Geschädigten zogen natürlich wieder Strafen nach sich, mitunter in der gekennzeichneten Dreiinstanzenmanier, ab und an auch in Form von Nachsitzen, wenn der Unterricht bei der Rückkehr der Ausreißer bereits wieder begonnen hatte.

Im Nebenerwerb unterhielt der Lehrer, wie damals in dieser Region noch häufig der Fall, eine kleine Landwirtschaft mit allen Geräten, die dazu gehörten. Bestellen ließ er sie durch einen Mann aus dem Dorf, der also von Zeit zu Zeit mit seinem Pferd erschien und vor dem aus dem Schulsaal einsehbaren Lehrerhaus anspannte. Zuvor bekamen aber zwei Achtklässerbuben den Auftrag, am Wagen die Radachsen mit Wagenschmiere einzufetten. Einmal „vergaßen" sie dabei das Wiedereinfügen der Splinte an den Achsen (der *Lommen)* und taten ihr „Vergessen" auch den um sie herumsitzenden Mitschülern kund. Welch diebische Freude wenig später, als der Wagen schon nach kaum 30 Metern Fahrt zwei Räder verloren hatte.

Im Winter war Mithilfe beim Schlachten des im Lehreranwesen gemästeten Schweines angesagt. Mit Genuß versetzten die dazu vom Unterricht freigestellten zwei großen Buben dem toten Schwein noch einige Extra-Messerstiche, die symbolisch dem Lehrer galten. Ähnlich indirekt war die Aggressionsabfuhr bei den bereits erwähnten Schlägereien zwischen den größeren

Buben, bei Tiermißhandlung und bei den giftigen, zuweilen in Form von Kratzen, Spucken, Kneifen auch tätlich ausgetragenen Zänkereien der Mädchen. Einmal war ich Zeuge, wie zwei Buben mit Fußtritten, Schlägen per Faust und Keule so hart zur Sache gingen, daß eine Menge Blut floß und ein erheblich ramponierter Gartenzaun zurückblieb. Und abermals war derselbe Aggressionsstau im Spiel, wenn derjenige, der am Vormittag vom Lehrer die meisten Prügel bezogen hatte, nach Schulschluß als Held des Tages gefeiert wurde; wenn ferner als Bezeichnung für den Lehrer nicht nur das Wort *Schuller* (= Schullehrer), sondern auch der Titel *den aale Steer* (der alte Stier) in Umlauf war, und schließlich ebenfalls, wenn man den Lehrpersonen außerhalb des Unterrichts partout nicht begegnen wollte. So früh waren wir Kinder aus meinem Heimatort mittags nie zu Hause wie an den Tagen, da wir auf unserem Heimweg Lehrer und Lehrerin hinter uns gewahrten, wenn die beiden zur Postbushaltestelle im Nachbardorf gingen. Wir wollten von den beiden unter keinen Umständen eingeholt werden.

Höhepunkt dieser von mir unmittelbar miterlebten Widerstands- und Ablehnungsbekundungen war eine Szene, von der ich heute mehr denn je meine, daß sie dem Lehrer ein für allemal die Augen hätte öffnen müssen. Wieder mal hatte es mit dem Feuer im Ofen seine Not, was den Lehrer dazu veranlaßte, mit dem Stock die Glut aufzulockern, um ihr dadurch mehr Zug zu verschaffen. Er tat das öfters, weshalb die Stöcke, jedenfalls im Winter, vorne etwas angekohlt waren. Diesmal aber flog ihm bei seinem Bemühen ein Funke ins Auge. Er schrie auf, krümmte sich vor Schmerz und ging dann einige Male hastig mit gegen das Auge gepreßtem Taschentuch zwischen den beiden Bankreihen auf und ab. Und die Schüler, die es mitansahen? Nach einer ersten Überraschungssekunde sprangen viele, fast alle, auf die Bänke und brachen in tobendes Jubelgeschrei aus. Endlich, so wohl ihre Schadenfreude, war ihr Peiniger auch selbst ein Gepeinigter.

Ich jubelte nicht, vielmehr packte mich helles Entsetzen. So jung ich als Sechstklässer noch war, in diesen Minuten ging mir mit elementarer Eindringlichkeit auf: Hier stimmt etwas nicht, hier liegt etwas abgrundtief schief. Und was da nicht alles schief lag!

8) Tragödie und Tragik

Nach unserem Exkurs über Erziehung und vor allem nach den Vorerwägungen dieses Kapitels speziell zum Thema Strafe kann am Befund und an den Ursachen für die geschilderten Schülerreaktionen kein Zweifel bestehen: Die den Schülern auferlegten Strafen wurden von diesen nicht als „Vater- und Mutterstrafen“ empfunden, sie weckten selbst da, wo sie vom Straftatbestand her gerechtfertigt waren, wie bei den Steinwürfen auf das Wellblechdach der armen Witwe, nicht Einsicht und Umkehr, sondern wurden, wie es neuhochdeutsch heißt, „kontraproduktiv“: Sie bewirkten das Gegenteil dessen, was sie bewirken sollten. Entweder stürzten sie die Kinder in Angst und Verzweiflung an sich selbst und der Welt bis hin zur „Erlösung“ in totaler Apathie, oder sie luden das Angriffspotential weiter auf. Manchen Kindern wurde offensichtlich schon daheim die Befriedigung elementarer Bedürfnisse vorenthalten, teils aus Not, teils aus gefühlloser Engstirnigkeit, teils aus beidem. Sie brachten also schon einen gewissen Aggressionsstau mit in die Schule, darauf drängend, ihn dort abzubauen oder doch wenigstens zu mildern. Indem aber nun in der geschilderten Weise strafend gegen sie vorgegangen wurde, nahm der Stau nicht ab, sondern schraubte sich im Gegenteil in einer wahren Teufelsspirale weiter nach oben. Bei anderen konnte der Stau durch Erleidnisse, wie sie auch mir nicht erspart blieben, in der Schule selbst hervorgerufen werden. Standen dann keine Auffangkapazitäten bereit, wie ich sie von meinem Elternhaus her hatte, so lief das Ergebnis auf denselben Übelstand hinaus: Eine ohnehin nicht sonderlich attraktive Schule mußte förmlich zu einem Pulverfaß von Ablehnung und Aggressionsentladung, vorzugsweise an sogenannten Ersatzobjekten, auflaufen, vom schulischen Leistungsstand der Schüler gar nicht erst zu reden.

Dabei soll nicht die schwierige Situation übersehen werden, der sich damals so mancher Dorfschullehrer gegenübersah und wie sie sich im Verlauf unserer Darstellung deutlich genug abgezeichnet hat: ein eher bescheidenes Begabungsreservoir, eine Ausbildung im Lehrerseminar, die kaum dazu angetan war, schwache oder verdeckte Begabungen zu fördern, eine große Zahl von Schülern auf engem Raum bei minimaler Klassengliederung, viele Kinder, die zu Hause viel zu schwere Lasten zu tragen hatten – da war ohne Disziplinierungsmaßnahmen mit dem besten Willen nicht auszukommen. Aber warum dann diese Maßnahmen just am falschen Ende angesetzt wurden, also der Versuch unternommen wurde, Druck mit um so größerem Druck zu beantworten, gleichsam den Teufel mit Beelzebub auszutreiben – darüber versinke ich, je älter ich werde, um so mehr in tiefsinniges Nachdenken. Dabei hätte man es auch damals schon bei Goethe nachlesen können: „Überall lernt man nur von dem, den man liebt“, oder vielleicht noch eindringlicher im „Symbolum“ des „Ameisenbüchleins“ von Christian Gottfried Salzmann (1744–1811): „Von allen Fehlern und Untugenden seiner Zöglinge muß der Erzieher den Grund in sich selbst suchen.“

Man kann sich fragen ob bei einem so eklatanten Verstoß gegen den Sinngehalt solcher Sätze nicht Sadismus im Spiel war. Ich wage dazu im vorliegenden Fall keine Aussage, möchte aber anmerken, daß der hier in Rede stehende Hauptlehrer es im Leben recht schwer hatte. Bei drei kleinen Kindern war ihm 1919 als eines der letzten Opfer in der Pfarrei die Frau an der damals grassierenden Asiatischen Grippe gestorben. Zudem war sein Schwager Priester und als solcher Universitätsprofessor für Theologie und Philosophie, ein ungemein gelehrter Mann, von dem später noch zu sprechen sein wird, aus dessen Schatten er nie herauszutreten vermochte. Es kann also schon sein, daß dieses Schicksal ihn hart und unzugänglich machte, ihn, der sich nun mit einer Haushaltshilfe mehr schlecht als recht durchschlagen mußte. Aber der entscheidende Punkt – und zwar bei allen drei Lehrkräften, um die es hier geht – lag ohne Zweifel abermals in der autoritären Struktur der damaligen Lebenswelt in dieser Region. Es handelte sich bei ihnen um Menschen, die andere – in diesem Fall die ihnen anvertrauten Schulkinder – in den Griff zu nehmen versuchten, so wie sie auch selbst in den Griff genommen waren und sich hatten in den Griff nehmen lassen: im Namen eines für absolut gültig erklärten „Gedankenkreises", Menschenbildes, Erziehungsideals oder wie man es nennen mag. Ihr so hartes Zugreifen erweist sich dann als Ausdruck ihrer bedingungslosen Treue – heute würde ich lieber sagen: ihrer Hörigkeit – gegenüber dieser autoritären Maßgabe. Insofern nun auch jetzt wieder in erster Linie die Kirche für diese Maßgabe verantwortlich war, durften sich die betreffenden Lehrpersonen bei ihrem Verhalten sogar mit Gott im Bunde wissen und darauf vertrauen, zur Not mit Gottes Hilfe, ungeachtet aller Chaotik, der Jugend schließlich doch noch ihren teuflischen Eigensinn auszutreiben. Das Wort teuflisch ist hier im wörtlichen Sinne zu verstehen, steht doch hinter dieser Sichtweise letztlich die christliche Erbsündenlehre, wonach die Taufe zwar den ursprünglichen Gnadenstand der gefallenen Menschennatur wiederherstellt, nicht aber die ebenfalls vom Teufel herrührende Zweitwirkung der Erbsünde: die Hinneigung zum Bösen, aufhebt. Gegen diese angeblich dem eigensüchtigen Selbst frönende „böse Begierlichkeit" muß, wie man meinte, so entschieden eingeschritten werden, daß sich ein Nachbarpfarrer, seinerzeit prominenter Vertreter der Zentrumspartei, zu folgender Maxime gegenüber seinen Gläubigen herausgefordert fühlte: „Ehrfurcht verlange ich, auf Liebe verzichte ich, Gehorsam bringe ich Euch bei."

Vor solchem Hintergrund erstaunt es nicht, daß der Schulleiter den Hilfslehrer gewähren ließ, daß der ob seines Augenschmerzes Verhöhnte sich gleichwohl von seinem Weg nicht abbringen ließ, ja darf man sogar noch eine gewisse Logik im Hin und Her der Lehrerin in der geschilderten Stockaffäre („mein Junge", „nicht mehr mein Junge", „wieder mein Junge") entdecken. Kann doch autoritäres Verhalten gar nicht willkürlich genug sein, wenn totale Abhängigkeit und Verfügbarkeit der einem solchen Verhalten Unterworfenen angezielt wird. Insofern solches Bestreben bisweilen aber auch Ungemach bereitet – welche physische Kraftanstrengung war allein schon erforderlich, wenn der Hauptlehrer so richtig zulangte – konnten sich die Betreffenden – in ihrem Sinne – sogar eine gewisse Tapferkeit, vielleicht sogar einen Anhauch von Märtyrergeist zusprechen.

Eine Tragödie also, wie sie größer kaum vorstellbar ist, aber – und das muß nun ebenso nachdrücklich gesagt werden – auch eine Tragik um diese Lehrpersonen, die einem ans Herz greifen kann. Illustrieren läßt sich diese Tragik an meinem (aber gewiß auch anderer Schüler, etwa meiner Geschwister) Los in dieser Schule, schon beim Hilfslehrer und der Lehrerin und erst recht beim Schulleiter, meinem letzten Lehrer in der Dorfschule. Wie sich zeigte, wurde auch mir zugesetzt, aber indem selbst öffentliches Vorführen und schwere Demütigung es nicht schafften, mir Lehrer und Schule grundsätzlich und auf Dauer zu verleiden, wurde ich für diese Lehrpersonen ein Angebot, ein Vor-Wurf, ein Exempel dafür, daß man jemanden auch dann noch annehmen und bejahen kann, wenn es einem bitterschwer gemacht wird. Wäre alles in Ordnung gewesen, hätte ein solches Angebot, ein solcher Liebeserweis im Sinne des Goethezitates, zunächst und zuerst von den Lehrpersonen an die Schüler, alle Schüler, ergehen müssen. Daß dies nicht geschah, war die Kardinalsünde dieser Lehrkräfte. Aber immerhin nahmen sie meine Offenheit und meine mitunter tränenuntermalte Freundlichkeit an, erwiderten und belohnten sie auf je eigene Weise, und das war dann der Beweis dafür, daß untergründig, gleichsam in der Tiefenschicht ihrer Person, doch auch noch unverstellte Menschlichkeit und das hieß hier: ein urpädagogischer Impuls, lebendig geblieben war. Dieser nicht mehr autoritär genormte und autoritär „funktionierende" Innenbestand gereicht ihnen selbst dann zur Ehre, wenn sich damit, wie hier der Fall, gleich noch eine weitere pädagogische Sünde verband: daß die durch mein kindliches Angebot hervorgelockte Gegengabe nur für mich galt und nicht auf andere Kinder übertragen wurde, die der Zuwendung weit mehr bedurften. Sünde also in dem Sinne, daß der pädagogische Pessimismus bezüglich des Herkommens eines Kindes erhalten blieb, jetzt konkretisiert als Vorbehalt gegenüber allen Kindern, die sich nicht als Angebot, wie ich es darstellte, einzubringen vermochten.

Ein solcher Aufbruch, der dann doch kein Durchbruch zu einer umfassenden, dem Kindsein schlechthin zugewandten pädagogischen Grundeinstellung wird, kann nicht anders denn als Kennzeichen einer tragischen Erzieherexistenz gewertet werden. Für die vielen Kinder mit angeblich negativem pädagogischem Vorzeichen beließ es diese Tragik bei der Tragödie, für mich hingegen eröffnete sie einen Bildungsgang, tiefer noch eine Chance personaler Selbstwerdung, für die ich trotz aller Vorbehalte auch den Lehrkräften in meiner Dorfschule Dank schulde – und Dank weiß.

9) Kleines Glück

Besonders im Hauptlehrer, bei dem ich die letzten zweieinhalb Jahre meiner Volksschulzeit verbrachte, begegneten mir menschliche Züge, von denen der amtlich bestallte Autoritätsträger in ihm eigentlich nichts wissen durfte. So rauh und knorrig seine Schale für mich auch blieb, ich entdeckte darunter einen Kern, der väterliche Güte ausstrahlte. Das heißt freilich nicht, daß ich nicht auch jetzt noch gelegentlich Ohrfeigen, meist wegen Schwätzens, einmal sogar böse Stockhiebe auf die Schienbeine, bezog, und es heißt ebenfalls nicht, daß die Dorfschule nun eine zentrale Stellung in meinem kindlichen Leben erlangt hätte wie später das Gymnasium. Diese Schule behielt für mich nach wie vor einen nur sporadisch erfüllenden Charakter. Aber das schmälerte nicht den Antrieb und die Ermutigung, die von diesem Lehrer auf mich ausging, wenn er mich ab 1940 fast täglich über den neuesten Wehrmachtbericht in der Klasse referieren ließ, wobei er mir einmal ausdrücklich Respekt zollte, weil ich das Wort Panik richtig zu verwenden wußte; wenn er ferner meine Betroffenheit über den Untergang des deutschen Schlachtschiffes Bismarck Ende Mai 1941 zum Anlaß nahm, einen Klassenaufsatz mit dem von mir formulierten Thema: „Der Heldenkampf des Schlachtschiffes Bismarck“ schreiben zu lassen. Wie fühlte ich mich weiter ausgezeichnet, als er mir im Herbst 1940 eine ihm zugegangene, heute noch in meinem Besitz befindliche Broschüre „Feindflugzeuge in Wort und Bild“ vor aller Augen schenkte, ausgezeichnet erst recht, wenn er mich mit in seine Wohnung nahm und mir leihweise Bücher übergab, die er nicht an jeden aushändigte, einmal ein Buch von General v. Lettow-Vorbeck über den Kampf der deutschen Schutztruppe im Ersten Weltkrieg in Deutsch-Ostafrika.

Ich lohnte ihm diese Zuwendung durch gebannte Aufmerksamkeit und weit über dem Durchschnitt liegende Mitarbeit vor allem in meinen Lieblingsfächern Erdkunde und Geschichte, die offensichtlich auch ihm besonders am Herzen lagen. Und nicht zuletzt bedankte ich mich dadurch, daß ich an keinen Störaktionen, auch nicht an den Schlägereien mit Mitschülern, teilnahm, sondern eher um Ruhe und Wohlverhalten warb.

So blühte mir in dieser Schule, in der sonst so vieles drunter und drüber ging, sogar ein kleines stilles Glück: als des Hilfslehrers „Häslein in der Grube“, als der Lehrerin „Junge“ und des Hauptlehrers Experte für Länder, Geschichtsepochen und aktuelle politische und militärische Ereignisse. Weil ich inzwischen schon etwas herangereift war, entwickelte ich in bezug auf den Hauptlehrer zunehmend ein Gespür für Zwischentöne, Begleit- und Hintergrundserscheinungen, die meine Überzeugung, es unter keinen Umständen nur mit einem Fanatiker und Funktionär zu tun zu haben, weiter bestärkten. Dazu zählte für mich, der ich aus einem betont nazi-kritischen

Die Broschüre mit den „Feindflugzeugen"

Hause kam, beispielsweise der Umstand, daß dieser Lehrer nie in brauner Aufmachung gesehen wurde. Um so öfter sah man ihn – wie übrigens auch die Lehrerin – in der Kirche. Das war damals, wo schon der unmittelbare Nachbarlehrer das Amt des auch für meine Heimatpfarrei zuständigen NS-Ortsgruppenleiters bekleidete, keineswegs selbstverständlich, sondern hatte etwas mit Bekennermut zu tun. Ähnlich verhielt es sich mit der parteiamtlich angeordneten Ovation an den „Führer" zu Unterrichtsbeginn. Gewiß sangen wir auch Lieder wie „Flamme empor!" und „Deutschland, heiliges Wort", aber wenn denn schon ein förmliches Gebet mit Kreuzzeichen verboten war, sang dieser Lehrer desto häufiger und inständiger mit uns das „Altniederländische Dankgebet": „Wir treten zum Beten vor Gott den Gerechten".

Unvergeßlich ist mir weiterhin der Eindruck, den dieser Lehrer am 26. August 1939, einem Samstagmorgen, in mir hinterließ, nachdem sich kurz zuvor eine wahre Flut von Einberufungsbescheiden über die wehrpflichtigen Männer ergossen hatte. Viele Kinder, deren Vater oder Bruder sie eben hatte verlassen müssen, weinten still vor sich hin, aber wie still war erst der Lehrer an diesem Morgen. Wohl der Leiden des Ersten Weltkrieges gedenkend, die ihm noch unmittelbar gegenwärtig waren, schritt er eine ganze Weile wortlos vor der verstört dasitzenden Klasse hin und her. Auf einmal blieb er stehen, wandte sich der Klasse zu und sprach mit leiser, tiefbesorgter Stimme diesen einen Satz: „Ja, das scheint eine Mobilmachung zu sein!" Dann schickte er uns nach Hause. Ich war tief betroffen und spürte es bis in die Seele hinein: Dieser Mann ist nicht nur der Straf- und Prügelmeister, er ist ein Mensch.

Ähnliche Hintergrundserfahrungen machte ich auch mit dem Pfarrer, von dem schon im Zusammenhang mit dem Thema Moral so viel die Rede war. Auch er nahm das Angebot in Gestalt meiner Person an und erwiderte es durch Ermutigung, zwar nicht in Sachen Sexualität und Todsünde, wohl aber auf meinen Bildungsgang hin, und zwar bis zu dem Punkt, daß er und der Lehrer die eifrigsten Befürworter meines Übertritts in die höhere Schule wurden.

10) Der Preis

Aber mein stilles kleines Glück in der Dorfschule hatte seinen Preis, nicht nur in Gestalt der schulischen Hürden, wie sie in diesem Kapitel gekennzeichnet wurden, sondern kaum weniger schmerzlich seitens meiner Mitschüler. Weil ich nicht so war und mich nicht so verhielt wie sie, wurde ich für viele, ja ich darf sagen: für die meisten, zum angefeindeten Außenseiter, praktisch vom ersten Schuljahr an. „Häslein in der Grube" oder „Junge" der

Lehrerin war ich nicht ungestraft, geschweige, daß die Überreichung der Broschüre „Feindflugzeuge in Wort und Bild“ kommentarlos hingenommen worden wäre. Als ich mit dem Büchlein in der Hand vom auf seinem Podest sitzenden Lehrer zu meinem Platz zurückging, grummelte und zischelte es mir von allen Seiten entgegen: *Schmeerlääfel* (Schmierlöffel), *Speichellecker, Schmeerlääfel, Speichellecker* .... Wiederholt rotteten sich in der Pause Buben zusammen und setzten mir mit Fausthieben und Fußtritten zu – „nur so“, wie sie sagten, wenn ich sie mit schmerzgezeichnetem Gesicht nach dem Grund ihres Zuschlagens fragte. Auch wenn ich mich wehrte – ich tat es nur selten –, zog ich den kürzeren, mit einer Ausnahme allerdings: 1937, als ich im dritten Schuljahr war und mir mein im Krieg verschollener Bruder Peter, damals Achtklässer, geschwisterlich zu Hilfe kam. Verdächtigungen, ich hätte *gekläätscht* (Mitschüler beim Lehrer verraten), konnte ich stets mit bestem Gewissen zurückweisen. Als besonders anstößig wurde offenbar meine Abstinenz, das Nichtmitmachen bei Stör- und Racheaktionen empfunden, exemplarisch für viele andere Fälle deutlich geworden am 29. Juni 1939, dem Fest Peter und Paul. An diesem Tag feiert meine Heimatpfarrei Kirmes, an der, solange die Schule Konfessionsschule war, der Unterricht selbstredend ausfiel. Nun aber war es auf Anordnung der allgewaltigen NS-Behörde damit vorbei, und kurzsichtig, wie die Schüler waren, machten sie die Lehrkräfte mit dafür verantwortlich. Das heißt, eine beträchtliche Anzahl von Buben probte während der Pause den Aufstand mit Randalen vorwiegend wieder gegen die Toilettenanlagen und Schmährufen. Ich hielt mich auf Distanz und stand schließlich allein in einer Ecke des Turnplatzgeländers. Die Meute drang auf mich ein und setzte mir so gemein und brutal zu, daß ich es unter meiner Würde hielt, auch nur symbolisch Widerstand zu leisten.

Aber wie weh das alles tat, ich vermochte es gerade an diesem Tag verhältnismäßig schnell innerlich zu verwinden. Hielt der Lehrer doch anschließend eine Geschichtsstunde, die zu den besten zählt, die ich je erlebt habe. Thema war der Sieg des Großen Kurfürsten über die Schweden 1675 in der Schlacht bei Fehrbellin, die so plastisch vor meinem inneren Auge erstand, daß ich mich in eine andere Welt entrückt glaubte. Dieser Lehrer war ein Meister der darstellenden Erzählung, die in mir eine Souveränität entzündete, gegen die äußere Widrigkeiten, selbst Beulen und blutunterlaufene Hautstellen, nicht ankamen. Ich habe solche Entrückungserlebnisse bis auf den heutigen Tag, besonders sind mir die Vorlesungen von Professor Theodor Litt im Wintersemester 1950/51 an der Universität in Bonn in Erinnerung geblieben, als mich die Art und Weise, wie die Philosophie Immanuel Kants dargestellt wurde, zumindest für Stunden selbst den Koreakrieg und den darin heraufdrohenden Dritten Weltkrieg vergessen ließ. Das will bei der mir sonst eigenen (Über-) Ängstlichkeit schon etwas heißen.

Ich will mit alledem nun nicht auch noch diese Mitschüler anklagen, selbst wenn deren Feindseligkeit mir gegenüber noch einmal besonders massiv bei meinem Wechsel zum Gymnasium zutage trat. Denn wie sich inzwischen gezeigt haben dürfte, waren diese Mitschüler Opfer von Verhältnissen, für die sie am allerwenigsten konnten, Opfer einer weithin verkehrten pädagogischen Welt. Es mag tatsächlich so sein, daß die mir zuteil gewordene Dorf-(=Volks-)schule dafür ein besonders krasses Beispiel war, aber was Grundstruktur und Grundstil betrifft, können die anderen Dorfschulen in dieser Region damals kaum anders gewesen sein. Zumindest geschlagen und autoritär unterdrückt wurden die Dorfschüler damals praktisch noch überall.

Da kann man die tiefgreifenden Veränderungen, die sich seitdem gerade auch im ländlichen Schulwesen vollzogen haben, nur aufrichtigen und dankbaren Herzens begrüßen. Heute würden gottlob wohl keine Eltern in unserem Land mehr hinnehmen, was Kindern vor kaum einem halben Jahrhundert in der Schule angetan wurde. Aber das heißt gleichwohl nicht, daß wir heute mit Schule, so wie sie ist und praktiziert wird, nur glücklich sein können. Wenn ich es recht sehe, ist das Pendel – wieder mal – massiv in Richtung Gegenextrem ausgeschlagen. Wurden damals die Kinder vom Lehrer unterdrückt, so heute nicht selten die Lehrer seitens der Kinder. Und abermals geht es nicht um die kreative Entfaltung kindlicher Kräfte und Interessen zu personal-mündigem Selbstsein, sondern um Unterdrückungsmechanismen, die den Kindern von verantwortungsloser Werbung und verantwortungslos agierenden Medien innerlich zu eigen gemacht werden, die die Kinder dann mit in die Schule bringen, um selbst noch den bemühtesten Lehrer damit mehr oder weniger schachmatt zu setzen. Konkret: Was soll ein Lehrer noch mit Schülern anfangen, die, wie sie meinen, alles schon vom Fernsehen her wissen, die zu Hause keine Familienatmosphäre und keine Ermutigung erfahren und als Grund für ihr Desinteresse womöglich angeben, sie seien erst am frühen Morgen aus der „Disco“ nach Hause gekommen. Auch jetzt gebricht es am Dialogischen, auf das auch und gerade beim schulischen Bildungsgang alles ankommt. Doch damit wäre abermals ein neues Thema angerührt, das – wie es ähnlich schon in früheren Kapiteln der Fall war – hier nicht weiter verfolgt werden kann.

Stattdessen sei der Blick auf den für dieses Buch maßgeblichen Ausgangspunkt und Rahmen: das Viehhüten, zurückgelenkt. Es dürfte erneut deutlich geworden sein, wieviel sich aus dem, was sich auf der Wiese bei den Kühen tat, entnehmen, ableiten und entwickeln läßt: eine kindlich-jugendliche Schulgeschichte, umwittert von Tragik, aber auch aufgehellt durch ein kleines stilles Glück. Ein ähnliches Bild, allerdings mit weit stärkerer Ausprägung des Glückspoles, wird sich im nächsten Kapitel ergeben, wenn mein Bildungsweg in der höheren Schule Thema sein wird.

8. Kapitel: Das Gymnasium

1) Verändertes Bild

Mit meinem Eintritt in die höhere Schule am Mittwoch, den 20. August 1941, wurde bei mir nahezu alles anders. Die Schule befand (und befindet) sich in der 19 Kilometer von meinem Heimatdorf entfernten Kreisstadt und hieß damals „Oberschule für Jungen". Trotz dieses Namens waren mindestens ein Drittel der Schüler Mädchen. Gehen wir auch jetzt wieder vom Befund auf dem Weideplatz aus, so trat bereits nach wenigen Wochen der schon mehrfach angedeutete Wandel ein: Für die noch verbleibende Hütezeit bis Allerheiligen und für die nachfolgenden Hüteperioden erst recht wurde die Schule zum Mittelpunkt meines Sinnens und Trachtens auf der Wiese. Ich konnte den Hütedienst insofern weiter wahrnehmen, als ich diese „Oberschule" als sogenannter Fahrschüler besuchte. Allmorgendlich kurz vor halb sieben machte ich mich zu Fuß auf den Weg zur gut einen Kilometer entfernten Postbushaltestelle im Nachbardorf, und mittags, kurz nach zwei Uhr, war ich wieder zu Hause, früh genug, um für den nachmittäglichen Hütedienst zur Verfügung zu stehen.

Die 18 Kilometer weite Fahrt zur Kreisstadt und zurück dauerte jeweils eine gute Stunde, Höchstgeschwindigkeit 40 Stundenkilometer bei sieben Zwischenhaltestellen. Ich war Inhaber einer Schülermonatskarte, die mir im meist hoffnungslos überfüllten Bus einen Platz sicherte. In der Regel ließ ich es mit einem Stehplatz bewenden, einmal weil ich, „gut erzogen" wie ich war, älteren Leuten den Vortritt ließ, zugleich aber auch, weil ich mich, zusammen mit einem anderen Schüler, gern in der Nähe des Fahrers aufhielt, um ihm zu Diensten zu sein. Schon jetzt gab es täglich Auseinandersetzungen mit Mitfahrinteressenten, die wegen Platzmangels zurückbleiben mußten. Dabei war die Versorgung vorerst noch, gemessen an den späteren Engpässen, fast normal. Pro Tag standen für vier Fahrten hin und zurück drei Omnibusse zur Verfügung, zwei Mercedes mit je 110 PS und 27 Sitzplätzen und ein schwerfälliges Vehikel der Marke Krupp mit 90 PS und 25 Sitzplätzen. Wie an früherer Stelle schon vermerkt, war diesen Fahrzeugen in meinen Augen ein Hauch von großer, weiter Welt zu eigen, so daß geradezu Erhabenheitsgefühle in mir aufstiegen, wenn ich mir vergegenwärtigte, daß ich nun an jedem Schultag aus meinem kleinen Dorf in die große Welt der Kreisstadt und ihre „riesengroße" Schule kam.

Diese große Welt der Schule begleitete mich nun also auch auf die Hütewiese, in vollem Umfang und vollem Ernst von dem Augenblick an, da mir ein kleines Warnsignal zuteil geworden war. Ich lernte jetzt Englisch – nicht zu fassen, wo wir uns doch mit England im Krieg befanden –, und zwar fing es mit Sprechübungen („th“!) und Lautschrift an, die zwischenhinein in richtige Schrift überführt wurde. Ich machte dabei schon wacker mit, bedachte aber nicht, daß es auf der höheren Schule sogenannte Blattarbeiten, gelehrt ausgedrückt „extemporalia“ („Exen“) gab. Von der ersten Arbeit dieser Art – im Fach Englisch also – wurde ich leicht überrascht und bekam „nur“ die Note „befriedigend“. Ich schwor mir, daß mir das nicht noch einmal passieren werde, und es passierte auch nicht mehr – bis Abitur einschließlich.

Und noch ein anderes leistete ich mir nur ein einziges Mal. Von Ende August bis Weihnachten hatten wir regulären Biologieunterricht, der dann wegen Einberufung des Lehrers zum Kriegsdienst für die ganze weitere Schulzeit so gut wie ausfiel. Zuvor war aber für das erste Zeugnis noch eine schriftliche Abfrage fällig, in der es um Blattformen („gekerbt“, „gesägt“ usw.) und den Wasserhaushalt der Zwiebel ging. Ich hatte mich gewissenhaft vorbereitet, legte aber gleichwohl mein aufgeschlagenes Biologieheft unter der Bank auf die Tasche, um zu vergleichen, ob in meiner Arbeit auch wirklich alles stimmte. Kaum daß ich nach Fertigstellung des Blattformen-Teiles unter die Bank griff, war auch schon der Lehrer zur Stelle, knallte das Heft auf die Bank und zog unter das bis dahin Geschriebene einen dicken Strich. Dann nahm er das Heft an sich und forderte mich zu meinem großen Erstaunen auf, weiterzuschreiben. Ich tat es und staunte noch mehr, als ich die Arbeit in der nächsten Stunde wiederbekam: mit der Note „sehr gut“. Dieses noble und auch pädagogisch gerechtfertigte Verhalten ging mir so zu Herzen, daß ich ein ähnliches Experiment oder gar einen Täuschungsversuch nie mehr unternommen habe. Meinen Dank an diesen Lehrer, der 1945 bei der Rückkehr aus russischer Gefangenschaft unterwegs starb, habe ich auf die Weise abgestattet, daß ich später mit Studenten und Schülern genauso verfahren bin.

So oft ich also nunmehr des Hüteamtes waltete, geschah das, wozu es in meiner Volksschulzeit nie gekommen war: Die Schultasche (gegenüber dem bisherigen Ranzen den „höheren“ Stand anzeigend), wanderte mit auf die Wiese. Ich machte Hausaufgaben, wiederholte Durchgenommenes und wandte mich anhand der neuen Bücher, die mir große Freude bereiteten, auch solchen Themen zu, die im Unterricht noch nicht anstanden. Mit besonderer Wertschätzung war ich dem „Diercke Schulatlas für höhere Lehranstalten“ und später auch „F. W. Putzgers Historischem Schul-Atlas“ zugetan, in deren beider Karten ich mich stundenlang vertiefen konnte. In besonderer Erinnerung ist mir ein Samstagnachmittag im Oktober 1942 geblieben, als ich beim Viehhüten einen für den folgenden Montag fälligen Hausaufsatz über das Thema „Morgens auf dem Postamt“ zu konzipieren versuchte. Bei dieser Gelegenheit ist mir zum ersten Mal mit großem Nachdruck die Sperrigkeit, um nicht zu sagen die Tücke der Sprache bewußt geworden. Ich wollte so vieles ausdrücken, aber mir standen einfach nicht die rechten Worte und Satzkonstruktionen zu Gebote. Dieser Übelstand war auch dadurch nicht zu beheben, daß ich mit dem Hund auf und ab lief und schließlich sogar Purzelbäume (*Koppenienes)* schlug, alles zu dem Zweck, meinen Kopf durchzuschütteln und den Gedankenfluß aufzulockern. Bis auf den heutigen Tag, bis in diesen Text hinein, ringe ich um die Sprache und mit der Sprache, derselben Sprache, die auf der anderen Seite zugleich das größte Geschenk an den Menschen ist – man denke nur an Phylaxens Sprachexamen zurück.

So wie ich es heute sehe, waren meine damaligen Schwierigkeiten in erheblichem Maße mitbedingt durch die Vorgaben, die ich von der Volksschule her mitbrachte. Sie beruhten nicht, wie heute fälschlicherweise oft behauptet wird, in meiner Mundartprägung, sondern darin, daß ich in der Dorfschule nur sogenannte „gebundene" Aufsätze mit vorgestanztem Wortschatz schreiben gelernt hatte.

Im Laufe der Jahre bis hin zu der Zeit, da ich als längst Erwachsener hie und da zum Vergnügen noch einmal Kühe hütete, vergrößerten sich die Dimensionen solchen studienbeflissenen Tuns auf dem Weideplatz erheblich. Die Palette erstreckt sich vom Einpauken unregelmäßiger Verben über die Lektüre klassischer Dramen, die Ausarbeitung meiner Abitursrede, die Anfertigung von Referaten während der Semesterferien für die Universität, ja reicht über den Entwurf wichtiger Teile meiner Doktorarbeit bis hin zur Erstellung von Vorlesungsmanuskripten für meine Lehrtätigkeit an der Hochschule. Um solche Vorlesungsmanuskripte ging es im September 1959, sinnigerweise auf derselben Wiese, auf der ich siebzehn Jahre zuvor meine Formulierungsnot mit dem Aufsatz über das Postamt hatte. Als es mir auch jetzt nicht recht gelingen wollte, konnte ich mich des Eindrucks kaum erwehren, daß ich seitdem eigentlich wenig dazugelernt hätte. Aber dann tröstete ich mich wieder mit dem Gedanken, daß das Thema jetzt nicht mehr das morgendliche Postamt war, sondern die „Reform des Bildungswesens aus dem Geist des Neuhumanismus" ...

Das letzte Mal, daß „ich bei meinen Kühen wacht' ...", war an einem Samstagnachmittag im Oktober 1961 auf einer Hangwiese, die mit Zwetschgenbäumen bestanden war. Als Lektüre hatte ich die „Bekenntnisse" des heiligen Augustinus dabei, über die ich für das bevorstehende Wintersemester ein Seminar angekündigt hatte. Zwischendurch ließ ich das Buch sinken und schaute mir den kräftigen Ast eines Zwetschgenbaumes an, zu dem ich mich, wie ich meinte, nur aufzuschwingen brauchte, um die gleiche Glaubensgewißheit zu erlangen, die mir bei Augustinus begegnete – jenem Augustinus, der nach so vielen Irrungen und Wirrungen im Jahre 387 mit 33 Jahren, fast im selben Alter, in dem ich mich gerade befand, im Garten zu

An diesem inzwischen etwas überwachsenen Abhang drehte ich meine Runden mit dem Hund und schlug ich den Koppenienes, *um meine Gedanken aufzulockern.*

Mailand sein „tolle lege!“, seine Bekehrung erlebte. Den Ast erreichte ich schon, nicht aber die Gottesgewißheit, die ich suchte. Am Abend erzählte ich meiner Mutter davon, woraufhin sie mir erstmals bekannte, daß auch sie ihre Probleme mit dem Glauben habe.

Es war ein Abschiedsgepräch über den Glauben, ähnlich dem zwischen Augustinus und seiner Mutter Monika auf der Rückreise nach Afrika in der Hafenstadt Ostia (heute Ostia antica) bei Rom. Monika starb kurz darauf, und auch ich sah meine Mutter erst wieder, als sie am 17. März 1962 bewußtlos im Sterben lag (Todestag 19. März 1962). Augustinus fand Trost in den Versen des Ambrosius: „Du Gott und Schöpfer alles Seins,/Du führst die Himmel ihre Bahn . . .“ Als mir nun ein Freund ebendiese Verse – und nur sie – als Beileidsbekundung übersandte, lösten sich auch bei mir die Tränen. Ich kann mich der Tränen bis auf den heutigen Tag nicht erwehren, wenn ich an diese beiden Frauen denke. Ein ganz klein wenig hatte auch ich eine Mutter Monika . . . Mein Gott, habe ich diese Frau geliebt, trotz allem, aber auch mit allem, was mich zuweilen an ihr ärgerte, und werde ich sie lieben bis zum letzten Atemzuge! –

Es liegt auf der Hand, daß es im Zuge dieser Entwicklung, kaum daß sie begonnen hatte, mit den Spielen auf dem Weideplatz weitgehend vorbei war. Der Umschlag erfolgte im Spätsommer 1941 fast von einem Tag auf den anderen, wohl mitbedingt dadurch, daß die neuen Anforderungen seitens der Schule den in mir schon auf Abruf wartenden Prozeß der Vorpubertät, der Vorreifezeit, voll zum Durchbruch brachten. Von diesem Einstellungswandel bekamen sogar zwei Kaninchen ihr Teil ab, die ich im Frühjahr (genau am 30. April 1941 für RM 2,50) im Nachbardorf erstanden und seitdem wie Goldschätze gepflegt und gehütet hatte. Zwar arrangierte ich noch die Bedingungen für einen Wurf Nachwuchs, sprich, ich brachte meine Häsin mit einem Rammler aus der Nachbarschaft zusammen, aber die Sorge – auch für das volle Dutzend Kleine – ging nun mehr und mehr an meine Tante über. Ich mußte mir einige Vorwürfe gefallen lassen, weil ich die zunächst abgöttisch gehätschelten Tiere nun so schnöde im Stich ließ.

Und doch – ein Spiel blieb ausgenommen, das sich sogar eben jetzt erst herausbildete und für einige Monate ein sonderbares Schwanken meiner vorpubertären Stimmungslage anzeigte. Sosehr ich jetzt in nahezu allen anderen Lebensbereichen gleichsam hauptamtlich Schüler war, sowenig fühlte ich mich als solcher während der Fahrt mit dem Postomnibus. Da war ich zusammen mit dem bereits erwähnten anderen Bub wie versessen darauf, dem Fahrer Assistentendienste zu leisten, Dienste wie diese: Koffer und Pakete aufs Gepäckdach des Omnibusses schleppen; während der Fahrt Blinker, Postsignalhorn und Scheibenwischer betätigen; Fahrscheine und Zeitkarten knipsen; Schnee schippen, wenn der Bus in einer Schneewehe steckengeblieben war; gemeinsam mit dem Fahrer den Blick in den vom Verdunkelungslicht (es war ja Krieg!) nur spärlich erhellten dichten Nebel hineinbohren, um den Bus auf der Straße zu halten; zur Abfahrt den Motor anlassen und nach Ende der Fahrt den Bus säubern. Zum Dank durfte ich mich dann mitunter während der Fahrt auf die Werkzeugkiste neben dem Fahrersitz setzen, wo ich im Anblick des aufglühenden Morgenrotes durch das eintönige Motorengeräusch hindurch die wunderbarsten Melodien zu hören vermeinte.

Und das daraus erwachsene Spiel? Mit viel Eifer erstellte ich mir auf einem Weideplatz ein Phantasie-Postschaffner-Abteil und schlüpfte in Gedanken in die Rolle des Fahrers hinein. Ein kleiner Holzstoß diente als Fahrersitz, eine Astgabel als Steuerrad, drei in den Boden gerammte Holzstäbe stellten Kupplung, Fußbremse und Gaspedal dar, drei in der Bodenverankerung bewegliche Haselnußstöcke galten als Handbremse, Viergang- und Schnellgangschalthebel – jawohl, die Mercedesbusse und später auch ein schwerer Magirus-Deutz-Bus hatten einen zwischen den regulären Gängen einlegbaren Schnellgang. Da saß ich dann als Dreizehnjähriger (!), bediente meine Hebel und machte wieder „brrr", wie damals mit der imitierten Motorradlenkstange. In Gedanken legte ich die ganze 18-Kilometer-Strecke zurück, von der ich bis zur Stunde jede Kurve exakt im Gedächtnis habe.

Das Spiel ging zu Ende, aber geblieben ist mir ein Faible für Motorfahrzeuge: Traktoren, Autos, Lokomotiven, Flugzeuge – an kaum einem in der Nähe befindlichen Bahnhof oder Flugplatz bin ich bisher vorbeigekommen, ohne daß ich ihn in Augenschein genommen habe. Geblieben ist auch meine Bewunderung für die Personen, die Omnibusse, Lokomotiven und Flugzeuge lenken beziehungsweise fahren, wobei ich mich noch heute mit Wohlgefallen an die Dienstkleidung, besonders die schmucken Mützen, erinnere, die diese Männer damals trugen. Was die Mützen betrifft, spielt ganz gewiß eine Erwägung meiner Mutter mit hinein, die sie mir zwei Jahre zuvor, als sie mich so oft zum Zahnarzt begleitete, mitgeteilt hatte – eine Erwägung vor folgendem Hintergrund:

Nachdem sie mit 17 Jahren ihre Mutter und ein Jahr später (1914) den Vater verloren hatte, mußte sie in einem kirchlichen Knabenkonvikt niedere Küchendienste leisten. Die wenigen Male, die sie nach Hause durfte, fuhr sie mit der Bahn. Eines Tages fiel ihr auf einer klitzekleinen Zwischenstation der Bahnhofsvorsteher auf, wie er mit Pfeifsignal, gewichtiger Gebärde und piekfeiner roter Schirmmütze dem Zug die Weiterfahrt freigab. Und nun Mutters Erwägung mir gegenüber: „Wenn Du doch auch einmal so ein feiner Mann mit so einer feinen roten Mütze sein könntest!"

Nun, die Mütze blieb ihr vorenthalten, wohl aber kam am 17. Juli 1954 ein Telegramm von mir an, daß ich mich von nun an „Doktor der Philosophie" nennen dürfe. Postwendend schrieb sie mir einen Glückwunschbrief, in dem sie mir ihre große Freude mitteilte, in dem aber auch dieser Satz stand: „Bei aller Freude spüre ich einen physischen (– so wörtlich! –) Schmerz, weil Du mich nun immer weniger brauchst . . .“

2) Aufnahmeprüfung

Das alles war Ausdruck und Begleiterscheinung einer neuen Denk- und Lebenswelt, die sich mir seit meinem Wechsel aus der Dorfschule in die höhere Schule auftat. Schauen wir nun auf den sich darin spiegelnden Bildungsgang selbst, so ist in meinem Falle schon die ihm vorgeschaltete Aufnahmeprüfung einer Betrachtung wert. An dieser Prüfung fällt zunächst auf, daß es sie überhaupt gab. Heute stellt die Grundschule ein entsprechendes Zeugnis aus, und schon ist man – nach Erledigung der Anmeldeformalitäten – Schüler des Gymnasiums. Damals hingegen sprach noch die höhere Schule selbst das entscheidende Wort. Nur wer die Hürde einer von ihr veranstalteten Aufnahmeprüfung nahm, konnte als Schüler in sie einziehen.

Zweitens war es ein Problem, wer zu dieser Aufnahmeprüfung geschickt und damit für den Besuch des Gymnasiums ausersehen wurde. Das vorstehende Kapitel über die Volksschule dürfte hinlänglich deutlich gemacht haben, wie schwer es da die Kinder einfacher Leute vom Dorf hatten. In meinem Fall drängten Pfarrer und Lehrer, wie sich zeigte, auf die Teilnahme, aber es gab in meiner Familie auch Widerstände, dieselben, die bezüglich meiner Geschwister den Besuch einer weiterführenden Schule verhinderten. Zumindest, so ein Vorbehalt, müsse gewährleistet sein, daß ich als Studienziel den Beruf des Geistlichen ansteuern würde, weil allein dieser Beruf auch der Familie zugute käme, finanziell und vor allem durch Erhöhung des Ansehens. Schließlich kam man überein, daß ich mich ja mal der Prüfung unterziehen könne, danach werde man weitersehen.

Termin der Prüfung war Montag, der 23. Juni 1941, einen Tag nach dem schicksalsschweren Einmarsch deutscher Truppen in Rußland. Weil ich, in dem kleinen Eifeldorf wohnend, von der Kreisstadt noch keinerlei Vorstellung hatte und auch aus sonstigen Gründen die Mitanwesenheit eines Erziehungsberechtigten wünschenswert war, sollte mich mein Vater begleiten. So machten wir uns in der Frühe des 23. Juni auf den Weg zur Posthaltestelle im Nachbardorf, hoffend, daß uns der aus dem sechs Kilometer entfernten Kleinstädtchen kommende Bus mitnehmen werde. Die Hoffnung schmolz augenblicks auf einen kleinen Rest zusammen, als wir die Menschenmenge sahen, die bereits auf dem Halteplatz versammelt war: Soldaten, die aus dem

Das ehemalige: „mein“ Gymnasium in Bitburg.

Mit meiner Klasse auf Ausflug am Dronke-Turm zwischen Gemündener und Weinfelder Maar bei Daun im Herbst 1947.

Urlaub wieder zurück zu ihren Einheiten mußten, Frauen mit kleinen Kindern, Alte, Kranke, Behinderte. Wenig später traf der Bus ein, besagter schwerfälliger Krupp-Bus, dessen 25 Sitzplätze bereits alle besetzt waren. Der Fahrer ließ keinen Zweifel aufkommen: Es konnten nur ganz dringende Fälle berücksichtigt werden. Die Tür war schon fast wieder zu, als sich die Posthaltersfrau aus dem Dorf zu Wort meldete: Sie müsse unbedingt mit ihrem Sohn zur Aufnahmeprüfung fürs Gymnasium, und dasselbe gelte für die Frau neben ihr – es war die Frau des NS-Ortsgruppenleiters – mit ihren beiden Zwillingstöchtern. Als sie dann allesamt einsteigen durften, brachte auch mein Vater sein Anliegen vor. Das Ergebnis hätte nicht zwiespältiger sein können: Ich wurde mitgenommen, und er mußte zurückbleiben.

Während der über eine Stunde dauernden Fahrt fiel mir zunehmend alles Elend der Welt auf die Seele. Hatte ich bis dahin der Aufnahmeprüfung zuversichtlich und tatenfroh entgegengesehen, so kam ich mir jetzt, eingezwängt auf einem kleinen Trittbrett hinter der Eingangstür, unendlich verlassen und ausgeliefert vor. Daran konnte selbst der strahlende Sonnenschein dieses Morgens nichts ändern; ohne meinen Vater war für mich das Ziel der Reise nicht nur eine fremde, sondern eine bedrohliche Stadt. Entsprechend niedergedrückt trottete ich hinter meinen besser situierten Schicksalsgenossen vom Postplatz zum Gymnasium, wo der Direktor die zirka 130 Prüflinge in Reih und Glied antreten ließ. Den Ermunterungsruf in seiner kurzen Begrüßungsansprache habe ich bis heute nicht vergessen: „So wie unsere Soldaten jetzt in Rußland von Sieg zu Sieg eilen, werdet Ihr heute mit der Aufnahmeprüfung Euere erste große Schlacht in der Schule schlagen!“ Dabei war der Mann alles andere als ein Parteigänger des braunen Regimes; er wurde später sogar in NS-Schutzhaft genommen. Aber ein Patriot war er ganz gewiß.

Anschließend wurden wir auf verschiedene Klassenräume verteilt. Kurz danach betrat ein kleinerer älterer Herr den Raum mit einem Buch in der Hand, das den Titel trug: „Heye-Lietzmann, Mathematisches Unterrichtswerk für höhere Schulen, Band 1.“ Aus diesem Buch schrieb er vier Aufgaben an die Tafel, die wir schriftlich zu lösen hatten: je eine Additions-, Subtraktions-, Multiplikations- und Divisionsaufgabe, letztere mit dem Divisor 24. Auf diese Aufgabe sollte bei verbleibender Zeit auch die Probe gemacht werden. Obwohl ich von der Volksschule her schon längst in solche Aufgaben eingeübt war, wollte es mir an diesem Tag nicht gelingen. Ich bekam sauber nur die erste Aufgabe hin, bei der zweiten verrechnete ich mich, die dritte brachte ich nicht zu Ende, und an die vierte kam ich erst gar nicht heran. Die mir abverlangte Rechenkunst versank vollkommen in meiner großen Sorge, daß ich doch bloß aus dieser bösen Welt wieder gut nach Hause in mein vertrautes Dörfchen käme.

In der anschließenden kurzen Pause ging ich unverzüglich, wie nach einem Fluchtweg suchend, auf die Straße. Doch wer kam mir da entgegen? Mein Vater! Der getreue Mann war mir die ganze beschwerliche Strecke mit dem Fahrrad nachgefahren; wie gerne hätte ich ihm das nun mit einer guten Nachricht gelohnt! Aber da gab es nichts Gutes zu berichten; ich erklärte unumwunden, daß ich das Unternehmen Aufnahmeprüfung für gescheitert ansähe. Ob nun auch seinerseits enttäuscht oder nicht, jedenfalls sprach mir mein Vater Mut zu. Vielleicht sei es doch nicht so schlecht gegangen; man dürfe nicht gleich so schwarz sehen. Und ich solle mich doch weiter (!) anstrengen, *nooch e beßjen plohen.* Er sagte das so schlicht und gewiß auch vor dem Hintergrund der unermeßlichen Mühsal, die er in seiner eigenen Jugend zu tragen hatte, daß ich sofort neue Zuversicht schöpfte. Auch in dieser Fremde fühlte ich mich nun von guten Mächten getragen und geborgen.

Das nächste Signal war ein Pfiff mit der Trillerpfeife; der Sportlehrer beorderte uns auf den Schulhof und danach in die Turnhalle, um unsere körperliche Leistungsfähigkeit zu überprüfen, auf die im Dritten Reich bekanntlich größter Wert gelegt wurde. Ich erwies mich nicht als überragend, aber immerhin hatte ich beim Viehhüten schon so viele Steine geworfen und – zwecks Plünderung von Rabennestern – schon so viele Bäume erstiegen, daß mir jetzt Wurfball und Kletterstange keine Mühe bereiteten. Zumindest fiel ich nicht negativ auf.

Dann ging es wieder zurück ins Klassenzimmer, in das nun ein Deutschlehrer eintrat. In der ihm eigenen gemessenen Art las er uns eine Geschichte vor, die wir anschließend als Diktat niederzuschreiben hatten. Die Überschrift lautete: „Hans Lustig“, gefolgt von einem Text, aus dem mir ein Satz noch wörtlich in Erinnerung ist: „Sein Vater war Schuhflicker und seine Mutter Wäscherin.“ Als ich mein Blatt abgab, hatte ich das Gefühl, daß bei dem Diktat nicht viel schiefgelaufen sein könne.

Wir mußten einstweilen weiter im Saal bleiben, ziemlich lange, wie es mir vorkam. Die Rangeleien, die nun zwischen einzelnen Schülern losbrachen, waren mir absolut unverständlich. Wie konnte man sich nur so balgen, fragte ich mich, wo doch eine so wichtige Nachricht bevorstand. Mir jedenfalls schnürte es fast die Kehle zu, erst recht, als plötzlich der Mathematiklehrer wieder erschien und sich mit ihm all die Versagensangst in mir reaktivierte, die mich während der Mathematikarbeit befallen hatte. Seine Frage hätte nicht schlimmer sein können: „Wer heißt hier Johann Nosbüsch?“ Ich wurde aufgefordert, mich zu stellen, und dann packte mich blankes Entsetzen: Ich wurde gefragt: „Wieviel ist 8 mal 7?“ Meine schüchterne Antwort: „49.“ Ich hatte es kaum gesagt, als auch schon ein schallendes Gelächter ausbrach, gekrönt von folgendem, in meinen heutigen Augen geradezu herrlichen Kommentar des Lehrers: „Du scheinst mir aber auch wirklich ein Kamel zu sein.“ – Übrigens war die Frage nach 8 mal 7 keine Zufallsfrage, sie gilt als die schwerste in der gesamten (kleinen) Einmaleins-Reihe.

Was jetzt noch ausstand, war die Bekanntgabe der Ergebnisse. Zu diesem Zweck versammelten sich Eltern und Prüflinge auf einem langen Gang im Erdgeschoß der Schule, wo schon bald ein hektisches Gedränge um den Direktor entstand. Auf die große Liste hinblickend, die er in der Hand hielt, las der gute Mann die Ergebnisse nämlich nicht einfach vor, sondern antwortete jeweils auf Anfrage. Da dauerte es seine Zeit, bis endlich auch mein Vater, der sich mit mir bescheiden im Hintergrund gehalten hatte, durch das Stimmengewirr hindurch Gehör fand. Auf das Schlimmste gefaßt, erlebten wir nun doch eine Überraschung, eine sonderbare zwar, aber immerhin, es war eine. Ich sei, so die Auskunft des Direktors, ein kurioser Fall: Mathematik – auch nach nochmaliger Überprüfung – ungenügend, Deutsch sehr gut und Leibesübungen ohne Beanstandung. Über den Fall müsse noch einmal beraten werden.

Da wußten wir es nun und wußten es auch wieder nicht, ein Bescheid, mit dem wir weder jetzt noch in den nachfolgenden Wochen etwas anzufangen vermochten. Schweigend gingen wir nebeneinander her zum Postomnibus, bei dem es zu dieser Mittagszeit für mich keine Mitfahrprobleme gab. Um so mehr tat mir mein Vater leid, der nun in glühender Junihitze den ganzen weiten Weg noch einmal, in umgekehrter Richtung, mit dem Fahrrad zurücklegen mußte.

Zunächst schien mit diesem Geschehen vom 23. Juni 1941 meine akademische Karriere beendet zu sein, bevor sie noch begonnen hatte. Denn wie immer die Tage und Wochen ins Land gingen, von der „Oberschule für Jungen“ kam keinerlei Nachricht, ein Ergebnis der in Aussicht gestellten weiteren Beratung wurde nicht mitgeteilt. Also nahmen meine Familie und ich an, daß man mich der Gruppe der Durchgefallenen zugeschlagen habe. Damit erübrigte sich auch die Fortführung der innerfamiliären Diskussion darüber, welcher „Sorte“ von „Studierten“ ich später angehören solle. Meine Vorliebe galt nun wieder dem Beruf des Schreiners, wie er sich mir bei den Bastelarbeiten auf dem Weideplatz und vor allem an der Hobelbank meines Onkels, wo ich sogar Flugzeugmodelle mit windgetriebenen Propellern herstellte, als besonders anziehend herausgebildet hatte. Aber war diese Vorliebe noch ungeteilt?

Ich mußte mir eingestehen, daß mich in stillen Stunden, gerade wieder beim Viehhüten, eine tiefe Traurigkeit überkam, wenn ich an die Aufnahmeprüfung zurückdachte. Diese Traurigkeit zeigte mir deutlicher als alles andere an, wie sehr ich tiefinnerlich dem Gymnasium zugetan war. Ich litt um so mehr, als sich mein Studierversuch in der Pfarrei herumsprach. Meine mir in ihrer Überzahl ohnehin nicht freundlich gesonnenen Mitschüler aus der Volksschule bewerteten ihn als Beweis dafür, daß sie schon seit Jahren recht hatten mit der Annahme, ich sei überheblich und wolle etwas Besseres sein. Bei Lehrers- oder Arztkindern ließ man den Aufstieg ins Gymnasium ungestraft hingehen, nicht aber bei dem Schneidermeisterssohn aus dem landwirtschaftlichen Anwesen im kleinen Filialdorf. Die Folge war die schon einmal erwähnte weitere Steigerung feindseliger Akte mir gegenüber, bis hin zu dem Punkt, daß mir auf offener Straße im Chor *Äh, de Student, de Student* nachgerufen wurde. Wenn ich da doch wenigstens ein „Student" gewesen wäre! Die hier erneut zutage tretende Horden- und Reviermentalität war damals noch so stark, daß der schließlich doch geglückte Übertritt ins Gymnasium meinen sofortigen Ausschluß aus der Meßdienergruppe meiner Heimatpfarrei nach sich zog. Das tut mir heute noch weh.

Die große Wende in meiner Bildungslaufbahn brach am Dienstag, dem 19. August 1941, spätnachmittags, an. Ich hütete die Kühe in einer Talmulde, die nach Osten verhältnismäßig sanft zur großen Landstraße hin ansteigt. Etwa in halber Höhe, vielleicht 500 Meter von mir entfernt, waren drei Personen mit Hafermähen beschäftigt, ein Mann mit der Sense in der Hand, eine Frau und ein Bub von etwa zehn Jahren. Auf einmal rief mich der Bub durch die hohle Hand an: „Gehst Du nicht mit auf die höhere Schule?" Mir war sofort klar, daß es sich um den Posthalterssohn handelte, der die Aufnahmeprüfung bestanden hatte. Ich antwortete, ebenfalls durch die hohle Hand, die Schule habe sich noch nicht gemeldet, man wolle mich dort ja nicht. Darauf die Antwort: „Doch, Dein Name wurde vorgelesen. Der Unterricht hat gestern begonnen."

Mir verschlug es auf der Stelle die Sprache. Schnell trieb ich das Vieh nach Hause, wo beim Abendessen mit voller Wucht die zwischenzeitlich für gegenstandslos geglaubte Diskussion um Erfordernis und Sinnbestimmung studierter Leute wieder aufbrach. Neun Personen waren um den Tisch versammelt: meine Eltern mit fünf Kindern sowie Onkel und Tante. Die Meinungen reichten von „daheim bleiben wie die anderen auch" bis hin zu der lichtvollen Aussage meines Onkels, die wegen ihrer Einmaligkeit hier im Originalwortlaut stehen soll: *E studierte Mensch as en Belastung fer d'Hous, sufern en net de gäästliche Staand agréift* (ein studierter Mensch ist eine Belastung fürs Haus, sofern er nicht den geistlichen Stand ergreift). Als dann noch Tränen flossen, beendete meine Mutter den Streit mit der kategorischen Erklärung: „Ich fahre morgen früh mit dem Jungen zum Gymnasium!" Und dabei blieb es.

Diesmal lief mit dem Postomnibus alles reibungslos. Im Handumdrehen fragte sich meine Mutter in der Schule zum Direktorat durch, und dann standen wir auch schon im Allerheiligsten. Mir war zumute, als hätten alle Genien der Weltgeschichte in diesem Direktorzimmer Wohnung genommen:

in den vielen Büchern, Aktenordnern, Geräten und vor allem in der erfurchtgebietenden Gestalt des Direktors selbst. Ich hielt den Atem an, als dieser in seiner langen Liste nach meinem Namen suchte. Ob noch immer über meinen Fall beraten werden mußte? Es war nicht so; die Entscheidung lautete kurz und bündig: probeweise Aufnahme bis Weihnachten.

Ich wurde der Klasse 1a zugeteilt. Der Saal war mit 48 Buben bereits so besetzt, daß der Hausmeister eigens für mich eine weitere Bank herbeischaffen mußte. Mit großer Beklommenheit nahm ich in ihr Platz, zumal ich aller Blicke auf mich gerichtet glaubte. Ich sah für mich nur eine geringe Chance, im Wettbewerb mit diesen, wie ich meinte, viel besser ausgewiesenen Debütanten bestehen zu können. Aber auch jetzt erlebte ich noch einmal eine Überraschung.

Für diese erste Stunde am Mittwochmorgen stand Religion auf dem Stundenplan. Meine erste Stunde in der höheren Schule war also eine Religionsstunde. Obgleich Geistlicher, mußte auch der Religionslehrer uns mit „Heil Hitler“ begrüßen, was ihm, wie ich später erfuhr, schwer genug fiel. Um so gesammelter sprach er anschließend mit uns ein Gebet, dem die Mitteilung folgte, daß wir in dieser Mittwochstunde vorläufig Bibelunterricht hätten. Und dann stand auch schon die erste Frage im Raum: aus welchen Schriften die Bibel bestehe. Ich konnte es nicht fassen, in der Klasse ging nicht ein einziger Finger hoch. Das ermunterte mich, nun meinerseits den Finger zu strecken. Ich „kam dran“, und schon lief es wie am Schnürchen sowohl mit den Büchern des Alten wie des Neuen Testamentes. Ich merkte, daß die Antwort Eindruck machte, und dann geschah das so entscheidend Wichtige: Wieder wurde ich nach meinem Namen gefragt, aber nun in einer sehr anderen Situation als damals nach der mißglückten Mathematikarbeit. Und als sich dann noch die Frage nach meinem Wohnort anschloß und ich mit meinem Heimatdorf antwortete, sprach der Religionslehrer den für meine weitere Entwicklung so folgenreichen Satz: „Das will ich aber Deinem Pastor sagen, was er uns da für einen tüchtigen Schüler geschickt hat.“

Das war gewiß ein hohes Lob und dazu noch ein sogenanntes öffentliches. Aber wichtiger war noch, daß dieses Lob im rechten Augenblick in die rechte Situation hineingesagt wurde. Schon nach dieser ersten Stunde wußte ich einen Lehrer an der Schule, der mir einen erfolgreichen Weg in der höheren Schule zutraute, und das setzte geistige Kraft und Selbstvertrauen auch für die anderen Fächer frei, auch für die Mathematik.

So zeitgebunden die berichteten Vorgänge auch sind, sie bergen zugleich überzeitlich gültige Gehalte in sich. Der erste betrifft die Aufnahmeprüfung als solche. Es zeigt sich, wie fatal es ist, die Entscheidung über den Lebensweg eines jungen Menschen nur von einer einzigen, einer „punktuellen“ Prüfung abhängig zu machen. Das mir Widerfahrene macht deutlich, wie leicht dabei Faktoren ins Spiel kommen können, die zu einem verzerrten, vielleicht sogar abgrundtief falschen Bild führen von dem, was einer ist und einer kann. Kurz, die heute angewandten Ausleseverfahren verdienen eindeutig den Vorzug.

Zweitens zeigt meine Geschichte, in welch hohem Maße Leistung und Leistungsfähigkeit beim jungen Menschen (und nicht nur bei ihm!) davon abhängen, daß er sich geborgen weiß und andere ihm Leistungsfähigkeit und Leistungswillen zutrauen. Nur in diesem Zutrauen und Vertrauen erblüht der Mensch zu dem, was er sein kann und sein soll. Viel wichtiger als Tadel oder gar Strafe – von der uns inzwischen sattsam bekannten autoritären Erzieherhaltung ganz zu schweigen – sind Ermutigung, Lob, Bestätigung: das, was Johann Heinrich Pestalozzi pädagogische Liebe genannt hat.

3) Höhere Schule im Krieg

So merk-würdig es bei meinem Wechsel zur höheren Schule also auch zuging, die mir zuteil gewordene pädagogische Liebe zeitigte ihre Wirkung. Von Probezeit war zu Weihnachten 1941 keine Rede mehr, ich trug das beste Zeugnis der Klasse nach Hause. (Damals war das Schuljahr noch in Tertiale aufgeteilt mit Zeugnissen zu Weihnachten, Ostern und zu den großen Ferien im Sommer.) Dabei präsentierte sich – an heutigen Kriterien bemessen – auch diese „Oberschule für Jungen“ wahrhaftig nicht in optimaler Gestalt. Zunächst litt sie – kriegsbedingt – unter dem zeitweiligen oder auch dauernden Ausfall von Fächern: dem Ausfall von Kunsterziehung und der im Lehrplan für später vorgesehenen Chemie während meiner Schulzeit auf Dauer, unter dem Ausfall von Musik, Sport und Biologie über weite Strecken hin. Zweitens lief auch in dieser Schule noch vieles auf Wortunterricht hinaus wie ebenfalls an autoritären Strukturen und Maßnahmen kein Mangel war. Wenn nun trotzdem mein Schulschock aus dem ersten Schuljahr erheblich abnahm, so aufgrund einer sehr viel größeren Flexibilität und Ergiebigkeit des Unterrichts. Jetzt hatte ich es mit einer Mehrzahl von Lehrern zu tun, deren Schwächen und Einseitigkeiten durch Stärken der jeweils anderen ausgeglichen werden konnten, und nicht zuletzt war ich jetzt mit Mitschülern zusammen, die eine weit größere Aufgeschlossenheit mitbrachten. Da gab es zwar hie und da – in den zwei ersten Klassen – noch Schläge, aber nicht minder Lehrer, die mich faszinierten, ohne daß ich – wie in der Dorfschule – zunächst „abdressierende“ Hürden zu überwinden hatte.

Aus alledem entwickelte sich bei mir eine Dynamik, die die Notenkonferenz Ostern 1943 zu der Frage veranlaßte, ob ich mit dem neuen Schuljahr nicht in die Untertertia aufsteigen, also die Quarta (damals 3. Klasse) überspringen sollte. Zusammen mit meinem Vater, der nun zum zweiten Mal die weite Strecke um meinetwillen mit dem Fahrrad zurücklegte, wurde ich zum Direktor geladen, um die Einzelheiten des Wechsels zu besprechen. (Mein Einschulungsdirektor war mittlerweile von einem Nazi-Mann abgelöst worden.) Das Gespräch war karg und kurz. In rührender Ergebenheit nickte mein Vater fast nur, als ob er sagen wolle, so ein illustres Lehrerkollegium werde es gewiß besser wissen, und wenn auch ich einverstanden wäre, was könne er dann noch dagegenhaben. Ähnlich verhielt er sich anschließend auch gegenüber drei Lehrkräften, die ihre Bereitschaft bekundet hatten, mir den Sommer über in den Fächern Mathematik, Latein und Englisch eine Art Vor-Hilfe-Unterricht zu erteilen. Solche Hilfe war schon nötig, da für die Quarta Lernaufgaben anstanden, vor allem Einführung in Algebra und in die Anfangsgründe des Lateinischen, die ich aus eigener Kraft nicht aufarbeiten konnte.

Ich habe es den Dreien, zwei Assessorinnen und einem älteren Studienrat, nie vergessen, wie selbstlos und kaum auf ein symbolisches Honorar bedacht sie mich die drei folgenden Monate über, jeweils mittwochnachmittags, zu einer Stunde Privatunterricht in ihrer Wohnung aufnahmen. Die Englischlehrerin liebte ich, seitdem sie mich knapp ein Jahr zuvor auf der Straße teilnahmsvoll auf ein Gerstenkorn hin angesprochen hatte, das ich unter einer Augenklappe peinsam mit mir herumtrug. Ebenso gern fand ich mich auch bei der Mathematiklehrerin, einer sehr energischen jungen Frau, ein, die aus Luftschutzgründen mit ihrem Söhnchen von Dortmund ins Eifelstädtchen umgezogen war. Kaum, daß sie den Mathematikunterricht in meiner Klasse übernommen hatte, glaubte ich bei ihr Anzeichen dafür zu spüren, daß ich wieder so ein bißchen einer Lehrerin „Junge“ geworden war. Blieb noch der fast sechzigjährige Lateinlehrer. In seinem Arbeitszimmer roch es so intensiv-vornehm nach Zigarrenrauch. Er war ein universal gebildeter Mann, mit dem mich später sogar ein Stück „amicitia latina“, eine „Lateinfreundschaft“ verbinden sollte.

Aufgrund dieses Vor-Hilfe-Unterrichts hatte ich im Sommer 1943 ein doppeltes Aufgabenpensum zu erledigen, so daß die freiverfügbare Hütezeit auf der Wiese nun vollends mit Lernen ausgefüllt war.

Mit Beginn des Schuljahres 1943/44, Ende August 1943, schaffte ich den Übergang in die neue Klasse praktisch reibungslos. Unter den neuen Mitschülern, genau 58 an der Zahl, für die der größte Saal der Schule, der sogenannte Kombinationssaal, eben ausreichte, fühlte ich mich bald sehr wohl. Um es gleich zu sagen: Dieses Schuljahr 1943/44 war mit Abstand das schönste, das ich in dreizehn Schuljahren, von 1935 bis 1948, erlebt habe. Dazu trugen erstens die zwei oder drei Klassenkameraden bei, mit denen um den Siegerkranz im Notendurchschnitt zu ringen „des Schweißes der Edlen“ wert

Meine Klasse im Schuljahr 1943/44 mit den „vielen hübschen Mitschülerinnen“.

„Das Blühen will nicht enden ...“ (Uhland): Die Hübschen wurden noch immer schöner ...

war in einem Maße, wie ich es bis dahin nicht erlebt hatte. Zweitens befand ich mich mit vierzehn Jahren in einer Entwicklungsphase, wo mich die vielen hübschen Mitschülerinnen, die ich, aus einer reinen Bubenklasse kommend, nun um mich hatte, in Entzücken versetzten. Mitgetragen von einer „Begegnung“, über die später noch zu berichten ist, hüpfte mir das Herz erstmalig so recht in Freuden, verschämt zwar und tief in mir verschlossen, sei es aus dörflicher Schüchternheit oder mehr noch aus Sündenangst, aber immerhin dieses Herz hüpfte! Es war die gleiche Zeit, da mich das im Kapitel über „Brunst“ erwähnte unnennbare Sehnen mit den zwei imaginären Frauengestalten überkam. Drang also von alledem auch nichts nach außen, so tat es mir tiefinnerlich doch unendlich wohl, wenn ich die knospende und sprossende Weiblichkeit an den Mädchen gewahrte, konnten mich bestimmte Körperbewegungen oder ein im Sitzen nach oben verrutschter Rocksaum geradezu verzaubern. Und wie war ich erst verzaubert, wenn ich den Eindruck hatte, daß mich nicht wenige dieser Schönen wegen meiner Noten bewunderten, aber wie traurig war ich auch wieder, weil sie mir für jeden nahbarer zu sein schienen als für mich.

Diese bald himmelhochjauchzende, bald zu Tode betrübte Aufbruchstimmung war um so intimer, als es inzwischen an den Kriegsfronten und zunehmend auch in den vom Bombenterror heimgesuchten Städten in der Heimat lichterloh brannte. Da war um die Wende 1942/43 Stalingrad, einige Monate später das Ende in Nordafrika, im Juli, während ich mich auf die neue Klasse vorbereitete, die gescheiterte letzte deutsche Offensive in Rußland bei Kursk und Orel und schließlich auch noch die Landung der Anglo-Amerikaner in Sizilien und Süditalien – Rückschläge, wohin man blickte. Warum sollte es da in der einstweilen noch verschont gebliebenen Schule, in der Klasse und in der eigenen Seele nicht um so wärmer, anheimelnder und inniger werden?

Zu beneiden diejenigen, die in dieser Situation eine Deutschlehrerin hatten, wie sie meiner Klasse in diesem Schuljahr 1943/44 beschieden war. Wie eindrucksvoll sie uns doch Storms Novellen oder auch Schillers „Lied von der Glocke“ zu erschließen verstand! Sie war weder mehr jung noch schön, verhielt sich zuweilen störrisch und trug einen Busen vor sich her, dessentwegen ihr lockere Zungen den Zweitnamen „Molkerei“ beilegten. Aber wenn sie am Pult stand, zum Schülergespräch ermunterte und dieses Gespräch leitete oder gar selbst vorlas, wurden „Viola tricolor“ oder – in „Pole Poppenspäler“ – die Kinder Paul und Lisei während einer Gewitternacht in der großen Kiste hinter der Puppenbühne für mich zum inneren Ereignis schlechthin. Und welche andere, hintergründige Welt – im Vergleich zur Notwelt des Krieges – erstand in mir, wenn ich im Geiste den geheimnisumwitterten Schimmelreiter in sturmgepeitschter Oktobernacht über den einsamen Deich reiten sah – alles Momente, die mich bis heute davon abhalten,

Bitburg, eine tote Stadt und eine Stadt der Toten, beim Einzug der Amerikaner Ende Februar 1945.

Der „Greuel der Verwüstung an heiliger Stätte": Altar und Altarraum der Pfarrkirche „Liebfrauen" in Bitburg nach den Bombenangriffen mit US-Soldaten.

diese Novellen noch einmal zu lesen, ich könnte – älter und „prosaischer" geworden – wohl nur enttäuscht sein.

Ähnlich verhält es sich mit dem „Lied von der Glocke", das wir von Anfang bis Ende auswendig lernten. Ich weiß noch um den tiefen Ernst, mit dem ich Anfang März 1944 einmal im vorfrühlingshaften Abendsonnenschein von einem Berg auf mein idyllisches Heimatdörfchen hinabschaute und bangen Herzens – angesichts der für die Nacht wohl wieder zu erwartenden feindlichen Bomberströme – die Verse vor mich hinsprach: „Möge nie der Tag erscheinen,/ wo des rauhen Krieges Horden/ dieses stille Tal durchtoben,/ wo der Himmel,/ den des Abends sanfte Röte/ lieblich malt/, von der Dörfer, von der Städte/ wildem Brande schrecklich strahlt."

Und doch rückte dieser Tag mit eherner Logik unaufhaltsam näher. Immer mehr Unterrichtsstunden mußten nun wegen Fliegeralarms unterrichtslos im Luftschutzkeller verbracht werden, und schon waren Omnibusse und Züge, mit denen die Schüler anreisten, vor Jagdbomberangriffen nicht mehr sicher. Mitte Juni wurde auf meiner Fahrtroute der Omnibusverkehr – ohnehin kaum mehr ein Schatten dessen, was er 1941 noch war – für Schüler gänzlich eingestellt. Da ich aber die Schule unter allen Umständen weiterbesuchen wollte, stieg ich aufs Fahrrad um und legte damit nun Tag für Tag, bergauf bergab, knapp 40 Kilometer zurück, nicht selten, um fast den ganzen Vormittag im Keller zu sitzen. Dann kamen die großen Ferien, nach denen nur noch wenige Tage blieben: Am 28. August 1944 schloß die Schule auf unabsehbare Zeit ihre Tore, weil Schüler über 15 und Lehrer unter 60 Jahren zum Schanzen gegen die mit Riesenschritten auf die westliche Reichsgrenze vorstürmenden anglo-amerikanischen Invasionsarmeen einberufen wurden. Bei nicht wenigen Klassenkameradinnen flossen Tränen, als der kommissarische Schulleiter, ein eiskalter SS-Mann, zwischen zwei Luftalarmen die Schulgemeinde auf dem Schulhof verabschiedete. Den Kernteil seiner Ansprache habe ich wenige Wochen später aus dem Gedächtnis niedergeschrieben. Von mir in einem Buch über den Krieg in meinem Heimatkreis veröffentlicht, sind diese Sätze, als besonders charakteristisch für die damalige Situation, inzwischen in andere Kriegsbücher übernommen worden. Sie lauten wie folgt:

„Der Aufruf zum Schanzen ist keineswegs ein Zeichen unserer Schwäche, sondern soll nur unsere Vorsicht betonen. Denn wenn es so weit kommen sollte, daß der Feind unsere Grenzen erreicht, wollen wir uns keine Vorwürfe machen, daß wir etwas unterlassen hätten, ihn aufzuhalten und abzuwehren. Der engere Rahmen unserer Schule ist nun gesprengt, und wir gehen auf in der großen Gemeinschaft eines schaffenden und kämpfenden Volkes, das zu allem bereit ist. Wir wollen stolz sein, mitarbeiten zu dürfen."

Nun war die Idylle zu Ende, auch die phantasie- und sehnsuchtstrunkene des letzten Jahres in meiner Klasse. Jetzt regierte nur noch der erbarmungslose Krieg, der eine Schule geschlossen hatte, in der trotz inzwischen nazifizierter Schulleitung – dank einer Kernmannschaft von sechs Lehrern – dem braunen Regime bis zuletzt nur erstaunlich wenig Tiefenwirkung beschieden war. Bis zuletzt hatten die zwei Schülermessen pro Woche ihre keineswegs spärlichen Besucher, vor allem dann, wenn es sich um Sterbemessen für gefallene ehemalige Schüler handelte. Wie furchtbar waren inzwischen die Gefallenen- und Vermißtenzahlen angewachsen! Eben jetzt traf es auch meine Familie. Mit dem Untergang der nach der Stalingrad-Katastrophe neuaufgestellten 6. Armee Ende August 1944 in Rumänien brachen die bis dahin sehr häufigen Lebenszeichen meines Bruders Peter abrupt ab. Ich werde nie vergessen, wie meine Mutter in jenen Tagen auf ihrem Weg aufs Feld immer wieder stehen blieb, sich gegen einen Baum lehnte und von Herzen weinte – vorausahnend, daß nie mehr eine Nachricht von diesem Sohn kommen würde (auch keine über ihn).

Und der Kontakt zu meinen Mitschülern? Der eine oder andere Brief wurde gewechselt, soweit es noch Postzustellung gab. Dann – am Heiligen Abend und am ersten Weihnachtstag 1944 – sank die Schulstadt im Bombenhagel amerikanischer Viermotoriger in Rauch und Trümmer; sie war nun eine tote Stadt und zugleich eine Stadt der Toten. Ende Februar 1945 zogen die amerikanischen Eroberer in die Schutt- und Trümmerwüste ein.

4) In den ersten Nachkriegsjahren

Das Schulgebäude war schwer beschädigt, stand aber noch. Doch wann sollte es wieder seiner Bestimmung zugeführt werden? Nachdem daheim die gröbsten Kriegsspuren in Hof und Flur geglättet und die täglichen Lebensabläufe wieder einigermaßen geregelt waren, erwachte in mir ein bisher in dieser Form nicht gekanntes Heimweh nach Schule. Aber vorerst tat sich auf dem Schulsektor absolut nichts. Wie den Nationalsozialismus und Militarismus schienen die Siegermächte den verhaßten Deutschen auch ihre Bildungsambitionen austreiben zu wollen. Weil es überall an Händen fehlte, trat ich nun den Hauptteil des Hütedienstes an meinen jüngeren Bruder ab und widmete mich schwerpunktmäßig der Feldarbeit. Täglich war ich die folgenden Monate über mit unserem schwerfälligen Ochsengespann mit Pflügen, Eggen, Dungfahren, später auch mit Erntearbeiten beschäftigt. Aber nicht nur! Kam doch ab Anfang Juni noch ein anderes Tun hinzu, das mir wie ein Geschenk des Himmels erschien.

Schlüsselfigur war dabei der schon einmal erwähnte Schwager meines Lehrers in der Dorfschule, dessen Namen ich nun auch nennen will: Dr. theol. et

Keine Schule mehr, also Wechsel auf die Mähmaschine mit „meinen" Ochsen Fuhs *(links) und* Schweizer *(rechts).*

Auch Dungfahren gehörte nun zu meinem Dienst in ähnlicher Art, wie es das Bild zeigt.

Dr. phil. Johann Peter Steffes, Priester und Professor für Theologie und Philosophie an der Universität Münster. Sein Vater war der Vorgänger meines Lehrers, an dessen Haus, sein Elternhaus, er einen Neubau angefügt hatte, in dem er große Teile seiner Semesterferien verbrachte. Als im Herbst 1944 auch die Universität schloß, kehrte er ins Heimatdorf zurück, wo er täglich Messe las und im sonntäglichen Hochamt die Predigt hielt. Letzteres tat er mit einer Wortgewalt und rednerischen Gebärde, daß sich selbst das abgehärmteste Zuhörergesicht aufhellte. Kaum, daß die Amerikaner eingezogen waren, begann er eine Predigtreihe, die bis in den Herbst hinein andauerte, über das hochaktuelle Thema: „Ist der Katholik ein guter Deutscher?“ Genau das war den Katholiken ja von den Nazi-Ideologen abgesprochen worden, wie sehr zu Unrecht, erfuhr ich jetzt auf eine Weise, die mich bis ins Innerste faszinierte.

Ich vermochte es kaum zu fassen, als mich dieser geist- und weltbewanderte Mann Anfang Juni nach einem sonntäglichen Hochamt dazu einlud, mit ihm „Caesar“ zu lesen – ja, genau so drückte er sich aus: „Ich lade Dich ein . . .!“ Da konnte ich nur mit Freude und Dank zusagen. Bis Ende September erschien ich nun an zwei Nachmittagen in der Woche bei ihm und genoß einen exzellenten Latein- und bald auch Griechischunterricht. Mündliche Hausaufgaben für diesen Unterricht erledigte ich nicht selten in Verbindung mit der Feldarbeit: indem ich mit dem Latein- oder Griechischbuch in der Hand neben meinen Ochsen einherschritt oder auf der Heimfahrt auf dem abgeräumten Dungwagen saß. Die einzuprägenden Formen, Vokabeln oder Texte deklamierte ich jeweils laut vor mich hin, zuweilen sang ich auch auswendiggelernte lateinische Vesperpsalmen oder Teile von lateinischen Choralmessen. Beides gab wiederholt Anlaß zu den sonderbarsten Vermutungen bezüglich meiner Person, die von der Diagnose „nicht recht bei Trost“ bis zu der Annahme reichten, daß aus mir bestimmt mal ein Pfarrer oder gar ein Bischof würde.

Mitte Juli 1945 wechselte die Besatzung, die Amerikaner zogen ab, und die Franzosen kamen. Unser Gebiet gehörte fortan zur französischen Besatzungszone. Und o Wunder: Ende August lief auf einmal die Mär um – Mär im buchstäblichen Sinne des Wortes, da von einer auch nur halbwegs flächendeckenden Information durch Zeitung oder gar Radio noch längst nicht wieder die Rede sein konnte – die Mär also, daß im September, spätestens am 1. Oktober der Schulbetrieb wieder aufgenommen werde. Bei meiner „Oberschule für Jungen“ – sie wurde bald in „Realgymnasium“ umbenannt – dauerte es indes noch bis zum 8. Oktober. In aller Herrgottsfrühe machte ich mich an diesem Montagmorgen mit dem nur mühsam über das Kriegsende geretteten Fahrrad auf schlaglöcher-, zum Teil noch zusätzlich mit Granattrichtern übersäten Straße auf den Weg zur Kreisstadt. Es war nur noch ein Bruchteil der Schüler- und Lehrerschaft von ehedem, der sich in der schwer mitgenommenen Pfarrkirche zum Eröffnungsgottesdienst versammelte. Wehen Herzens, weil so viele nicht mehr dabei waren und überall Trümmer aufragten, zugleich aber auch wieder mit gläubigem Vertrauen stimmte ich zu Beginn der Messe mit in das „Veni creator spiritus“ ein. Auf Zuversicht und Vertrauen war auch die Predigt des Religionslehrers gestimmt, die, in Anlehnung an ein Wort des Lukasevangeliums, ihren Kernpunkt in folgendem Zuruf an die Schulgemeinde hatte: „Freunde, richtet den Blick nach vorne und auf den Herrn; der Pflüger, der hinter sich schaut, zieht krumme Furchen!“ Der Text bei Lukas (9, 62) lautet: „Keiner, der die Hand an den Pflug gelegt hat und nochmals zurückblickt, taugt für das Reich Gottes.“ (Der Religionslehrer wußte, wovon er sprach, war er doch selbst Bauernsohn.)

Ähnlich zukunftsfroh klang es anschließend auch bei einer kleinen Eröffnungsfeier inmitten ausgebrannter Militärfahrzeuge auf dem Schulhof aus dem Munde des vorläufigen Schulleiters, eines Vertreters der oben erwähnten standhaft gebliebenen Kernmannschaft der Schule. An derselben Stelle, wo wir vor knapp vierzehn Monaten mit einem „Heil auf den Führer“ verabschiedet worden waren, wurden wir nun mit einem ermutigenden „Grüß Gott“ willkommen geheißen. Dieser Elan tat mir wohl, denn so wenig die NS-Ideologie auch in mich eingedrungen war, ich vermochte mir kaum vorzustellen, wie es aus dieser katastrophalen Niederlage noch einmal einen Wiederaufstieg geben könne. Da war ich für jede Ermunterung dankbar und wagte schließlich sogar den Gedanken, daß nun Schule sein werde, wie noch nie Schule war. Alle, die hier stehen, sagte ich mir, haben inzwischen dem Tod ins Auge geschaut. Sie ständen nicht hier, wenn es ihnen um den Besuch der höheren Schule nicht heiliger Ernst wäre. Die werden schon wissen, was sie zu tun haben.

Nun, sie durften es von sich aus nicht oder doch viel zu wenig wissen. Ich war tief enttäuscht, als schon nach kurzer Zeit vieles von den alten (autoritären) Strukturen und vom alten Ton in der Schule und im Unterricht wiedererstand. Zwar blieb es im Vergleich zu dem, was ich in der Dorfschule miterlebt hatte, nach wie vor erträglich, wobei sich weiterhin manches kompensierte, aber kurios war es schon, wenn fast erwachsenen Männern, die die Kesselschlachten in Rußland, in der Normandie oder noch im Chaos der letzten Kriegswochen in Deutschland soeben überlebt hatten, ein Verweis von der Schule angedroht wurde, weil sie in einer Ecke des Schulhofes eine der damals so unendlich kostbaren Zigaretten geraucht oder auf der Straße – noch nicht einmal in der Schule – ein Mädchen geküßt hatten.

Aber kaum, daß sich solche Erwägungen bei mir andeuteten, wurden sie zunächst durch großes persönliches Ungemach unterbrochen. Nach der

So sah es in meiner Schulstadt Bitburg noch 1946 aus.

Brotbacken war damals fast ein sakraler Akt. Hier meine Tante mit Reisigbündeln (Schaanzen) *zum Heizen des hauseigenen Backofens.*

Eröffnung der Schule am 8. Oktober verschob sich die Wiederaufnahme des Unterrichts – wegen noch nicht abgeschlossener Aufräumarbeiten – abermals um drei Tage auf den 11. Oktober, wo von verglasten Fenstern immer noch nichts zu entdecken war. Ohne darüber nachzudenken, wie das wohl im Winter sein würde, wollte ich vorerst den Weg zur Schule weiter mit dem Fahrrad zurücklegen. Aber schon am zweiten Tag war es damit jäh zu Ende. Eben wollte ich auf der Heimfahrt zu einem erholsamen Bergab-Endspurt ansetzen, als mir ein französischer Soldat entgegenkam, der ein zerbrochenes deutsches Militärfahrrad hinter sich her schleifte. Er hielt mich an und machte mir mit einem Griff zur Pistolentasche klar, daß mein schönes Göricke-Rad ab sofort ihm und sein unbrauchbares deutsches Militärrelikt mir gehöre. Ich mußte mich fügen und legte dann den Rest des Weges, laut vor mich hinweinend (als Sechzehnjähriger!), zu Fuß zurück. Ich war verzweifelt, weil mir der Weiterbesuch der höheren Schule in unerreichbare Ferne zu entschwinden schien, und das auch noch angesichts der großen Bereicherung, die ich durch den Unterricht bei Professor Steffes erfahren hatte und nun in die endlich wiedereröffnete Schule einbringen wollte.

Aber sollte ich mein Leid nicht auch in der Schule klagen – vielleicht, daß sich dort eine Lösung abzeichnen würde? Schon am nächsten Morgen machte ich mich zu Fuß auf den Weg – in dichtem Herbstnebel, in dem ich mich auf mir nur vom Hörensagen bekannten abkürzenden Feldwegen auch noch kräftig verirrte. Aber es lohnte sich im Übermaß: Ein 61jähriger Studienrat, mein Lieblingslehrer in meinen schon von der Dorfschule her mitgebrachten Lieblingsfächern Erdkunde und Geschichte, selbst ausgebombt und mit seiner Familie in eine Ausweichwohnung verwiesen, nahm mich nach kurzer Beratung im Familienkreis in sein Haus auf. Mit einer Liege im Arbeitszimmer als Schlafstatt unter einem großen Matterhorn-Gemälde und umgeben von einer Unzahl von Büchern, lebte ich in dieser Familie knapp drei Jahre bis zu meinem Abitur. War ich vielleicht Trost im Leid um den schon im Frankreich-Feldzug 1940 gefallenen einzigen Sohn und Bruder? – Ich hätte es nicht besser treffen können.

Selbstredend erhielt meine Gastfamilie als Gegenleistung Zuwendungen aus unserer landwirtschaftlichen Produktion – wie bei den alten Germanen die einzige Währung, die wirklich zählte; Bargeld verkam von Monat zu Monat mehr zum bloßen Papierschein. Das Wochenende verbrachte ich meist zu Hause, jeweils nach entsprechendem Fußmarsch, weil auf öffentliche Verkehrsmittel noch lange kein Verlaß war. So machte ich mich in aller Regel montagsmorgens, sommers wie winters, gegen halb fünf Uhr in folgender Aufmachung auf den fast 20 Kilometer weiten Weg: Auf dem Rücken trug ich einen Militärrucksack mit einem selbstgebackenen Achtpfünder-Rundbrot, einem Liter Milch und Wäschestücken, zuweilen auch Betttüchern. Mit dem linken Arm umklammerte ich die Schultasche, und in der rechten Hand trug ich eine Patronenkiste aus Sperrholz mit einem hausgemachten Pfund Butter, einem Stück Fleisch, einem Riegel Speck und Gemüse darin – alles zusammen eine Last von gut und gern 30 Pfund. Weil auf der regulären Landstraße an drei Flußübergängen militärische Wachposten, ab November 1945 luxemburgische, standen, bei denen man sich mit solcher Ware nicht sehen lassen durfte – sie wäre mir erbarmungslos abgenommen worden –, mußte ich Feldwege und Waldpfade benutzen. Da lag noch in Massen zurückgelassenes Kriegsgerät einschließlich scharfer Munition herum. Heute, wo längst alles weggeräumt ist, hätte ich Bedenken, diese Wege bei hellem Tageslicht zu gehen, damals als Sechzehnjähriger, der um der Schule willen das Letzte zu wagen bereit war, schritt ich tapfer darauf zu, selbst in dichtem Nebel, hohem Schnee und in stockfinsterer Nacht. Gegen 7.30 Uhr traf ich bei meiner „Adoptivfamilie“ ein, packte die mitgebrachten Sachen aus, säuberte Hosenbeine und Schuhe und wandte mich dann dem eigentlichen Tagewerk, der Teilnahme am Unterricht, zu.

Einmal kam ich sehr verspätet an; infolge einer Darmgrippe war ich unterwegs ohnmächtig geworden . . . Am Samstagnachmittag legte ich – mit leichterem Gepäck – den Weg in umgekehrter Richtung zurück, mitunter um eine ganze Stunde verspätet, wenn ich am Stadtrand vergeblich gewartet hatte, daß mich eines der hie und da verkehrenden Holzvergaser-Autos mitnähme. Manchmal hatte ich Glück –, wenn nicht, war das Endstück des Weges im Winter abermals in Dunkelheit gehüllt. Solche Leistungen waren damals nur begrenzt etwas Besonderes; es gab Mitschüler(innen), die täglich bis zu 30 Kilometer mit dem Fahrrad abstrampelten. Auch mir wurde nach knapp zwei Jahren unter kostbarem Aufwand (Naturalien) seitens meiner Familie wieder ein Fahrrad zuteil, wodurch sich der wöchentliche Schulweg zwar erleichterte, aber wegen der Umwege, die ich einschlagen mußte, noch längst nicht problemlos gestaltete.

Es waren große Opfer, die meine Familie um meinetwillen auf sich nahm. Standen doch auch die Landwirte, was heute häufig übersehen wird und darum – in Parenthese – hier eigens betont werden soll, alles andere als glänzend da – zumindest in der französischen Zone, die die Besatzer miternähren mußte. Da waren 1945 geringe Erträge infolge der vorausgegangenen Kampfhandlungen, da gab es 1947 eine Mißernte nach bitterkaltem Winter und sengendheißem, trockenem Sommer, da mußten Notleidende aus der Stadt aufgenommen und verköstigt werden und stand man vor allem sowohl in bezug auf Ernteerträge wie erst recht in bezug auf Vieh unter einem barbarischen Ablieferungszwang seitens der Militärregierung. Selbst die Anzahl der Hühner wurde zwecks rigoroser Eierablieferung genau registriert. Und dann die vielen, vielen, die Tag für Tag um eine milde Gabe anhielten, nicht selten aus Gefangenschaft ausgebrochene Wehrmachtssoldaten, meist dann auch mit der Bitte, streng geheim im Stall oder im Heu übernachten zu dürfen. Vor allem aber erschienen Kinder, denen Hunger und Verwahrlosung aus den Augen schauten, einmal zwei Buben, denen Besatzungssoldaten – nur mal so zum Vergnügen – die Haare mit dem Taschenmesser abgeschnitten hatten. Teilnehmend und mitleidend, wie meine Mutter gestimmt war, hatte sie an manchen Tagen schon mittags ein ganzes Achtpfünderbrot in Einzelschnitten verteilt. Und zu alledem nun auch noch die Aufwendungen für mich!

5) Nachkriegsschule intern

Unter solchen Umständen konnten auch die Verhältnisse innerhalb der Schule nur bescheiden sein. Und wie bescheiden sie waren! Erst kurz vor Wintereinbruch wurden endlich die Fenster verglast – mit Milchglas; nach Regen bröckelte der Verputz von der Decke, Wärmequelle war ein qualmender Bunkerofen, der zwischendurch immer wieder geschürt werden mußte; ein Schlag seitens eines damit beauftragten Schülers gegen eine Propangasflasche diente als Klingelzeichen, vierzehntägig fiel der Samstagsunterricht aus, weil die ortsansässigen Schüler über fünfzehn Jahren in der Stadt beim Schutträumen helfen mußten, erst im Frühjahr 1946 wurde über einer Grube im Schulgarten ein Bretterverschlag als Toilette errichtet, die im Sommer bis in die Klassenräume hinein einen fürchterlichen Gestank verbreitete und von Myriaden von Schmeißfliegen bevölkert war. Tinte, Schreibgeräte, Hefte, alles war Mangelware, und nicht zuletzt wurden die beiden Klassen über mir vorerst aus Raum- und Lehrpersonalgründen als eine Klasse geführt und unterrichtet.

Und doch konnte sich selbst unter solchen Umständen für mich persönlich abermals Gewichtiges begeben. Schon nach wenigen Wochen war klar, daß aufgrund des Privatunterrichts, den ich in der „schullosen, der schrecklichen Zeit“ bei Professor Steffes genossen hatte, zwischen mir und meinen Klassenkameraden – vor allem im Lateinischen – ein beträchtlicher Abstand aufklaffte. In einem Beschluß der Lehrerkonferenz wurde es mir daraufhin nicht mehr nur (wie damals 1943) freigestellt, sondern ausdrücklich nahegelegt, ein zweites Mal in die nächsthöhere Klasse, jetzt in die Untersekunda (damals 6., heute 10. Klasse), hinüberzuwechseln. Ich tat es am 19. November 1945 von einer Stunde auf die andere, mit dem, wie mir schien, geradezu aberwitzigen Nebeneffekt, daß derselbe Lehrer, der um 9 Uhr noch Du zu mir gesagt hatte, mich um 11 Uhr mit Sie anredete. Begleithilfe wurde mir diesmal nur in Mathematik zuteil, und zwar seitens des kommissarischen

Der „Louis Marchand" (Titelseite)

Umschlag-Titelseite

Schulleiters. Die Assessorin, die diesen Dienst beim ersten Mal übernommen hatte, war nach dem Krieg nicht an die Schule zurückgekehrt.

Es war also die erwähnte Doppelklasse, in die ich jetzt eintrat, ein Klassenverband mit einer sehr gemischten Schülerschaft. Ich gehörte zu den Jüngsten, die älteren, auch Schülerinnen, hatten bereits Arbeits- und Kriegsdienst, zum Teil sogar Gefangenschaft hinter sich. Vor allem von ihnen wurde ich, der, wie sie wohl meinten, so mir nichts dir nichts, gleichsam von „unten nach oben“, in die Klasse hineingeschneit kam, sehr kühl und zurückhaltend aufgenommen – jedenfalls empfand ich es so. Über drei Monate hin hatte ich auch selbst – vor allem angesichts einer verkorksten Mathematikarbeit kurz vor Weihnachten – große Sorge, ob ich es noch einmal schaffen würde. Da nahm ich nun meine Zuflucht zum Gebet, demselben Rosenkranzgebet, das ich mir schon vorher als Hilfe gegen meine sexuelle Not erkoren hatte. Ich betete also nun gewissermaßen zweistrahlig, mit doppelter Intention, und hatte ja auch genug Zeit dazu: eben auf meinem dreistündigen Fußmarsch montagsmorgens und samstagsnachmittags, auf dem ich es gut und gern auf jeweils drei Rosenkränze brachte.

Ich glaubte mich erhört, als mir schon bald Zeichen der Beachtung und Anerkennung seitens der neuen Klasse zuteil wurden: aufgrund eines frei gehaltenen Referates über Theodor Storm und nach einer kleinen, klasseninternen Weihnachtsfeier, in der ich den lateinischen Text des Weihnachtsevangeliums auswendig vorgetragen hatte. Ich merkte, ich wurde respektvoll angeschaut, von dem einen oder anderen vielleicht sogar bewundert. Und erst recht fühlte ich mich erhört, als ich zu Ostern 1946 das beste Zeugnis der Doppelklasse in Händen hielt. Ich freute mich unsäglich.

Ein eigenes Thema war bei der Nachkriegsschule allgemein und beim Gymnasium im besonderen die geistige Grundausrichtung. Auf die Diktatur im Namen des Arisch-Nordischen, des Nationalen und Rassischen folgte nun in scharfer Kehrtwendung, im Sinne einer „reéducation“, einer förmlichen „Umerziehung“, ein Rückgriff auf das Antik-Abendländisch-Christliche, auf Humanismus und Kosmopolitismus. Darin waren tragende Ideen der westeuropäischen Aufklärung enthalten, aus denen schon im Vorfeld des sich anbahnenden Ost-West-Gegensatzes im Kalten Krieg eine eindeutige Bevorzugung des Westens erwuchs. „Der Westen“ hieß denn auch eine Zeitung, die in den Nachkriegsjahren erschien. Mit dieser Umorientierung war ein mächtiges Wiedererstarken der katholischen Kirche verbunden, eine Neubelebung des katholischen Verbands- und Vereinswesens und insbesondere eine intensive katholische Jugendarbeit in Gruppen, ja in nach Zehntausenden zählenden Großveranstaltungen. Ich machte dabei auf Stadt- und Schulebene überzeugt und engagiert mit.

Vor allem kam diese Wende aber meiner von Professor Steffes grundgelegten hohen Wertschätzung der lateinischen Sprache entgegen, der Sprache des christlichen Abendlandes schlechthin. Meine Begeisterung wurde vom Lateinlehrer mitgetragen, worüber es dann zu der schon einmal erwähnten „amicitia latina“ kam, einer durch lateinische Sprache und lateinische Schriftsteller vermittelten Freundschaft. Humorvoll und gütig, wie er war, ließ sich dieser in Ehren ergraute Mann sogar auf einen klassenöffentlichen Wettstreit mit mir ein, wer von uns beiden „Menges Lateinische Syntax und Stilistik“ wohl besser beherrsche.

Ohne Zweifel war Selbsttäuschung im Spiel, wenn ich über solcher Erfüllung und Bestätigung mitunter die gravierenden Mängel vergaß, die immer noch die Schule bestimmten. Bis zu meinem Abitur wurde von den Fachräumen nur der Physiksaal notdürftig wiederhergestellt, Biologie- und Chemiesaal, Aula (Musik) und Turnhalle waren und blieben unbenutzbar mit nahezu gänzlichem Ausfall dieser Fächer, vom Fach Kunsterziehung weiterhin erst gar nicht zu reden. So wirkungsvoll sich damit der Unterricht auf die sprachlich-klassische Bildung konzentrierte – vergleichbare Ergebnisse sind heute praktisch nicht mehr zu finden –, so klafften doch zugleich verhängnisvolle Lücken auf, unter denen ich bis heute leide, man denke nur an das Kapitel „Viehhüten und Musik“ zurück.

Zur Herrschaft des Mangels gesellte sich in den ersten Nachkriegsjahren gerade im Gymnasium noch eine weitere, nicht minder einschneidende Maßgabe: das Regiment der französischen Besatzungsmacht. Im Hauptquartier in Baden-Baden hatte sich eine „Direction de l’Éducation Publique G.M.Z.F.O“ etabliert, die über Schuloffiziere in den Kreis- und Stadtkommandanturen bis in die kleinste Dorfschule hinein, besonders aber im Gymnasium, „reéducation“ anordnete und deren Vollzug überwachte. Dabei konnte man den begründeten Eindruck gewinnen, daß „abendländisch-westlich“ in hohem Maße auf „französisch“ hin zugespitzt und ausgelegt wurde. Als erstes hatten alle Gymnasien der französischen Besatzungszone Französisch als Pflichtfremdsprache in den Lehrplan aufzunehmen mit bis zu acht Stunden in der Woche. Ein Teil dieser Stunden wurde von eigens bestallten französischen Assistent(inn)en gehalten, deren Eignung nicht immer die beste war – jedenfalls erschien unser „M. Tual“ nicht eben selten schwankend und lallend mit Heu- oder Strohresten am Anzug in der Schule. Mit diesem Französisch hatten wir nun drei Pflichtfremdsprachen. Zweitens – und das tat mir weh – wurde der Geschichtsunterricht zunächst verboten, später auf alte Geschichte eingeschränkt und diese dann mehrfach durchgezogen mit dem Erfolg, daß sie einem schließlich am Halse stand und man das zwischenzeitlich Gelernte aus Langeweile und Verdruß wieder vergaß. Drittens wurde als neues Fach „Völkerverständigung“ eingeführt mit einer Wochenstunde, in der aus einem eigens von der „Direction de l’Éducation“

herausgegebenen Lehrbuch mit dem Titel „Beiträge zur Völkerverständigung“ Texte, hauptsächlich aus der französischen Aufklärung, zu lesen und zu besprechen waren. Auch für den Französischunterricht leistete die „Direction de l’Éducation“ mit einem zwangsverordneten Unterrichtswerk Hilfestellung: dem legendären dreiteiligen „Louis Marchand“ mit bis zum Erbrechen simulierten Sprechszenen der „Schulbuchfamilien“ Dupont und Durand. Aber immerhin handelte es sich um Bücher, erwähnenswert deswegen, weil die Besatzungsmacht bis auf Bibel und Katechismus alle bisherigen Schulbücher verboten hatte, selbst Mathematik- und Physikbücher, weil darin Textaufgaben stehen konnten, in denen Hitlerjungen und Geschoßbahnen vorkamen. Folglich mußte nun vieles diktiert werden, was man sonst im Schulbuch nachlesen konnte, und das in einer Situation, in der man kaum wußte, womit und worauf man das Diktierte schreiben sollte.

Großer Wert wurde auf die gebührende Reverenz vor den französischen Nationalsymbolen gelegt. Nachlässigkeit oder gar Verstöße konnten Kartoffelschälen in der Kaserne und – für Buben – Prügel, ja eine Nacht Arrest einbringen. Grobe Verstöße – nun allerdings meist außerhalb der Schule – führten zu vorgezogener Sperrstunde mit striktem Ausgehverbot. Wer sich dann einen um so gemütlicheren Abend daheim machen wollte, konnte ganz schön enttäuscht werden. Wegen Energiemangels wurde nämlich nicht selten der Strom abgeschaltet, so daß die Stadt dunkel dalag, als wäre noch Krieg mit Verdunkelungszwang. Straßenbeleuchtung stand in dieser Trümmerstadt vorerst ohnehin in den Sternen.

Aber die Besatzungsmacht hatte auch positive Angebote für die Gymnasien, zum Beispiel eintrittsfreie Schülervorstellungen französischer Theaterstücke im Stadttheater in Trier und vor allem Angebote in Form von Einladungen an ausgewählte Oberstufenschüler zur Teilnahme an französischen Schüler- und Studentenlagern. Wie schon gesagt (Stichwort „Lagerfeuer“), war ich im Juli 1947 einmal dabei, in guter Eintracht, doch ohne daß ich – wie andere es taten – gleich in ein alles „bereinigendes“, in Wirklichkeit alles unter den Teppich kehrendes „Seid umschlungen Millionen“ ausbrach. So schnell und unvermittelt wollte und konnte ich die trennende Last der jüngsten Vergangenheit nicht abwerfen, weshalb es mich auch gehörig schüttelte, als die Franzosen bei einem Ausflug an den Rhein auf der Loreley in französischer Übersetzung „Ich weiß nicht, was soll es bedeuten“ sangen. War mir vorher beim mühseligen Aufstieg in sengender Hitze (Sommer 1947!) auch noch eine kostbare Schuhsohle gebrochen, muß ich anschließend wohl lange sehr nachdenklich auf den Rhein hinabgeschaut haben. Als ich mich nämlich umwandte, sah ich, daß Jean Pierre mich porträtiert hatte – mit großen fragenden Augen in meinem Gesicht.

Für die „Direction de l’Éducation“ hieß das Zauberwort offensichtlich

„zentral“, und so führte sie – zentral für die ganze Zone – einen sogenannten „concours général“ ein. Einmal jährlich in der jeweiligen Regierungsbezirksstadt stattfindend, sollte er die besten Primaner zum Wettstreit zusammenführen. Bei beidmalig strapaziöser Hin- und Rückreise nahm ich 1947 in den Fächern Deutsch und Latein daran teil, ohne aber einen Preis gewinnen zu können. Immerhin erinnere ich mich noch an das für die damalige Mentalität typische Aufsatzthema, das Goethewort: „Kunst und Wissenschaft gehören der Welt an, und vor ihnen verschwinden die Schranken der Nationalität.“

Zentral organisiert war aber von 1947 bis 1949 vor allem das Abitur, am heimtückischsten im Jahr 1948, als es um meine Klasse ging, die seit Herbst 1946 wieder als eigene Klasse geführt worden war.

6) Zentralabitur

Zentralabitur hieß: schriftliche Prüfung in vier Fächern, für uns Schüler des Realgymnasiums in Deutsch, Französisch, Latein und Mathematik mit Themen und Aufgaben, die zentral gestellt wurden und auch den eigenen Lehrern nicht bekannt waren; mündliche Prüfung wieder in der jeweiligen Regierungsbezirksstadt mit zentralem Prüfungskommissar, vor fremden Lehrern, ohne Vornoten, in mindestens sieben Fächern (wahlweise konnte als achtes Fach noch Religion dazugenommen werden), für meine Klasse in den Fächern Deutsch, Französisch, Englisch, Latein, Mathematik, Geschichte, Erdkunde; Bewertung nach einem 20-Punkte-System, bei dem ein Ergebnis unter zehn „durchgefallen“ und erst Punktzahlen ab dreizehn aufwärts sofortige Zulassung zum Universitätsstudium bedeuteten.

Die schriftlichen Arbeiten begannen im Jahre 1948 am Dienstag, dem 22. Juni, zwei Tage nach der Währungsreform, mit dem Fach Deutsch. Die drei Aufsatzthemen lauteten: „Vom Fluch und vom Segen der Armut“; „Am Übermaß zerbricht der Mensch, dargestellt an einer Gestalt der Geschichte oder Dichtung“; „Daß du ein Mensch bist, beuge das Haupt dir, doch daß du ein Mensch bist, richte dich freudig empor“. Wie die meisten anderen wählte ich das erste Thema, über das sich damals trefflich und „erfahrungsgesättigt“ schreiben ließ. Einem Mitschüler, der beim zweiten Thema Napoleon als Illustrationsfigur gewählt hatte, machte der französische Schuloffizier hernach eine Szene; es sollte wohl Hitler als Beispiel gewählt werden. Aber es geschah nichts weiter, der Betreffende wurde später selbst Gymnasiallehrer und machte sogar eine beachtliche Karriere im Kultusministerium.

Schlimm wurde es am zweiten Tag mit der Französischarbeit. Ein Text über Witwenverbrennung war zu übersetzen und anschließend die Frage zu beantworten: „Qu' est-ce que vous savez de l'Arabie actuelle?“ (Was wissen

Sie vom gegenwärtigen Arabien?) Wir wußten so gut wie nichts davon, denn wer hatte schon Informationsmaterial oder auch nur Interesse daran, daß zu dieser Zeit Ben Gurion den ersten Krieg der Juden gegen die Palästinenser führte. Hätte nicht unser Französischlehrer einige Andeutungen gemacht, es wäre gewiß noch böser ausgegangen, als es so schon ausging. Fast als Witz konnte man die abschließende Frage empfinden: „Qu' est-ce que vous pensez de coutumes barbares encore existantes?“ (Was halten Sie von heute noch bestehenden barbarischen Gebräuchen?) Großartig die Reaktion eines pfiffigen Mitschülers, der sinngemäß wie folgt antwortete: Ich weiß nicht, ob es noch barbarische Bräuche gibt. Sollte es noch welche geben, ist es höchste Zeit, daß sie abgeschafft werden. – Die Aufgaben an den beiden folgenden Tagen in Latein und Mathematik waren nicht weiter auffällig.

Nach dreiwöchigem grausamen Warten kam das noch grausamere Ergebnis: Fast ein Drittel der Klasse war im Schriftlichen durchgefallen. Die mündliche Prüfung fand am 23. Juli 1948 statt, zu der wir schon am Vortag anreisen und dann die Nacht in Notquartieren verbringen mußten.

Abermals war das Ergebnis katastrophal: Die Zahl der Durchgefallenen hatte sich um drei weitere erhöht, und von den Verbliebenen waren nur zwei zum sofortigen Studium zugelassen. Entsprechend hart klang die Verabschiedungsansprache des für den Regierungsbezirk zuständigen Prüfungskommissars: Es seien nur wenige Talente gewesen, die wir in die Prüfung eingebracht hätten, doch selbst mit diesen wenigen lohne es sich zu wuchern.

Aber dieser Prüfungskommissar – wie schon im Vorjahr Professor Dr. Karl Holzamer, mein späterer Doktorvater und ab 1962 Gründungsintendant des Zweiten Deutschen Fernsehens – sagte auch, daß aus dieser Klasse das beste Abitur im Regierungsbezirk hervorgegangen sei: das meinige. Ab meinem zweiten Fach, der Prüfung in Latein, hatte er mich in den nachfolgenden fünf weiteren Prüfungen begleitet aufgrund eines Vorkommnisses, das damals Aufsehen erregte: Ich hatte um ein Gespräch in lateinischer Sprache gebeten, woraufhin mir die nicht gerade einfache Aufgabe gestellt wurde, auf lateinisch meine Anreise mit dem Omnibus zur Prüfung zu schildern. Ich freute mich sehr, als ich Professor Holzamer vier Monate später in der Universität wiedertraf und er sich noch genau an mich erinnerte.

Erst Wochen nach meinem Abitur erfuhr ich, daß die in Koblenz erscheinende Rheinzeitung über mein Abschneiden berichtet hatte, es war das erste Mal, daß ich in der Zeitung stand.

Die Schule verabschiedete uns Mitte September 1948 im schon erwähnten „Kombinationssaal“ mit Musikbegleitung seitens einer einsamen Geige, auf der ein Primaner Felix Mendelssohn-Bartholdys „Nun zu guter Letzt, geben wir dir jetzt auf die Wandrung das Geleite“ spielte. In der mir von meiner Klasse aufgetragenen Abitursrede zögerte ich nicht, im Blick auf die vorerst

Meine neue, mittlerweile wieder eigenständige Klasse, mit der ich 1948 Abitur machte. Hier: Ausflug im Herbst 1947.

Gescheiterten wörtlich zu erklären: „Wir Abiturienten erheben entschiedenen Einspruch gegen dieses artfremde Zentralabitur, und ich glaube, daß wir die ersten sind, die ein Recht dazu haben. Niemand anders als wir mußten den Tribut zahlen im Verlust langjähriger Klassenkameraden und in Gestalt bitterer persönlicher Enttäuschungen ... Wir fühlen uns als deutsche Abiturienten, denen man ein ihrer Kultur und ihrer Geschichte entsprechendes Abitur vorenthalten hat.“

Das waren in der damaligen Situation, wo doch auch der zuständige französische Schuloffizier der Feier beiwohnte, sogar mutige Worte. Schon unter pädagogischem Aspekt wußte ich, wovon ich sprach. Brauchte ich doch nur an meine Aufnahmeprüfung zurückzudenken, um klar vor Augen zu sehen, wie ungerecht eine allein dem Augenblick überantwortete Prüfung ausgehen kann. Da ist das heutige Punkte-Kreditsystem in der reformierten Oberstufe des Gymnasiums die entschieden bessere Lösung.

Aber so sehr ich mich auf der einen Seite über mein Abitur freute, so sehr standen mir auf der anderen Seite schwere Wochen und Monate, ja Jahre bevor. Mit voller Wucht stellte sich mir sogleich die Frage nach meinem Berufsweg. Daß ich studieren wollte, war klar, aber was? Verstärkt setzte nun von interessierter kirchlicher Seite ein Werben um mich ein, um mich für den Priesterberuf, den Eintritt also ins Priesterseminar, zu gewinnen. Ich nahm es diesen Stimmen ab, wenn sie mich auf die Verantwortung gegenüber meinen Talenten und darauf hinwiesen, daß man schuldhaft eine Berufung verfehlen könne. Aber wie konnte ich diesen Schritt tun angesichts meines sexuellen Verworfenheitsbewußtseins und der gleichzeitigen Sehnsucht nach dem „Ewig-Weiblichen“, das uns, laut Schlußchor in Goethes „Faust II“, „hinanzieht“? Bot sich mir also als Alternative der Gang zur Universität an. Aber da stellte sich erdrückend die Frage, wie ich so kurz nach der Währungsreform ein Universitätsstudium finanzieren wolle. Durfte ich mein Elternhaus, in dem ja noch mehr Kinder waren, weiter für mich bluten lassen, sofern es von dieser Seite her überhaupt zu schaffen war? Um so verlockender wirkte darum die kirchlicherseits eröffnete Aussicht, daß bei meinem Eintritt ins Priesterseminar, möglicherweise gar bei einem baldigen Studium an der Gregoriana in Rom, finanzielle Fragen für mich bestenfalls am Rande eine Rolle spielen würden.

Daß ich mich dann nach wochenlangem, qualvollem Brüten schließlich für die Universität entschied, war eine Art Kompromiß auf jederzeit möglichen Widerruf, ein Kompromiß mit den erahnten, aber auch mit nichterahnten neuen Problemen wie Wahl der Studienfächer (Latein, Deutsch, Griechisch? Deutsch, Latein, Geschichte? Geschichte oder Philosophie?), Daseinsfristung hauptsächlich mit Hoover-Speisung, Wohnen und Studieren in einem Dreimannzimmer, Schlafen in einem Bett ohne Kopfkissen nur unter Militärdecken, Zwang zu Fleißprüfungen zwecks Gebührenerlaß ... Dabei hatten es andere, vor allem Flüchtlingsstudenten, noch viel schwerer.

Als ich dann schon im zweiten Semester aus einer Vielzahl von Bewerbern als einer der wenigen die Prüfung für das Gutenbergstipendium der Stadt Mainz bestand, ging mein Weg aufwärts. Aber davon soll hier nicht mehr weiter die Rede sein. Zusammenfassend sei nur noch angemerkt: Es war eine äußerlich sehr karge und arme, aber innerlich keineswegs nur unglückliche Zeit, die ich zwischen 1941 und 1948 in der höheren Schule verbracht habe. Zwar blitzte mein Schulschock vom ersten Schuljahr noch hie und da auf, aber außer Gegebenheiten, für die nicht in erster Linie die Schule die Verantwortung trug, wie Moral und Formen des Benimms, war doch je länger, je mehr die Grundlinie auf Förderung und Aufstieg gerichtet. Gottlob bietet heute auch das Gymnasium Möglichkeiten und Chancen, von denen man damals nicht zu träumen wagte. Aber wie bei Grund- und Hauptschule stellt sich auch hier die kritische Gegenfrage, ob diese Chancen entsprechend genutzt oder nicht gar in ihr Gegenteil verkehrt werden. Jedenfalls kann sich, was inneren Zusammenhalt und Opferbereitschaft bei Lehrern wie bei Schülern betrifft, heute manche Schule von meinem damaligen Gymnasium eine ganze Scheibe abschneiden.

Natürlich habe ich auch in diesem Kapitel wieder meine eigene Geschichte erzählt. Aber ebenso erneut darf ich darauf setzen, daß diese Geschichte einen Aussagewert hat, der über meine Person hinausreicht. Sie deckt sogar Details des Lebens in den Kriegs- und ersten Nachkriegsjahren auf, die bislang kaum, jedenfalls nicht angemessen gewürdigt wurden.

Dabei erfüllt mich im Rückblick längst nicht alles mit Freude, was ich als Oberstufenschüler des Gymnasiums getan und von mir gegeben habe. Manches ging bestenfalls noch gerade eben an pubertärer Selbstgefälligkeit und Überheblichkeit vorbei: Auftritte in der Klasse, in Schule und Kirche, auf der Laienbühne, nicht zu reden von einer Ansprache, mit der ich an Fronleichnam 1948 im Namen der katholischen Jugend der Stadt den auf Firmreise befindlichen Bischof begrüßte – vieles davon möchte ich am liebsten aus meiner Erinnerung tilgen. Aber dann sage ich mir wieder: Alles zu seiner Zeit! Vielleicht hätte ich sonst nicht die Energie gehabt, unter so schwierigen Umständen mein Studium und manchen Kummer mit mir selbst und um andere durchzustehen. Mit dem Humor und der Nachsicht des Alters rate ich mir darum selbst: „Laß es gut sein!“

9. Kapitel: Menschenschicksal

1) Olga

In diesem Kapitel kehren wir in die Zeit vor dem militärischen und politischen Zusammenbruch von 1945, zum NS-Staat also, zurück. Mit Menschenschicksal ist dabei das Schicksal jener Menschen gemeint, die vom braunen Regime unterdrückt und verfolgt wurden, jetzt allerdings bewußt begrenzt auf meinen eigenen Lebens- und Erfahrungskreis. Soviel im Laufe der Jahre auch über Verfolgung im Dritten Reich gesagt und geschrieben wurde, es tritt meines Erachtens zuwenig zutage, daß es in der Verfolgungsintensität, im Härtegrad der Unterdrückung und Verfolgung, erhebliche regionale Unterschiede gegeben hat, Unterschiede, bei denen meine engere Heimat durchaus bestehen kann. Kurzum, ich will in diesem Kapitel darlegen, welche Einflüsse unter der teuflischen Devise „zu verfolgendes oder gar ‚lebensunwertes' Leben" auf mich eindrangen, ferner wie diese Einflüsse auf mich wirkten und schließlich, was mir über tatsächlich stattgefundene Unterdrükkung und Verfolgung damals persönlich bekannt geworden ist. Letzterer Punkt liegt mir auch deshalb am Herzen, weil 1985 nach einem Hearing im Mainzer Landtag, bei dem ich zugegen war, in der Presse gegen mich der Vorwurf erhoben wurde, ich hätte über mein Wissen nicht wahrheitsgetreu berichtet. – An den Anfang will ich eine Begebenheit stellen, die bis heute in mir nachklingt und nun auch das Viehhüten wieder voll ins Blickfeld rückt.

Es handelt sich um eine „Begegnung" – das Wort ist mit Bedacht gewählt – im August 1943 mit einer etwa siebzehnjährigen Russin. Olga, so der Name des Mädchens, war nach Hitlers Überfall auf die Sowjetunion wie Millionen anderer sogenannter Arbeitskräfte-Ost mit ihren Eltern und drei jüngeren Geschwistern nach Deutschland deportiert worden. Diese Menschen litten allesamt unter dem furchtbaren Schicksal, daß sie offiziell als bolschewistische Untermenschen gebrandmarkt wurden, an denen allein ihre Arbeitskraft zähle und die darum brutal auszubeuten seien. Diese Einschätzung und Direktive war auch den Menschen in der Westeifel bekannt, ja ich hatte in Gauleiter Streichers Hetzblatt „Der Stürmer", das in einem Schaukasten am Gymnasium aushing, gelesen, daß jeder menschliche Kontakt mit diesen „Untermenschen" als Rassenschande gewertet und entsprechend geahndet werde. Das alles schwang bei den Dorfbewohnern gleichsam im Hinterkopf mit, als Olga und die Ihren im einzigen großen Gehöft des Dorfes, einem Gutshof der Brauerei in der Kreisstadt, einzogen. Aber dann kam es auch schon zu „Grenzverwischungen". Die Familie wurde vom Verwalter in einem kombinierten Wasch- und Schmiederaum *(Baakes)* untergebracht, wo sie – auch was das Essen betraf – zwar nicht üppig, aber keineswegs „untermenschlich“ lebte. Als dann nach wenigen Wochen eines der Kinder starb, ließen es sich einige Frauen des Dorfes – darunter meine Tante – nicht nehmen, Teilnahme zu bekunden. Auch ohne sprachliche Verständigungsmöglichkeit betraten sie das Wohngelaß und wußten hernach zu erzählen, wie herzergreifend die Mutter geweint und ihr Kind mit Kreuzzeichen gesegnet habe, erzählten aber ebenfalls, wie bewundernswert der Vater Spindeln herzustellen und die Mutter Garn damit zu spinnen verstand. Es ehrt alle, die es anging, daß das tote Kind im Pfarrdorf an der Kirchenmauer beerdigt wurde. Nur eines erregte Befremden, aber auch jetzt weit entfernt vom offiziell verordneten Nationalhaß: Mitunter putzte sich der Vater sonntagsmorgens zurecht, band ein buntes Tuch um den Hals und schritt von dannen – um in einem Dorf der weiteren Umgebung einer Geliebten den Hof zu machen.

Ich selbst kannte die Leute vom Sehen her, hatte beiläufig auch den Eindruck, daß Olga wohl hübsch sei, ohne mir aber vorerst weiter etwas dabei zu denken. So war es auch kein ungewöhnlicher Anblick, als ich an jenem Augustnachmittag 1943 von der muldenförmigen Wiese aus, auf der mich der Einladungsruf zur höheren Schule erreicht hatte, die Familie am jenseitigen Hang arbeiten sah. Aufmerksamer wurde ich erst, als Olga mit einem Geschwisterchen am Rücken auf den Nachhauseweg zusteuerte, der oben an meiner Wiese vorbeiführte. Schön, dachte ich, daß ich Olga nun im Vorübergehen von nahem betrachten kann. Doch was geschieht: Olga biegt vom Weg ab und kommt direkt auf mich zu. Sie setzte sich mit der Kleinen ein wenig oberhalb von mir in den Hang, so daß ich, wenn ich sie ansehen wollte, zu ihr aufschauen mußte.

Und ich schaute zu ihr auf mit einem inneren Vibrieren, das von Sekunde zu Sekunde zunahm. O ja, klang es in mir auf, sie ist unbeschreiblich schön. Als Verschleppte nur ärmlich und knapp gekleidet, wiegte sie – das Geschwisterchen kosend und herzend – den Oberkörper einigemale auf und ab und summte dazu eine Melodie, wie ich noch keine gehört hatte, keine so innige, aber auch keine so herb-traurige, wie ich fand. Durch die Kopfbewegungen lösten sich ihre glanzhellen langen Haare, die augenblicks die fast nackten Schultern in prachtvoller Fülle umflossen. Eilends zog sie daraufhin unterm Gürtel einen gelbleuchtenden, sicher 20 cm langen Holzkamm hervor, um mit hocherhobenen Händen und bis an die Schultern nackten Armen die Haare wieder zu richten. Aber kaum zurückgekämmt, fingen diese ihr Spiel von neuem an, bestimmt zehn Minuten lang.

Keiner sprach ein Wort, ich schaute mehr sie, als sie mich an. Wie von wundersamer Hand geführt, schaute ich ihr Gesicht, ihre Haare, ihre entblößten Arme und dann auf einmal für einige Augenblicke auch – so etwas hatte ich noch nie gesehen! – ihre quellenden, prallen, großen Brüste, die

Blick auf die heimatlichen Gemarkungen mit der Senke A Meerschend *im Vordergrund, wo die „Begegnung“ stattfand und wo mich auch der „Ruf zur höheren Schule“ erreichte (vgl. Seite 236).*

Etwas unterhalb dieses seitdem kaum veränderten Goldrenettenbäumchens A Meerschend *„schaute“ ich Olga. Rechts oben führt der Weg vorbei.*

beim wiegenden Niederbeugen fast ganz und unverhüllt hervortraten. Verzaubert und nahezu atemlos rückte ich seitwärts etwas auf Olga zu, und da fiel mein Blick auf ihre angewinkelten nackten Beine und Knie sowie den Saumteil ihres verschlissenen dünnen Kleidchens, das nur kärglich verdeckte, was ich mir schon so oft ausgemalt, aber bei einer erwachsenen Frau erst recht noch nie gesehen hatte. Abermals ein kleiner Ruck, und da war es kaum mehr zu fassen: für vielleicht eine Sekunde gewahrte ich unter dem Saum des Kleides hindurch nicht mehr nur Umrisse und Andeutungen, sondern unmittelbar Olgas intimste Wirklichkeit als Frau. Mich überkam es heiß und kalt, ich streckte ihr meine Hände entgegen, als sollte ich sie umarmen, an mich ziehen und zart, ganz zart streicheln.

Aber nein, auf furchtbare Weise nein! Wie ein Blitz durchfuhr es mich: Todsünde, Höllenfeuer, Russenweib, Untermensch, Rassenschande, Todesstrafe! Wie benommen rückte ich wieder zurück, stützte den Kopf in beide Hände und starrte vor mich hin.

Ich weiß nicht, wie lange ich so da gesessen habe. Als ich mich schließlich umwandte, stand Olga schon da, das Schwesterchen auf dem Arm. Mit einem Blick und einem Kopfnicken, als wolle sie sagen: „ich weiß, ich weiß ...“ stapfte sie den Abhang hinauf und verschwand im Hohlweg Richtung Dorf.

Nun schüttelte mich der Entzug: Mit glühendem Kopf rannte ich in das Unterholz des angrenzenden Niederwaldstückes und schaute hinter jeder Hecke, ob Olga nicht da wäre (wobei ich nur zu gut wußte, daß sie gegangen war). Nein, sie war nicht – nicht mehr da! Wenige Wochen später, nach insgesamt vielleicht einem halben Jahr, wurde die Familie mit ihrem kleinen Bündel Habseligkeiten auf einem offenen Lastwagen abtransportiert. Wohin? Wer weiß es! Ich bin sicher, daß diese Menschen das menschengefräßige Inferno nicht überlebt haben. Selbst wenn ihnen das Schlimmste in Deutschland erspart geblieben war, holte sie der Tod in Rußland ein. Denn nach allem, was man weiß, wollte Stalin Landsleute, die den Westen gesehen hatten, um keinen Preis wieder aufnehmen.

Also wohl auch Olga längst tot, diese so verheißungsvoll menschliche, von Unmenschen zum Untermenschen erniedrigte Frau, an der ich zum ersten Mal mit leibhaftigen, bis heute sehnsuchtsvoll gebliebenen Augen sah, wie schön eine Frau sein kann – ich sah es auf der Wiese beim Viehhüten. Ich weiß, ich bin nicht besonders tapfer um dieses Menschenschicksal gewesen – Schicksal in dem Sinne, wie wir es in diesem Kapitel verstehen wollen. Aber wie hätte ich tapfer sein können und wie, wenn ich es denn gewesen wäre? Ich wage es mir nicht auszudenken.

2) Ideologiefront

Mit der geschilderten „Begegnung“ erweist sich das Viehhüten erneut als Verdichtungszentrum; es ist nun Ausgangsbasis und persönliche Schlüsselperspektive auf das dunkelste Kapitel der NS-Herrschaft hin: die Indienstnahme und Auslöschung von Menschen nicht in offener Feldschlacht, sondern aus fanatischem Hinterhalt heraus, Menschen, die teils schon aufgrund ihrer Abstammung, teils wegen ihres Lebensschicksals, teils wegen nicht systemkonformen Verhaltens für verfolgenswürdig befunden wurden.

Aber es zeigte sich ebenfalls, daß zwischen nationalsozialistischer Ideologie und ihrer Verwirklichung in meiner Eifelheimat – gottlob – nicht selten erhebliche Abstände aufklafften. Das galt selbst von einem regulären russischen Kriegsgefangenenlager, das zeitweilig am Rande der Kreisstadt untergebracht war. Wie in diesen Lagern üblich, hungerten auch hier die Männer und wurden sie mißhandelt, aber immerhin hatte mein Religionslehrer, damals im Nebenamt Standortpfarrer, Zutritt zu ihnen. Über seinen Osterbesuch 1944 im Lager berichtet er: „Ich begrüßte die Gefangenen mit dem Ostergruß ihrer Heimat: ‚Christos voskrés‘, Christus ist auferstanden. Da schauten mich die ausgehungerten und ausgemergelten Gestalten mit abgrundtiefen Blicken an, und ich war bis ins Innerste erschüttert. Ich dachte an den endlosen Osterjubel der Menschen im fernen Rußland, wenn sie sich mit der Frohbotschaft von der Auferstehung des Herrn begrüßen. Der Dolmetscher betete Glaubensbekenntnis, Vaterunser und Reuegebet, und ich erteilte die Lossprechung. Die Gefangenen machten schweigend das Kreuz, und ihr Schweigen war ein heiliges. Der Auferstandene war mitten unter uns, denn wir waren in seinem Namen versammelt ... Für mich wurde dieser Ostertag zum Erlebnis, vor dem alle Ostererinnerungen verblassen“ (in: Paulinus, Ostern 1977).

Es läßt sich nicht leugnen: Vorbehalte bestanden gegenüber den Menschen aus dem Osten schon, und das nicht erst oder nur aufgrund der Nazi-Agitation. Schon im Ersten Weltkrieg waren russische Gefangene in der heimischen Landwirtschaft eingesetzt, sie galten als unterentwickelt, nicht sonderlich fleißig und nur wenig auf Sauberkeit und Hygiene bedacht. Hinzu kam nun noch so manches Unschöne, das Soldaten, die aus Rußland auf Urlaub weilten, über die Zustände im „Sowjet-Paradies“ zu berichten wußten.

Aber für die Leute im Dorf waren und blieben die Russen Menschen, erkennbar auch daran, daß die russische Nachfolgefamilie von Olgas Familie, ein Ehepaar mit drei kleinen Söhnen, unter denselben erträglichen Bedingungen im Dorf lebte. Stephan (so hieß der Mann) konnte den Dorfbewohnern aufgrund seiner Erfahrungen in Rußland sogar wichtige Hinweise zum

Festwagen meines Heimatdorfes zum Umzug am 1. Mai 1935 im Pfarrort mit den beiden „Füchsen" als Gespann.

Parteiamtlich „angeregte" Erntedankfeier im Pfarrdorf.

Bau von Erdbunkern geben, die sich 1944/45, als die Eifel Kampfgebiet wurde, als nützlich erwiesen. Unter freundlichen Abschiedsbekundungen traten Stephan und die Seinen nach dem Einzug ihrer amerikanischen Befreier den Weg in ein Sammellager an. Aus der näheren Umgebung ist mir eigentlich kein Fall, aus der ferneren nur ein einziger zu Ohren gekommen, wo Ostarbeiter in einem landwirtschaftlichen Anwesen schlimm mißhandelt wurden. Der betreffende Hofeigentümer war den Amerikanern bei ihrem Einzug bereits bekannt; sie nahmen ihn mit, und der Mann tauchte nie wieder auf.

Solche Mitmenschlichkeit im Dorf hing wesentlich damit zusammen, daß die Parteiagitation in diesem ländlichen und dazu noch zutiefst katholisch geprägten Raum – zum Glück – einfach nicht recht durchschlug, zumindest nicht flächendeckend. Von der Einstellung meines Elternhauses, der wenigstens in diesem Punkt lobenswerten Atmosphäre in der Dorfschule und dem selbst noch in der „Oberschule für Jungen“ begrenzten Einfluß der Partei war schon die Rede. Was mir darüber hinaus aus Zeitung und Radio zu Augen und Ohren kam, nahm ich ernst und auch wieder nicht ernst, wobei allerdings die Zustimmung überwog, wenn zugleich auf die preußisch-deutsche Tradition gesetzt wurde. „Patriotisch“ wollte ich schon sein. Diese Gespaltenheit zeigte sich besonders bei Nachrichten über Widerstand im Dritten Reich bis hin zu den Attentatsversuchen auf Hitler am 8. November 1939 und 20. Juli 1944. Bei aller inneren Reserve gegenüber dem braunen Regime mochte ich doch auch diejenigen nicht so recht, die gegen eine Ordnung vorgingen, zu der ich mir, weil ich eine andere nicht kennengelernt hatte, vorerst keine Alternative vorzustellen vermochte. Untergründig schwang darin die Sorge mit, daß mit dem Untergang dieses Staates auch mein deutsches Vaterland untergehen würde. So blieb ich über weite Strekken hin innerlich zerklüftet und merkwürdig unentschieden.

Einhellige Ablehnung brach aber in mir auf, wenn der „Mythos des 20. Jahrhunderts“ (Alfred Rosenberg) durch die lokalen Parteioberen verkündet und repräsentiert wurde. Es blieb mir keine Wahl: Ich gehörte ab 1939 dem sogenannten Jungvolk und ab 1943 der Hitler-Jugend (HJ) an. Beide Male wurde ich zusammen mit meinem Jahrgang einer Aufnahmefeier gewürdigt, bei der ich schon mit zehn Jahren durchschaute, wie entsetzlich primitiv und dumm sie war. Pathos, umrahmende Blockflötentöne, zackig sein wollender Fahnenein- und -ausmarsch, alles wirkte erschütternd, weil es auf eine gräßlich bornierte Weise auch noch ehrlich war.

Wenn also am Zipfel meiner patriotisch-vaterländischen Gesinnung dem System auch nicht gänzlich abgewandt, erging ich mich doch in freier, kritischer Meinungsäußerung bis an die Grenze verwegenen Leichtsinns. Jeden Morgen um 6 Uhr – während ich mich für den Gang zur Posthaltestelle

Tadeusz (Mitte) gehörte zum Dorf.

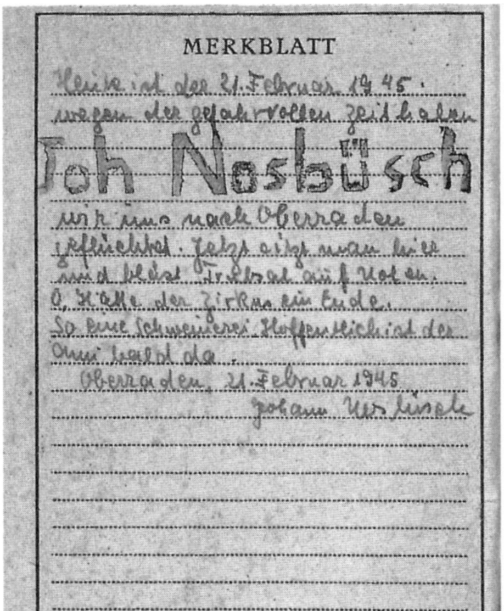

MERKBLATT

Heute ist der 21. Februar 1945.
wegen der gefahrvollen Zeit haben
Joh Nosbüsch
wir uns nach Oberraden
geflüchtet. Jetzt sitzt man hier
und liest [illegible] auf Noten.
O, hätte der Zirkus ein Ende.
So eine Schweinerei. Hoffentlich ist der
Ami bald da.
Oberraden, 21. Februar 1945
Johann Nosbüsch

48

Notiz, die die Stimmung kurz vor Einzug der Amerikaner Ende Februar 1945 widerspiegelt. Der Namensstempel ist aus Flaschenkorkscheiben zusammengeklebt (Kriegszeit!).

Tadeusz ohne „P“ auf der Jacke mit meinem 1946 in Sibirien verstorbenen Vetter.

zurechtmachte – hörte ich den strengstens verbotenen Feindsender und hielt mit Informationen aus dieser Quelle nicht immer hinter dem Berge. Das brachte mir Mitte August 1944 eine böse Drohung seitens einer Mitschülerin ein. Als ich mich am 29. Juni 1944 mit anderen Buben einer Röntgen-Reihenuntersuchung bezüglich SS-Tauglichkeit unterziehen mußte, sprach ich meinem darob sehr erschrockenen Lateinlehrer gegenüber von „Arschlöchern", mit denen man es da zu tun habe. Gegen Ende des Krieges, als wegen der Kämpfe im Heimatraum die Feldpolizei das Regiment übernommen hatte, konzipierte ich gar fingierte (natürlich nicht abgeschickte) Briefe an Präsident Roosevelt mit dem Ersuchen, seine Truppen möglichst bald bei uns einmarschieren zu lassen. Ich schrieb die Briefe auf englisch in der irrigen Annahme, daß sie so keiner verstehen könne. O weh, wenn die losen Blätter in die falschen Hände geraten wären!

3) Fremdarbeiter

Vor dem Hintergrund solcher ideologischer Freiräume im Eifeldorf blieb also der Mitmenschlichkeit selbst gegenüber den Russen eine Chance. Erst recht blieb diese Chance gegenüber Fremdarbeitern anderer Nationalitäten gewahrt, die zwar auch nicht als menschlich vollwertig galten, aber doch weit weniger geschmäht wurden.

Zunächst denke ich da an einen jungen, hellblonden Polen, der dem Olga-Hof für volle drei Jahre zugeteilt war. Tadeusz Kilcevski war um die zwanzig, hatte die höhere Schule besucht und sprach erstaunlich gut deutsch. Er galt praktisch als zum Dorf gehörig. Das einzige, das ihn von den Dorfbewohnern unterschied, war das P (= Pole), das er auf seiner Jacke tragen mußte. Einmal trennte er es ohne jede Beanstandung ab, als ich ihn mit einem Vetter von mir fotografierte, der aus Rußland (wo er 1946 in Gefangenschaft starb) auf Urlaub weilte. Tadeusz war in der ganzen Pfarrei der einzige Ansprechpartner für mich in Sachen höhere Schule; wie staunte ich nicht selten, was er alles wußte und ich nicht. Mit besonderer Vorliebe zeichnete er am Sonntagnachmittag Landkarten, die ich für den Erdkundeunterricht zu erbringen hatte, beispielsweise den nachstehenden Umriß von Großbritannien, den er, auf den Atlas blickend, freihändig entwarf. Wie ein Nachbar verkehrte er in unserem Haus, wo er mitunter zum Kaffee eingeladen wurde. Als die Kriegsfront näher heranrückte, mußte er mit dem Pferdegespann des Hofes Munition fahren – in den Augen des Ortsgruppenleiters gerade der richtige Mann für dieses Himmelfahrtskommando. Auch er wurde von den Amerikanern in ein Sammellager gebracht, wobei aber die Abschiedstränen in seinen Augen verrieten, daß er vorerst lieber im Dorf geblieben wäre.

Die von Tadeusz im Umriß gezeichnete Englandkarte.

Ferner gab es im Dorf zwei französische Kriegsgefangene, einer von beiden arbeitete volle vier Jahre in ein und demselben Anwesen. Auch mit ihnen durfte man sich, wörtlich wie übertragen, nicht an einen Tisch setzen, aber das tat zumal der Zuständigkeit des Langzeitgehilfen José, im Dorf mundartlich „Jupp" gerufen, keinen Abbruch. Im heimischen Kleinbetrieb in Mittelfrankreich mit landwirtschaftlichen Arbeiten aufgewachsen, schaltete und waltete er als Ersatz für den zur Wehrmacht eingezogenen Sohn des Hauses weitgehend selbständig, verstand sich hervorragend auf das schwerfällige Ochsengespann und hatte – in diesem Rahmen – eigentlich nur über die fehlende tägliche Karaffe Rotwein zu klagen. In einem Punkt ließ er allerdings nicht mit sich handeln: in seiner Unversöhnlichkeit gegenüber den deutschen Eroberern. Er lernte kaum ein Wort deutsch, begrüßte im November 1942, auf dem Dunghaufen stehend, die Landung der Anglo-Amerikaner in Westafrika mit dem Freudenruf: „Maintenant Hitler kaputt", und machte auch aus seiner Sympathie für die bald einsetzenden alliierten Bomberströme über der Eifel kein Hehl. Niemand nahm Anstoß daran.

Für die Nachtstunden und über Sonntag waren diese und weitere französische Gefangene in einer Baracke im Pfarrdorf untergebracht, wo sie von einem deutschen Soldaten mit scharfer Waffe bewacht wurden. Es gab kaum Aufhebens, wenn es hieß, dieser oder jener sei ausgerissen. Allerdings mußten die Gefangenen, um Fluchtversuche zu erschweren, auf ihrem Weg zur und von der Baracke begleitet werden. In Nachbarschaftshilfe nahm auch ich diesen Dienst mehrfach auf der gut zwei Kilometer weiten Wegstrecke wahr, wobei mir der Aberwitz der Situation nur zu deutlich vor Augen stand: Was hätte ich, allein auf weiter Flur, schon machen können, wenn „Jupp" oder Pierre oder auch beide auf Flucht gesonnen hätten! Mit mir Halbwüchsigem wäre jeder von beiden im Handumdrehen fertig gewesen.

Irgendwie „verstand" man sich gegenseitig, und dazu gehörte bei mir sogar eine stille Sympathie für die Ausländer, selbst für die Russen – trotz der schon genannten Vorbehalte. Abermals war es die geheimnisvolle Anziehungskraft des Anderen, Fremden: schon der Reiz nichtverwandter Nachbarskinder, die Aura, die den von weitherkommenden Postomnibussen, Schnellzügen, von Flugzeugen gar nicht zu reden, anhaftete, und nun erst recht die Anziehungskraft fremder Menschen aus fernen Ländern und anderen Kulturkreisen. Gerade aus der Distanz heraus kann sich hier untergründig eine Verbindung, vielleicht sogar eine Faszination einstellen.

Das traf sogar noch ein klein wenig auf die unmittelbar benachbarten, stammesmäßig und vor allem sprachlich so eng verwandten Luxemburger zu. Hatten sie sich früher schon gegen das Preußische und später noch mehr gegen das Nazistische abgegrenzt, so bezeugten sie nun ihr Anderssein durch große Opferbereitschaft, nachdem sie 1940 zum zweiten Mal von den Deut-

Französische Kriegsgefangene, wie sie in den Eifeldörfern in der Landwirtschaft eingesetzt waren.

Kaffeepause auf dem Kartoffelacker: Vater, Mutter und die Schwestern Gertrud und Sanny.

schen überrannt worden waren. Leibhaftige Beweisstücke für dieses Anderssein hatte ich in Gestalt von Luxemburgern vor Augen, die diesseits der Grenze Zwangsdienste tun mußten: Ärzte, Lehrer, Angestellte und – mich wieder besonders beeindruckend – Postschaffner. Wie gern hörte ich sie ihre mir restlos verständliche Landessprache sprechen, wie imponierte es mir, als sich einer von ihnen mit einem französischen Gefangenen fließend auf französisch unterhielt, und wie bangte ich um einen anderen, der auf freier Strecke plötzlich anhielt und die aufmüpfige Tochter eines NS-Arztes mit einer Ohrfeige und dem „Nach-Ruf": *Dou ellen Preisen-Deppen* an die frische Luft setzte. (Du elender Preußen-(= geringschätzig „deutscher") Topf (= Weibsbild)). Die daraufhin anberaumte Anklageverhandlung überstand der Mann gerade so eben, weil sich sein parteirenommierter deutscher Postmeister mit Nachdruck für ihn verbürgte. Leider wurden durch solche Vorkommnisse auf beiden Seiten ungute Emotionen geweckt, die nach dem Krieg auch zu Übergriffen luxemburgischer Staatsbürger gegen Menschen in der Westeifel führten.

Bleibt noch ein – aber auch nur ein – sehr trauriges Ereignis anzufügen, das gegenüber den relativ erträglichen Lebensbedingungen der Ausländer in meiner angestammten Heimat die einsame Ausnahme bildet: Im August 1944 wurde etwa 30 Kilometer von meinem Heimatdorf entfernt ein amerikanischer Fliegersoldat von Zivilisten erschlagen. Seine Maschine war abgeschossen worden, und er hing hilflos mit seinem Fallschirm im Geäst eines Baumes. Die ihn umbrachten, standen möglicherweise unter dem Schock eines wenige Tage zuvor erfolgten schweren Bombenangriffs auf ein Nachbardorf. Die vier Männer wurden nach Kriegsende gehängt.

Natürlich dürfen über den vergleichsweise annehmbaren Lebensumständen der Ausländer in meiner Heimatregion nicht die Großdimensionen des Fremdenschicksals im NS-Weltkriegs-Deutschland übersehen werden. Da sah es in Rüstungsbetrieben, Arbeitslagern usw. stellenweise sehr böse aus. Vor allem darf darüber das Schicksal der Juden nicht verblassen.

4) Die Juden

Mit Millionen von Schicksalsgenossen erlitten auch die in der Westeifel beheimateten Juden die vom NS-Regime inszenierte furchtbare „Endlösung der Judenfrage". Guten Gewissens glaube ich sagen zu können, daß auch diesmal – soweit ich es damals überblicken konnte – die Antriebe nicht von Einheimischen ausgingen, sie waren eindeutig zentral gesteuert und organisiert. Gleichwohl blieb (und bleibt!) ein Rest, der zwar nicht auf unmittelbare persönliche Schuld hinausführt, aber bis auf den heutigen Tag in eine schicksalschwere Tragik gehüllt ist. Auch und gerade das soll in diesem Buch nicht verschwiegen werden. Strenger noch als sonst will ich die Situation am Leitfaden meines persönlichen Miterlebens darstellen, wobei ich davon ausgehen darf, daß solche Aussagen eines Zeitzeugen inzwischen dokumentarischen Wert beanspruchen können.

Als erstes ist da festzustellen, daß in meiner Heimatpfarrei nicht ein einziger Jude wohnte, in jenem Lebensraum, auf den sich meine Perspektive damals noch im wesentlichen beschränkte. Denn kaum daß ich zehn Jahre alt war, hatten sich bereits das Verhängnis und der Schleier des Schweigens über den Juden, auch in der Eifel, niedergesenkt. Meine Eindrücke bezog ich also von den Gelegenheiten her, wo Juden als Kauf- und Handelsleute im Dorf und im Haus erschienen, und zweitens spielte eine Rolle, was über die Juden gesagt wurde. Da war mir schon im zweiten, spätestens im dritten Schuljahr bekannt, daß laut Aussagen des „Führers" die Juden unser Untergang seien, wenn man nicht entschieden gegen sie einschreite. Aus meiner eigenen Erfahrung konnte ich diese damals allgegenwärtige Parole der Parteioberen nicht bestätigen. Vor allem drei Juden waren es, die ich von Angesicht zu Angesicht kennenlernte: zwei Männer, die Textilien feilboten, und ein dritter, der Viehhandel betrieb. Die drei waren im allgemeinen im Haus willkommen, und es wurde auch manches Geschäft mit ihnen getätigt, in bestem Einvernehmen. Und doch fiel mir einiges auf.

Zunächst, daß jeder Besuch von dem ausdrücklichen Bewußtsein begleitet war: ein beziehungsweise zwei Juden sind im Haus, nicht irgendwer sonst, sondern Juden. Zweitens setzte mir die Art und Weise zu, wie da gefeilscht wurde, besonders seitens des Viehhändler-Juden. War mein Onkel mit dem von ihm gebotenen Kaufpreis nicht einverstanden, lief der Mann wiederholt laut schimpfend ein Stück Wegs davon, kam zurück, bot vielleicht eine Mark mehr und hielt die Hand erneut zum Zuschlag hin. Das Gezeter war zuweilen so heftig, daß ich es mit der Angst zu tun bekam und wünschte, der Jude möge doch endlich gehen. Und schließlich fiel mir drittens auf, daß es bei Judenbesuch immer um Händel ging, nicht um Themen wie sonst oder um Arbeit, wie andere Leute sie verrichteten, sondern um Geschäfte und Geld, um blankes Geld.

Eine ähnliche Reserviertheit glaubte ich auch den Erwachsenen anzumerken. Von einem zähen Verhandlungspartner hieß es bei ihnen: „Er handelt wie ein Jude", von chaotischen Zuständen in der Kinderstube: „Es geht zu wie in einer Judenschule", von einem Loch im Strumpf: „Da hat der Jude draufgespuckt", von einem besonderen, nicht jedermann zugedachten Stück (Kamm-)Fleisch: „Heute wird *de Jud* gegessen". Und dann erst die Botschaft aus dem Religionsunterricht: daß die „bösen Juden" den „lieben Heiland" ans Kreuz geschlagen hätten und daß ihrer darum bei den Fürbitten am Karfreitag – als „treuloser Juden“ (lateinisch „perfidi Judaei“) – erst an vorletzter Stelle gedacht werde unter Verzicht auf das „Amen“ am Ende der Fürbitte und bei Wegfall der Aufforderung zur Kniebeuge – auch darüber war ich spätestens im dritten Schuljahr informiert.

Ich will das alles nicht schon unter der Rubrik Antisemitismus verbuchen, aber eine Andersartigkeits-, ja Fremdheitserfahrung ist unverkennbar – bei mir und früher noch bei denen, durch die mir meine Eindrücke und meine Einschätzung zuteil wurden, und zu diesen zählten auf ihre Art auch die Juden selbst. Nun kann, wie sich zeigte, das Andersartige und Fremde auch anziehen und verbinden, und ich bin sicher, daß es daran auch im Falle der Juden nicht gefehlt hat. Und doch war die Situation anders, weil es sich bei den Juden um angestammte Mitbewohner handelte, an denen nun gerade die Distanz und das Trennende besonders auffällig hervortraten – besonders auffällig insofern, als beides in scharfem Kontrast eben zum Miteinanderleben und Miteinanderwohnen stand. Natürlich war mir das damals noch nicht in dieser Weise bewußt, aber ich bin nachträglich fest davon überzeugt, daß ich in diesem Punkt Mitträger eines weit über meine kleine Person hinausreichenden Grundgefühls war. Denn wie sonst hätte die übergroße Mehrheit der Menschen, auch in der Westeifel, darunter direkte Nachbarn von Juden, sich zur jüdischen Passion so verhalten können, wie sie sich tatsächlich verhalten hat.

Konkretes über Judenverfolgung erfuhr ich erstmals nach der sogenannten Reichskristallnacht vom 9. auf den 10. November 1938, nicht in eigener Anschauung, wohl aber aus Berichten der Erwachsenen über Verwüstungen in größeren Dörfern der Umgebung, in denen Juden lebten, und erst recht über Verwüstungen in der Kreisstadt. Ich entsinne mich an niemanden, der die Ausschreitungen gutgeheißen hätte, aber auch an niemanden, der zu einem Protest bereit gewesen wäre. Es blieb bei Betroffenheit und, wie ich es nachträglich identifiziere, aufrichtigem Bedauern. Dahinter stand ohne Zweifel in erster Linie die Angst vor Repressalien seitens der Staatsmacht, aber ebenso gewiß auch etwas von dem, was sich soeben abzeichnete: Bei aller Nähe und Vertrautheit zählten die Juden nicht eigentlich zu den eigenen Leuten, sie waren andere, ja Fremde, die einen nicht unmittelbar etwas angingen. Wenn überhaupt, oblag einem Verantwortung für sie nur in abgeschwächtem Sinne, folglich durfte man sie mehr oder weniger ihrem Schicksal überlassen.

Von hier aus fällt nun auch ein erhellendes Licht auf die weitere Entwicklung. Ich kann bezeugen, daß das Verschwinden der Juden beziehungsweise ihr Ausbleiben bei den gewohnten Handelsgeschäften vermerkt, ja bedauert wurde, aber eine Betroffenheit in dem Sinne, daß man engagiert nach ihrem Verbleib gefragt und geforscht hätte, ist mir in dem Umkreis, in dem ich mich damals als Kind und Jugendlicher bewegte, nicht begegnet. Freilich kann hier geltend gemacht werden, daß man, zumal in dieser abgelegenen Gegend, kaum an Informationen herangekommen wäre und daß man bei zunehmender Dauer des Krieges übergenug mit eigenen Sorgen eingedeckt war. So kann ich für meine Person immerhin ehrlichen Gewissens erklären, daß ich die wahre Tragödie um die Juden erst nach Kriegsende erfahren habe. Bis dahin war mir das im nachhinein so unheilschwangere Kürzel „KZ" (= Konzentrationslager) bewußt nur einmal zu Ohren gekommen: im Zusammenhang mit einem Priester in einem benachbarten Pfarrdorf, dem wegen sexueller Vergehen an Schulbuben ein Schauprozeß gemacht worden war. Von ihm – der übrigens in seinen Predigten den Zuhörern Tränen der Ergriffenheit zu entlocken vermochte – hieß es, er sei ins „KZ" Dachau eingewiesen worden, und nach Meinung der Leute gehörte er auch dort hin.

Aber so plausibel das alles klingen mag, vor allem hinsichtlich des Schicksals der Juden im Hitler-Reich bleibt ein pechschwarzer Hintergrund – auch in meiner eigenen Person, wobei ich mir noch einiges auf meine damalige Jugend zugute halten darf. Selbst (oder gerade?) in der nur verhältnismäßig schwach nazigebräunten katholischen Westeifel wurden Pogrom und Holocaust durch eine nicht erst von der Nazi-Agitation herrührende Grundhaltung begünstigt, auf der dieser Schatten lastete: Es fehlte die Fähigkeit und Bereitschaft, rassische und religiöse Unterschiede in eine höhere Solidarität hinein zu versöhnen. Statt dessen bestimmten Gettogeist und Festungsdenken die Szene, wobei allein schon der Gedanke an einen Ausbruch als gotteslästerlich galt. Ansatzweise bestand eine solche Abgrenzung schon zu den wenigen Protestanten hin, die es in dieser Region gab, und nun erst die Kluft zwischen einem selbst und den Juden! Diese Juden wurden damals nicht gefragt, wie sie mit dem Trennenden umgegangen wären, aber die Christen waren gefragt. Und ihre Antwort? Betroffenheit und Bedauern, wie gesagt; doch beides so privat und unverbindlich, daß selbst der mutige Bischof von Münster, Clemens August von Galen, nicht eigentlich gegen das Los der Juden, sondern „nur" gegen die Tötung sogenannter unproduktiver Volksgenossen in Nervenkliniken und Pflegeheimen protestierte.

Ob wir wohl heute dieser Solidarität nähergekommen sind? Ereignisse gerade in diesen Tagen (Anfang 1993) können Alpträume auslösen.

IV. Teil
Standortsuche

10. Kapitel: „Gute alte Zeit“?

1) Dörfliche Solidarität

Es ist ein in doppelter Hinsicht zwiegesichtiges Bild, das sich in den zurückliegenden drei Teilen dieses Buches ergeben hat. In der Erinnerung erstanden Lebensverhältnisse, die vielerlei wohltuende und fördernde Züge aufwiesen, aber auch mit dunklen Schatten befrachtet waren. Auf der anderen Seite rückte wiederholt eine Gegenwart ins Blickfeld, die viele dieser Schatten gemildert, ja beseitigt hat, aber ihrerseits neue Schatten aufwirft. Maßstab für dieses Abwägen, diese Sichtung nach Licht und Schatten, war die personale Selbstwerdung, die Frage, welche Chancen die damalige Lebenswelt und welche die heutige für die Erweckung des Menschen zu unverwechselbarem Eigenprofil, zu personaler Selbstbestimmung und Selbstverantwortung bot und bietet. Hat man sich einmal auf solche Vergleiche eingelassen, erwacht nahezu zwangsläufig das Bedürfnis nach einer Gesamtbilanz: ob alles in allem, gleichsam unterm Strich, die damalige oder die heutige Zeit den Vorzug verdient. Dieser Frage ist unter dem Thema Standortsuche, der Bestimmung der eigenen Position im geschichtlichen und generationsmäßigen Lebenszusammenhang, der nachfolgende vierte und letzte Teil des Buches gewidmet. Dabei wird zunehmend (wenn auch nicht ausschließlich) die in der Einleitung umrissene dritte Aussagenebene hervortreten, wie sich gleichfalls schon absehen läßt, daß wir wohl ein differenziertes Ergebnis zu erwarten haben.

Im Sinne solcher Differenzierung ist gleich zu Beginn festzustellen, daß NS-Diktatur, Zweiter Weltkrieg, Armut, Not und Tod keinesfalls als Ausweis einer „guten alten Zeit“ gelten können. Im Blick auf Gegebenheiten dieser Art, wie sie das Leben in meiner Jugend nachhaltig prägten, ist die heutige Zeit – jedenfalls in Mitteleuropa – eindeutig die bessere Zeit. Aber gilt das generell? Scheint es doch zumindest einen Punkt zu geben, an dem sich Wehmut entzünden kann und auch immer wieder entzündet, einen Punkt zudem, der – wir hörten es schon – wie kein zweiter für personale Erweckung von Belang ist: die mitmenschliche Verbundenheit der Menschen untereinander, das, was Martin Buber „dialogisches Leben“ genannt hat. Wo, so könnte man fragen, gibt es heute noch Vergleichbares mit den Spielgruppen der Kinder auf der Hütewiese und daheim im Dorf, mit dem gemeinsamen winterlichen Vergnügen im Schnee und auf dem Eis, den Gesprächs- und Gesangsrunden der Erwachsenen, Vergleichbares zu den Bet- und Feiergemeinschaften von einst, zum Zusammenleben mit Großeltern, Onkel und Tante unter einem Dach? Ist, gemessen an diesen Beziehungsgefügen, nicht alles, was wir heute der damaligen Zeit gegenüber voraushaben, mehr oder weniger zweitrangig?

Diese Frage scheint noch gewichtiger zu werden, wenn man bedenkt, daß weitere, zum Teil sogar grundlegende Verbundenheitsformen bislang noch gar nicht erwähnt wurden. Mit ihnen soll unsere abschließende Betrachtung eingeleitet werden – zum einen, um die Vergleichsbasis zu verbreitern, und zum anderen auch wieder aus heimatgeschichtlicher Zielsetzung heraus: damit festgeschrieben werde, was sonst vielleicht schon bald vergessen wäre. Dabei konzentriert sich der Blick noch einmal auf den engsten und persönlichsten Lebenskreis meiner frühen Jahre: das Haus, das Dorf und die Pfarrei.

Das ganze Netzwerk zwischenmenschlicher Bezüge, das sich mittlerweile vor uns aufgetan hat, war umschlungen von einem ausgeprägten Zugehörigkeitsgefühl zum heimatlichen Dorf und zur heimatlichen Pfarrei, vor allem dann, wenn letztere, wie im vorliegenden Fall, auch noch mit dem Schulbezirk deckungsgleich war. Niemand wollte bezüglich seines Heimatdorfes verwechselt werden, wie man auch an Mundartunterschieden, die es häufig schon auf kurze Entfernungen hin gab, bewußt festhielt. Entsprechend schwer hatten es von auswärts her Eingeheiratete. Manche schafften es nie, mit dem Eigengeist der neuen Umgebung zurechtzukommen, und blieben im Dorf, nicht selten sogar im Haus und in der angeheirateten Familie, Außenseiter. Insofern kann man von einer starken Verwurzelung, einer ausgeprägten Bodenständigkeit, vielleicht sogar von Treue gegenüber der heimischen Scholle sprechen, wenn dieser Ausdruck im Dritten Reich nicht bis zum Erbrechen überstrapaziert worden wäre. Entsprechend nachdrücklich war die Abgrenzung, ja Abkapselung nach außen hin, wie im Kapitel über die Langeweile schon einmal gesagt. Jenseits des Pfarr- beziehungsweise Schulbezirkes begann die Fremde, der immer auch etwas Bedrohliches anhaftete. So gab es mit Hütekindern, die von dort her ihre Herden auf den eigenen Weideplätzen benachbarte Wiesen trieben, so gut wie keine Spielgemeinschaften. Eher erging man sich in Hänseleien oder gar Schlägereien, wenn es sich um Buben handelte, ein Gebaren, das stark an das Revierverhalten der Hunde erinnert, von dem schon die Rede war.

Zu einer Zerreißprobe gedieh dieses Abgrenzungsbestreben im November 1940, als das Pfarrdorf von Maul- und Klauenseuche heimgesucht wurde. Hoffend, wegen Übertragungsgefahr dem Unterricht einige Wochen fernbleiben zu dürfen, bewogen die Schulkinder meines Heimatdorfes den Ortsbauernführer zu einer entsprechenden Eingabe beim Schulamt. Aber der Schuß ging kräftig nach hinten los. Nach vielen vorwegvergossenen Tränen mußten wir uns auf den Weg zur ungeliebten, ja verachteten Schule des anderen Nachbarortes machen. Die ohnehin frostige Atmosphäre wurde erst recht frostig, als ich die neuen Mitschüler eines Tages mit meinen Geographiekenntnissen (über das Mittelmeer) in Erstaunen versetzte und sie so gleichsam das Fürchten lehrte. Aber auch die Wiederaufnahme in der angestammten Schule war kühl, wurden wir doch hier der Untreue und Feigheit bezichtigt.

Die positive Kehrseite dieser Geschlossenheit war eine Art pauschales Solidaritätsbewußtsein gegenüber den Menschen, die innerhalb des so umgrenzten Bezirkes lebten. Man hatte von vornherein das Gefühl, daß diese Menschen einen etwas angingen, daß man mit ihnen in erhöhtem Maße im selben Schicksalsboot sitze, wie immer sonst und im einzelnen das Verhältnis zu ihnen auch geartet sein mochte. Das zeigte sich beispielsweise darin, daß an gewichtigen Familienereignissen, vor allem solchen, die kirchlich begangen wurden, nicht nur die Verwandtschaft, sondern mehr oder weniger das ganze Dorf, ja die Pfarrei teilnahm. Auch wenn man nicht zur Hochzeit geladen war, fand sich doch einer aus dem Haus bei der Traumesse ein, und erst recht war das bei Beerdigungen der Fall. Wer im Augenblick am ehesten in der Familie abkömmlich war, erhielt den fast offiziell klingenden Auftrag, an der Bestattung und anschließend an der Totenmesse in der Pfarrkirche teilzunehmen mit der Begründung: „damit einer aus dem Haus dabei ist“. Entsprechend ging es alle Kinder etwas an, wenn ein Kind getauft wurde. Dabei kam es zu einem Geschehensablauf, der es verdient, in einigen Einzelheiten festgehalten zu werden.

Erwartungsvoll stellten sich die Kinder – falls sie gerade aus der Schule kamen, Kinder aus der ganzen Pfarrei – vor dem Kirchenportal auf, während in der Kirche im kleinen Kreise die Taufhandlung stattfand. Kaum daß die Taufgesellschaft mit dem Täufling und vor allem mit den Paten, jeweils einem Mann *(Päter)* und einer Frau *(Guat)*, aus der Kirche heraustrat, setzte auch schon ein vielstimmiges Rufkonzert ein: *Strieh-Päter* (Stroh-Pate), *Soua-Guat* (sauere Gote), und das minutenlang. Die so Angerufenen wußten, was sie zu tun hatten: Aus zwei mitgeführten Taschen flogen beachtliche Mengen Würfelzucker, ab Ende der dreißiger Jahre mit Bonbons vermischt, unter die Kinder, die sich dann ihrerseits vor Aufleseeifer kaum zu fassen wußten. Dabei kam es mitunter auch zu unschönen Szenen, wenn etwa bei Regen- oder Tauwetter die vom Erdboden aufgehobenen Süßigkeiten verdreckt in die Hosen- oder Schürzentasche und später in den Mund wanderten, oder wenn größere Kinder die kleineren brutal an den Rand drängten. Daß die Kinder fein in Reih und Glied stehen und säuberlich abgepackte und abgewogene Tüten überreicht bekommen, ist eine späte Luxusbildung, die bestenfalls bis in die fünfziger Jahre zurückreicht. Nicht selten sammelten sich bei routinierten Raffern, zu denen ich nie aufzusteigen vermochte, solche Vorräte an, daß auch das nachmittägliche Viehhüten noch von Lutschgenüssen begleitet war.

Dörflicher Erntedank 1935: die Einwohnerschaft beim gemeinsamen Kaffeetrinken auf einer Wiese im Dorf (Am Brehl).

„Sippen"-Treffen an einem Sonntagnachmittag 1933 in unserem Haus. Auch „Fuchs" (links) darf mit aufs Bild.

Bemerkenswert ist übrigens die Art des Heischerufes *Strieh-Päter, Soua-Guat:* Durch Unterstellung des Gegenteils (sauer statt süß; Stroh = leer, knauserig statt spendabel) sollten die beiden zu höchster Spendenfreudigkeit veranlaßt, geradezu „gereizt“ werden.

Besonders charakteristisch für das in Rede stehende Solidaritätsverhalten war jenes Beziehungsgefüge, das damals im Dorf Nachbarschaft hieß und das unmittelbar hinter der Verbundenheit mit den nächsten Anverwandten rangierte. Ein guter Nachbar zu sein, war der höchste Ehrentitel, den das Dorf zu vergeben hatte. Nachbarschaft in diesem Sinne wurde formell (mündlich) vereinbart, sie umfaßte mindestens vier Häuser, die nicht immer, aber doch meistens auch räumlich die am nächsten liegenden waren. Als Nachbar verpflichtete man sich, dem Nachbarn in praktisch allen Lebenslagen unentgeltlich Beistand zu leisten, und dasselbe galt umgekehrt. Dafür waren die Nachbarn zu allen Familienfesten eingeladen; nach besonderem Ritual verabschiedete man sich von ihnen, wenn man ausheiratete (Abschiedskaffee am Sonntagnachmittag), und entsprechend wurde bei Einheirat mit ihnen Einstand gefeiert (bei der Hochzeit).

Zu dem nachbarschaftlichen Beistand gehörte die Mitsorge für Alte und Kranke, Mithilfe bei der Vorbereitung der erwähnten Familienfeste einschließlich des Arrangements von Hochzeitsspuk (wie mit Senf bestrichene Kinderwindeln) für das frischvermählte Paar bei Betreten des Hauses. Vor allem waren die Nachbarn in der Not zur Stelle, besonders eindrucksvoll bei Sterbefällen. So wie man damals in aller Regel daheim geboren wurde, starb man in aller Regel auch dort. Da waren die Nachbarn mitbetend im Sterbezimmer zugegen, Nachbarfrauen verrichteten am Leichnam die letzten Liebesdienste und übernahmen im Sterbehaus so gut wie die ganze Arbeit bei der Bewirtung der Trauergäste am Begräbnistag. Und abermals waren es Nachbarn, in diesem Fall zwei Männer, die auf dem Friedhof, bei strengem Frost nicht selten unter großer Mühe, das Grab aushoben. Auch die vier Sargträger waren im Regelfall Männer aus der Nachbarschaft.

Eine eigene Sache war es um die damals übliche Totenwache, zu der sich wieder das ganze Dorf und überdies auswärtswohnende Verwandte aufgerufen wußten. Die Totenwache erstreckte sich auf die ersten drei Abende nach dem Ableben des Toten und fand im Trauerhaus statt mit je sechs Rosenkränzen (*Stäjen* = Stufen, Stationen) am ersten und zweiten Abend und drei Rosenkränzen am dritten, gebetet für das Seelenheil des Verstorbenen. Am dritten und letzten Abend gab es, gleichsam als Dankesbezeugung gegenüber den Betern, Kaffee und Hefekuchen, den die Nachbarsfrauen mittlerweile gebacken hatten. (Genau genommen waren es größere Mädchen und unverheiratete Frauen, die bei diesen Bewirtungsdiensten einsprangen.) So eingebettet in die Solidargemeinschaft Dorf bis hin zur Pfarrei und vor allem getragen von dem teilnehmenden und zupackenden Engagement der Nachbarn, waren die Leidtragenden gleichsam für den Austrag ihres Leides freigestellt, konnten sie sich auch im einsam machenden Leid noch geborgen fühlen.

Da konnte sogar der Tod eine versöhnende Note annehmen. An sich war der Tod aufgrund der vielen Todsünden, von denen die Kirche glaubte sprechen zu müssen, moralisch schwer belastet, und es fehlte auch nicht daran, daß zwischen „schwerem" und „schönem" Sterben unterschieden und daraus auf das Schicksal des Sterbenden nach seinem irdischen Ableben geschlossen wurde. Aber andererseits gab es die wahren Gebetsstürme, die während des Sterbens und in den nachfolgenden Totenwache-*Stäjen* entfacht wurden, ja bot dieselbe Kirche (von den Gründen war schon einmal die Rede) auch wieder so viele Heilmittel für den Übergang vom Leben zum Tod an – insbesondere die damals noch so genannte „Letzte Ölung" und einen ganzen Kanon von Sterbemessen –, daß man bezüglich des Dahingegangenen gleichwohl Trost und Zuversicht schöpfen durfte. Blieb also nur noch der schlimme Fall, daß jemand ohne vorherige Anzeichen in Sekundenschnelle starb und somit diese rituellen Vollzüge nicht voll zum Tragen kamen. Aber selbst dagegen konnte man angehen, indem man mit Inbrunst in der Allerheiligenlitanei die Anrufung betete: „Von einem plötzlichen und unversehenen Tod (ohne „Letzte Ölung" – der Verf.), erlöse uns, o Herr".

Ich selbst sah den ersten Toten, an den ich mich erinnere, im Alter von vier Jahren, eine Kusine, die in jungen Jahren an Tuberkulose gestorben war. Ich war darüber schon traurig, aber wie hier blieb ich in meinen Gefühlen noch mindestens zehn Jahre lang von der Betroffenheit meiner nächsten Angehörigen, vor allem meiner Mutter, abhängig. Weinte sie, war auch mir zum Weinen zumute, wobei ich mich aber wohl mehr um sie als um den von ihr beweinten Toten sorgte. So ängstlich ich war und so sehr ich, zumal im Krieg und bei Gewittern, um mein Leben bangte, zum Verständnis dessen, was Tod eigentlich ist, benötigte ich einen langen Reifungsprozeß, der bis heute nicht abgeschlossen ist.

2) Geselliges Leben

Die hier aufleuchtende Solidarität – fast möchte man sagen: bis zum Tode – war der Grundrahmen, in dem sich alle Beziehungsgefüge im Dorf und darüber hinaus in der Pfarrei bewegten. Da fehlte es auch nicht an örtlichen Verbänden und Vereinen, an deren Spitze – weil allen zugute kommend – der Kirchenchor stand. Auf eine gut vierzigjährige Geschichte zurückblikkend, traf er sich regelmäßig zu seinen Proben und trug zur gesanglichen

Verschönerung der Gottesdienste an hohen Festtagen bei. Überdies veranstaltete er einmal im Jahr – im Winter – im einzigen Wirtshaussaal des Pfarrdorfes einen Pfarrfamilienabend, zu dem die ganze Pfarrei eingeladen war. Die vielen, die der Einladung folgten, erlebten nun gleichsam auf weltliche Weise die Einheit der Pfarrgemeinde mit Ansprache des Pfarrers, Gesangsdarbietungen und humoristischen Einlagen. Hinzu kamen weitere Vereinigungen mit religiös-kirchlicher Ausrichtung, zum Beispiel der Mütterverein. Ihm gehörten alle Mütter der Pfarrei an mit dem Pfarrer(!) als Präses. Dieser las an bestimmten Marienfesten (etwa zum Fest Mariä Sieben Schmerzen, am Freitag vor Palmsonntag) für die Mütter eine Messe und schloß daran einen Vortrag an, bei dem weder Männer und schon gar keine Kinder zugegen sein durften. Bis heute kann ich nur vermuten, was den Frauen da gesagt wurde, ganz gewiß nicht nur Erbauliches, wie hinterher aus den Tränen einiger Frauen zu schließen war.

Ferner gab es den sogenannten „Lebendigen Rosenkranz“, einen Zusammenschluß von Frauen und Männern, die in fortlaufender Folge jeden Tag ein Gesätz des Rosenkranzes beteten. Um zu erreichen, daß bei verteilten Rollen jeden Tag jedes Gesätz der drei Rosenkranzarten („freudenreicher“, „glorreicher“ und „schmerzensreicher“ Rosenkranz) gebetet wurde, erhielten die Beter Rosenkranzzettel, auf denen die zu betenden Gesätze (auch „Geheimnisse“ genannt) vermerkt waren und die nach durchlaufener Betfolge gewechselt wurden. In unserem Haus befand sich die „Wechselagentur“, so daß immmer wieder Besucher erschienen, die als Grund ihres Erscheinens angaben: *Ejch kommen weeßeln* (ich komme wechseln).

Die Kinder gehörten dem schon einmal erwähnten „Kindheit-Jesu-Verein“ an, der es als Höchstleistung auswies, wenn ein Kind mit einem ersparten Geldbetrag (21 Mark) „ein Heidenkind kaufte“ (so wörtlich!). Mit dem Geld wurde wohl die Taufe und die Aufnahme eines Kindes in einem Missionsland in die Kirche finanziert, so daß man sich als Spenderkind rühmen konnte, eine Seele für den Himmel gerettet zu haben.

Neben diesen religiösen Vereinigungen traf man auch weltliche an, so den Handwerkerverein, der sein Patronatsfest am 19. März, dem Fest des hl. Josef, feierte, ferner die örtlichen Feuerwehren, die zwar über Helme und Uniformen, aber bei sechs Ortschaften nur in zwei Fällen über eine von Hand zu bedienende Spritze verfügten: im Pfarrort und in meinem Heimatdorf. Zeitweilig gab es auf Pfarrebene auch einen Musikverein, von dem ich aber nichts mehr mitbekommen habe. Die heute auch auf dem Lande so hoch in Kurs stehenden Sportvereine zeichneten sich in dem Raum, den ich überblicke, kaum in Ansätzen ab. Dafür trat ein anderer Verein um so nachdrücklicher in Erscheinung, der seit dem Ende des Zweiten Weltkrieges keinerlei vergleichbare Nachfolge mehr hat: der Kriegerverein. Er umfaßte alle

Hochzeitsspuk nach der Trauung – meine jüngste Schwester Gertrud mit Mann 1965.

Der Kriegerverein ist angetreten ...

Teilnehmer am Ersten Weltkrieg, die zu bestimmten Anlässen, meist nationalen, mit Fahne, schwarz-weiß-rot-dekorierten blauen Schirmmützen und Ordensspangen an der Brust aufmarschierten. Unter zackigen Kommandos, dem Lied vom „Guten Kameraden" und bei gesenkter Fahne gedachten sie am Kriegerdenkmal auf dem Friedhof ihrer gefallenen Kameraden, bisweilen sogar mit Salutschüssen. Die wahre Lektion aus ihren Fronterlebnissen hatten sie noch lange nicht gelernt.

Da war es um so erfreulicher, daß sich aus diesen Vereinigungen verschiedentlich Laienspielgruppen herausbildeten, die mit zum Teil derb-rustikalen, teils zum Dahinschmelzen rührseligen Stücken im Wirtshaussaal des Pfarrdorfes an die Pfarröffentlichkeit traten. Dabei kam es wiederholt zu kuriosen Zwischenfällen, die über Wochen hinweg für fröhlichen Gesprächsstoff sorgten, ja mitunter zur Legende gediehen. So bei einem „Der Fremdenlegionär" betitelten Stück, das der Kirchenchor aufführte. In der zentralen Szene hatte hier ein Spieler auf einen Schuß hin tot umzufallen. Verschmitzt wie der Schütze war, ließ er es in einer der Vorstellungen mit dem Knall nicht bewenden, sondern feuerte einen Korken auf den „Todgeweihten" ab. Der war darob so perplex, daß er das Umfallen vergaß, sich mit beachtlichem Au-Schrei ans Hinterteil griff und mit nach rückwärts gebeugtem Oberkörper einige nicht vorgesehene Runden auf der Bühne drehte. Zuruf eines Kundigen aus dem Publikum: *Wellste wohl omfaalen* (willst du wohl umfallen)!

Ähnlich vergnüglich ging es bei Karnevalsveranstaltungen der Vereine zu. Diese waren noch dörflich und nicht, wie heute allzu oft, ein erbarmungswürdiger Abklatsch des Kölner oder Mainzer Karnevals.

3) Auflösungserscheinungen

Im letzten Satz klingt an, was wir im Grunde schon längst wissen: Die Welt, in der ich als Hütejunge in meiner Eifelheimat Dienst getan habe, ist unwiderruflich dahin. Selbst wenn sich mit der vorangegangenen Darstellung nicht auch historische Interessen verbunden hätten, wäre ein solch ausführlicher Aufweis gleichwohl nötig gewesen, wenn anders das von uns angestrebte wertende Abwägen zwischen einst und jetzt auf solidem Boden stehen soll. Da kann es nun keinem Zweifel unterliegen: Es war personale Erweckung, was sich auf dem Rücken des Miteinanders auf der Wiese, im Dorf und in der Pfarrei vollzog; das heißt, unsere entsprechenden Kommentierungen bei der Darstellung der verschiedenen Ausprägungen dieses Miteinanders bestehen zu Recht. Das bedeutet für mich persönlich, daß ich bei allem, was mich in meiner Kindheit und Jugend bedrückte, doch auch Grund habe, in Dankbarkeit auf jene Jahre zurückzublicken.

Und auch daran kann kein Zweifel bestehen, daß sich im Zuge des Umschlags der damaligen Lebensverhältnisse in die „technologische Zivilisation“ die persönlichen Beziehungen, zumindest was ihre Häufigkeit angeht, erheblich reduzierten. Zwar treten einem heute mehr Menschen vor Augen als je zuvor (allein schon im Straßenverkehr), aber zum weitaus größten Teil bleiben sie gesichtslose Massenmenschen, mit denen einen persönlich nichts verbindet. Vorrangig auf sich und das eigene Fortkommen bedacht, zieht sich der einzelne mehr und mehr auf sich selbst zurück mit der Folge, daß er sich der Gefahr isolierender Vereinsamung aussetzt und im Gegenzug dieser Gefahr ausgesetzt wird. Und das kann wiederum bewirken, daß er – weil mitmenschlich nicht hinreichend gefordert – in seinem personalen Selbstsein unterentwickelt bleibt und – ob er es merkt oder nicht – mit den vielen anderen, die es genau so halten wie er, konturlos in der grauen Masse versinkt.

Längst zeichnen sich auch im vor wenigen Jahrzehnten noch so stark auf Miteinandersein ausgerichteten Eifeldorf solche Tendenzen ab, sichtbar an Ausdünnungs- und vor allem Ausfallserscheinungen im Bereich des vormaligen Beziehungsgefüges. Symptomatisch ist dafür schon, daß man nun auch hier Hausklingeln vorfindet an Türen, die damals – zumindest tagsüber – für jedermann offenstanden. Auch hier muß man nun darauf achten, daß sich die Hausbewohner durch einen Besuch nicht beim Fernsehen gestört fühlen. Von der Kirmes, für die man sich selbst in der Not der Nachkriegsjahre volle zwei Tage Zeit nahm, ist nur ein Nachmittagskaffee geblieben, und ähnlich verhält es sich mit Hochzeiten und Beerdigungen. Bei Beerdigungen gibt es ebenfalls nur noch einen Nachmittagskaffee, und bei Hochzeiten, die einstmals ganze zwei Tage dauerten, einen Nachmittagskaffee zuzüglich Abendessen, alles verabreicht in einer Gastwirtschaft, wo nach Heller und Pfennig abgerechnet wird. Die einstige Totenwache mit ihren Rosenkranz-*Stäjen* im Sterbehaus ist auf je einen abendlichen Rosenkranz in der Kapelle geschrumpft, und die Gesprächs- und Gesangsrunden der Erwachsenen und kaum weniger auch die Spielgruppen der Kinder haben sich buchstäblich in Nichts aufgelöst, geschweige denn, daß noch etwas vom Glanz des vormaligen Solidaritätsbewußtseins geblieben wäre. Für die Spielgruppen von ehedem würde häufig schon die Zahl der Kinder nicht ausreichen, so daß sich nicht selten kindliches und jugendliches Einzelgängertum ausbreitet, zu dem nur noch berufs- oder sonstwie bedingte Abwesenheit der Eltern zu kommen braucht, um mittlerweile auch auf dem Dorf alle möglichen Verwahrlosungserscheinungen heraufzubeschwören.

Und wie leer darüber die Häuser geworden sind! Manche werden nur noch von einer einzigen Person bewohnt, häufig einer Witwe, deren Sohn oder Tochter durchaus im Haus hätten bleiben können, die es aber vorzogen, anderswo, ob mit oder ohne Familie, einen eigenen Haushalt zu begründen.

Ob da Einsamkeits-, ja Verlassenheitsgefühle nicht unausbleiblich sind? Und auf wieviele Schrumpfungs- und Ausfallserscheinungen könnte man in diesem Zusammenhang sonst noch hinweisen!

Das Bild wird auch dadurch nicht entscheidend verändert, daß man auf neugebildete Beziehungsgefüge hinweist. Solche Neubildungen gibt es ohne Zweifel, aber gegenüber den früheren Verbundenheitsformen sind sie der ländlich-dörflichen Eigenprägung weithin entkleidet. Zudem haben sie in weit höherem Maße den Charakter des Gemachten, des zu einem bestimmten Zweck bewußt Arrangierten, während den früheren Zusammenschlüssen eher ein Zug des Gewachsenen und Gewordenen zu eigen war. Gewiß wurden auch damals Ehen, Nachbarschaften, Kirchenchöre, Laienspielgruppen ausdrücklich gegründet, aber doch weit mehr aus einer herangereiften, vom Leben insgesamt getragenen Geschichte heraus, nicht so dem Leben gleichsam „aufgesetzt" – wie wenn heute ein Sportverein, Interessenverband oder selbst ein Pfarrgemeinderat oder Altenclub ins Leben gerufen wird. Heute geht es gewissermaßen „professionell" und gemäß Satzung zu, wohingegen man damals zwar auch, aber keineswegs nur als Mitglied oder gar Funktionär, sondern „irgendwie" auch als Mensch gefragt war, bei Ehe und Familie sowieso. Beziehungen der letztgenannten Art haben heute rein privaten Charakter, sie sind nicht mehr durch das Zusammenleben im Dorf oder der Gruppe mitgetragen und abgestützt, sondern gleichsam auf sich selbst gestellt und von daher aufs höchste störanfällig und in ihrem Bestand bedroht. In der Sprache der Soziologen handelt es sich um ein Vorrücken der Verbundenheitsform Organisation, oft schon bis in Ehe und Familie hinein, wohingegen früher die Verbundenheitsform Gemeinschaft im Vordergrund gestanden habe. Dasselbe ist gemeint, wenn für die Gegenwart ein zunehmendes Übergewicht von „Sekundär"- oder formellen Gruppen gegenüber den „Primär"- oder informellen Gruppen, im Englischen auch „face-to-face-groups" (von Angesicht-zu-Angesicht-Gruppen) genannt, konstatiert wird.

Aufgrund von alledem scheint die Antwort auf unsere Eingangsfrage wirklich keinen Zweifel mehr zuzulassen: Meine Hütekindzeit, so sieht es aus, war nicht nur eine alte, sie scheint fürwahr die „gute" alte Zeit gewesen zu sein. In der Tat sprechen die gegenüber damals enorm angewachsenen Selbstmordzahlen, auch im ländlichen Raum und gerade auch unter jungen Menschen, eine eindeutige Sprache, desgleichen die vielen, die in ihrem Leben gescheitert sind und/oder in psychiatrischen Kliniken Hilfe suchen. In ihrer übergroßen Mehrzahl sind sie krank geworden, weil sie sich allein gelassen und nicht verstanden fühlten, also das entbehren mußten, was das Eifeldorf noch um die Mitte unseres Jahrhunderts in so reichem Maße gewährleistete: Solidarität und mitmenschliche Verbundenheit.

Oder wie es der amerikanische Soziologe David Riesman bereits in den fünfziger Jahren gesehen hat: Der Mensch des Industrie- oder schon postindustriellen oder, wie wieder andere sagen, des postmodernen Zeitalters ist ein sogenannter „außen-gelenkter“ Mensch geworden. Damit ist folgendes gemeint: Indem die früheren Verbundenheitsformen ausdünnten oder gar zerbrachen, wurde der Mensch, auch und gerade der vom Umbruch förmlich überrumpelte Bewohner der Westeifel, empfänglich, genauer gesagt anfällig für die Signale und Einflüsse, die von der technologischen Zivilisationswelt an ihn ausgehen. Diese Signale und Einflüsse, am deutlichsten zu sehen an der Werbung, rühren nicht vom einzelnen selbst her, sondern dringen von außen auf ihn ein, bewirken also Außenlenkung. Zudem sind sie in dauerndem Wechsel begriffen, lauten das eine Mal so, das andere Mal so, ja nehmen oft genug Widersprüche in Kauf, nur um den Adressaten als Käufer und Konsumenten in Beschlag zu nehmen und bei der Stange zu halten. In Wahrheit wird dieser Käufer und Konsument aber dadurch zum Spielball von Trend, wechselnder Marktlage und Mode, angefangen von der Kleidung bis hin zu Moral und religiöser Einstellung. Solcherart hin- und hergerissen muß er geradezu krank werden, ist er nie und nirgends er selbst, können andere nicht auf ihn zählen wie er auch unfähig ist, andere als Bezugspartner anzunehmen. Er ist eigentlich ein Niemand, Sandkorn in einer Masse von Sandkörnern – den vielen, um die es ebenso steht wie um ihn – und doch inmitten der vielen einsam und allein. Nicht von ungefähr lautet darum auch der Titel des Buches von David Riesman „Die einsame Masse“.

Es versteht sich von selbst, daß in einem so gearteten Zusammenleben von personalem Werden nicht einmal andeutungsweise die Rede sein kann. Denn was immer personales Selbstsein sonst noch bedeuten mag, eines bedeutet es auf jeden Fall: daß als mündig nur qualifiziert werden kann, wer über einen Standpunkt und eine Lebenslinie verfügt. Genau das hatten die Dörfler von einst; ihr Zusammenleben war von einer festen, verläßlichen Grundstruktur geprägt, wo jedermann – zumindest in Grundsatzfragen – genau wußte, wo er stand und worauf hin er sein Leben auszurichten hatte, ein Wissen und eine Haltung, die aus den ihn einbegreifenden mitmenschlichen Beziehungen, dem „Dialogischen“, an dem er teilhatte, erwuchs. Abermals, ja nun erst recht – wie man annehmen möchte – ein Beweis dafür, daß unter dem Richtmaß „innerer Anfangskraft“ und personaler Mündigkeit der Umschlag vom Einst zum Jetzt durchweg Abstieg und Niedergang bedeutet. Oder?

4) Gegenbilanz: Äußere Hemmnisse

Es bleibt dabei: Das entpersonalisierte und entpersonalisierende Massendasein unserer Tage gibt zu den schlimmsten Befürchtungen Anlaß, um so mehr, wenn man es vor dem Hintergrund noch nie dagewesener globaler Menschheitsbedrohungen wie Umweltzerstörung, Klimakatastrophe usw. sieht, auf die hier nur hingewiesen werden kann. Gleichwohl bleibt die Frage, ob diese Situation – zumindest im Blick auf in ihr schlummernde Möglichkeiten – nicht auch positive Seiten hat, die in meiner Hütekindzeit noch nicht bestanden und nur darauf warten, daß sie zum größeren Nutz und Heil des einzelnen wie der Menschheit im ganzen ergriffen werden. Oder andersherum: Wies das „dialogische Leben" damals bei allen eindrucksvollen Zügen, die wir uns in den vorhergehenden Kapiteln ausführlich vergegenwärtigt haben, nicht auch Mängel auf, die der personalen Erweckung im Wege standen, diese einengten oder sie nur bis zu einem gewissen Grade gelingen ließen? Das ist ohne Zweifel der Fall; auch die Gegenwart hat ihre Vorzüge und – um es gleich vorwegzusagen – sogar so große, daß wir die Vergangenheit getrost Vergangenheit bleiben lassen dürfen. Einiges klang dazu schon in den Kapiteln „Brunst", „Spiel" und „Musik" an, jetzt soll derselbe Nachweis im Hinblick auf den zentralen Punkt personaler Selbstwerdung: das dialogische Miteinandersein, geführt werden. Dabei werden wir wiederholt auf bereits Gesagtes zurückgreifen, aber nun in neuer, „vertikaler", eben vergleichender Blickrichtung.

Ein erster kritischer Punkt betrifft in diesem Zusammenhang die Kinder damals im Dorf: daß nicht wenige von ihnen in bedrückend armen Verhältnissen aufwuchsen, zudem schwere Arbeit leisten und zum Teil brutale Mißhandlung erdulden mußten. Auf das besonders harte Los der angedungenen Kuhjungen wurde schon im ersten Kapitel dieses Buches hingewiesen. Unter solchen Rahmenbedingungen öffnet man sich nicht, wie es für den Herausruf schöpferischer Eigenkräfte erforderlich ist, sondern schließt sich ab oder sammelt gar ein abweisendes Aggressionspotential in sich an. Was immer es dann sonst an Beziehungen im Dorf geben mag, man ist und bleibt mißtrauisch. Gewiß gibt es auch heute noch arme, mißhandelte und vor allem vernachlässigte Kinder, aber die Verhältnisse haben sich doch – zumindest was Armut, Ausbeutung und Mißhandlung betrifft – erheblich verbessert. Das gilt natürlich nicht automatisch von Kindern in der Dritten Welt – leider!

Zweitens haben wir uns an das zu erinnern, was im Kapitel Langeweile und auch sonst zwischendurch vermerkt wurde: daß nämlich bei allem Beziehungsreichtum und aller persönlichen Ansprache im Dorf und in der Pfarrei sehr wohl auch Längen und Leerläufe zu verwinden waren – wie sich zeigte selbst dann, wenn man sich ausdrücklich zu Gespräch und gegenseitigem

Austausch traf. Demgegenüber sind heute die Begegnungsmöglichkeiten erheblich größer, man denke an Kindergärten, bessere Voraussetzungen für gemeinsames Spielen, fachlich betreute Sing- und Musikgruppen, Meditationskreise, Vortrags- und Konzertveranstaltungen, und das alles zudem in hervorragend eingerichteten Räumen: Jugendheimen, Pfarrheimen, Dorfgemeinschaftshäusern bis hin zu Clubräumen selbst im entlegenen Dorf. Und schließlich können auch die Medien, so fragwürdig sie in vielerlei Hinsicht sind, Kommunikationsanregungen geben, von denen vor fünfzig Jahren noch keine Spur zu finden war.

Drittens war das Dorf keineswegs nur die auf Harmonie gestimmte Idylle, wie sie sich nachträglich in der Vorstellung einspielen kann (und tatsächlich einspielt), wenn man von Nachbarschaftshilfe, dörflicher Solidarität, gemeinsamem Hütevergnügen, winterlichen Gesprächsrunden usw. hört. Es gab im Dorf auch häßlichen, ja bitterbösen Streit, der die Gemüter, anstatt sie im personal-mitmenschlichen Sinne aufeinander hin zu öffnen und miteinander zu verbinden, nicht selten bis an die Grenze der Unversöhnlichkeit entzweite. So kleinkariert die Anlässe oft waren, der Streit konnte förmlich zum Erbstück werden, indem die Familie X über Generationen hinweg wußte, daß sie der Familie Y mit Argwohn und Feindseligkeit zu begegnen habe. In meinem heimatlichen Pfarrort ging kaum eine Kirmes zu Ende, ohne daß im Wirtshaus oder Tanzzelt alte Rechnungen beglichen und neue aufgemacht wurden, von den bereits erwähnten Rivalitäten zu den außerpfarrlichen Nachbardörfern (nicht zuletzt die Schulkinder betreffend) noch abgesehen. Besonders schwer wog der Vorwurf der Nichtachtung von Eigentumsrechten – man denke an das „Giensmännchen“ und seine Heuhaufen zurück – bis hin zu der Anklage, daß da einer beim Pflügen die Grenzsteine verrückt habe – genau wie in Gottfried Kellers Novelle „Romeo und Julia auf dem Dorfe“. In solchen Fällen mußte schließlich gar der Schiedsmann in Funktion treten. Und nicht minder bedrückend, vor allem für Kinder, war bei dem Streit, daß sich von dem, was heute Streit-„Kultur“ heißt, meist kaum Ansätze zeigten. Es ging sehr laut und – zumindest im Sinne von Drohgebärden – mit locker sitzenden Fäusten und Fußtritten (bei den Männern) zu. Auf seiten der Frauen war vor allem üble Nachrede angesagt. Zwar blieb das Zusammenleben – wie bereits in der Einleitung bemerkt – im großen und ganzen gewahrt, aber besonders „dialogisch“ war es in diesen Fällen gewiß nicht – ganz im Gegenteil. So kleinlich und eifersüchtig die Dorfbewohner zuweilen auch heute noch miteinander umgehen, Konfrontationen solchen Ausmaßes sind doch sehr viel seltener geworden.

Ein eigenes Thema ist viertens in diesem Zusammenhang die erwähnte Verwurzelung im eigenen Dorf beziehungsweise der eigenen Pfarrei und die damit einhergehende starke Abkapselung nach außen hin, übertragbar auch auf eine ganze Region als selbststolze Abhebung gegenüber anderen Regionen, etwa nach dem Motto: „Wir Eifeler (Bayern, Schwaben ...) müssen besonders fest zusammenhalten ...“ Meist gipfelt das in einem nachdrücklichen Treueschwur auf die heimische Mundart, einem Schwur, der zum Verräter stempelt, wer dieser Mundart den Rücken kehrt.

Nun kann es keinem Zweifel unterliegen, daß es spezifische Eigenwerte eines bestimmten Dorfes, einer bestimmten Region und vor allem einer bestimmten Mundart gibt, in der sich eine ganze, weithin eigenständige Kulturtradition widerspiegelt – Wilhelm von Humboldt würde sagen: eine eigene „Weltansicht“. Um dieses Eigenwertes und dieser Eigensicht willen sind im vorliegenden Buch bestimmte Aussagen eigens in Eifeler (sprich moselfränkischer) Mundart niedergeschrieben, weil darin Züge zum Ausdruck kommen, die in der Hochsprache nicht oder nur unzulänglich darstellbar sind. So verdient es auch Lob, wenn für die Erhaltung der Mundart geworben wird.

Nur darf daraus nicht noch einmal Ab- oder gar Ausgrenzung erwachsen. Vielmehr muß unter dem Gesichtspunkt personaler Erweckung und personalen Selbstseins allen Menschen Chancengleichheit zugestanden werden. Indem also besagte Abschottung, gerade im Eifeldorf, gang und gäbe war, erwies sie sich als Hindernis, zumindest als Einschränkung dessen, worauf es beim Menschen zunächst und vor allem ankommt: daß er selbst einer ist, wie es ihn ein zweites Mal weder gegeben hat noch geben wird. Vielleicht wäre mir gerade im verpönten Nachbardorf jemand begegnet, der mich besonders angeregt und herausgefordert hätte, der mir aber nicht begegnen konnte, weil ich – und ebenso er – mit Abneigung und Vorurteilen befrachtet war.

Hier kann die Devise nur lauten: das Eigene bewahren und für Andersartiges offen sein. Insofern liegt ein eindeutiger Fortschritt darin, daß diese Offenheit inzwischen selbst im letzten Eifeldorf Einzug gehalten hat, ermöglicht durch die mit der „technologischen Zivilisation“ verbundene Mobilität von Menschen, Informationen, Ideen, Arbeitsplätzen. Aber darüber sollte das angestammte Eigene nicht in den Hintergrund geraten oder gar verdrängt werden, wie es beispielsweise geschieht, wenn gebürtige Eifeler entweder auch selbst oder zumindest mit ihren Kindern nur noch hochdeutsch sprechen (und was für ein Hochdeutsch bisweilen!). Die Sorge, daß es die Kinder wegen der Mundart schwerer in der Schule hätten, ist unbegründet. Im Gegenteil hat beides seinen Reiz und Wert: der Geliebten seine Zuneigung mit dem alles umgreifenden Mundartgeständnis: *Ejch sen fruh mat dir* (ich bin „froh“ mit dir) zu bekunden wie über beglückende Details der Liebesbeziehung hochdeutsch zu sprechen, für die die Mundart (jedenfalls die in der Westfeifel gesprochene) kaum Worte hat. Dafür aber hat sie Worte zur Kennzeichnung von Naturvorgängen, Arbeitsabläufen und zum Teil auch Charaktertypen, die der Hochsprache abgehen. Oder allgemein gesagt: Heimatverbundenheit, Treue gegenüber Scholle und Vorvätern in allen Ehren, aber nicht ohne gleichzeitiges Wissen darum, daß auch hinter dem Berge noch Menschen wohnen, und was für Menschen!

5) Gegenbilanz: „Traditionsleitung“

Fünftens ist zu bedenken, daß das „Zusammen mit anderen“ auch zu nahe, im wörtlichen wie übertragenen Sinne, sein kann. Die Entfaltung der den Menschen auszeichnenden personalen Selbstkraft benötigt Entfaltungs-Raum, eine Intimsphäre, um die an sie ergehenden Anregungen und Herausforderungen aufnehmen und verarbeiten zu können. Daran aber hat es damals im Dorf und erst recht im Haus über weite Strecken gefehlt. Bei den zwölf Personen in meinem Elternhaus fühlte ich mich unentwegt den Blikken, Gesten und Worten anderer ausgesetzt – selbst wenn es die meiner Eltern waren. Es gab keinen Schrank, noch nicht einmal eine Schublade, die ich hätte abschließen können. Bis zu meinem sechzehnten Lebensjahr hatte ich kein Bett für mich allein, geschweige ein Zimmer, in das ich mich hätte zurückziehen können. In den anderen Häusern verhielt es sich ähnlich, und ähnlich stand es auch um das Verhältnis der Häuser untereinander. Wie aufgeschlagene Bücher lagen sie da, aus denen, wie früher schon einmal gesagt, jeder von jedem jedes wußte und jeder auch jedes, häufig auf wenig schöne Art, kommentierte. Bei aller Verbundenheit, so wieder Martin Buber, muß in der Beziehung zugleich „Urdistanz“ obwalten, wenn personales Selbstsein gelingen soll. Unter diesem Gesichtspunkt konnte das Viehhüten, so mühselig und vereinsamend es war, gleichwohl auch wieder als befreiend empfunden werden. Konnte man auf der Wiese doch wenigstens stundenweise unbehelligt von den zensierenden Blicken anderer mit sich selbst zu Rate gehen, wie kindlich diese Selbstabklärung auch immer sein mochte. Man hatte sogar eine gewisse Partnerwahl, indem man selbst darüber entscheiden konnte, ob man sich überhaupt oder mit welchen Kindern man sich zu einer Hütegesellschaft zusammentat.

Mag sein, daß es im gehobenen städtischen Milieu auch früher schon personale Selbstentfaltungsräume (Räume nach wie vor in wörtlicher und übertragener Bedeutung) gegeben hat, im Westeifeldorf waren sie bestenfalls Randerscheinung. Wie bedrückend sich da die vorhin gekennzeichneten Auflösungstendenzen im dörflichen Zusammenleben ausnehmen, sie bergen die Chance für ein Mehr an dialogisch-personaler Selbstverwirklichung in sich, indem sie Freiräume eröffnen, die man früher so im Dorf nicht kannte. Dabei wird das Preisgegebensein an Isolation und „Ich-Einsamkeit“ (Ferd. Ebner), so beklemmend und häufig es zweifellos ist, zuweilen auch überschätzt. Gibt es doch trotz aller Defizite nicht wenige Familien und Nachbarschaftsbeziehungen, in denen man, etwa im Verhältnis der herangewachsenen Kinder zu Eltern und Großeltern und umgekehrt, nicht nur auf Wunsch der Jungen, sondern auch der Alten räumlich voneinander abrückt. Weil man es sich finanziell leisten kann, wird die größere Distanz schon deswegen angestrebt, um so einfache Dinge wie unterschiedliche Ernährungs-, Freizeit- und Fernsehvorlieben zu ihrem Recht kommen zu lassen. Darüber bricht die Verbundenheit keineswegs ab, sondern entwickelt, ja vertieft sich zu dem, was die moderne Soziologie „Intimität auf Abstand" nennt (Leopold Rosenmayr). Bei Bedarf sind die Familienangehörigen und im Dorf irgendwie auch immer noch die Nachbarn zur Stelle und bleiben zugleich – äußerlich wie innerlich – so weit auf Distanz, daß jeder sein eigenes Leben leben kann. Entsprechend sind auch die Fälle, in denen Alte ins Alten- oder Pflegeheim abgeschoben werden, nicht so zahlreich, wie es mitunter den Anschein hat. Nur um die fünf Prozent des infragekommenden Personenkreises befinden sich in Alten- oder Pflegeheimen, wobei selbst da noch längst nicht immer Abschiebung im Spiel ist. Alles in allem ergibt sich also abermals ein Bild, in dem sich neue, bisher so nicht dagewesene Möglichkeiten „dialogischen Lebens" für das Westeifeldorf abzeichnen.

Das führt uns sechstens zu einem Punkt, der die Mitte personaler Erwekkung und personalen Selbstseins betrifft. Personale Mündigkeit, so wurde vorhin festgestellt, heißt einen Standpunkt haben und das Leben nach einer Linie ausrichten. Beides wurde dem „außen-gelenkten" Menschen der Gegenwart abgesprochen und dem Dorfbewohner von ehedem als ihn auszeichnend zuerkannt. Dem ist aber nun hinzuzufügen, daß dieser Standpunkt und diese Lebensgrundrichtung den an sie gestellten Anforderungen nur dann gerecht werden, wenn sie nicht von irgendwoher einfach übernommen, sondern selbst erworben, wirklich die eigenen sind. Eigene Überzeugung und eigener Entschluß gehören zum personalen Selbstsein nicht nur hinzu, sondern sind mit ihm förmlich identisch. So ausgiebig nun in den vorangegangenen Kapiteln, zumal im vorigen, von „dialogischem Leben" auf dem Weideplatz und im Dorf die Rede war, und zwar zu Recht, so ließ sich gleichwohl nicht übersehen, daß nebem dem Eigenen des Denkens, Sagens und Tuns noch ein anderes, Nichteigenes im Hintergrund stand, das in das Denken, Sagen und Tun hineinwirkte. Typisch ist dafür die erwähnte Begründung für die Teilnahme an einer Hochzeits- oder Totenmesse, zu der man weder aus verwandtschaftlichen noch nachbarlichen Gründen verpflichtet war: „... damit einer aus dem Haus dabei ist". Hier handelte es sich nicht um einen ureigenen persönlichen Entschluß, sondern um das Befolgen einer das dörfliche Leben bestimmenden Verhaltensregel. In praktisch allen Verbundenheits- und Umgangsformen waren damals solche, zum großen Teil aus langer Tradition erwachsene Regeln wirksam. Sie ließen das personale Eigensein des einzelnen gleichsam nur abgeblendet aufscheinen und erschwerten so den schöpferisch-erweckenden Bezug zu anderen, nicht zuletzt zu Kindern, hin.

Im Namen solcher Sitten, Bräuche und Gewohnheiten, von denen das Dorf damals voll war, konnte sehr viel Gutes geschehen, man denke nur an die Fürsorge für Alte und Kranke oder den nachbarlichen Dienst in Trauerfällen zurück. Es konnte aber auch völlig Unverständliches, möglicherweise sogar Schlimmes geschehen, wie schon das vergleichsweise harmlose Beispiel der mir verabreichten Ohrfeigen: wegen meiner Frage nach Nikolaus und Christkind und wegen meines Nachhintenschauens in der Kirche, zeigt. Aber selbst wo eindeutig Gutes geschah, war es gewissermaßen nur eines „mit beschränkter Haftung“; zur vollen, der Würde menschlicher Personalität entsprechenden Qualität wäre es erst denn aufgestiegen, wenn es – was bisweilen gewiß auch vorgekommen ist – aus eigenem freien Wollen mit ungeteilter eigener Verantwortung erwachsen wäre.

Den solcherart gesteuerten oder doch in hohem Maße mitgesteuerten Menschen nennt David Riesman den „traditions-geleiteten“ Menschen. Auch er ist in gewisser Weise „außen-gelenkt“, gelenkt von Richtmaßen, die nicht originär von ihm selbst herrühren. Aber während der „Außengelenkte“ von heute infolge der dauernd wechselnden Signale innerlich zerrissen und haltlos ist, gewährleistete die Orientierung an der Tradition Beständigkeit und Kontinuität. Liegt es doch im Wesen der Tradition, daß sie sich über große Zeiträume erstreckt und solchen Wandel gerade von sich ausschließt. Die aus ihr entnommenen Maßgaben wurden von dem „Traditionsgeleiteten“ in solchem Maße verinnerlicht (wissenschaftlich: „internalisiert“), daß daraus sogar sogenannte „Grundsätze fürs Leben“ abgeleitet wurden, auf die man sich, nicht zuletzt der jüngeren Generation gegenüber, einiges zugute hielt.

Es wird mit Recht immer wieder darauf hingewiesen, daß menschliches Leben und vor allem menschliches Zusammenleben ohne stabilisierende Faktoren dieser Art nicht sein kann. Schon was wir Höflichkeit und Benimm nennen, gehört hierher. Aber die Frage ist doch, welches Ausmaß solche „Vorprogrammierung“ annimmt, wieviel Spielraum sie der persönlichen Eigenentfaltung, der personalen Selbstbestimmung des einzelnen, läßt. Denn wie wir immer wieder hervorzuheben hatten, kommt es – um der Menschlichkeit des Menschen willen – letztlich auf dieses personale Selbstsein an und darauf, daß sich an persönlich gelebtem Leben neues persönlich gelebtes Leben entzünden kann – aber auch entzünden muß, wenn anders personal-persönlich gelebtes Leben nicht verhindert oder zum Aussterben verurteilt sein soll.

6) Bessere Gegenwart

Es soll hier abermals keinem Zweifel unterliegen, daß solche „Autonomie“ (wie Riesman sie – vielleicht nicht ganz zutreffend – nennt) im dörflichen und pfarrlichen Leben meiner Kindheit und Jugendzeit Chancen und Wirklichkeit hatte, aber es läßt sich nun einmal ebensowenig leugnen, daß sie Mängel aufwies, daß die Dorfbewohner im Zeichen der Tradition einer Gängelung und Uniformierung unterlagen. Das war noch um so mehr der Fall – und damit kommen wir auf die vorhin schon kurz angesprochene schlimme Seite dieser „Traditionsleitung“ zurück –, als darin auf fatal verschlungene Weise die autoritäre Erziehungsstruktur und vor allem die erbarmungslosen Moralvorschriften gegenwärtig waren oder gegenwärtig gemacht wurden, von denen im „Exkurs über Erziehung“ und im Kapitel über „Brunst“ die Rede war. Da zeigte sich, daß, je nachdem um welches „Sündenterrain“ es sich handelte, allein schon der Gedanke an eigenverantwortliche Entscheidung und erst recht an eine dialogische, auf persönliche Antwort hin angelegte Mitteilung dieser Entscheidung unter der Androhung ewiger Höllenstrafen stand. Und welche Verheerungen treten erst auf, wenn Verhältnisse wie im Dritten Reich „Traditions“-Charakter annehmen.

Nein, eine solche Lebensform kann und darf man sich nicht zurückwünschen, sie markiert nicht eine gute „alte“ Zeit, sondern eine bessere neue Zeit. So sehr es auch jetzt noch einmal zu bedauern ist, daß so viele gute Verbundenheiten, die im Westeifeldorf noch vor gar nicht so langer Zeit in Kraft waren, ausgedünnt oder dahingeschwunden sind, um der reiferen Menschlichkeit des Menschen willen, gerade auch des Menschen im Eifeldorf, war dieser Prozeß längst überfällig, also ein Gewinn. Bei allen neuen Strukturen, denen der Mensch heute unterliegt – wir nannten sie „sekundäre“ Strukturen –, ist doch im Blick auf die im vorhergehenden dargelegten sechs Punkte eines klar: In solchem Maße wie in der gegenwärtigen Gesellschaft war der einzelne noch nie auf sich selbst und das persönliche Eigensein anderer Menschen hin freigegeben; so partnerschaftlich, so rückhaltlos offen und zugleich so intim konnten sich Menschen noch nie begegnen wie heute. Bleibt nur die Frage, ob und inwieweit sie es auch wirklich tun.

Wie sich in unseren Erwägungen zum gegenwärtigen gelebten Leben im Dorf und allgemein zum Thema „Außenlenkung“ bereits abzeichnete, ist die Antwort auf diese Frage weithin niederschmetternd. Nicht „autonome“, nicht dialogisch-personale Selbstbestimmung kennzeichnet heute primär das Zusammenleben der Menschen, vielmehr sind diese Menschen in erschrekkendem Ausmaß „einsame Masse“ geworden. Aber so sehr man daraufhin versucht sein könnte, im Endeffekt doch wieder die Hütekinderzeit als die „gute alte Zeit“ zurückzuwünschen, dieser Weg ist nicht nur unmöglich –

weil sich die Geschichte nicht zurückdrehen läßt –, er wäre auch der abgrundtief falsche Weg. Um der Würde des Menschen willen darf hinter einen Fortschritt in den Chancen der Freiheit – um ein Wort des genialen Philosophen Georg W. Fr. Hegel (1770–1831) etwas abzuwandeln – nicht zurückgegangen werden, auch dann nicht, wenn von den Chancen nur ein unbefriedigender Gebrauch gemacht wird. Der Blick kann nur nach vorne gerichtet sein, indem für eine bessere Nutzung der Chancen geworben wird. In dem Zusammenhang könnten dann aus einer Vergangenheit, die als solche nicht wiederkehren kann und soll, gleichwohl Kräfte erwachsen, die für die Gegenwart und Zukunft Gewinn bedeuten.

11. Kapitel: Lob des Herkommens

1) Mensch zwischen den Generationen

Fürs erste scheint sich aber um diese Vergangenheit, die Zeit meiner Kindheit und Jugend, ein weiteres Problem abzuzeichnen. Anliegen dieses Buches war zunächst die Vergegenwärtigung des Viehhütens, so wie ich es in meiner Eifelheimat noch selbst ausübte, erlitten und zuweilen auch genossen habe. Zugleich sollte aber an diesem Hütedienst und durch ihn hindurch eine Kindheits- und Jugendgeschichte an einer Zeitenwende verdeutlicht werden: an der Schwelle des Umschlags einer agrarisch-handwerklichen Gesellschaft in eine Lebenswelt der „technologischen Zivilisation". Ich gebe mich der Hoffnung hin, daß dieser Wandel, den auch das Viehhüten nicht überlebt hat, in den vorangegangenen Kapiteln einprägsam zutage getreten ist. Damit bestätigt sich dann die in der Einleitung getroffene Feststellung, daß ich mit den Menschen, die unter ähnlichen Verhältnissen wie ich aufgewachsen sind und heute noch leben, gleichsam „Bürger zweier Welten", ein Mensch zwischen den Generationen, bin. Es handelt sich um Menschen von einer inneren Gespaltenheit, die, wie man annehmen möchte, nur als Last gewertet werden kann. Darüber soll nachfolgend weiter nachgedacht werden.

Menschen zwischen den Generationen sind Menschen, die zwar dem Lebensalter nach eine Generation bilden, denen aber die Entwicklung eines eigenen Generationsbewußtseins versagt ist. Daß Leben überhaupt durch Wandel gekennzeichnet ist, versteht sich bei Sein in Zeit, als welches Leben in der Welt aufscheint, von selbst. Nicht von selbst aber versteht sich eine solche Tiefe des Wandels in so kurzer Zeit. Obgleich meine Generation (wenn ich denn der Einfachheit halber das Wort Generation weiter beibehalten darf) gut die Hälfte ihrer Lebenszeit inzwischen in der neuen Lebenswelt zugebracht hat, haftet ihr die alte gleichwohl unauslöschlich an. Sie ist davon um so mehr geprägt, als es sich um die Welt der Kindheit und Jugend handelt, deren Einwirkungen, wie man heute weiß, fast der Festlegung durch Erbanlagen gleichkommen. Bewußt oder unbewußt trägt man sie das ganze fernere Leben mit sich herum.

Da war es selbst noch um die unmittelbare Elterngeneration einfacher, weniger zweideutig bestellt. Auch sie unterlag einschneidenden Wandlungsvorgängen: dem Umbruch einer Aufbauphase zu Beginn unseres Jahrhunderts in den Ersten Weltkrieg, den Turbulenzen der Weimarer Republik mit Absturz in NS-Staat und Zweiten Weltkrieg. Und doch wurde sie mit besonderem Akzent die Generation des Wiederaufbaus, wobei sie Wiederaufbau wörtlich verstand: als Wiederherstellung von etwas, das es schon einmal gegeben hatte und durch den Krieg zerstört worden war. Daß sie indes zugleich abgrundtief Neues auf den Weg brachte, stellte sich erst heraus, als sie ihr Werk an die Nachfolgegeneration, an meine Generation, weitergab. Danach konnte sich diese Elterngeneration gleichsam aufs Altenteil zurückziehen. Nicht mehr unmittelbar mit den Belangen und Herausforderungen der zuinnerst gewandelten Gegenwart konfrontiert, konnte sie an ihren Einschätzungen und Wertungen festhalten, überzeugt davon, daß diese in ihrem Leben im Kern dieselben geblieben seien. Kurz, sie konnte sich in dem Bewußtsein wiegen, Eigenprofil entwickelt und eine generationsmäßige Eigenleistung vollbracht zu haben.

Ähnlich können sich ihre Enkel, die Kinder meiner Generation also, wieder als eigene Generation verstehen. Was immer sie schon an Wandel miterlebten und noch erleben werden, es ist insgesamt ein Wandel *nach* dem ganz großen Wandel, um den es im gegenwärtigen Zusammenhang geht. Für sie sind tausend Dinge problemlos und selbstverständlich, von denen die Großeltern noch nicht das geringste wußten, die aber auch den Eltern so direkt nicht zugänglich und vollziehbar sind, etwa ihr Umgang mit neuester Technologie oder ihre Einschätzung und Lebenspraxis in Sachen Sexualmoral. Auch diese Menschen können folglich auf generationsmäßiges Eigensein pochen, etwa indem sie von sich sagen: Wir Menschen des postindustriellen, postmodernen usw. Zeitalters.

Bleibt also meine Generation, die in ein und demselben Leben in zwei Welten ansässig geworden ist und insofern keiner recht angehört, eine gleichsam schwebende, auf jeden Fall eine zutiefst einsame Generation. Um es konkret von mir selbst zu sagen: Wie oft wurde ich als längst Erwachsener, zudem als Vater und in Erziehungsfragen „Studierter", von Angehörigen der älteren Generation ermahnt, daß ich Kindern und Jugendlichen nicht so viel Freiraum gewähren dürfe, daß ich mehr Wert auf Autorität und Ordnung legen müsse. Und wie oft bekam ich von jungen Leuten zu hören, daß ich dies und das „zu eng" sähe, wo sich doch so vieles in der Welt geändert habe. Oder ich denke an die unangefochtene Sicherheit, mit der meine Lehrer, auch an der Universität, ihre Auffassungen vortrugen, und gewahre den nicht minder anspruchsvollen Ton, in dem sich meine inzwischen nachgerückten Kollegen ergehen: daß man das und das aufgrund neuester Forschungen so und so zu bewerten habe, keinesfalls so „verstaubt", wie ich es sähe. So komme ich mir nicht selten wie zwischen zwei Feuern eingeklemmt vor bis hin zu dem entmutigenden Gedanken, daß ich wohl fehl am Platze sei.

Von daher nimmt es nicht Wunder, daß sich bei Menschen meiner Generation typische Fehlhaltungen herausgebildet haben, sei es, daß sie haltlos zwischen Altem und Neuem hin und her schwanken, sei es, daß sie ideolo-

Heimatliche Eifellandschaft vom höheren östlichen Höhenzug her gesehen. Niederraden liegt hinter dem vorderen Waldstück und Höhenrücken im Tal.

Dieselbe Landschaft, nun vom höheren westlichen Höhenzug her gesehen.

gisch im Überkommenen verhärtet sind und den Anforderungen der Gegenwart nicht gerecht werden, oder sei es drittens, daß sie sich modernistisch auf das Neue fixieren, ohne gleichwohl ihre Kindheit und Jugend abschütteln zu können. Wie man weiß, kann solche Verdrängung ernste Probleme heraufbeschwören.

Spricht das nun nicht alles dafür, daß diese Menschen zwischen den Generationen tatsächlich eine bedauernswerte Generation sind? Sie wären es, wenn es zu der Gespaltenheitserfahrung keine Alternative gäbe, wenn es bei der Gespaltenheit bleiben müßte. Aber es gibt eine Alternative, diejenige, die in diesem Buch ergriffen wurde: daß ich die beiden Welten zueinander ins Verhältnis zu setzen, daß heißt, meine Vergangenheit aufzuarbeiten versucht habe (auf der in der Einleitung genannten dritten Aussagenebene). Möglich war das auf der Grundlage dessen, daß ich eine Blickverlagerung vorgenommen habe, daß ich zu einer höheren, übergreifenden Warte aufgestiegen bin. Ganz offensichtlich vermag das nur der Mensch; der Mensch ist das einzige Wesen auf dieser Welt, das – im Bilde gesprochen – im Wandlungsstrom des Lebens nicht nur einfach mitschwimmt, sondern sich zugleich aus ihm herauszuheben und sich in gewisser Weise von ihm freizumachen vermag. Er hat die Fähigkeit, zwischen sich und dem Strom zu unterscheiden, den Strom als Strom zu identifizieren und dementsprechend nicht nur „geströmt zu werden", sondern „Strömen zu machen". Oder ohne Bild: Der Mensch kann bei sich selbst sein, er ist – wenigstens grundsätzlich – in der Lage, selbst darüber zu bestimmen oder doch mitzubestimmen, was mit ihm und durch ihn geschieht. Diese Fähigkeit macht den Kern dessen aus, was in diesem Buch immer wieder als Personcharakter des Menschen herausgestellt wurde. Liegt also in diesem Charakter das unterscheidend Menschliche des Menschen beschlossen, das, was den Menschen allererst zum Menschen macht, so versteht sich von selbst, daß die Verhältnisbestimmung zwischen Altem und Neuem an eben diesem Richtmaß personalen Selbstseins erfolgen mußte, prinzipiell in allen Kapiteln, mit besonderem Nachdruck im letzten. Konkret führte das auf die Frage hinaus, inwieweit in den beiden von mir und meinesgleichen durchmessenen Lebenswelten kreatives Spiel und „dialogisches Leben" als Hauptimpulse personalen Selbstseins Chance und Wirklichkeit hatten.

Von einem solchen personalen Aufschwung, von solchem Heraustreten und Darüberstehen her gesehen, nimmt sich das Bild meiner Generation, dieser Menschen zwischen den Generationen, ganz anders aus. Schon grundsätzlich ist mit dem Aufschwung die Einsicht verbunden, daß bei allem Wandel doch auch wieder alles mit allem zusammenhängt, daß also in der Tat „die Gegenwart beladen mit Vergangenheit und schwanger mit Zukunft" ist. Unterschiede und Gegensätze werden damit nicht eingeebnet oder gar weggewischt, wohl aber als Teilaspekte eines Ganzen zusammengeschaut. Als Stationen ein und desselben Lebensweges lassen sie nun Bezüge zueinander erkennen, durch die sie entschärft, viel sogar miteinander versöhnt, auf jeden Fall als etwas gewußt werden, auf das man sich einstellen und aus dem man sehr wohl auch Gewinn schöpfen kann, wie wir schon sahen und noch sehen werden. Oder so gesagt: Personale Erweckung und personaler Aufschwung gewähren Abstand und Abgeklärtheit, eröffnen Umblick und Durchblick, kurz führen zu dem, was seit den alten Griechen Weisheit heißt.

Dabei können Qualität und Intensität dieser Weisheit unterschiedlich sein. Die Chancen für sie sind um so größer, je markanter und tiefer sich – wieder bildlich gesprochen – Wellenberg und Wellental im Strom des Wandels voneinander abheben. Denn um so eindringlicher und reichhaltiger treten dann Lebenswege und Lebensmöglichkeiten in ihm zutage. Konkret: Diese Menschen zwischen den Generationen haben die Chance, aus ureigener Erfahrung heraus zu einer Lebensweisheit aufzusteigen, wie es sie vergleichsweise noch nie gegeben hat, eben weil der Wandel noch nie so einschneidend war. Bedenkt man zudem, daß sich der Wandel für mich und diejenigen, die ihre Kindheit und Jugend unter ähnlichen Bedingungen verbracht haben, gleichsam über Nacht vollzog, so schließt sich auch in diesem Punkt der Kreis vom Ende dieses Buches zu seinem Anfang, zur Einleitung, hin: Zumindest dem Thema und Anliegen nach verkündet dieses Buch eine Botschaft, wie sie weder früher ergehen konnte noch später ergehen kann. Was sich bisher bestenfalls über Generationen hinweg in der Zeitraffung eines Geschichtsbuches verdeutlichen ließ, dafür genügt heute der Blick auf eine einzige Generation: meine Generation, ganz zu schweigen von dem hier miteinbezogenen „Innenanblick“ des Werdens und Geschehens. Wie erinnerungsverschwommen diese „Innenansicht“ dann auch sein mag, sie war bisher innerhalb ein und desselben Menschenlebens, innerhalb ein und derselben Generation so nicht möglich.

Voraussetzung für alles das ist freilich der Abschied von den vorhin umrissenen Fehlhaltungen – oder positiv ausgedrückt: daß der personale Aufschwung auch wirklich stattfindet, zumal die Chancen dafür, wie sich gezeigt hat, heute ebenfalls ihresgleichen suchen. Auch jetzt bedarf es spielerischer Gelöstheit und dialogischer Anregung, wobei dann der Vollzug des Aufschwungs auf die ihm zugrundeliegende personale Kraft zurückwirkt und sie weiter erhöht. Jedenfalls kann ich für mich ohne Umschweif erklären, daß ich durch die Erstellung dieses Buches meiner selbst in einem Maße gewiß geworden und zu einer inneren Freiheit gelangt bin, wie ich das noch vor zehn Jahren nicht für möglich gehalten hätte. Es ist eine Freiheit, die durch vertiefte und erweiterte Lebensvertrautheit gekennzeichnet ist, aus der dann auch um so freiere und verantwortungsbewußtere Entscheidungen und Verhaltensweisen erwachsen können – eben jenes personale Selbstsein, von dem in diesem Buch durchgängig die Rede war. Ich glaube auf diese Weise meiner eigenen Lebenswahrheit nähergekommen zu sein mit der gleichfalls schon geäußerten Hoffnung, durch deren Mitteilung auch andere zu solcher Wahrheitssuche anzuregen: in Fehlhaltungen befangene Menschen meiner Generation, aber nicht minder Nachgewachsene und Nachwachsende. Letzteren sind Direkterfahrungen im Sinne der hier dargelegten in unserem Kulturkreis nicht mehr möglich. Aber das entbindet auch sie nicht davon, ihr eigenes Herkommen zu bedenken, an dessen Schwelle nun einmal die hier nachgezeichnete große Wende steht. Bei den verantwortungsvollen Entscheidungen, die gegenwärtig für den einzelnen wie die Menschheit im ganzen anstehen, sollte auf den Erfahrungsschatz der unmittelbaren Vorfahren nicht verzichtet werden, und wenn man diesen Schatz aus eigenem Miterfahren nicht mehr kennt, sollte man ihn sich durch Darstellungen wie die vorliegende vermitteln lassen.

Der langen und komplizierten Rede kurzer Sinn lautet also: Das zunächst ins Auge springende Schweben und die als Last anmutende Einsamkeit meiner Generation sind zwar real bestehende, aber keineswegs endgültige Kennmale dieser Menschen zwischen den Generationen. Dahinter verbirgt sich ein Halt ganz anderer Art: das Gründen in sich selbst als Person, und die Chance für eine Lebensweisheit, die in der bisherigen Geschichte Einmaligkeitswert hat. So dunkel sich da die Schatten ausnehmen, von denen in diesem Buch zu berichten war, sie markieren zugleich ein Herkommen, das Lob verdient: eben wegen seines einmaligen geschichtlichen Stellenwertes. Insofern blicke ich abermals keineswegs nur mit Bedauern auf meine Hütekindzeit zurück, bin allerdings auch nicht frei von Sorge, wenn ich sehe, was die sogenannte zivilisierte Menschheit von heute aus den ihr gebotenen Chancen macht.

2) Sehnsucht nach Leben

Spätestens seit dem letzten Kapitel wissen wir es: Der typische Mensch der Gegenwart, der Mensch des postindustriellen oder gar postmodernen Zeitalters, geht an seiner einmaligen personalen Chance und damit an seiner Wesensbestimmung als Mensch weithin vorbei, er ist ein außengelenkter Mensch geworden. Er ist in den Kreislauf von Produktion und Konsum eingespannt, lebt in einer organisatorisch durchkonstruierten Daseinswelt, in der er ständig wechselnden Werbesignalen unterliegt und dabei ein Bedrohungspotential (Umweltverschmutzung usw. bis hin zu Gewaltkriminalität) anhäuft, das in der bisherigen Menschheitsgeschichte ebenfalls einmalig ist. Soll daraus nicht eine Katastrophe erwachsen, ist Gegensteuerung erforderlich, und nach allem, was in diesem Buch gesagt ist, kann es kaum einem Zweifel unterliegen, worin diese meiner Auffassung nach zu bestehen hat. Grundsätzlich hängt alles davon ab, daß die personalen Antriebe des Gegenwartsmenschen gestärkt werden, konkret: daß inmitten unserer so vielfältig verplanten Lebenswelt, verplant im Sinne von Organisation, sich immer wieder und immer mehr Menschen bereitfinden, zusammen mit Gleichgesinnten so etwas wie Inseln oder Oasen des Selbstseins ins Leben zu rufen. Gemeint sind damit Anregungsfelder für spielerisch-künstlerisches Tun und vor allem Begegnungsfelder für zwischenmenschlichen Dialog. Wenn es dafür auch keine abstützenden und mittragenden Vorgaben im früheren Sinne mehr gibt, so werden Beziehungsgefüge dieser Art durch die neuen, auf Außenlenkung angelegten Strukturen doch auch nicht ausgeschlossen. Allerdings ist persönlicher Einsatz gefordert, der dann dazu beitragen kann, daß solche Inselbewohner, die äußerlich wie jeder andere im modernen Kreislauf von Produktion und Konsum mitgehen, nicht nur Menschen bleiben, sondern es auf menschlichere Weise sind als je Menschen zuvor. Und wenn solche Inseln ansteckend wirken – warum sollten sie eigentlich nicht! –, dann braucht einem bei aller Sorge, die heute umgeht, um das Heil der Welt doch auch nicht nur bange zu sein.

Ich weiß, es gibt genug Zeitgenossen, die diesen Optimismus nicht teilen. Sie sehen in der Außenlenkung eine Logik am Werke, die über den einzelnen und die von ihm initiierten personalen Impulse hinweggeht und sie aufsaugt. Aber wo steht geschrieben, daß das so sein muß? Haben es diese Pessimisten mit Inseln des Selbstseins – in der Familie, in Freundes-, Spiel-, Musizier-, Werk-, Aussprache- oder Glaubenskreisen schon einmal versucht? Jedenfalls ist meine Erfahrung gegenteiliger Natur, vor allem dann – und das soll nun nachfolgend Thema sein –, wenn aufgearbeitete Vergangenheit beziehungsweise Lebensgeschichte mit ins Spiel kommt, in unserm Falle also seitens solcher Partner, die entweder selbst Menschen zwischen den Generationen sind oder sich durch deren Lebenserfahrung haben nachdenklich machen lassen. Es bleibt dann dabei, daß Vergangenheit, so wie sie war, nicht zurückgeholt werden kann und im Falle meiner Kindheit und Jugend auch nicht zurückgeholt werden soll. Aber das schließt die Möglichkeit nicht aus, daß in ihr Kräfte wirksam gewesen sind, die man sich nur als Antriebe der eigenen Lebensgeschichte zu vergegenwärtigen braucht, um sie in zeitgemäßer Umformung auch noch einmal für die Gegenwart fruchtbar zu machen. Wir haben diese umgekehrte Perspektive: daß nicht mehr die Vergangenheit von der Gegenwart, sondern die Gegenwart von der Vergangenheit her gesehen und bemessen wird, schon einmal im Schlußteil des Kapitels über das Spiel durchgeprobt. Der Gedankengang soll nun in erweiterter und vertiefter Form wieder aufgenommen werden, indem ich Entwicklungsimpulse aufweise, die mich von meiner Kindheit und Jugend her gegen den Massensog der Außenlenkung abschirmen und durch deren Mitteilung ich – als möglicher Partner für andere – „oasenfördernd" zu wirken versuche.

Ich kann diese Impulse – im wesentlichen sind es drei – insgesamt unter dem Thema „Sehnsucht meiner jungen Jahre" zusammenfassen, wobei ich den ersten Impuls unter das Kennwort „Sehnsucht nach Leben" stelle. Mit „Sehnsucht nach Leben" ist in diesem Zusammenhang der allem Lebendigen innewohnende Drang gemeint, daß sich Leben entfalte, darlebe und auslebe, in der Vorstellung des Gläubigen gar bis zur Vollendung menschlichen Lebens in einer jenseitigen Welt. Ebenso ursprünglich ist nach diesem Verständnis besagtem Drang so etwas wie ein tiefeingewurzeltes Vertrauen zu eigen, daß die Entfaltung gelinge, daß Leben sich lohne und Schwierigkeiten nicht den Sinn haben, vor ihnen zu kapitulieren, sondern sie zu überstehen und zu verkraften.

Laut Ausweis aller einschlägigen Untersuchungen sind dieser Drang und dieses Vertrauen beim außengelenkten Menschen der Gegenwart mehr oder weniger stark angeschlagen. Sehnsucht nach Leben verflacht bei ihm zum teils ängstlichen, teils fanatischen, teils verzweifelten Hang zum Weiterleben beziehungsweise Überleben, erkennbar schon an seiner ängstlichen Sorge um seine Gesundheit. Bei einer hygienisch-gesundheitlichen Stabilität wie noch nie – hat sich doch in den letzten hundert Jahren die durchschnittliche Lebenserwartung bei uns glatt verdoppelt – füllen sich die Wartezimmer der Ärzte immer mehr mit Menschen, die nicht mehr nur, wie früher, von Krankheit geheilt, sondern fast mehr noch in ihrer Gesundheit bestätigt sein wollen. Es sind Menschen, die ihrer Gesundheit nicht mehr recht trauen, die überall Gefahr wittern und mit ihrem Mißtrauen längst auch die junge Generation angesteckt haben. Da werden – infolge von Verängstigung – selbst Kinder schon zu Fällen für den Psychotherapeuten oder gar Psychiater.

Diese Verunsicherung und innere Entwurzelung tritt in entsprechender Abwandlung auch in den anderen Lebensbereichen zutage bis hin zu dem Punkt, daß Konrad Lorenz der „zivilisierten Menschheit" von heute einen „Wärmetod des Gefühls" bescheinigt. Dabei geht es abermals um den modernen Kreislauf von Produktion und Konsum, der jetzt zusätzlich zu den bereits genannten Kennzeichen: daß er die ihm Verfallenen hörig und verführbar mache und ein riesiges Bedrohungspotential anhäufe, noch die weitere Kennmarke erhält, daß er die Menschen in ein gebrochenes Verhältnis zu ihrem Leben setzt. Konkret: Für die in Massenproduktion hergestellten Konsumgüter werden in der anvisierten Abnehmerschaft unentwegt Bedürfnisse geweckt, auf die der einzelne von sich aus meist gar nicht käme. Die Güter werden angeboten unter der Parole, daß sich auf der Höhe der Zeit nur wähnen dürfe, wer bei ihnen zugreife, und nicht erst morgen oder übermorgen, sondern *sofort*. Kaum ist das eine Bedürfnis befriedigt, wird auch schon das nächste geweckt, so daß es schließlich zu einem durchgehenden, sich immer höher schraubenden „Bedürfnis nach Sofortbefriedigung" (K. Lorenz) kommt. Probleme und Schwierigkeiten, die sich zwischendurch einstellen, von welcher Art sie auch sein mögen, werden heruntergespielt mit der Versicherung, daß man nur weiter zuzugreifen brauche, um sie auch schon im Griff und bezwungen zu haben. Doch bei aller sich fortsetzenden Befriedigung kommt es eigentlich nie zu einer Befriedigung auf Dauer, einer Befriedigung im Sinne wirklicher Erfüllung, von Glück gar nicht erst zu reden. Vielmehr sieht sich der Außengelenkte unablässig in Atem gehalten mit dem Ergebnis, daß sich bei ihm nicht nur Überfluß, sondern zunehmend auch Überdruß, lähmende Langeweile und Leere einstellen. Seine Gefühlswelt erstarrt, aber nicht durch Kälte, sondern infolge unentwegter neuer Aufheizung.

Dieselbe Befindlichkeit hat auch der Wiener Neurologe und Psychiater Viktor E. Frankl im Auge, wenn er die Aussage eines amerikanischen Studenten zitiert: „Ich bin 22 Jahre alt, besitze einen akademischen Grad, besitze einen luxuriösen Wagen, bin überhaupt finanziell unabhängig, und es steht mir mehr Sex und Prestige zur Verfügung, als ich verkraften kann. Was ich mich frage, ist nur, was das alles für einen Sinn haben soll".

Solche „Stimmungslagen" fördern erst recht Selbstmordbereitschaft, abermals nicht zuletzt bei jungen Menschen auch aus dem ländlichen Raum, der noch in meiner Jugend so gut wie gänzlich davon verschont war. Fehlt nur noch in diesem Bild, daß sich vor einigen Jahren erstmals eine junge Generation zur „Null-Bock-" und „No-future-Generation" erklärte, zu einer Generation ohne Zukunft angesichts tatsächlich bestehender Bedrohung, aber einer Bedrohung, die keineswegs vom Himmel gefallen, sondern Ertrag eben des gebrochenen Verhältnisses zum Leben ist.

Auch ich spüre den betörend-lähmenden Atem der Außenlenkung immer wieder in meinem Nacken, aber genau dann erwächst mir aus der Vergegenwärtigung meiner jugendlichen Sehnsucht nach Leben eine neue personale Anfangskraft: für mich selbst und als Angebot für andere in besagten Oasen des Selbstseins. Mein Leben im dargestellten Sinne als Ganzheit begreifend, in welcher Kindheit und Jugend keineswegs abgetan sind, ermutigt mich dann allein schon der Blick zurück auf mein damals noch unangefochtenes Vertrauen auf meine Gesundheit. Dabei fehlte es, wie sich zeigte, in diesem Punkt keineswegs an Hürden und Stolpersteinen, erinnert sei an meinen schwächlichen Start als Achtmonatskind, an die vielen Ohnmachtsanfälle, zumal in der Kirche, bis fast ins Erwachsenenalter, an die vielen Zahnarztbesuche – alles Momente, die meine Lebensfreude hätten schmälern können. Zuweilen taten sie es auch, aber nie auf längere Dauer und schon gar nicht bis in mein Inneres hinein – wie es heute bei so vielen jungen Menschen der Fall ist, die durch elterliche Überbesorgtheit (oder auch Vernachlässigung) seelisch krank geworden sind. Im Gegenteil konnte ich mich noch mit 27 Jahren rühmen, weder einen Arzt an meinem Krankenbett noch eine Arztpraxis von innen gesehen zu haben.

Kinderkrankheiten, an die ich mich erinnere, Erkältungen, Grippebefall gingen nach meinem Empfinden – auch wenn sie mir beträchtlich zusetzten – weniger mich als die Fürsorge meiner Mutter und vor allem meiner Tante an. Medizinisch instruiert durch Pfarrer Kneipps „Mein Testament für Gesunde und Kranke", hatte meine Tante für jedes Ungemach ein heilendes Pflästerchen oder Kräutchen parat. Und ich brauchte – ebenso wie meine Geschwister – selbst bei hohem Fieber nicht allein im Schlafzimmer zu bleiben, sondern bekam ein Bett in der Stube gemacht, auf drei Stühlen oder auch auf dem Boden hinterm Ofen, jedenfalls umgeben von der ganzen Hausgemeinschaft, wie eng es dann in der ohnehin schon engen Stube auch werden mochte. Als ich älter wurde, etwa ab dem zwölften Lebensjahr, blieb ich natürlich im Schlafzimmer. Auf dieses fortgeschrittenere Alter hinblickend, denke ich in diesem Zusammenhang auch an den erwähnten Lebensmut zurück, mit dem ich mir in den ersten Nachkriegsjahren auf munitionsverseuchten Waldwegen, selbst bei Nacht und Nebel, den Weiterbesuch der höheren Schule erkämpfte.

Allerdings hielt sich auch bei mir die ungebrochene Zuversicht nicht, sie erlitt, als ich 28 Jahre alt war, sogar einen lange dauernden schockartigen Einbruch. Aber welche Ausmaße meine – meist unbegründeten und gewiß durch Außenlenkung mitentfachten – Krankheitsphobien auch annahmen, es glühte allemal ein Hoffnungsschimmer in ihnen auf, wenn ich an die heile Welt meiner frühen Jahre zurückdachte. Und je älter ich werde, um so mehr scheint sich das Ende mit dem Anfang zu berühren, glaube ich mit der Schubkraft einstiger Unbekümmertheit sogar auf Gelassenheit hoffen zu dürfen – wie krank ich dann immer sein mag.

Einer sehr viel härteren Probe als im Blick auf meine Gesundheit sah ich mich durch meine Angst im Krieg, vor Gewittern und besonders durch meine Angst vor der mir direkt oder indirekt immer wieder in Aussicht gestellten ewigen Verdammnis ausgesetzt. Hier blieb mir, wie sich zeigte, sogar Verzweiflung im Sinne kindlich-jugendlicher Grenzsituationen nicht erspart. Aber im Endeffekt obsiegte doch die Sehnsucht nach Leben. Ich bewahrte, und vielleicht mehr noch: ich erkämpfte mir eine untergründige Zuversicht, daß es sich auszuharren und durchzuhalten lohne, daß die Gefahr vorübergehe und selbst die Hölle nicht das letzte Wort sein müsse. Und darauf wiederum gründete sich der Impuls, nach überstandener Gefahr und überwundener Angst mein Leben erst recht kostbar zu finden, es um so

Sebastian Kneipp weiß Rat . . . ! Pracht-Titelseite des vor allem von meiner Tante wieder und wieder zur Hand genommenen Buches.

bewußter als *mein* Leben zu leben und zu gestalten – vergleichbar meiner Sehnsucht nach Schule, nachdem diese Ende August 1944 ihre Tore auf unabsehbare Zeit geschlossen hatte. Zwar ging es auch jetzt noch um Sehnsucht nach Leben im leiblich-biologischen Sinne, aber mindestens ebenso sehr um Leben als zu ergreifende und zu verantwortende Aufgabe, um Leben als personales Selbstsein, wenn ich es mit meinen heutigen Worten ausdrücken soll.

Die Ängste von damals – zum nicht geringen Teil Phantomängste, wie wir sahen – haben inzwischen längst ihre Schärfe für mich verloren. Gleichwohl ist die Erinnerung an sie nicht sinn- und gegenstandslos. Vermittelt mir diese Erinnerung doch aus ureigenster, gleichsam aus meiner Ersterfahrung heraus die Einsicht, daß mir personale Selbstkraft nur erwachsen kann, wenn ich dem Versuch und der Versuchung widerstehe, mich über Probleme, Gefahren, Schwierigkeiten hinwegzutäuschen, wie es moderne Werbung im Großmaßstab suggerieren will. Das braucht mich nicht daran zu hindern, die in der „technologischen Zivilisation" gebotenen Erleichterungen und Hilfsmittel in Anspruch zu nehmen, angefangen bei der Kopfschmerztablette über Flugreise und Computer-Schreibmaschine bis hin zu den subtilsten Beratungsdiensten. Aber mein Rückerinnern sagt mir, daß ich mir einen Grundbestand an Eigenbewährung aussparen muß, um an Problemen, Schwierigkeiten, Belastungen weiter wachsen zu können, selbst wenn ich zu diesem Zweck eigens Bewährungssituationen aufsuchen müßte (sportliche Einsätze, Rettungs-, Pflegedienste usw. – oder auch ein Buch wie dieses zu schreiben). Zudem trägt mein Blick zurück dazu bei, daß ich die mir heute gebotenen Möglichkeiten nicht für selbstverständlich nehme, sondern mir die Fähigkeit zu Bewunderung und Dankbarkeit erhalte, die Fähigkeit allerdings auch zu kritischer Distanz, wenn ich mich Produkten und Angeboten gegenübersehe, in denen ein Ausgriff auf mich selbst einprogrammiert ist (etwa in Genußmitteln, Presseerzeugnissen, Fernsehsendungen usw.).

Freilich hebt das alles den Makel nicht auf, daß ich unter vielerlei Bedrükkungen zu leiden hatte, die nicht hätten sein müssen. Und doch bleibt dabei – zum Teil gewiß auf „krummen Linien geradegeschrieben" – dieser Gewinn: Ich blicke auf eine Sehnsucht nach Leben zurück, die vom heutigen Komfort und Konsum noch nichts wußte und das Leben gleichwohl – vielleicht gerade deshalb? – als sinnvoll und lebenswert erfuhr. Ich entnehme daraus immer wieder die Mahnung an mich, zu besitzen, als ob ich nicht besäße, und was ich habe, zu genießen auf eine Weise, die mir selbst noch das Alter zum Land der Verheißung, zum Entfaltungsraum der bereits zitierten „späten Freiheit" macht.

Aber nicht nur verkraftete Angst und erlebte Kargheit wirken in ihrer Vergegenwärtigung initiierend in die Oasen des Selbstseins hinüber, auch die

Erinnerung an verkostete jugendliche Freuden kann dem vermassenden Sog der Außenlenkung entgegenwirken. Hier darf alles wiedererstehen, was in diesem Buch in warmen Farben gemalt wurde: die dörfliche Spielwelt, Fest und Feier im Dorf, der unmittelbare Umgang mit Tieren, das beschauliche Allein- und Beisammensein auf der Hütewiese, der Zauber des Herbstes für mich, der klare Mond in kalter Winternacht, mein kleines Glück selbst in der harten, unfreundlichen Dorfschule .... Zwar wirkte auch hier Fremdbestimmung hinein, diesmal von seiten der Tradition, aber es traten zugleich Züge zutage, in denen sich erfüllte Sehnsucht nach Leben und darüber hinaus Sehnsucht nach noch mehr Leben widerspiegelte. Es schwang in ihnen gleichsam der Zuspruch meiner selbst an mich selbst mit: „Wenn ich einmal groß bin, dann ...". Der Nachdruck liegt hier auf „ich" – „ich" nicht geformt und durchherrscht von anderswoher, auch nicht in Gestalt raffinierter Konsumwerbung, sondern „ich" als selbstdenkende, selbstentscheidende und selbstgestaltende Person, um es wieder mit meinen heutigen Worten auszusprechen. Indem ich mir diesen Antrieb als ursprünglichen Impuls in meiner Lebensgeschichte vor Augen stelle, gewinne ich Abstand gegenüber kommerzorientierter Sofortbefriedigung, bin ich nicht auf bloßes Weiterleben ausgerichtet, das sich Befriedigung von außen her verspricht, habe ich vielmehr Sehnsucht nach Leben im Sinne innerer Anspannung, die auszuharren vermag, um dann um so kraftvoller und reicher Erfüllung zu finden.

Das gilt in ganz besonderer Weise mit Blick auf meine jugendliche Sehnsucht nach erotisch-sexueller Lebenserfüllung. Im Kapitel über Brunst trat die ganze Tragödie von Unverständnis, Unterdrückung, Verdrängung und zermürbender Gewissensqual zutage, der junge Menschen noch vor wenigen Jahrzehnten ausgesetzt waren. Andererseits wurde am Ende desselben Kapitels auch nicht verschwiegen, daß die Gegenwart ihre neuen Probleme hat, nicht mehr die unmenschlichen Tabus und Zwänge von damals, dafür aber, wie mir scheint, eine kaum weniger unmenschliche Routine, Lässigkeit, Seelenlosigkeit, die in Perfektion dem Wirkgesetz der Außenlenkung entspricht. Man braucht sich nur bestimmte Erzeugnisse in Videotheken, Darstellungen in der Regenbogenpresse oder die spätabendlichen Wochenendsendungen privater Fernsehanbieter anzuschauen, um zu erkennen, in welchem Maße – wenigstens der Tendenz nach – gerade auch dieser Intimbereich inzwischen auf Konsum hin genormt und vermarktet ist. Da wird nicht gezeigt, wie Sexualität, wenn man sie ihrer eigenen Maßgabe überläßt, sehnsuchtsvoll auf ganzmenschliche Beglückung hin ausgerichtet ist, gerade hier geht es um Vereinnahmung und Anstiftung zu sich selbst verzehrender Sofortbefriedigung. Und die Rechnung geht auf: Wer sich einmal auf solche Bahn hat verlocken lassen, ist auch sonst als Käufer und Konsument nahezu beliebig manipulierbar (solange der Geldbeutel mitmacht).

Was immer mir also in meiner Jugend an erotisch-sexueller Drangsal verhängt war, es war Reifung, die sich da vollzog, eine mühselige zwar, aber es war eine. Bei aller Zwiespältigkeit meiner damaligen Gefühlswelt hat die Erinnerung an die beiden Frauengestalten meiner jugendlichen Phantasie, an mein Entzücken beim Anblick der sich in ihre Weiblichkeit entfaltenden Klassenkameradinnen und vor allem die Erinnerung an die Begegnung mit Olga dazu beigetragen, daß mich die Sehnsucht nach Leben auch bezüglich dieser geschlechtlichen Liebe nie ganz verlassen hat. Zumindest im Kern bewahrte ich mir die Fähigkeit, zu warten, Annäherung und Zärtlichkeit, Anblicken und Angeblicktwerden, Umfangenwerden und Umfangen von Mal zu Mal noch als neu, als kostbare Frucht zweisamer Geschichte zu erleben. Fernab aller nostalgischen Verklärung kann ich insofern, selbst was mein Mannwerden betrifft, meinem Herkommen ein gewisses Lob nicht versagen. Allerdings verbinde ich damit auch jetzt noch einmal den Ruf nach einer Erziehung, die die Zwänge von damals radikal abbaut und dafür die personalen Eigenkräfte des Heranwachsenden so weit stärkt, daß dieser von sich aus der auf ihn eindringenden erotisch-sexuellen Außensteuerung widersteht. Wenn ich es recht sehe, liegt hier die besondere Aktualität der schon in der Antike gerühmten vierten Kardinaltugend: der „temperantia“, des ebenso frei wie asketisch gewollten Maßhaltens.

Bleibt noch meine jugendliche Sehnsucht nach Leben in Gestalt meiner Faszination durch das Andere, Ferne, Fremde. Auch von daher glaube ich aus der Vergegenwärtigung meiner Kindheit und Jugend Anregung und Bereicherung in die Oasen des Selbstseins einbringen zu können. Ich beschränke mich hier auf die Faszination, die fremde Menschen auf mich ausübten, jene Menschen, die mir in meinem Lebenskreis begegneten, aber nicht darin heimisch waren beziehungsweise als Sondergruppe darin lebten, konkret die Fremdarbeiter und Juden. Denke ich mir diese Menschen aus meiner Jugendzeit in den heutigen Kreislauf von Produktion und Konsum hinüberversetzt, so sind sie mit allen gleichgeschaltet. An allen interessiert nur, was und wieviel sie produzieren, was und wieviel sie konsumieren, letzteres mit all den Außenlenkungseffekten, von denen im vorhergehenden die Rede war. Indem mich aber nun gerade das Anderssein dieser Menschen anzog, gestand ich ihnen ein Recht auf Eigensein zu, bedeutete es mir Erfüllung, daß sie gerade nicht so waren wie ich. Auch den damaligen Machthabern in Deutschland ging es um ihr Anderssein, aber nun in furchtbarer Verkehrung: Ihr Anderssein machte sie für das NS-Regime unterdrückungs-, verfolgens-, ja vernichtenswürdig. Gerade in der Begegnung mit Olga glaube ich kernhaft, gleichsam intuitiv-unbewußt, jene Spannung erahnt zu haben, die allein ein humanes Zusammenleben in der Welt gewährleisten kann: die Spannung von „Urdistanz und Beziehung“, wie die schon einmal zitierte

Formel von Martin Buber dafür heißt. Im Namen dieser Formel, wenn sie denn nur zahlreich und intensiv genug auf Inseln des Selbstseins gelebt wird, findet sowohl der alles einebnende Konsumterror unserer Tage seine Grenze wie nicht minder die neu aufgeflammte Stigmatisierung und Ausgrenzung von Menschen wegen ihres Andersseins.

Letzteres Übel wird durch ersteres insofern noch begünstigt, als Achtung vor dem Anderssein von Menschen zunächst und grundlegend Achtung vor ihrem *Menschsein* gebietet. Je mehr sich dieses *Menschsein* in der Außenlenkungsperspektive auf Produzieren und Konsumieren verkürzt, um so bedenkenloser kann schon aus nichtigem Anlaß auf andere eingeschlagen werden. Auf diese Weise sehen wir uns gegenwärtig Exzessen gegenüber, die an finsterste Zeiten erinnern, ja diese nicht selten noch übertreffen, weil heute modern kalkuliertes Management mit ins Spiel kommt. Und das alles auch noch vor dem Hintergrund von Waffensystemen, bei denen ein einziger falscher Knopfdruck genügt, um der Welt einen „Super-Gau" mit daraus resultierendem „Overkill" zu bescheren.

Wenn je Umdenken und Umkehr erforderlich waren, dann in dieser Situation heute, und zwar in Ausrichtung auf die soeben angedeuteten zwei Pole, von denen ich wirklich schon vor fünfzig Jahren eine leise Ahnung verspürt zu haben glaube: Toleranz und Achtung gegenüber dem Anderssein auf der Grundlage elementarer menschlicher Verbundenheit. Bei dem, was heute alles auf dem Spiel steht, muß vor allem diese Verbundenheit hervorgehoben werden. Ohne Frage hat der Mensch, seitdem er zu sich selbst erwacht ist, so etwas wie Leitlinien oder auch Ideale gebraucht, um sein Handeln daran auszurichten. Und man weiß auch, daß sich in diesen Leitlinien von früh an Schattierungen herausgebildet haben: Gruppenideale völkischer, religiöser usw. Art. Das darf auch heute noch so sein, aber nur unter einer Bedingung: daß diese Ideale oder Leitbilder nicht mehr, wie in der Vergangenheit so oft, gegeneinander-, sondern unter einem sie alle umschließenden Einheitsband nebeneinander-, möglichst sogar zueinanderstehen. In Ehren dann Offenbarung, Mythos, Konfession, Abstammung, Rasse, Treue gegenüber Väterglauben und Vätersitte, aber zuerst und zuletzt in Ehren das, was Menschen nicht nach Art von Glaubenssätzen trennt, sondern ihnen als sie alle einender Grundbestand zu eigen ist: die Fähigkeit zum Gebrauch der Vernunft. Oder wie Hans Küng es formuliert: Die Menschheit braucht heute ein „Weltethos", nicht zuerst ein Ethos für diese oder jene, sondern eines für alle, für die ganze Welt. Innerhalb dieses Rahmens darf und soll dann jeder auf seine Weise er selbst sein, aber eben nur nach Maßgabe dessen, was die Vernunft als mit dem Eigensein der anderen vereinbar befindet.

Doch erahnt hieß damals für mich noch längst nicht, daß sich ein solches Ethos auch schon bewußt und ausdrücklich in mir herausgebildet hätte. Das geschah erst in den letzten Jahren, nachdem ich auf der unmittelbar bewußten („reflektierten“) Ebene noch jahrzehntelang der Auffassung meiner katholischen Kirche verhaftet geblieben war, daß allein sie – als sogenannter „fortlebender Christus“ – der „Weg, die Wahrheit und das Leben“ sei. Es ist jene Auffassung, die, wie schon erwähnt, noch in den vierziger Jahren unseres Jahrhunderts indirekt zum Holocaust der Juden beigetragen hat. Zumindest seitens der sogenannten Hierarchie tut sich die Kirche bis auf den heutigen Tag schwer, von dieser ideologischen Engführung abzurücken. Aber im Namen der Menschlichkeit sollte es für sie in diesem Punkt keine Alternative geben.

Jugendliche Sehnsucht nach Leben also nicht zuletzt auch als Sehnsucht nach dem Anderen, Fremden, Geheimnisvollen bei gleichzeitiger Einbindung dieses Anderen in das elementar Menschliche aller Menschen. Indem die entsprechenden Kontakte – wie diffus die darin aufdämmernden Erfahrungen vorerst auch blieben – erinnerungsmäßig in mir emporsteigen, fühle ich mich dazu angehalten, die Inseln des Selbstseins gerade auch für Andersdenkende und Andersgeartete zu öffnen. Gleichen Sinnes mit ihnen im Bewußtsein menschlicher Würde, will ich dabei mithelfen, daß immer weniger Menschen wegen ihres Andersseins negiert, aber auch immer weniger in den Außenlenkungsmechanismen der heutigen Konsumgesellschaft nivelliert werden.

3) Sehnsucht nach Wissen

In der Sehnsucht nach Leben ist die Sehnsucht nach Wissen mit einbegriffen; auch die Sehnsucht nach Wissen ist Sehnsucht nach Leben. Gleichwohl gibt es bei diesem Wissen heute einen Punkt, der ihm einen gewissen Eigencharakter verleiht und dem diesbezüglichen Blick zurück in meine Kindheit und Jugend für die Oasen des Selbstseins eine zusätzliche Aufgabe zuweist.

Personaler Aufschwung, personales Selbstsein und darin vor allem personale Verantwortung können ohne Orientierung, ohne Eröffnung von Perspektiven, ohne Wissen also, nicht sein. Fragt sich nur, von welcher Art dieses Wissen sein muß. Es ist nicht ein Wissen wie das um Erdformationen, Pflanzenbestände, Tierarten, Erzvorkommen usw. Gefordert ist vielmehr „personales“ Wissen, Wissen im Sinne der vorstehend dargelegten Weisheit, und das heißt seit den Tagen des Sokrates (gest. 399 v. Chr.): Wissen im Sinne der Philosophie. Es geht dabei um Aufschluß über Sinn und Stellung des Menschen in der Welt, über des Menschen Verhältnis zur Geschichte und möglicherweise zu einem weltüberragenden Schöpfergott, es geht um den Unterschied von Gut und Böse, um Erhellung der dem Menschen inne-

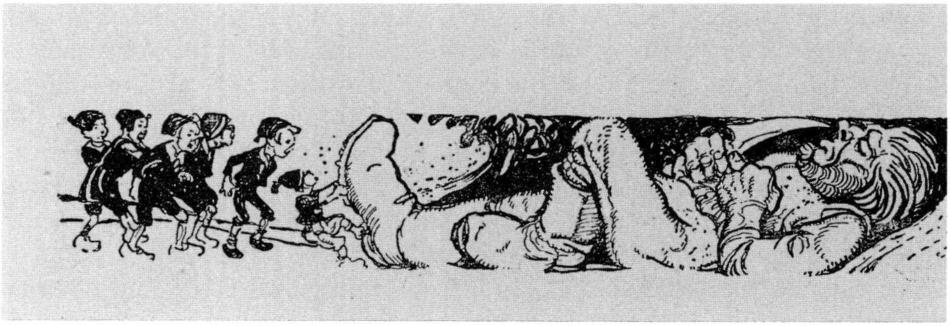

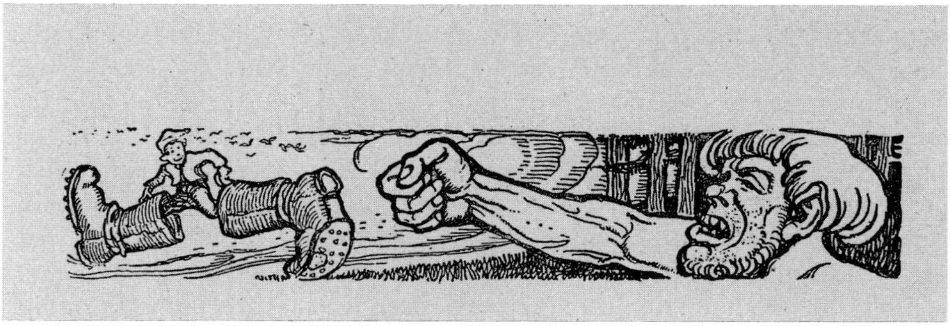

Illustration des Märchens vom Kleinen Däumling im Lesebuch „Der bunte Garten“, die meine Phantasie mächtig anregte (2. Schuljahr 1936).

wohnenden Natur-, Selbst- und Sozialkräfte, um Würdigung der vom Menschen erstellten Kulturwelt in Sprache, Kunst, Wissenschaft ....

Die vorangegangenen Kapitel dürften deutlich gemacht haben, daß in solche Richtung weisende Fragen schon in Kindertagen in mir aufbrachen. Es waren Fragen wie diese: Warum Kühe, aber auch Menschen zuweilen so maßlos im Essen und Trinken sind; was wohl hinter den Gewittern stecke, die mich so sehr ängstigten; wie es sich mit Langeweile, Zeit, Ewigkeit und dem Gott verhält, den ich fürchten, lieben und zu dem ich täglich beten sollte; was es um den Drang ist, der in meinen brünstigen Kühen aufbrach und der auch mich in eine merkwürdige Unruhe versetzte; ob ich den mir so vertrauten Hund als meinesgleichen ansehen dürfe – ob er vielleicht sogar sprechen könne; wie Vaterland, Krieg und jene Menschen einzuordnen seien, die der NS-Staat für minderwertig, ja zu lebensunwertem Leben erklärte – um nur diese Fragen noch einmal zu nennen.

Es waren mitunter erfüllte Augenblicke und mich bewegende Situationen, wenn solche Fragen plötzlich in mir aufstiegen oder auch über mich kamen, je nachdem, wie man es sehen will. Eine der ersten dieser Situationen ist mir besonders in Erinnerung geblieben. Als vielleicht Fünfjähriger saß ich an einem Sommerabend neben meiner Schwester Sanny auf einer Bergwiese und sah die Sonne in goldenem Strahlenglanz hinter den westlichen Bergen versinken. Plötzlich war es da: Wo die Sonne jetzt wohl hingehe – vielleicht zum lieben Gott? Und ob ich sie noch länger sähe, wenn ich ihr mit Siebenmeilenstiefeln über die Berge nachlaufen könnte – kurz zuvor hatte ich erstmals das Bechstein-Märchen vom Kleinen Däumling gehört. In dieser Frage waren kernhaft alle Fragen der Astronomie, Kosmologie und auch der Anthropologie enthalten, es ging darin um Gott, Welt und Mensch: den Ort Gottes, der Sonne und auch meinen eigenen – wie dieser sich zu den Örtern der beiden anderen verhält. Mit solchen staunenden Fragen fängt schon (und gerade) nach Platon und Aristoteles das Philosophieren an, und es war in unserm Jahrhundert der große Existenzphilosoph Karl Jaspers (1883–1960), der dabei ausdrücklich die Fragen von Kindern mit einbezog: „Ein wunderbares Zeichen dafür, daß der Mensch als solcher philosophiert, sind die Fragen der Kinder. Gar nicht selten hört man aus Kindermund, was dem Sinne nach unmittelbar in die Tiefe des Philosophierens geht."

Die Szene stand mir mit besonderer Wärme und Eindringlichkeit wieder vor Augen, als ich fast sechzig Jahre später das Experiment wirklich vollzog, allerdings nicht auf eigenen Beinen mit den Siebenmeilenstiefeln des Kleinen Däumlings, sondern mit noch ganz anderen „Stiefeln": den Düsenmotoren einer Lufthansa-Maschine auf einem nachmittäglichen Flug nach New York. Doch selbst jetzt war die Sonne noch schneller als ich. Ich genoß den Flug mit Wonneangst: voll der schon erwähnten Bewunderung für die Werke der modernen Technik (auf einem Bildschirm konnte man sogar – neben Flughöhe, Geschwindigkeit und Außentemperatur – den genauen Flugort der Maschine ablesen), aber auch in Sorge darum, daß diese Werke samt der ihr verfallenen Menschheit abstürzen könnten, sowohl wörtlich wie im übertragenen Sinne.

Aber fürs erste waren es kindlich-jugendliche *Fragen,* die mir aufgingen, denen die entsprechende Antwort keineswegs auf dem Fuße folgte und folgen konnte. Um so größer war das Geschenk, daß ich unter widrigen Umständen alle damals gegebenen Möglichkeiten ergreifen konnte, um meine Sehnsucht nach Wissen zu stillen. Manches von ihr ging schon in der Dorfschule in Erfüllung, trotz aller Hürden und Frustrationen, die dort zu bestehen waren, dann folgte das Gymnasium und schließlich – für das Kind aus dem kleinen Eifeldorf kaum erträumbar – die Universität. Aber selbst damit nicht genug: Mir ist ein Beruf vergönnt, der mich vom Tage meiner Bestallung an auf mein ganzes ferneres Leben hin für Forschung und Lehre, Wissensmehrung und Wissensvermittlung, freigestellt hat. Allerdings ist es mir, wie schon einmal kurz angesprochen, nicht leicht gefallen, aus dem Wissenschaftsangebot der Universität die auf mich zugeschnittenen Disziplinen herauszufinden, ich erprobte mich darum in nicht eben wenigem: in Germanistik, Latein, Geschichte, Philosophie, Pädagogik, Psychologie, um schließlich für meinen Berufsweg Philosophie und Pädagogik zu wählen.

Im Grunde blieb ich damit den vorhin noch einmal angedeuteten Fragen des Kindes und Jugendlichen treu, die aber nun im einzelnen entfaltet und mit den Mitteln begrifflich-methodischen Denkens vertieft und abgeklärt wurden, so wie ich es in diesem Buch am Beispiel des angeblich sprachbegabten Hundes Phylax ansatzweise vorzuführen versuchte. Das waren und sind freilich nicht die Themen und Gedankengänge, welche die Jahrzehnte seit dem Zweiten Weltkrieg in den Industrieländern geprägt haben. Das heute vorherrschende Erkenntnisinteresse geht geradezu entgegengesetzte Wege. Aber je mehr ich an Jahren zunehme, um so überzeugter bin ich, daß ich damals – für mich – die richtige Berufswahl getroffen habe: daß gerade in der Inaktualität meines beruflichen Wirkens dessen Aktualität liegt. Ist doch aktuell nicht nur, wovon alle reden, sondern oft mehr noch dasjenige, von dem nicht oder nur wenig geredet wird, aber geredet werden sollte. Genau an dieser Stelle liegt der Punkt, dessentwegen ich meiner kindlich-jugendlichen Sehnsucht nach Wissen einen eigenen Abschnitt widme: um die hochdringliche Ergänzungs- und Überhöhungsbedürftigkeit der heute im Mittelpunkt stehenden Denkart zu verdeutlichen.

Von dem englischen Philosophen Francis Bacon (1561–1626) stammt der Satz: „Wissen ist Macht.“ In ständig zunehmender Steigerung ist die Neuzeit nach dieser Devise verfahren, und zwar in der Weise, daß sie das herausgebildet hat, was im modernen Sinne Wissenschaft heißt. Als Grundform für Wissenschaft gilt hier die mathematische Naturwissenschaft, die Physik, deren Verfahren wie folgt gekennzeichnet ist: Als verbürgtes Wissen gilt nur, was sich, wie es heißt, „empirisch" belegen läßt. Die Physik beschränkt sich auf reinen Tatsachenaufweis und die Frage, worin diese Tatsachen ihre mathematisch berechenbare Ursache haben. Zu dieser Frage stellt der Physiker jeweils zunächst eine sogenannte Hypothese (Annahme) auf, die er dann durch Experiment nachzuprüfen – zu bestätigen oder auch zu widerlegen – versucht. Die andere Frage, welcher Sinn den Tatsachen innewohnen und was aus ihnen an Bedeutung für den Menschen erwachsen könnte, steht nicht zur Erörterung. Der zu klärende Sachverhalt wird methodisch isoliert, gleichsam vom Betrachter abgerückt und damit zum reinen Objekt gemacht.

Solcherart „neutralisiert" wird das Objekt nun für den Menschen verfügbar, sagt nicht es dem Menschen, sondern dieser ihm etwas, kann der Mensch ihm von sich aus Sinn und Zweck aufprägen. Die Beispiele dafür reichen von der experimentell errechneten Ausdehnungskraft erhitzten Wassers zum Betrieb einer Dampfmaschine bis hin zur Konstruktion einer menschheitsbedrohenden Atombombe. Gelehrt ausgedrückt: Das so erworbene Wissen läßt sich „technisch instrumentalisieren", und es ist inzwischen instrumentalisiert bis hin zu einer förmlichen „technologischen Zivilisation". Ohne Zweifel sind der Menschheit aus dieser Entwicklung große Erfolge erwachsen, erinnert sei nur noch einmal an die Verdoppelung der durchschnittlichen Lebenserwartung in den letzten hundert Jahren. Aber es ist eben die Frage, worauf und wozu dieses Wissen angewandt wird. Angewandt wird es längst auch schon – auf der Grundlage von Wissenschaften wie Psychologie, Soziologie, Verhaltensforschung – zur Steuerung und Ausnutzung von Menschen, womit man sich wieder all den Problemen gegenübersieht, die uns vom außengelenkten Menschen her bekannt sind.

Auch hier kann die Devise nur lauten: Stärkung personaler Kräfte in Oasen des Selbstseins, aber nun mit dem im gegenwärtigen Zusammenhang entscheidenden Zusatz: Bewahrung der Sehnsucht nach Wissen im Sinne der in diesem Buch zur Sprache gebrachten Kinderfragen. Denn welche der vorhin auszugsweise noch einmal wiedergegebenen Fragen man auch nimmt, sie isolieren nicht und rücken nicht ab, sondern behalten die Lebensganzheit im Auge. Da geht es beim Umgang mit dem Hund gewiß auch um das, was der Zoologe über diese Tierart zu sagen weiß, aber doch nicht minder um das Hinüber und Herüber, das zwischen Hund und mir stattfand, bis hin zu der Frage, welche Stellung mir und welche dem Hund in der Welt zukommt. Die anderen Fragen zielen womöglich noch mehr auf solche Ganzheitsschau ab, selbst die scheinbar rein astronomische Frage nach dem Sonnenumlauf enthält noch etwas davon, wie wir sahen.

Natürlich kann und soll damit die wissenschaftliche Entwicklung nicht rückgängig gemacht werden. Wenn es um die Erkenntnis von Details und die exakte Bestimmung der ihnen zugrunde liegenden Ursachen geht, ist eine wissenschaftlich-isolierende Betrachtung nun einmal unerläßlich. Aber das hebt die mindestens ebenso dringliche Notwendigkeit nicht auf, sich des Ausschnittcharakters dieser Betrachtung bewußt zu bleiben und sie immer wieder auf den Punkt zurückzubeziehen, auf den es letztlich allein ankommt: daß sich der Mensch als personales Wesen entfalten und darleben kann. Genau an diesem einordnenden, kritisch abwägenden Rückbezug, an dieser Sorge um Wahrung der Proportionen, fehlt es in der wissenschaftlich expandierenden Welt von heute in erschreckendem Maße, und darum die großen Gefährdungen, die der heutigen und – wie es aussieht – erst recht der künftigen Menschheit drohen.

Heilende Kräfte also aus der Rückerinnerung an das staunende Fragen früher Jahre, in welchem – wiederum nach Karl Jaspers – „oft eine Genialität" aufscheint, „die im Erwachsenenalter verloren geht", weil die Erwachsenen „in das Gefängnis von Konventionen und Meinungen, der Verdeckungen und Unbefragtheiten eintreten". Wie schon gesagt, darf es natürlich bei den Kinderfragen nicht bleiben, sie bedürfen der Abklärung, Weiterführung und Emporläuterung in philosophischer Besinnung und Forschung, wobei aber der ursprüngliche Frageinhalt und die ursprüngliche Fragerichtung beibehalten werden müssen – eben der ganzheitlichen Sichtweise wegen. Letzteres muß heute auch aus dem Grunde betont werden, weil es inzwischen Versuche gibt, auch die Philosophie im modernen Sinne als Wissenschaft zu etablieren, um den Preis allerdings, daß man sie damit ihrer wahren Mission beraubt. Diese gebietet ihr, gerade nicht auf Wissenschaft, sondern auf Weisheit bedacht zu sein – wie es im Kern schon der Gedanke des Sokrates vor mehr als zweitausend Jahren war, auch wenn Sokrates sich vom heutigen Wissenschaftsbetrieb noch keine Vorstellung machen konnte.

Sich so verstehend, ist es das Schicksal der Philosophie und derer, die sie vertreten, im wissenschaftstrunkenen Gehabe der heutigen Universität als Fremdkörper, vielleicht sogar als luxurierender Ballast zu erscheinen. Das kann dann zu jener verzagten Selbsteinschätzung führen, als in diesem Sinne Philosophierender fehl am Platze zu sein, zumindest mit den Forschungsbeiträgen der anderen, vor allem der jüngeren Kollegen nicht Schritt halten zu können. Und wie werde ich mit diesem Zweifel an mir selbst fertig? Auch jetzt schaue ich wieder auf meine Kindheit und Jugend, in der mir – nicht zuletzt „als ich bei meinen Kühen wacht' . . ." – die hier im Blick stehenden staunenden oder auch sonst tief betroffen machenden Fragen aufgingen. Es sind Fragen, die jedermann eine Stellungnahme abverlangen, aber in dieser Qualität in keiner der sogenannten exakten Wissenschaften von heute vorkommen. Indem ich sie dann auf andere, auf nichtwissenschaftliche Weise, oder wie es bei dem großen französischen Philosophen Blaise Pascal (1623–1662) heißt, nicht (nur) nach der Logik des Verstandes, sondern mit der „Logik des Herzens“ bedenke, wird mir klar: Ich habe das Leben auf einen Punkt hin im Auge, von dem her sich überhaupt erst Einheit und Zusammenhang, Lebenskontur und Lebenssinn ergeben. Zwar nicht in wissenschaftlicher Analyse und Absicherung, wohl aber in ahnender Schau weiß ich dann um Freiheit, Verantwortung, Geheimnis und Schicksal in einem Sinne, mit dem verglichen „exakte empirische Forschung“ sich nur in abkünftigen Außenbereichen bewegt. Oder mit Martin Heidegger gesprochen: Ich weiß, „die Wissenschaft denkt nicht“.

Nur ein Denken, sage ich mir, das von der Wurzel her etwas mit „danken“ zu tun hat, kann Menschlichkeit in der Welt gewährleisten. Gemeint ist damit ein Denken, dem etwas aufgeht, das sich nicht sogleich auf Wissenschaft hin einengt, um zu Wissen zu gelangen, das sich in Machtausübung umsetzen läßt, sondern ein Denken, in dem Zusammenhangswissen aufscheint, das Teile immer vom Ganzen her begreift und sich so zu umfassender Verantwortung aufgerufen weiß. Dringenderes, als auf solche Weise der so tief und vielfältig bedrohten Menschlichkeit aufzuhelfen, kann es für den Gebildeten oder Gebildet-sein-wollenden heute nicht geben. Inspiriert vom „Geist des Anfangs und der Morgenfrühe“ (Walter Strolz) darf ich darum mit dankbarer Freude an Inseln des Selbstseins gerade auch in Gestalt philosophisch-pädagogischer Seminare an der Universität zurückdenken. Meditierende Beschaulichkeit und meditierendes Gespräch bestätigten mir, daß ich mich seinerzeit für einen sinnvollen, tatsächlich gerade in seiner Inaktualität aktuellen Beruf entschieden habe, und beides bestätigte mir erneut auch, daß meinem Herkommen Lob gebührt – weil es mir trotz aller Enge so viel Raum für Sehnsucht nach Wissen, Wissen im Sinne von Weisheit, aufbehalten hat.

4) Sehnsucht nach Heil

Solches Wissen im Sinne der Philosophie weiß vor allem auch um die Endlichkeit alles Irdischen, insonderheit um das „Sein zum Tode“ (Heidegger) des Menschen. So schier unermeßlich viel moderne Wissenschaft, jetzt speziell die Medizin, über todbringende Krankheiten weiß, das Sterben selbst hat in ihr keinen Platz, darauf ist ihre Sehweise nicht eingestellt. Also bedarf es abermals der Philosophie, der sich heute als erstes der Eindruck aufdrängt, daß auch Sterben und Tod inzwischen in die Perspektive konsumorientierter Außenlenkung geraten sind. Was wird heute nicht alles aufgeboten, um den Tod zu verniedlichen oder gar zu verdrängen, um den Hinterbliebenen ein sogenanntes positives Denken zu erhalten, ja sie den Glanz einer besonders schön herausgeputzten Leiche und einer besonders gut gelungenen Trauerfeier genießen zu lassen.

Über alledem verblaßt dann erst recht die in letzte Sinndimensionen hineinreichende weitere Frage, was es nach dem Tode mit dem Verstorbenen ist. Ja, auch hier blüht mittlerweile längst das „Geschäft", etwa in Form esoterischer Gruppen, die Jenseitskontakte zu vermitteln vorgeben, in Wahrheit aber Ausbeutung bis zum seelischen und oft auch leiblichen Ruin der ihnen Verfallenen betreiben, vom finanziellen Ruin gar nicht erst zu reden.

Oasen des Selbstseins widerstehen gerade auch solchen Verführungen. Die dort einander Begegnenden konfrontieren sich schonungslos mit der „Geworfenheit" (Heidegger) menschlicher Existenz, sie sind davon durchdrungen, daß personales Selbstsein, so souverän es ist, sich gleichwohl nicht selbst verdankt und unabänderlich auf Tod hin angelegt ist. Sie machen dann auch ernst damit, daß die Todesgewißheit dem Menschen eine Entscheidung darüber abverlangt, was menschlichem Leben als Endbestimmung mit auf den Weg gegeben ist. Sie lassen es in dieser Frage weder auf tierähnliches bloßes Dahinleben noch auf die soeben angedeuteten esoterisch-mystizistischen Scheinlösungen ankommen; sie wissen vielmehr, daß sie sich im Namen personalen Selbstseins festzulegen haben: ob sich dieses personale Selbstsein im irdischen Leben in sich selbst zu erschöpfen bestimmt ist, oder ob es sich auf ein Leben über den Tod hinaus ausspannt und in ein verwandeltes „Leben danach" einmündet. Im letzteren Falle ist dann auch eine Entscheidung zugunsten der Existenz eines wie immer gearteten göttlichen Wesens mit einbegriffen, das dieses Fortleben nach dem Tode gewährleistet und trägt.

Ich weiß sehr wohl, daß in der Neuzeit immer mehr Stimmen laut geworden sind, die den Menschen rein („autonom") auf sich selbst stellen bis hin zu dem französischen Existenzialisten Albert Camus (1913–1960), der die menschliche Existenz in ihrem Ausgespanntsein zwischen nicht selbstverfügtem Anfang und unentrinnbarem Ende als „Absurdität" feiert(!). Solche Deutungen können sich nahelegen und sind schon deswegen zu respektieren, weil sie die wahre und letzte Entscheidungsfrage menschlichen Seins so eindeutig gegenüber der Abstinenz moderner Wissenschaft, der vernebelnden Sofortbefriedigungsstrategie heutiger Konsumwerbung und auch gegenüber dem niveaulosen Alltagsgeschwätz unserer Tage herausstellen. Aber mit nicht weniger Recht darf ich dann meinerseits auch in dieser Frage noch einmal auf meine Jugendzeit zurückblicken, die wie von Sehnsucht nach Leben und Wissen nicht minder durch eine tiefe Sehnsucht nach Rettung und Heil gekennzeichnet war. So sehr mich die Ängste, unter denen ich litt, zu Ausharren und Bestehen herausforderten, so deutlich spürte ich doch auch, daß ich für dieses Bestehen einen Halt und ein Fundament brauchte, das ich mir aus eigener Kraft nicht zu bereiten vermochte (um es wieder in meiner heutigen Sprache zu formulieren).

Halt gewährten mir gute Menschen, die mich umgaben, meine Eltern, meine Tante, meine Geschwister, die ganze Familie – meine Mutter, wie schon früher erwähnt, sogar in solcher Weise, daß mich die Konfrontation mit mir nahestehenden Toten über Jahre hinweg nur gedämpft, jedenfalls nicht in Form nachhaltiger innerer Erschütterung traf. Und doch blieb bei alledem ein letztes Gefühl des Ausgeliefertseins, eine Art Urangst, die mich nach noch mehr Geborgenheit, nach Heil in noch anderem und tieferem Sinne Ausschau halten ließ. Aus dieser Sehnsucht heraus erwuchs die – ich wage dieses Wort: „ungeheuere" Bedeutung, die die Kirche nicht nur für meine Kindheit und Jugend, sondern mein Leben überhaupt erlangt hat, ablesbar fast auf jeder Seite dieses Buches.

Ich bin bis auf den heutigen Tag davon überzeugt, daß diese Sehnsucht nicht einfach ins Leere geht. So sehr ich an existenzialistischen Denkern wie Jean Paul Sartre (1905–1980) oder dem soeben erwähnten Albert Camus die eindeutig-klare Fragestellung schätze, so teile ich doch nicht den von ihnen gezogenen „nihilistischen" Schluß, die von ihnen verkündete Auffassung, daß es außer mit dem Leben und damit im Grunde auch mit diesem selbst nichts sei. Allein schon, daß ein Fortleben nach dem Tode im Menschen zur Frage wird, ist in meinem Augen ein Argument für dieses Fortleben, folglich auch ein Argument für die Existenz Gottes als des Ursprungs und Garanten sowohl des diesseitigen wie jenseitigen Lebens. Also darf ich auch meiner kindlich-jugendlichen Sehnsucht trauen und mir durch sie Ermutigung zusprechen lassen, jedenfalls so weit, wie diese Heilssehnsucht urtümlich, noch nicht durch ein „Gefängnis von Konventionen und Meinungen, der Verdeckungen und Unbefragtheiten" eingeengt und verborgen war.

Wie ich es rückblickend sehe und in diesem Buch zu verdeutlichen versuchte, hat die Kirche, wie sie damals war, für mich über weite Strecken hin den Tatbestand eines solchen Gefängnisses erfüllt. Nicht, daß sie sich meiner annahm und ich mich ihr anvertraute, war das Problem, denn Sehnsucht nach Heil bleibt ohne Transparent (sprich Kirche oder wie sonst man es nennen mag), durch das hindurch das Heil aufscheint und vermittelt wird, unverbindlich und konturlos. Diese Sehnsucht braucht etwas, woran sie sich festmachen und auf das sie hinschauen kann, und das war, bis zu diesem Punkt zu Recht, für mich die Kirche. Aber – und da beginnt nun das Problem – mit wieviel Staub war dieses Transparent: die Kirche, wie ich sie erlebt habe, nach meiner heutigen Sichtweise damals bedeckt! Diese Kirche sagte weit mehr Unheil als Heil an, weit mehr Hölle als Himmel, und zwar unter Berufung auf ein Gottesbild, das ich damals uneingeschränkt für wahr hielt, an dem ich aber für mich inzwischen erhebliche Korrekturen angebracht habe.

So ist es für mich heute undenkbar, daß Menschen, und seien sie durch Weihe noch so sehr über „das Volk erhöht", vom unendlichen Gott und dem, was er vom Menschen will, so viel wissen, wie die in der Kirche Maßgeblichen damals zu wissen beanspruchten. Auch die Schrift gibt das nicht her, wie man inzwischen selbst innerhalb der Kirche weiß und wie man es dort schon viel früher hätte wissen können, wenn man auf die gehört hätte, die es außerhalb der Kirche schon längst wußten. Das gilt insbesondere von solchen Maßgaben, die Andersgläubige und Andersdenkende diskriminierten, Maßgaben, die – angeblich von Gott herrührend – schon Kindern als Gewissensverpflichtung auferlegt wurden. Hier kann abermals nicht nachdrücklich genug auf Hans Küngs „Projekt Weltethos" hingewiesen werden. Der unendliche Gott muß für den Menschen ein zutiefst geheimnisvoller und verborgener Gott sein, der „deus absconditus" des Nikolaus von Cues, denn wäre er es nicht, wie könnte er dann den Menschen um eine Unendlichkeit überragen, also Gott sein? Und nicht minder gilt: wie könnte sich sonst der Mensch als frei entscheidend und frei handelnd, als Wesen in eigener Verantwortung wissen. Wenn ich immer schon genau weiß, was Gott von mir will, bleibt mir bestenfalls die Freiheit des Ja- und Neinsagens, nicht aber jene kreative Freiheit, die allein gemeint gewesen sein kann, als Gott den Menschen nach Seinem Bilde schuf. Zwar verdient festgehalten zu werden, daß auch die alte Theologie schon wußte, daß der Mensch von Gott mehr weiß, was er nicht ist, als was er ist, aber Konsequenzen aus diesem Satz auf die Glaubens- und vor allem die Morallehre hin hat die Kirche noch in meiner Jugend kaum gezogen.

Vor dem damit umrissenen Hintergrund ist es für mich ebenfalls nicht mehr denkbar, daß Gottesdienst und Gottesverehrung in dem Maße sakraler Räume und festgefügter liturgisch-ritueller Vollzüge und Verrichtungen bedürfen, wie man es damals für unabdingbar hielt. Erste Stätte der Gottbegegnung sollte – was inzwischen auch innerhalb der Kirche gesehen wird – die unplanbare Begegnung mit dem mitmenschlichen Du sein. Aber auch überall sonst sollte man sich, wie ich finde, Gott gegenwärtig denken und sich in Zwiesprache mit ihm wähnen: im Brausen des Sturmes, im Wechsel der Jahreszeiten, in Gräsern, Blumen und Tieren, im Klang einer Symphonie, in Werken der Kunst – eben nicht so exklusiv und separat (fast!) nur auf dem Altar, auf dessen Stufen ich als Meßdiener kniete, sondern gleichfalls, wenn auch anders, im strahlenumfluteten Sonnenaufgang, der sich derweil in bunten Feuern an den farbig verglasten Kirchenfenstern brach. Selbst und abermals nicht minder sollte man sich Gott zugegen denken im vordem so verteufelten sexuellen Drang, nicht als Gott, der den Menschen tyrannisch und – aufs Ertappen bedacht – auf die Probe stellt, sondern als DEN, der den Menschen im stetig sich neu zeugenden und neu gebärenden Lebensstrom lust- und sehnsuchtsvoll einbirgt. Ich weiß, das klingt alles etwas nach Pantheismus, zumindest nach Panentheismus. Aber je länger ich darüber nachdenke, um so weniger kann ich es mir mit Blick auf die Unendlichkeit Gottes und die Freiheit des Menschen anders denken: Gott muß überall und in allem gegenwärtig und zugleich in tiefes Geheimnis gehüllt sein.

Das heißt dann schließlich und vor allem drittens: Nichts und schon gar nicht der Mensch kann je aus der bergenden Sphäre Gottes herausfallen. Soll Gott nicht mit sich selbst und dem, was er erschaffen hat, in Widerspruch treten, muß seine Urgebärde Liebe, Heil und Rettung gerade auch für den Menschen sein. „Gott ist die Liebe" (1. Joh 4, 8) – das ist die Kernaussage über Gott, die nicht noch einmal besserwisserisch vom Menschen her in „kasuistische" Detailaussagen und -gebote zerstückelt, verkürzt und damit entweiht werden darf. Vielmehr, so sehe ich es heute, sollte die Antwort Vertrauen sein, dieses Vertrauen: Längst bevor sich der Mensch um sein Heil sorgt, hat Gott dafür gesorgt; der Mensch darf bis ins Innerste hinein guter Hoffnung sein.

Ich bin von Herzen dankbar dafür, daß mir für die Zeit, die mir noch zu leben bleibt, diese Einsicht geschenkt worden ist. Der Satz der Schrift, daß Gott Liebe ist, war mir zwar auch in jungen Jahren schon bekannt, aber ich hatte ihn auf lange Zeit hin noch nicht *er*kannt, weil ich seitens der mir widerfahrenden Verkündigung viel häufiger und viel einprägsamer den anderen Satz vernahm: „Rette deine Seele." Im Nachhall wirkt dieser Satz zwar immer noch in mir fort, aber er hat seinen Stachel für mich verloren.

Daß in meiner Kindheit und Jugend überhaupt Sehnsucht nach Heil in mir lebendig war, bedeutet auch jetzt noch einmal ein Lob auf mein Herkommen. Immerhin war damit die Anfangskraft dafür gegeben, daß ich heute um so aufmerksamer und unvoreingenommener auf Inseln des Selbstseins in eigener Heilssehnsucht nach der Heilssehnsucht anderer ausschauen kann – zu meinem eigenen und, wie ich hoffe, auch zu anderer Heil.

Und die Kirche? Als Transparent ist sie mir, wie schon an früherer Stelle gesagt, nach wie vor unverzichtbar, ja ich liebe sie sogar. Nur sollte sie auch wissen und es die Menschen spüren lassen, daß sie Transparent und „nur" Transparent ist – und keineswegs ein makelloses ...

Schluß

Es ist ein langer, vielfältig verschlungener Weg, den dieses Buch nachgezeichnet hat und selbst gegangen ist. Im Vordergrund stand ein heimatliches Bild aus jugendlichen Tagen: das Viehhüten, ein Bild, das sich auf andere Lebensbereiche hin erweiterte und darin Zusammenhänge und Hintergründe aufdeckte, die den Blick auf grundlegende philosophische und pädagogische Fragen freigaben. So entsprach es der dem Buch von vornherein mitgegebenen Zielsetzung: ein heimatgeschichtlicher Beitrag mit philosophisch-pädagogischer Durchdringung und eine philosophisch-pädagogische Abhandlung in heimatgeschichtlichem Gewande zu sein, beides mit der organisierenden Mitte meiner persönlichen Lebensgeschichte als einer Geschichte an einer Zeitenwende. Eine solche Zusammenstellung ist in der Literatur ungewöhnlich, aber ich hoffe, der Versuch ist gelungen: daß Heimatgeschichte auf diese Weise Innendimension und Tiefenschärfe und Philosophie und Pädagogik konkret-leibhaftigen Lebensbezug erhalten haben.

Ich habe damit mein Leben mit Schwerpunkt Kindheit und Jugend sowie die Lebenswelt, in der beides durchlebt wurde, nicht nur dargestellt, sondern auch zu deuten versucht. Dieser Deutungsversuch vollzog sich im Lichte dessen, was sich mir in fast fünfzigjährigem Nachdenken und Forschen als Wahrheit um den Menschen und sein Dasein in der Welt ergeben hat. Ich betone abschließend ausdrücklich noch einmal, daß ich diese Wahrheit nicht kurzschlüssig als Wahrheit für andere oder gar für alle Menschen ausgeben will, aber als Angebot zum Austausch in Oasen des Selbstseins verstehe ich sie schon, in jenen Oasen, von deren Lebendigkeit und ansteckender Wirkkraft in der Welt von heute alles, soweit es auf den Menschen ankommt, wirklich alles abhängt.

Meiner angestammten Heimat, der Westeifel, hoffe ich mit diesem Buch ein Denkmal gesetzt zu haben. Diese Heimat wurde nicht nostalgisch schöngefärbt, wahrhaftig nicht. Aber meine Gegengabe sollte auch nicht unterschätzt werden: Diese Heimat kommt nicht nur zu Wort, wie sie sich dem äußeren Anblick darbot und darbietet, sondern wie sie sich im Erleben, Denken und Deuten eines ihrer Söhne gestaltet hat bis in die Sphäre menschheitsbewegender letzter Fragen hinein. Als Region ist sie dadurch zugleich überregional geworden, kann sie, wie schon in der Einleitung bemerkt, Kontur und Gestalt selbst für solche Menschen annehmen, die noch nie etwas von ihr gehört haben und sich sonst vielleicht auch nie für sie interessiert hätten.

Natürlich bleibt dabei das Problem meiner sogenannten subjektiven Einschätzung. Aber es führt nun einmal kein Weg daran vorbei: Diese Subjektivität läßt sich nicht nur nicht ausschalten, sondern ist, wenn überhaupt eigenes Erleben, also auch das von Heimat, zum Ausdruck gebracht werden soll, die einzige Objektivität, die es gibt. Trotz unverkennbarer Zwiespältigkeit trägt das dargestellte heimatliche Innenbild durchaus auch positive Züge. Ich habe diese Heimat zwar an der Schwelle zum Erwachsenenalter verlassen, kehre aber immer wieder gern in sie zurück und habe ihr im letzten Kapitel sogar ein förmliches Lob meines Herkommens gewidmet.

Eines kann ich allerdings nicht leugnen: daß längst nicht alles, was in diesem Buch angesprochen ist, in innerer Stimmigkeit zueinander steht. An manchen Stellen habe ich die Fäden einfach nicht zusammenbekommen oder zusammenhalten können. Anderes hätte eine eingehendere Behandlung verdient, selbst der so zentrale Begriff des personalen Selbstseins. Die in ihm neben Selbstdenken und Selbstentscheiden gleichursprünglich mitzudenkende personale Verantwortung müßte sowohl im „Wovor“ als auch im „Wofür“ dieser Verantwortung weiter entfaltet werden. Aber das (wie noch so manches andere) war in der vorliegenden Darstellung nicht leistbar. So kann sich berechtigte Kritik an diesem Buch entzünden, die ich dankbar entgegenzunehmen bereit bin. So sehr ich mir dann Voreingenommenheit und Unachtsamkeit eingestehe, bin ich mir bei dem komplexen Anliegen des Buches doch auch des in der Sache liegenden Problems bewußt, daß menschliches Erkennen, weil es endlich ist, immer perspektivisch verkürztes Stückwerk bleibt. Je begründeter und schärfer die Kritik, um so versöhnender wird dann für mich der Trost sein, den der Apostel Paulus in seinem ersten Brief an die Korinther ausspricht und mit dem ich dieses Buch hoffnungsvoll beschließen will: „Wir schauen jetzt im Spiegel rätselhaft, dann aber von Angesicht zu Angesicht. Jetzt erkenne ich bruchstückweise; dann aber werde ich klar erkennen, wie auch ich erkannt worden bin.“ (1 Kor 13, 12)

Bildnachweis

Weitaus die meisten Abbildungen stammen aus Fotosammlungen eigener Familienmitglieder. Auch die Aufnahmen neueren Datums sind „privat“.

Einzelnachweis betreffs folgender Bilder:

Die beiden Mundartzeilen unter dem Bild „Das Heimatdorf Niederraden“ (S. 10) sind entnommen aus: Johannes Rausch: Watt mol wor. Dee zwaanziga Johr an da Äfel, Trier 1979, S. 9.

Entnahmen aus anderen Quellen:
mit freundlicher Genehmigung der Kreisverwaltung Daun aus: Bilder aus vergangenen Tagen (S. 14, 16, 49, 103, 138, 144, 232, 302), Daun, 1985
S. 20 „Kühe als Gespannvieh“
S. 179 „Rodelpartie im Eifeldorf“
S. 185 „Winterliche Hausschlachtung“
S. 193 „Kartoffelernte“
S. 199 „Ährenlesen der Schulkinder“
S. 245 „Dungfahren“
S. 272 „Französische Kriegsgefangene“
S. 285 „Kriegerverein“

aus: Johannes Nosbüsch: Damit es nicht vergessen wird ..., Pfälzer Land im Zweiten Weltkrieg (S. 190, 198, 270), Landau/Pf., 1982
S. 50 „Bomberpulk“
S. 50 „Jagdbomber“
S. 54 „Kurz nach Kriegsende ...“

aus: Privatarchiv Walter Schäfer, Prüm
S. 154 „Eselshochzeit ...“
S. 154: „Das ‚neuvermählte Paar‘“

aus: Johannes Nosbüsch: Bis zum bitteren Ende. Der Zweite Weltkrieg im Kreis Bitburg-Prüm (S. 201, 202, 301), Bitburg 1978
S. 54 „Im schwerverwüsteten Biesdorf ...“
S. 242 „Bitburg, eine tote Stadt ...“
S. 248 „Bitburg 1946“

aus: Lebendige Steine, 1000 Jahre Bitburg-Liebfrauen (S. 62), Bitburg 1981
S. 242 „Der Greuel der Verwüstung ...“